孙国东 / 著

合法律性与
合道德性之间：

哈贝马斯商谈合法化理论研究

复旦大学出版社

谨以此书献给我的两位学业导师：
邓正来教授和徐亚文教授，
以感谢他们对我的悉心教导和瘁心提携。

自　序
——中国问题与西学思想史研究*

> 20世纪以来，中国学人有关中国学术的著作，其最有价值的都是最少以西方观念作比附的。
>
> ——余英时**

"如何研究思想史？"这或许是一个萦绕在几乎所有研习中西思想史的学人心头的问题。如果我们将其置于思想史语境中，这个问题本身就在一定程度上形成了一种"思想史"：从洛维乔易的"观念史研究"到"剑桥学派"的"语境论方法"，再到"新社会文化史"带来的"社会史转向"，思想史研究方法的演进本身就构成了思想史的一部分①。然而，我在此并不想把"如何研究思想史"这一问题"思想史化"，也不想探讨

---

* 本文系我对自己近年来西学研究实践的一个小结。在吉大攻读法学理论博士学位时，邓门弟子常常为如何开展以人物为中心的思想史研究而苦恼，并为此展开过多次内部讨论。这一方面是因为导师邓正来先生既主张我们要进行"个殊化"的深入研究，亦期望我们在研究时戒绝"读者死了"的现象，做到"以中国为思想根据"，而如何协调这两者之间的关系遂成为横亘在我们中间的一个研究难题；另一方面则是因为这种研究方式常常在主流的法学理论博士论文评价体系中遭遇诘难，论文评审人常常以缺乏中国问题意识，没有回应中国法律实践问题为由而提出质疑，甚至给予否决。本文是从我自己的治学实践中总结出来的一些经验，既申明了我对此问题的看法，又是对我自己治研西学之经验的一个小结（尽管它可能还很不成熟），作为本书序言堪为合适之选。

** 余英时：《怎样读中国书》，载氏著：《中国文化的重建》，中信出版社2011年版，第237页。

① 参见李宏图：《思想史研究方法的演进》，载《浙江学刊》2004年第1期。

如何研究中国思想史的问题①,而只拟结合既有论说和实践初步探讨中国问题意识下西学研究的方法论问题——质言之,如何在西方思想与中国问题之间形成互动关系的问题。

学问与思想,孰先?

宋儒叶适曾云:"读书不知接统绪,虽多无益也;为文不能关教事,虽工无益也。"②既"接统绪"又"关教事",实乃学问之大道;然则在具体的研究中,我们却常常不得不在两者之间做出有所侧重、甚至非此即彼(all or nothing)的选择。学问与思想,孰先?这或许是所有治学者都须首先面对的角色定位问题——无论其所治学问为何。

西学研究亦不例外。就此而言,我们首先要回答如下两个前提性的问题:第一,在西学研究中,我们究竟是做"六经注我"般的义理阐发工作,还是做"我注六经"式的章句考据工作?换言之,我们究竟把自己定位为惠能式的"思者",还是玄奘般的"学者"?③"思者"与"学者"之分,不仅是关涉西学研究之旨趣的两种显见差别,亦是所有治学之道的两种常见路向。简而言之,"思者"以经由义理阐发和体系建构而范导实践为己任——借用朱维铮的话来讲,在历史上构筑意识形态或思想体系的思想家,"无不具有现实的使命感,无不重视理论的实践意义,无不采取抽象的语言以表达某种特定的社会政治理想和追求,无不期望说服大众相信这类社会政治理想与追求符合自身的现实利益并承担为其斗争的义务。"④"学者"则以基于章句考据和文献爬梳的学理探究为鹄的——借用费希特和韦伯的话而言,学问家除了必备的真理感

---

① 关于中国思想史研究的方法论,可参见葛兆光的相关论说:《思想史研究课堂讲录》,三联书店 2005 年版。
② (宋) 叶适:《叶适集》卷 29《赠薛子长》,中华书局 1961 年版,第 607 页。
③ 倪梁康区分了学术研究的三种类型:学者、思者和贩者,并将玄奘和惠能作为学者和思者的代表。参见倪梁康:《学者、思者与贩者:学术思想领域中的三种人》,载氏著:《会意集》,东方出版社 2001 年版,第 89—95 页。
④ 参见朱维铮:《清学史:学者与思想家》,载氏著:《走出中世纪二集》,复旦大学出版社 2008 年版,第 79 页。

之外,"还必须予以阐明、检验和澄清,而这正是学者的任务":"任何人如果不能,打个比方,带起遮眼罩,认定他的灵魂的命运就取决于他能否在这篇草稿的这一段里做出正确的推测,那么他还是离学术远点好"①。在中国古典学术传统中,"义理"与"考据"、"尊德性"与"道问学"、"宋学"与"汉学"、"今文经学"与"古文经学",诸如此类的争论和比对无不关涉这一问题。沿着这一思路继续追问,我们即可遭遇第二个问题:究竟如何处理中国思想、中国实践历史或基于中国的问题意识与西学思想研究的关系?换言之,就认识中国问题而言,西学研究究竟是一个与中国研究无关的独立学术领域,还是与中国研究构成了互动、甚至相互建构的关系,抑或只是认识和理解中国问题的一种学术训练或学术积累?显然,对上述两个问题的回答既关涉研究者的自我期许和自我定位,更与具体研究路径(research approach)和研究方法的选择不可分离。

就第一个问题而言,学者与思者实无高下之分,因为无论是玄奘般的学者,还是惠能式的思者;无论是守"道问学"的学问家,抑或"尊德性"的思想家,只要恪守学人本分,都是我们所需要的。较为持中的说法,借用清儒戴震的话而言,即为"由故训而明理义","执义理而后能考核"②;用近人王元化的话来说,则为"有学术的思想"与"有思想的学术"并举③。

如果对第一个问题的回答还不能较为清晰地看出那些以西方思想史研究为背景言说中国问题之方法的分野,那么对第二个问题的回答

---

① 参见〔德〕费希特:《论学者的使命 人的使命》,梁志学、沈真译,商务印书馆1984年版,第43页;〔德〕韦伯:《韦伯著作集Ⅰ 学术与政治》,钱永祥等译,广西师范大学出版社2004年版,第162页。
② 戴震关于义理、考据关系的论说,可参见余英时:《戴东原与清代考证学风》,载沈志佳编:《余英时文集第4卷:中国知识人之史的考察》,广西师范大学出版社2004年版,第329—372页;王世光:《由故训以明义理——戴震哲学方法论思想的新阐释》,载《江海学刊》2001年第4期。
③ 参见王元化:《〈学术集林〉卷五编后记》,载氏著:《清园近思录》,中国社会科学出版社1998年版,第283页。邓正来也有类似的说法:"我们实际上需要的是一种'六经注我'与'我注六经'间互动的阅读方式。"参见邓正来:《"读者死了"或"作者死了"》,载氏著:《三一集:邓正来学术文化随笔》,中国政法大学出版社,第175—176页。

则较为明晰地彰显了其间的复杂性。如暂且抛开哲学界盛行的那种学究化研究不论①,同时也将那种立场导向的二元对立分类(譬如"以西方为中心的叙事"和"以中国为中心的叙事"②云云)撇在一旁,那么既有论者对上述第二个问题的回答在很大程度上即是对下述问题的方法论分歧,即:究竟要不要,以及如何使西学思想与中国研究构成"互动、甚至相互建构的关系"?

据我阅读所及,这种分歧在当下中国知识界至少表现为如下两种代表性言说:其一是甘阳、刘小枫共同主张的"重新阅读西方"之说,即"按西方本身的脉络去阅读西方"的路径;其二是邓正来所主张的基于中国问题意识的"个殊化研究"路径。尽管两者都主张要依凭其问题意识和理论脉络深化对西方思想的研究,但它们至少存在着如下三项关键分歧:

第一,主要的问题意识和言说意旨不同。甘、刘所谓的"重新阅读西方"提倡"一种健康的阅读",所针对的主要是国人习于在西学中寻求医治中国病症之药方的积弊:"健康阅读西方之道不同于以往的病态阅读西方者,在于这种阅读关注的首先是西方本身的问题及其展开,而不是要到西方去找中国问题的现成答案。"③邓正来所主张的"个殊化路径"则是为了纠偏西学研究者常见的"印象化"、大而化之解读的倾向,而主张代之以平实的态度去实践一种阅读经典与批判经典的方式,即"那种语境化的'个殊化'研究方式。其中,依凭每个西方论者的文本,关注其知识生产的特定时空,尤其是严格遵循其知识增量的具体的内

---

① 我这么说,绝不意味着这种玄奘式的学者不重要,而是从本文论旨出发的一种限定。事实上,在我看来,就学术传承("为往圣继绝学")而言,玄奘式的学者或许更重要——因为正是这种玄奘式的学者构成了一国"学统"的主要担当者;而且,尽管惠能般的思者可谓一国"道统"的担道者,但由于中国近世学术向"经世致用"之累,我们更欠缺的或许是"为学术而学术"的学问家,而不是动辄以"为天地立心,为生民立命,为万世开太平"自居的所谓思想家。在这个意义上,"思想"如果远离了"学术",只能沦为夫子自道的理论游戏,甚至会堕落为——用毛泽东转借明人解缙的一副对联而言——"墙上芦苇,头重脚轻根底浅;山间竹笋,嘴尖皮厚腹中空。"

② 参见魏敦友:《当代中国法哲学的使命:魏敦友教授法哲学讲演录》,法律出版社 2010 年版,第 193—198 页。

③ 甘阳、刘小枫:《重新阅读西方》,载《南方周末》2006 年 1 月 13 日。

在逻辑,乃是这种方式或者方法的关键所在"①。

第二,对西方思想的总体认识不同。甘、刘主张"按西方本身的脉络去阅读西方";但正如邓正来隐含地批评的②,这其实是"那种要求在阅读或研究西方论著的时候,以西方自身所'固有'的问题脉络为前提甚或判准的观点。"然而,"这种观点误设了这样一个前设,即西方有着一个本质主义的问题脉络,由于它是客观存在的,因而是可以被复制或还原的,而且是能够被我们完全认识的。需要强调指出的是,这种试图以西方'固有'的问题脉络为依据的'还原式'阅读设想或努力,乃是以阅读主体可以完全不带前见地进行研读这一更深层的误识为其基本假定的。"③

与此相关,第三,两者的出发点以及对西方思想与中国或中国问题的关系理解不同。在甘、刘那里,西方思想似乎是与中国或中国问题无关的题域;而邓正来则明确主张以中国为思想根据进行西学研究:

> 明确反对那种所谓人有能力不带前见、进而不以中国作为思想根据的阅读西方的方式。由此可见,我在这里所主张的乃是一种明确承认以"中国"作为思想根据的"个殊化"研究方式,亦即一种以研究者对于"中国"当下情势的"问题化"处理为根据而对西方法律哲学家的思想进行逐个分析与批判的研究路径。④

作为邓正来式"个殊化路径"的践习者,我当然总体上同意他的上述观点;但愚意以为,除了他对甘、刘本质主义倾向的批评有可能导致理论研究的主观化和碎片化倾向以外,"以中国为思想根据"(或研究对象),与其说是一个理论问题,毋宁说是一个实践问题,一个学术实践问题。假若我们转向当下中国的学术研究实践,既有论者至少为我们提

---

① 参见邓正来:《回归经典 个别阅读——〈西方法律哲学家研究年刊〉总序》,载《学术界》2007年第1期。
② 对甘、刘主张的更系统批评,亦可参见吴冠军:《"阅读西方":为何又要"重新"?——致甘阳、刘小枫两先生》,载氏著:《日常现实的变态核心:后"9·11"时代的意识形态批判》,新星出版社2006年版,第171—179页。
③ 参见邓正来:《回归经典 个别阅读——〈西方法律哲学家研究年刊〉总序》,载《学术界》2007年第1期。
④ 同上。

供了如下几种将西方思想与中国问题结合起来的典型实践①。

第一，以汪晖为代表，以西方现代性及辩护这套话语的知识体系为主要论辩对象，通过"重构中国思想史"达致对"对象的解放与对现代的质询"②。作为兼习中西思想史的论者，汪晖的思想史论说较为复杂。据我理解，这种复杂性主要是因为他受福柯话语理论影响而预设了克罗齐式的历史哲学观（"一切历史都是当代史"），并借此将历史研究与现实关怀结合了起来。以四卷本的《中国现代思想的兴起》为例，汪晖的研究路径和研究思路大致遵循着这种的义理逻辑：正如"西方中心

---

① 总体而言，甘、刘及邓正来的治学实践更多以西学推介者，而非阐发者著称。不过，就其展现出来的一些研究思路和研究路径而言，甘、刘对西方思想的推介可谓不遗余力，但结合中国语境的"格义"则显用力不够——这在他们晚近对施特劳斯的大力推介中表现得尤为突出。按照我的理解，邓正来本人的治学实践所隐含的研究路径在一定程度上就是本文所论述的观点，即实质上把西学研究和对中国问题的研究适度分开，将前者视为一种学术的自我规训，将后者视为一种更为根本的诉求——在这个意义上，本文可视为对邓正来相关学术研究思想的一个阐发。基于此，本文不对他们的治学实践展开论述。另一个值得重视的是李泽厚，他堪称中国近三十年来最重要的思想家。不过，鉴于其总体上"思想重于学问"，本文在此亦暂不展开分析。

② 值得注意的是，王铭铭和周宁在很大程度上从不同视角印证并强化了汪晖的相关研究，即对"对象的解放与对现代的质询"。大体而言，王铭铭以主导中西中国观的萨义德式"东方学"为主要论辩对象，通过神话传说与思想典籍相互阐释的方式追寻了中国"西方学"的观念史（即始于"西王母的国度"，并经秦汉时期的"西域"、东汉以降与佛教相关的"西天"，再到唐以后的"南海"、元以后的"西洋"所形成的"他者"世界观），并试图借此颠覆主导中国研究领域的"西方中心主义"的中国观和世界观；周宁则通过考察西方 1250 年以来的不同中国形象（即 1250—1750 年的三种乌托邦式的中国形象：1250—1450 年的"大汗的大陆"、1450—1650 年的"大中华帝国"及 1650—1750 年的"孔教理想国"；以及 1750 以后形成的、作为西方之他者的三种意识形态话语：作为西方"进步"之他者的"停滞的帝国"、作为西方"自由"之他者的"东方专制主义"及作为西方"文明"之他者的"野蛮的帝国"），试图以"西方现代精神结构"（即西方现代性话语）为参照框架解释西方不同时期中国形象的乌托邦或意识形态蕴含（请主要参见王铭铭：《西方作为他者：论中国"西方学"的谱系与意义》，世界图书出版公司 2007 年版；周宁：《天朝遥远：西方的中国形象研究》上、下卷，北京大学出版社 2006 年版）。在我看来，王铭铭和周宁的研究分别从"中国西方学"和"西方中国学"视角初步完成了对那套将中国"自我他者化"的现代化话语的学理挑战。他们与汪晖及邓正来的相关研究一道，堪称目前中国学界"对现代之质询"的标杆（邓正来的相关研究，请主要参见：《中国法学向何处去：建构"中国法律理想图景"时代的论纲（第二版）》，商务印书馆 2011 年版；《谁之全球化？何种法哲学？——开放性全球化观与中国法律哲学建构论纲》，商务印书馆 2009 年版）。

论"的"帝国"范式为我们建构了一种"中国是现代性的他者"的思想史一样,我们同样可以采用其他范式"回到自己的历史之中",重构出一种"现代性叙事"在中国内在确立、自我质疑或自我否定的思想史。这样,我们就可以取得"对象的解放与对现代的质询"的双重效果:一方面,我们可以把我们的研究对象(现代性)从那种由未经反思的话语(西方中心论、历史目的论的"现代性叙事")所规定的非历史、平面化、未经质询的位置中解放出来;另一方面,经由另种新范式重构出的"现代性叙事"内在确立、自我质疑或自我否定的复杂历史进程,既恢复了"现代性叙事"作为历史事件的面目,也同时建构了一种新视野,用以观察我们自身在当下讨论现代性问题时的局限性,进而为我们建构"中国现代性"、"另类现代性"或"非现代性的现代性"提供可能的突破口[①]。正是经由这种重构的思想史所达致的对"对象的解放与对现代的质询",汪晖把现代当下联系起来(即把"现代性叙事"的历史生成与"中国现代性"的未来建构联系了起来)。由此可见,汪晖的思想史研究是服务于其现代性论说的,在这个意义上讲,它实是一种福柯式"反历史的历史研究"。汪晖已较为娴熟地掌握了这种研究路径,其晚近的一个表现是对中西"西藏观"的思想史重构[②]。

第二,以邓晓芒为代表,坚守思想史阵地,在中西相关思想之间进行对勘,并主要以德国古典哲学所体现的西方文化精神为参照彰显中国"文化模式"的不足。邓晓芒的思想史研究以德国古典哲学与中西文化比较见长。然而,这两个题域在他那里却是融为一体的:正是数十年对自古希腊以来到现代西方文化精神的潜心研究,让他对中国文化(特别是儒家伦理)的不足有了别样的认识和较为深刻的理解:

> 我的批判固然也立足于当代中国现实,但我更加注重对儒家伦理原则的结构和来龙去脉的检讨。因为在我面前,有一个我数十年潜心研究的西方文化精神的参照系,我的中西文化的比较不

[①] 参见汪晖:《对象的解放与对现代的质询》,载氏著:《别求新声:汪晖访谈录》,北京大学出版社2009年版,第252—265页。
[②] 参见汪晖:《中西之间的西藏问题(外二篇)》,三联书店2011年版。

只是笼统的各种观点和口号的比较,而是"文化模式"的比较,不是单纯的各种命题的价值选择,而是深入到了两大文化体系的逻辑构成。①

在这方面,邓晓芒对黑格尔辩证法历史渊源的追溯和逻辑结构的分析(他将黑格尔辩证法及整个西方理性精神分解为:作为内在动力的自否定的"努斯"精神和作为反思形式的"逻各斯"精神)②,对康德哲学(特别是道德哲学)的解读以及借此对新儒家代表人物牟宗三的批评③等等,构成了其批判中国文化(特别是儒家伦理)的主要西学思想研究前提。

第三,以黄宗智为代表,基于中国"实践历史"推进理论建构的研究路径。笔者2008年春作为旁听生参与黄宗智先生在中国人民大学主持的"社会、经济与法律的历史学研究"研修班时,他一再强调:思想史必须找到"落地"的途径,否则我们只能在与中国实践不涉的意识形态层面讨论问题。在其他场合,他也曾一针见血地指出:

……理论读起来和用起来可以使人兴奋,但它也能使人堕落。它既可以使我们创造性地思考,也可以使我们机械地运用。它既可以为我们打开广阔的视野并提出重要的问题,也可以为我们提供唾手可得的现成答案,并使人们将问题极其简单化。它既可以帮助我们连接信息和概念,也可以给我们加上一些站不住脚的命题。它既可以使我们与中国研究圈子之外的同行进行对话,也可以使我们接受一些不易察觉但力量巨大的意识形态的影响。它既可以使我们进行广泛的比较,也可以使我们的眼界局限于狭隘的西方中心的或中国中心的观点。④

---

① 邓晓芒:《序言:我为什么要批判儒家伦理?》,载氏著:《儒家伦理新批判》,重庆大学出版社2010年版,第10—11页。
② 参见邓晓芒:《思辨的张力:黑格尔辩证法新探》,商务印书馆2008年版。
③ 参见邓晓芒:《康德哲学诸问题》,三联书店2006年版;《康德〈实践理性批判〉句读》(上、下册),人民出版社2010年版。
④ 黄宗智:《学术理论与中国近现代史研究——四个陷阱和一个问题》,强世功译,载黄宗智主编:《中国研究的范式问题讨论》,社会科学文献出版社2003年版,第102页。

他进一步将西方理论的陷阱归结为四个方面：不加批判地运用；意识形态的运用；西方中心主义；文化主义（包括中国中心论、文化主义研究和"新文化史"）。为避免单纯理论研究的上述陷阱，他主张"走向从实践出发的社会科学"。这种"实践历史"的研究是建立在如下预设基础之上的：从西方理论来看，中国经验几乎是悖论的。

> 中国历史悠久而厚重，不能简单地以与西方现代文明对立的"非理性"、"传统"或"前现代"等西方理论范畴来理解；中国近代经历了被支配的半殖民地命运，不能简单地与占支配地位的西方等同起来加以理解；中国现代经历了社会主义的革命运动，不能简单地套用西方资本主义和自由民主政治来理解；中国当代从过去的计划经济——而不是"前工业"经济——转入今天的市场经济，不能简单地用市场主义或资本主义发展模式来理解。①

为此，他主张基于中国"实践历史"修正（西）理论、推进理论建构的研究路径："我们要到最基本的事实中去寻找最强有力的分析概念。一个做法是从悖论现象出发，对其中的实践做深入的质性调查（当然不排除量性研究，但是要在掌握质性认识之上来进行量化分析），了解其逻辑，同时通过与现存理论的对话和相互作用，来推进自己的理论概念建构。"②正是采用这种研究路径，他开展了对明清以降社会史、经济史和法律史的研究，为我们提供了一系列实践历史研究范本。

除此之外，以童世骏为代表将中国哲学与西方哲学（主要是哈贝马斯哲学思想）进行对勘，并以前者为据补充或批判后者的路径③，以赵汀阳为代表试图从中国文化中挖掘超越西方自由主义（现代性）的思想

---

① 黄宗智：《为什么要建立一个历史与社会高等研究所？》，http://www.xschina.org/show.php?id=13214。最后访问于 2010 年 10 月 9 日。
② 黄宗智：《认识中国——走向从实践出发的社会科学》，载氏著：《经验与理论：中国社会、经济与法律的实践历史研究》，中国人民大学出版社 2007 年版，第 454 页。
③ 参见童世骏：《批判与实践：论哈贝马斯的批判理论》，三联书店 2007 年版；Tong Shijun, *Dialectics of Modernization: Habermas and the Chinese Discourse of Modernization* (Sydney: Wild Peony Pty Ltd.), 2000 等。

资源的思路①,等等,亦可视为将西方思想史研究与中国问题联系起来的研究范例。

西学研究作为一种学术训练

上文列举了既有的几种将西方思想与中国问题结合起来的代表性实践,但我无意对它们进行全面检视,毋宁说,它们都构成了我在这一题域做进一步思考和推进的基础。

正如任何研究路径都必然有其内在缺陷一样,我们可以轻易指出上述几种研究路径的缺憾。譬如说,汪晖的那种"反历史的历史研究"有立场先行、"以论带史"(甚至"以论代史")的主观化倾向;邓晓芒对中国文化的全面批判则可能会丧失"中国文化的主位性"(牟宗三语);黄宗智的"实践史"路径有"唯实践主义"的倾向,进而可能会窄化我们对"中国理想图景"(邓正来语)的想象空间,等等。但我个人认为,此类批判,特别是"主义"层面的学术评论其实是不可欲的,因为它很大程度上不过是表演性或意识形态化的"理论游戏"。正如余英时转借金岳霖的话所说的,以一种"义理"去评判另一种"义理"无异于"以一种成见去形容其他的成见"②。而且,作为学术后辈,我从上述不同研究路径中体悟到更多的并不是这些"缺陷",而是所谓"中国深度研究"之艰难:中国问题的复杂性使得我们在学术立场的选择、思想资源的袭取、研究路径的确定等方面面临着太多难题。在其他场合,我曾将转型中国问题的性质定性为:"合理(rational)但不正当(right)或善(good)"

---

① 参见赵汀阳:《天下体系:世界制度哲学导论》,江苏人民出版社 2005 年版;《每个人的政治》,社会科学文献出版社 2010 年版。
② 参见余英时:《中国近代思想史上的胡适》,载沈志伟编:《余英时文集第 5 卷:现代学人与学术》,广西师范大学出版社 2006 年版,第 243 页(金岳霖的原话为:"哲学要成见,而哲学史不要成见。哲学史既离不了成见,若再以一种哲学主张去写哲学史,等于以一种成见去形容其他的成见,所写出来得哲学史无论从别的观点看起来价值如何,总不会是一本好的哲学史。"金岳霖:《冯友兰〈中国哲学史〉审查报告》,载《金岳霖学术论文选》,中国社会科学出版社 1990 年版,第 281 页)。邓晓芒也曾指出,用一种思想去否定另一种思想,其实"只是另一个哲学家在反对,而不是陈述反对意见的研究者在反对"(参见苏德超:《哲学翻译的新探索》,载《武汉大学报》2004 年 4 月 9 日)。

的问题①。从历史哲学的视角来看,这种性质体现了李泽厚先生所说的"历史与伦理的二律背反"②。就转型中国而言,它实是人们常说的"礼崩乐坏"的政治哲学表征:既定的制度安排具有某种(韦伯意义上的)"目的合理性",但既不符合我们对社会秩序正当性的道德期许,亦不符合我们对伦理生活的本真性想象。换言之,若以某种给定的目的(如经济发展、政治稳定、社会和谐等)来考量,它具有某种合理性;但如果我们以某种道德或伦理原则来评判,它又不具有正当性或可欲性。比如说,户籍制度问题,如果以政治稳定和大城市可持续发展为目的参照,当下限制人口流动的制度就具有某种目的合理性;但它显然不符合"平等"这一道德哲学规范和政治哲学原则。这样的例子不胜枚举。这种性质正是当下中国问题的真正复杂性所在:其"合理性"来源于社会—历史的规定性(也就是人们常说的"国情"),而其非正当性或可欲性则主要是以某些政治哲学原则(特别是对某些政治哲学原则的西方式理解)为参照而显现出来的。这种性质决定了我们极易做出"主义"或政治层面的表态,但却忽视了对中国具体社会—历史条件的深入认识和分析。也许是上述复杂性使然,当下(甚至自晚清以降)中国研究领域一直徘徊于"理念论或价值论"与"文化论"这两种近乎意识形态化的对立性倾向之间:前者从自由、民主、平等这样的普适性价值出发,以对这些价值的西方式理解对中国文化进行批判性的检视(譬如邓晓芒、秦晖等),后者则从捍卫

---

① 参见孙国东:《从"邓正来问题"到"转型法哲学":一种社会—历史维度的阐发》,载《中国社会科学论丛》2011年春季卷(总第34卷)。
② 李泽厚先生所说的"历史与伦理的二律背反"指向的是一种具有普遍性的"历史本体论"。他认为,"历史在悲剧中前行"。这表现在:"人类靠庄子所痛斥的'机事'、'机心'来维系生存,改善生活,这就是历史……而其代价是种种在动物界少见的大规模的同类相残和各种形态的穷凶极恶。但是,另一方面,更为复杂也更有意思的是,与动物界不同,这种种'穷凶极恶'却又激发出与这一切邪恶、贪婪、平庸、自私相抗争、相决裂、相奋战的崇高的道德理想、正义要求和革命行动。""历史本来就是在这种文明与道德、进步与剥削、物质与精神、欢乐与苦难的二律背反和严重冲突中进行。"具体到当下中国而言,李泽厚指出:"今天中国的现实也正沉重地肩负着这个二律背反在蹒跚前行。……二十年来绝大多数人的生活都有改善、提高,但与之同行的,是道德水准下降,腐化堕落,贪污盛行。"正是基于对历史和现实的这种认识,李泽厚主张经济发展、个人自由、社会正义和政治民主"四顺序说"(参见李泽厚:《说历史悲剧》,载氏著:《人类学历史本体论·乙卯五说》增订本,三联书店2008年版,第216页、212页、231—234页)。

中国政治模式之独特性和中国文化之不可替代性的朴素情绪、情感甚至情结出发,试图从中国千年来古典文化传统或百年来(甚至明清以降)遭遇西方后的思想变构(特别是社会主义传统)和历史实践中,找寻对抗或超越西方文化的思想资源或实践出路(譬如汪晖、黄宗智、邓正来、赵汀阳、童世骏等)。然而,这两种倾向都未能在可欲性与可行性——即转型中国的价值理想与实践约束条件——之间建立起"反思性平衡"(reflective equilibrium),都不是真正具有建设性的研究。从理论研究的角度看,"'时空'不仅是纯内生变量,而且还是我们理解社会结构和历史变迁的关键所在。"[①]因此,中国具体社会—历史条件的加入常常意味着某些中国特有的、影响理论模式解释力的"变量"的加入或至少是"变量"权重的变化;"主义"表态、"立场"先行的做法恰恰会忽视对中国特有的"变量"加入或"变量"权重变化后的学理进行深入的理论分析。显然,若欠缺对中国具体政治和社会—历史条件的深入认识和分析,任何以思想史为背景径直言说中国问题的做法都必然会流于一种与实践不涉的"理论游戏",或一种与学术无关的意识形态——前述"理念论或价值论"路径与"文化论"路径之间的分野正是这样一种意识形态化的二元对立。事实上,只要稍稍意识到晚清以降中国所面临的总体性危机(特别是我在其他场合分析过的"文化认同危机"),我们就不难得出这样的结论:就中国研究而言,"既有的理论资源都有用,因为在古典传统、社会主义传统和部分西方传统共同影响的当下中国,所有的中西理论资源都是我们可以凭借的思想;但既有的理论资源又都无用——如果我们不去建构它与本身就有待我们予以理性认识的当下中国的关联性的话。"[②]借用余英时先生的话讲,这种吊诡性的处境乃在于:"中西观念的'格义'、西方概念的'本土化'和现代诠释这三层工作今天都必须在同一阶段中'毕其功于一役',这自然是比宋代新儒学的重建更为艰巨的历史事业。"[③]

---

① 〔美〕伊曼纽尔·沃勒斯坦:《否思社会科学:19世纪范式的局限》,刘琦言、叶萌芽译,三联书店2008年版,第3页。
② 参见孙国东:《从"邓正来问题"到"转型法哲学":一种社会—历史维度的阐发》,载《中国社会科学论丛》2011年春季卷(总第34卷)。
③ 余英时:《〈中国思想传统的现代诠释〉自序》,载沈志佳编:《余英时文集第2卷:中国思想传统及其现代变迁》,广西师范大学出版社2004年版,第6页。

因此，若论当下的中国研究之难，依我看，即难在我们必须以我们的介入性学理分析和实体性理论建构切实回应下述课题：我们究竟该如何在保留中国现代转型的价值理想和政治理想的前提下建立起理论资源与转型中国的结构化情境之间的相关性？显然，要真正做到这一点，我们不仅要有足够的理论储备和独到的思想洞见，更要同时具备公共责任、知性真诚、学术审慎和思辨理性。但我们真的有么？

如若不能确信自己同时具备上述基础和条件，我们首先要做的恐怕是加强学术训练，以提升学术修养、增强理论言说的能力。因此，若非要对思想史研究与中国问题之间的关系进行定位，我更愿意将其视为一种认识和理解中国问题的学术训练或学术积累。至少对像我这样——既缺乏对中国问题的深刻体认，又欠缺对西学思想的深入认知——的年轻学人而言，这样的自我定位或许可以同时避免思想史研究的印象化、主观化倾向和中国论说的肤浅化、表面化倾向。我的这一主张的理由，除了前述人文社会科学理论对研究对象之时空性的依赖以外，还有人文社会科学理论对研究者本身之时空性的依赖——两者结合，我们可以称之为"人文社会科学对于对象时空性和研究者时空性的双重依赖"：作为一种以人文世界和社会世界为主要言说对象的学问，人文社会科学研究不仅有赖于言说者对既有相关理论资源的占有和把握，更有赖于言说者自身对自我、对社会、对世界、对人类的生命体验和理论认知。在这个意义上，将思想史研究视为认识和理解中国问题的一种学术训练，既贯穿着学术审慎的精神，亦体现了对人文社会科学这一特殊知识形态的一般性认识。

在此，我还想强调指出的是：由于作为现代学科门类的人文社会科学首先源于西方，并伴随着现代化进程而在包括中国在内的非西方国家得以建制化，对中国学者而言，西学训练在很大程度上实乃学术训练的核心环节。从历史上看，现代意义上的社会科学在世界上建制化的时间迄今不过170年左右："在1850年至1945年期间，人们对一系列的学科进行了界定，这些学科共同构成了一个可以'社会科学'名之的知识领域"；"截止到1945年，组成社会科学的全部学科基本上都已经在世界上的绝大多数主要大学里制度化了。"①对我们而言,作为现代学科门类的人文社会科学在中国建制化的历史,其实是中国遭遇西方后追寻现代性的副产品:由于西方现代教育体制和大学体制的示范效应,我们从传统的"四部之学"最终转向了现代知识系统的"七科之学"——即1912年以文、法、理、工、农、医、商为骨干建立起来的与西方相对应的知识系统。近代中国知识系统的形成主要是通过"移植"(即通过兴办"新学"引进西方新学科)和"转化"(即文、史、哲分家)两种途径而实现的②。由于传统中国学术具有"博通"之特性,如何基于专门化的人文社会科学知识话语对人文精神和社会—历史现象进行学理言说,对中国学者而言是一项需要不断规训的学术任务。因此,尽管西方人文社会科学理论或许不能直接回应中国的社会实践问题,但西方人文社会科学所赖以为基的那种思维方式(特别是其认识论和方法论)确是需要我们不断学习和领悟的。如果我们考虑到中国学统重归纳轻分析、重感悟轻学理、重冥想轻知性、重直觉轻理论的倾向,将西学研习作为学术训练的必要性,将更为显明地凸显出来。在这个意义上,将西学研习作为一种学术训练还是学理自觉的表现。

关 于 本 书

与前文关于思想史研究的定位相一致,本书对哈贝马斯商论合法化理论的研究相较其他论者具有如下两个鲜明特色:

第一,它是对哈贝马斯商谈合法化理论的一种"个殊化路径"的研究。在本书中,这种"个殊化路径"主要体现为我所谓的"重构性路径"与"外部视角"相结合的研究路径。我力图通过"重构性路径"把握商谈合法化理论的问题意识(该理论何以出场?)和内在理路(它以何种逻辑呈现出来?),通过"外部视角"把握其"知识增量"(它相对于相关理论脉络具有何种理论贡献?)和理论限度(它相对于相关理论脉络具有何种

---

① 〔美〕伊曼纽尔·华勒斯坦:《开放社会科学:重建社会科学报告书》,刘锋译,三联书店1997年版,第31、33页。
② 关于近代中国学术建制形成的过程,可参见左玉河:《从四部之学到七科之学:学术分科与近代中国知识系统之创建》,上海书店出版社2004年版,第1—7页。

理论限度?)。在我看来,对任何具有某种体系性的人文社会科学理论的把握,只要同时深入把握了其问题意识、内在理路、知识增量和理论限度,庶几就较为全面地把握了这一理论的主要面向。

第二,它没有涉及任何与中国情境有关的问题,亦没有参照任何与中国思想有关的向度,而是尽可能以贴近原著的方式"照着讲"。我对哈贝马斯商谈合法化理论的重构并不以从当下中国情境中抽象出来的某个理论问题为基点而展开,而是以哈氏理论的内在理路为主要依凭的。具体来说,我是从法律与道德的关系这一视角(特别是"后习俗的道德意识结构"这一视点)出发,通过重构哈贝马斯从社会理论经道德哲学到政治哲学和法哲学理论的建构过程,力图展现商谈合法化理论的复杂内在理路。我对哈贝马斯知识增量,特别是理论限度的解读,亦没有参照与此可能具有某种程度的相关性的中国情境或中国思想,而是主要以哈氏本身所自我皈依的理论脉络、哈氏思想在它面对的西方情境所面临的质疑为依据而展开论述。

由于没有涉及当下中国情境(甚至也没有过多地涉及它所回应的西方情势),本书既不是义理阐发之作,也不是理论运用之作,而是一部典型的"照着讲"的西学研究论著。

在其他场合,我曾将我的博士生导师邓正来先生所意欲传授给我们的学术理念概括为:"走向思想本身,走向理论本身,走向学问本身。"其要旨在于:

> 不再是消费主义地记住风行一时的若干"名词",而是刨根究底地去探究这些"名词"背后的思想积淀;不再是修饰主义地堆积装点门面的英文文献,而是旁求博考地去爬梳这些文献本身的理论蕴涵;不再是形式主义地开展"各说各话"的学术讨论,而是心虔志诚地去呵护真正意义上的"知识团结"。①

毋庸讳言,本书正是我力图践行这种学术理念的一种尝试。因此,在研究中,我给自己的定位是:既要自觉抵御自己对哈贝马斯理论所可能具有的情感性赞赏或情绪化质疑,又要尽可能深入理解其理论的来龙去脉

---

① 参见孙国东:《"你看到洞外的阳光了么?"——问道邓公半载随感》,法律博客,http://sunguodong.fyfz.cn/art/167119.htm,最后访问于2011年5月1日。

和优劣得失。至于我是否完全做到了这一点,只能交由读者来评判了。

现在回想起来,我之所以对哈贝马斯理论感兴趣,乃源于我最初由于三个感性判断而生发的"哈贝马斯情结"。其一是他于2001年访问中国时的一个细节。据说,在当时去颐和园游赏的路上,中国接待人员指着旁边的人力车,建议哈氏夫妇坐上体验一下时,他们都笑道不愿。当询问是否是不忍心时,哈贝马斯回答"是"①。正是这个细节让我深深感受到哈贝马斯是一个有着强烈的道德守持且知行合一的人,进而对他产生了由衷的敬慕之情。其二是我对哈氏理论的初步印象。从第一次知道哈贝马斯面对后现代主义浪潮逆流而上地坚持对现代性的批判性捍卫立场时,我便对他产生了浓厚的兴趣。这一兴趣与我对他理论旨趣和学术气质的由衷崇赏密不可分(具有类似学术气质的还有康德、罗尔斯等)。打个也许不甚恰当的比方,如果说像马克思、福柯这样的学者如同书法中张旭的狂草一样,那么哈贝马斯(以及康德、罗尔斯)就像颜真卿的楷书。张氏狂草随心所欲,狂放潇洒,颜体楷书则端庄周正,典雅大方。在后来的学思历程中,我进一步将哈贝马斯的这种理论旨趣概括为一种不同于"激进左派"的"理性左派":"激进左派"以反抗和颠覆既有秩序结构为旨趣,"理性左派"则在承认既定秩序结构(通常是现代性的秩序结构)合理性的前提下追问并捍卫内在于该秩序之中的"未被兑现的诺言"。前者激进而革命,后者温良且周正;前者追求"偏执的深刻",后者属意"周正的思虑";前者激情四射,后者温情脉脉。尽管各有所长,但就像我本能地心仪颜体楷书持中秉正的风采一样,我更欣赏后者温良周正的气质。其三是哈贝马斯的"西方马克思主义"背景。作为生活在将马克思主义视为国家意识形态之国度的人,哈氏的"西马"背景亦是我最初对他感兴趣的主要理由之一。起初,我给自己的定位是厘清诸如此类的问题:哈贝马斯究竟在何种意义上继承和发展了马克思主义?这种继承和发展对中国有何种启示?等等。正是这三个感性判断使我早在本科、特别是硕士阶段就有了"哈贝马斯情结"。

---

① 参见甘绍平:《感受哈贝马斯》,载中国社会科学院哲学研究所编:《哈贝马斯在华讲演集》,人民出版社2002年版,第209页。

于是，当我硕士毕业后决定追随以"人物研究"为培养旨趣的邓正来老师攻读博士学位时，便毫不犹豫地将论文方向锁定为哈贝马斯法哲学。在这个意义上，本书其实是我一直以来的"哈贝马斯情结"的一个产物。

此外，本书亦是我自硕士以来学术训练的一个不完全小结。自进入武汉大学法学院就读法学理论硕士研究生以来，我就将自己的研究方向确定为西方法哲学。在武大徐亚文老师的悉心指导下，我较早地接触了英文原典文献，并培养了良好的知识结构和学术积累。在吉林大学攻读博士学位期间，邓正来老师又以其深厚的西学素养进一步为我提供了较好的学术训练，使我具备了进行理论爬梳的研究习惯和学术能力。刚进吉大读博时，我的自我期许是能写出像邓老师哈耶克研究那样的哈贝马斯研究论文。我不知道我是否可以实现原初的目标；但可以肯定的是，这本书凝结了两位导师的谆谆教益！

回首自己走过学术之路，正是邓正来老师和徐亚文老师共同涂抹了我的学术"底色"，并影响了我迄今为止的学问人生之路。因此，我愿意将本记录我学术成长印迹的书献给他们，以感谢他们在我学术历程中对我的悉心教导和瘁心提携！

最后，请允许我录下哈贝马斯的一段话作为结束语："尽管我为工作流淌了许多汗水，销蚀了许多宝贵的生命时光，但我仍感到一丝欣慰：'啊，你已经有所发现。你可以通过论辩去进一步地发展它们。'我感到满足，因为这是我的必由之路。"①

2011 年 10 月 26 日
于复旦大学国福路教师公寓
2019 年 6 月 22 日改订于沪北江湾寓所

---

① 〔德〕哈贝马斯：《现代性的地平线：哈贝马斯访谈录》，李安东、段怀清译，上海人民出版社 1997 年版，第 79 页。

目录

导论 ………………………………………………………… 1
一、作为政治哲学家与法哲学家的哈贝马斯 ………… 1
二、哈贝马斯合法化理论演变的两条线 ……………… 7
  （一）"韦伯式的马克思主义"：从对"合法化危机"的
       病理诊断到对合法化机理的理论探究 ………… 7
  （二）"填补法学空区"：从政治秩序的合法化到法律
       的合法化 …………………………………………… 19
三、法律与道德：哈贝马斯合法化理论的法哲学
    语境及其理论意蕴 ……………………………………… 28
  （一）"三大法学派"与三种有效性：法哲学中的
       合法化问题 ………………………………………… 28
  （二）法律与道德：哈贝马斯合法化理论的法哲学
       语境及其理论意蕴 ………………………………… 30
四、哈贝马斯法律合法化理论的两种解读方式：麦卡锡式的
    "重构性路径"与吴冠军式的"外部视角" ………………… 33
  （一）国内外哈贝马斯法哲学研究概览 ……………… 33
  （二）哈贝马斯法律合法化理论的两种解读方式 …… 37
五、本书的研究路径："重构性路径"与"外部视角"相结合
    ……………………………………………………………… 43
六、本书的论题限定与结构安排 ……………………………… 44
  （一）本书论题的若干限定与相关说明 ……………… 44
  （二）本书的结构安排 ………………………………… 48

**第一章 "后习俗"的道德意识与法律意识结构：商谈
        合法化理论的社会理论基础** ……………………… 51
一、"后习俗"与"后传统" ……………………………………… 53

二、科尔伯格：社会进化与"后习俗层次"的道德意识 ………………………………………………………………… 54
 （一）科尔伯格的个体道德意识发展理论 …………… 56
 （二）哈贝马斯对科氏理论的社会进化论"转译" …… 57
 （三）现代社会道德意识结构的主要特征 …………… 65
三、韦伯：法律的合理化与"后传统"的现代意识结构 …… 66
 （一）韦伯眼中的"传统"与"传统主义" ……………… 69
 （二）哈贝马斯对韦伯合理化理论的"阐发"：从文化层面的"现代意识结构"到社会层面的"法律合理化" ……… 71
 （三）哈贝马斯论"后传统"法律的结构性特征 ……… 79
四、"生活世界的合理化"与规范结构的社会进化：哈贝马斯对韦伯合理化命题的沟通行动论"重建" …………………… 81
五、本章小结 ……………………………………………………… 88
 （一）后习俗道德意识与法律意识结构的理论逻辑 …… 88
 （二）后习俗的证成层次与法律合法化 ………………… 91

第二章　后传统社会的道德理论：商谈合法化理论的道德哲学基础 …………………………………………… 97

一、哈贝马斯对科氏理论的沟通行动论"改造" ……………… 99
二、哈贝马斯对科氏理论的商谈伦理学"改造" …………… 102
三、康德主义伦理学的一般特征及商谈伦理学的发展 …… 108
四、商谈伦理学：商谈合法化理论的道德哲学基础 ……… 114
 （一）商谈伦理学的两个原则及其关系 ………………… 114
 （二）规范有效性与法律合法化：从商谈原则到民主原则 …… 116
五、本章小结 ……………………………………………………… 119

第三章　基于合道德性的合法性：从康德到哈贝马斯 …… 121

一、从"公意"到"实践理性"：卢梭与康德契约论"同意"模式之别 ………………………………………………………… 124
二、"道德优先于法律"与"正当优先于善"：从法律与道德的关系看康德的法律合法化论说 …………………………… 135

三、"实践理性的多态论":哈贝马斯对康德式合法化论说的
　　批判与重建 …………………………………………………… 142
　（一）哈贝马斯对康德基于实践理性之合法化论说的批判 …… 142
　（二）"实践理性的多态论":哈贝马斯对康德基于实践理性
　　　之合法化论说的重建 …………………………………… 146
四、本章小结 ……………………………………………………… 151

第四章　基于合法律性的合法性:从韦伯到哈贝马斯 ………… 153
一、"叙古拉的诱惑":价值无涉与价值关涉及学术与政治 …… 157
　（一）韦伯的民族主义情结 ……………………………………… 157
　（二）"价值无涉"与"价值关涉":韦伯论"学术与政治" …… 159
二、作为学者的韦伯:韦伯论现代社会基于合法律性的
　　合法性 …………………………………………………………… 165
　（一）"法律理性的出现":从形式不合理到形式合理 ………… 166
　（二）韦伯论现代社会"基于合法律性的合法性" ……………… 168
三、作为"群众性政治家"的韦伯:"领袖民主"合法化模式 …… 172
四、"法律与道德互补论":哈贝马斯对韦伯式合法化理论的
　　批判和重建 ……………………………………………………… 181
　（一）哈贝马斯对韦伯式实证论合法化理论的批判 …………… 181
　（二）"法律与道德互补论":哈贝马斯对韦伯式"基于
　　　合法律性的合法性"模式的重建 ………………………… 192
五、本章小结 ……………………………………………………… 198

第五章　结语　商谈民主与法律合法化:商谈合法化理论的
　　　　民主向度 …………………………………………………… 201
一、法律:作为"系统"与"生活世界"之间的一种媒介 ………… 203
　（一）哈贝马斯"系统—生活世界的二元论" …………………… 203
　（二）法律:作为"系统"与"生活世界"之间的一种媒介 …… 206
二、从"系统—生活世界的二元论"到"围攻论"的"双轨模式" … 209
三、商谈民主与法律合法化 …………………………………… 216
四、本书结论 …………………………………………………… 220

第六章　余论　商谈合法化理论的限度：诸批判立场概览……… 222
　一、詹姆斯·L·马什："左派"的批判…………………… 225
　二、尼克拉斯·卢曼："右派"的批判……………………… 228
　三、威廉·雷格和詹姆斯·博曼："家族内部"的批判 …… 237
　四、几点评论…………………………………………………… 243

附录一　"交往"，抑或"沟通"：哈贝马斯理论中"Kommunikation"
　　　　译名辨兼及"Law As Communication"的翻译………… 247
附录二　《哈贝马斯与现代性》导言……………………………… 263
附录三　哈贝马斯法与民主的商谈理论：
　　　　对其论辩的一个概述…………………………………… 296
附录四　商谈与民主：《在事实与规范之间》
　　　　中合法性的正式与非正式基础………………………… 326

参考文献…………………………………………………………… 358
初版后记…………………………………………………………… 380
增订版后记………………………………………………………… 388

导　论

> 由于对适用于资产阶级立宪国家的意识形态的批判及对自然权利之基础的社会学消解，马克思比黑格尔走得更远，使得合法律性观念和自然法的意图本身对马克思主义者而言长期名声受损……*
>
> ——哈贝马斯

一、作为政治哲学家与法哲学家的哈贝马斯

德国思想家尤根·哈贝马斯(Jürgen Habermas,1929—)可能是我们这个专业化、学科化时代硕果仅存的"百科全书式的学者"，是罕见地将马克思主义和批判理论、康德主义、韦伯主义、语言哲学和言语行为理论(speech act theory)、实用主义和分析哲学、哲学阐释学、现象学、系统功能主义、符号互动论等理论传统融合起来并形成具有独创性的理论体系的思想家和理论家。的确，在很大程度上，我们可以把日本学者安倍能成评价康德的那句名言套用在他身上：哈贝马斯就像个蓄水池，此前的很多哲学思想都流向他，此后的哲学思想亦都将从他那里流出。早在哈贝马斯 40 岁时，当时欧洲文化生活最具洞察力的评论家之一乔治·里希特海姆(George Lichtheim)就曾对他做出了这样的评价：

---

* J. Habermas, "Natural Law and Revolution", in *Theory and Practice*, trans. John Viertel (Boston: Beacon Press,1973), p.113.

……[在]其大多数同僚在某个领域的一个角落艰辛耕耘的时代,他却使自己无论是深度还是广度上都成为整个领域的主人。其中,没有任何投机取巧(corner-cutting),也不存在任何驾轻就熟地回避难题,或欺骗性地阐述未经研究而得出的结论:无论是对波普尔的反驳,对查尔斯·皮尔斯实用主义的剖析,对谢林形而上学中世纪先驱的探究,抑或对马克思主义社会学的更新,他都同样出神入化地掌握材料,并以其令人羡慕的才华阐明其中复杂的逻辑疑难。他似乎天生就具有一种将最困难的资料融会贯通并使之重新成为有序整体的能力。[①]

与哈贝马斯同时代的著名社会理论家安东尼·吉登斯(Anthony Giddens,1937—)也做出了类似的评论:"他确实把许多明显从不兼容的路径中获得的观念整合到了自己的理论中。然而,对哈贝马斯整个理论谋划稍有点同情心的人,也不得不承认他用某种高度创新和训练有素(disciplined)方式把如此众多的理论观念融合了起来。"

无论人们对《沟通行动理论》一书的长度如何挑剔,都一定会对哈贝马斯那百科全书式的讨论留下深刻印象。可以想象:除了哈贝马斯,还有谁能在今天的社会理论著述中,毫不费力地在其思想中涉及如此多样的古典和现代传统,把一端是抽象的哲学问题,另一端是当下的政治关切联系起来呢?[②]

总之,"他广博的著述所涉及的论题从社会—政治理论到美学,从认识论、语言学到宗教哲学,其思想不仅在哲学领域,而且在政治—法律思想、社会学、传播研究、论证理论(argumentation theory)

[①] George Lichtheim, "From Historicism to Marxist Humanism", in George Lichtheim, *From Marx to Hegel* (New York: Herder & Herder, 1971), p.175, cited in Richard J. Bernstein (ed.), *Habermas and Modernity* (Cambridge, MA: MIT Press, 1985), p.1.

[②] Anthony Giddens, Reason Without Revolution? Habermas's *Theorie des kommunikativen Handelns*, in J. Bernsteim (ed.), *Habermas and Modernity* (Cambridge, Mass.: MIT Press, 1985), pp.96, 111.

和修辞学、发展心理学和神学等方面都产生了显著的影响。"①哈贝马斯所做的一切,使我们有理由相信:"如果马克斯·韦伯已被视为资产阶级的马克思,那么哈贝马斯就可以总体上被标示为马克思主义化的马克斯·韦伯。"②"他无疑是当今世界最重要、最有影响的哲学家和社会理论家……没有他,德国的学术文化将黯然失色,这个国家的哲学在国际上将缺少一位其优秀传统的杰出代表。"③

一个有趣的现象是:大凡具有博大关怀、钟情于构建庞大理论体系的思想家,其理论路向都大致沿着形而上学→伦理学或道德哲学→政治哲学和法律哲学的轨迹运行,康德、黑格尔如此,哈贝马斯亦不例外。如果以笛卡儿的"知识树"来比喻哈贝马斯的理论体系"沟通行动理论"(*Theorie des kommunikativen Handelns*, the theory of communicative action④)相当于它的形而上学基础,是它的根;"商谈伦理学"(*die Diskursethik*, discourse ethics)则把"沟通理性"(*Kommunikative Vernunft*, communicative reason)和"商谈原则"(*Discourseprinzip*, principle of discourse)转译为所有规范的证成程序,构成了它的主干;而其政治与法哲学又将商谈伦理学运用于政治与法律领域,由此所形成的"商谈民主"(*Diskursive Demokratie*, discursive democracy)[又称"审议民主"(*Deliberative Demokratie*, deliberative democracy)]理论则可被视为它的果实⑤。大概是源于对

---

① James Bohman & William Rehg, "Jürgen Habermas", *The Stanford Encyclopedia of Philosophy* (Fall 2011 Edition), Edward N. Zalta (ed.), URL =＜http://plato.stanford.edu/archives/fall2011/entries/habermas/＞.
② William Outhwaite, *Habermas: A Critical Introduction* (2nd edition), (Cambridge: Polity Press, 2009), p.3.
③ 阿克塞尔·霍内特:《我们的批评家——贺尤尔根·哈贝马斯70诞辰:一篇思想传记》,载《时代周刊》1999年6月17日。转引自章国锋:《关于一个公正世界的"乌托邦"构想——解读哈贝马斯的〈交往行为理论〉》,山东人民出版社2001年版,第1页。
④ 为区别起见,本书关键术语的原文前为德文,以斜体大写标注,后为英文,以正常字体的小写标注——下同。
⑤ 参见汪行福:《通往话语民主之路:与哈贝马斯对话》,四川人民出版社2002年版,第164页。

思想体系性的追求,政治哲学,特别是法哲学直到其创作的晚期才真正进入哈贝马斯的理论视野。

在《晚期资本主义的合法化问题》(Legitimationsprobleme im Spatkapitalismus,1973;英译本为《合法化危机》:Legitimation Crisis,1975)、《重建历史唯物主义》(Zur Rekonstruktion des Historischen Materialismus,1976;英译本为《沟通与社会进化》:Communication and The Evolution of Society,1979)等早期社会—政治性论著中,哈贝马斯鲜有论及法哲学问题。尽管他很早就在《理论与实践》(Theorie und Praxis,1963;Theory and Practice,1973)、《论社会科学的逻辑》(Zur Logik der Sozialwissenschaften,1967;On the Logic of the Social Sciences,1988)和《认识与旨趣》(Erkenntnis und Interesse,1968;Knowledge and Human Interest,1971)等论著中初步论及了自然法和(法律)实证论等问题,但是直到作为其实践哲学体系之理论基础的《沟通行动理论》(Theorie des kommunikativen Handelns,1981;The Theory of Communicative Action,1984/1987)出版后的1986年,也即是在著名的"泰纳人类价值讲座"(The Tanner Lecture on Human Values)上做了题为《法律与道德》(Law and Morality)的讲演①以后,他才正式进入法哲学领域,进而对"法律与道德的关系"以及与此相关的法哲学问题进行了较为系统的阐述。以《在事实与规范之间》(Faktizität und Geltung,1992;Between Facts and Norms,1996)的出版为标志,他既

---

① 需要指出的是,哈贝马斯的这个著名演讲的基础是他于1985—1986学年在法兰克福大学主讲的法律哲学讲座;但就其有影响力的正式成果而言,还是他在"泰纳讲座"上的这篇演讲。"泰纳人类价值讲座"是美国学者、实业家、慈善家Obert Clark Tanner于1978年7月创办的著名讲座,其主要在哈佛大学、耶鲁大学、普林斯顿大学、密歇根大学、斯坦福大学、加利福尼亚大学伯克利分校、犹他州大学、牛津大学和剑桥大学等9所世界著名大学巡回主讲。它是目前世界上顶级的大学讲座系列之一,其演讲集 The Tanner Lectures on Human Values 亦是国际学术界引证较高的论著。主讲人是一种很高的荣誉,是对其"在人类价值领域所作出的杰出成就的认可",米歇尔·福柯(Michel Foucault)、雷蒙·阿隆(Raymond Aron)、理查德·罗蒂(Richard Rorty)、约翰·罗尔斯(John Rawls)等均曾是该讲座的主讲人。参见 http://www.tannerlectures.utah.edu.,最后访问于2011年4月5日。

完成了从"沟通行动理论"到"商谈理论"的全面升华,亦最终形成了以沟通行动理论为基础、以商谈伦理学和商谈民主理论为主干的庞大实践哲学体系。随后出版的《包容他者》(*Die Einbeziehung des Anderen*,1996; *The Inclusion of Others*, 1998)和《后民族结构》(*Die Postnationale Konstellation*, 1998; *The Postnational Constellation*, 2001)等论著则是对其《在事实与规范之间》一书思想的进一步补充和拓展。

作为其政治哲学和法哲学的代表作,哈贝马斯的《在事实与规范之间》一书不仅是20世纪晚期西方政治和法哲学领域最重要的代表作之一,而且已被列入政治、法哲学最经典论著之列。有论者评论说:"哈贝马斯让人恭候许久的《在事实与规范之间》一书是哲学和社会理论的一部里程碑式的著作。"[1]"如同黑格尔的《法哲学原理》一样,《在事实与规范之间》一书是一部伟大的即异常综合性的、独创性的、开拓性的著作。它使法哲学建立在一种新的、更为精细,也更具综合性的基础之上。"[2]因此,"这是一本非同寻常的著作。在某种程度上,它可能是哈贝马斯最好的著作。"[3]从法哲学的视角看,哈贝马斯提出的法律商谈理论,同受其理论启发而出现的法律论证理论[4]一道,不仅为我们提供了一种基于康德式"实践哲学"传统和韦伯式社会理论传统并超越自然法与法律实证主义二元对立的"第三途径"[5],更是对自笛卡儿以降与

---

[1] Michel Rosenfeld & Andrew Arato, Introduction: Habermas's Discourse Theory of Law and Democracy, in Michel Rosenfeld & Andrew Arato (eds.), *Habermas on Law and Democracy* (California: University of California Press,1998), p.1.

[2] James L.Marsh, *Unjust Legality: a Critique of Habermas's Philosophy of Law* (New York: Rowman & Littlefield Publishers, Inc., 2001), p.1.

[3] David M.Rasmussen, How is Valid Law Possible? a Review of Between Facts and Norms by Jürgen Habermas, in Mathieu Deflem (ed.), *Habermas, Monernity and Law* (London: SAGE publications,1996), p.42.

[4] 事实上,以德国法学家罗伯特·阿列克西(Robert Alexy,1945—)为代表所提出的法律论证理论主要建立在哈贝马斯沟通行动理论和"真理共识论"这一形而上学基础之上。参见〔德〕罗伯特·阿列克西:《法律论证理论》,舒国滢译,中国法制出版社2002年版,第127页以下。

[5] 参见〔德〕阿图尔·考夫曼:《法律哲学》,刘幸义等译,法律出版社2004年版,第55页。

"主体性哲学"①相适应的主流法律范式的超越,为我们认识后形而上学时代的法律现象提供了新的法律话语形式。正如比利时法学家马克·范·胡克(Mark Van Hoecke)指出的

> 法律理论和法律实践中的很多问题都与其自身潜隐的、哲学上的合理性概念密不可分。在欧陆法律理论和法律实践中大行其道达两个世纪之久的笛卡儿式的逻辑——演绎思维方式(Logico-deductive approach of cartesian thinking)已经愈来愈招致多方面的抨击;作为一种替代,论证理论和商谈理论在法律理论中发展起来。②

从政治哲学的视角看,由哈贝马斯本人所阐发的商谈民主模式,同直接受其激励产生的其他诸审议民主理论一道,在回应现代复杂社会的民主理论方面起到"范式转换"的作用:"尤根·哈贝马斯的《在事实与规范之间》一书是一部复杂且多面相的著作;在该书中,他不仅为我们提供了一种法律哲学,而且也提供了一种针对复杂社会的审议政治理论。"③就审议思想在当代的复兴而言,哈贝马斯比其他任何思想家的贡献都要大:"由于哈贝马斯的影响,围绕偏好转换而不仅仅是偏好聚

---

① 哈贝马斯认为,笛卡儿以降的现代性哲学话语大都受到笛卡儿范式(the Cartesian paradigm)的支配。这种范式反映了人们主体主义的雄心,预设了"主体与客体、理性与感性(sense)、理性与欲望(desire)、心智(mind)与身体、自我与他者"等的二元对立[参见 Thomas McCarthy, Translator's Introduction, in J. Habermas, *The Theory of Communicative Action*, Vol.1: *Reason and the Rationalization of Society* (trans T. McCarthy, Beacon Press, Boston, 1984), p.ix.];相信"绝对客观真理的存在,而追求这种真理的方法建筑在没有偏见、没有价值污染及不受传统影响的基础上"(阮新邦:《哈贝马斯的〈沟通行动论〉》,载阮新邦、林端主编:《解读〈沟通行动论〉》,上海人民出版社2003年版,第12页)。这种范式主宰了几乎整个现代思想史,实是一种意识哲学,即主体性哲学。关于哈贝马斯对主体性哲学(意识哲学)的批判, See J. Habermas, *Postmetaphysical Thinking*, trans. William Mark Hohengarten (Cambridge, Mass.: MIT Press, 1992).
② 〔比〕马克·范·胡克:《法律的沟通之维》,孙国东译,法律出版社2008年版,第14页。
③ William Rehg & James Bohman, Discourse and Democracy: The Formal and Informal Bases of Legitimacy in Between Facts and Norms, in René von Schomberg & Kenneth Baynes (eds.), *Discourse and Democracy: Essays on Habermas's Between Facts and Norms* (New York: State University of New York Press, 2002), p.31.

合的民主观念已经成为民主理论的主要观点。"①

二、哈贝马斯合法化理论演变的两条线

现代社会(晚期资本主义)的合法化(*Legitimation*,legitimation)问题是哈贝马斯数十年思想之旅中最为关注的论题之一。然而,与其理论立场和学术兴趣的变化导致的理论演变相一致,哈贝马斯的合法化理论亦经历了一系列变化。如果我们深入把握其合法化理论演变的内在理路,可以大致分辨出其中隐含着两条相互交织、次第展开的线索:(1)大体以两卷本的《沟通行动理论》的出版为标志,他开始从对现代社会(晚期资本主义)"合法化危机"的病理性诊断迈向对现代复杂社会合法化机理的建设性理论探究,其突出的表现即是开始从"沟通理性"和"商谈论"视角系统建构现代复杂社会的合法化机理。(2)与此相适应,哈贝马斯从早期对抽象政治秩序合法化问题的一般性讨论转向后期对现代复杂社会法律秩序(以及与法律秩序具有构成性关联的现代政治秩序)之合法化机理的理论建构,这集中体现于其1992年出版的《在事实与规范之间》中。经由这两条线索的交错、次第转变,从早期对晚期资本主义(现代社会)合法化危机的病理学诊断到开出回应合法化危机的治世良方,哈贝马斯基本实现了其作为"社会病理学家"(social pathologist)的自我期许和自我定位②。

(一)"韦伯式的马克思主义":从对"合法化危机"的病理诊断到对合法化机理的理论探究

1. 一种基于沟通范式的"韦伯式的马克思主义"

如果说1970年代的哈贝马斯基本诊断出了晚期资本主义(现代社

---

① Jon Elster (ed.), *Deliberative Democracy* (Cambridge: Cambridge University Press, 1998), p.1.
② 哈贝马斯一直以"现代性的社会病理学家"自我期许。在《沟通行动理论》的序言中,他明确指出:该书包含的主要理论构件之一就是"一种解释现在日益可见的那种社会病理的现代性理论"。J. Habermas, *The Theory of Communicative Action*, *Vol.1: Reason and the Rationalization of Society*, trans. Thomas McCarthy, (Boston: Beacon Press, 1984), Author's Preface, p.xlii.

会)合法化危机的病理,那么大体以1981年《沟通行动理论》的发表为标志,他试图基于"系统(*System*, system)与生活世界(*Lebenswelt*, lifeworld)的二元论"这一系统的社会理论框架更为精致地解释现代社会合法化危机的表现及其出路,而他的这一理论框架则是通过"以韦伯对接马克思"的努力,并以蕴涵于生活世界(道德—实践性要素)的"沟通理性"对勘,并克服体现系统(认知—工具性)逻辑的"工具理性"而最终形成的。

在《沟通行动理论》第二卷最后一节《社会批判理论的诸任务》(*The Tasks of a Critical Theory of Society*)中,哈贝马斯系统总结了自己试图超越前人(特别是早期法兰克福学派)、建构社会批判理论之"规范性基础"(normative foundations)的理论思路。在哈氏看来,抛开行为主义这种不够复杂的路径不论,既有研究有三种理论模式或研究路径对现代社会进行解释:(1)以莱因哈特·本迪克斯(Reinhard Bendix,1916—1991)、雷纳·莱普修斯(M. Rainer Lepsius,1928—)、C.W.米尔斯(C.Wright Mills,1916—1962)、巴林顿·摩尔(Barrington Moore,1913—2005)及汉斯-乌尔里希·韦乐(Hans-Ulrich Wehler,1931—)等为代表,试图从韦伯(Max Weber,1864—1920)的社会理论和马克思主义历史学出发,以"结构分化理论"(theory of structural differentiation)——即以"社会在功能上特定的行动系统中的结构分化"——来解释现代社会;(2)以帕森斯(Talcott Parsons,1902—1979)和卢曼(Niklas Luhmann,1927—1998)为代表的"系统理论路径"以古典经济学和社会科学的功能主义为起点,已经首先对经济系统和行政系统进行了较为全面的分析;(3)从韦伯式的理解社会学(interpretive sociology)、现象学、阐释学和"符号互动论"中发展而来的"行动理论路径"(action-theoretical approach)则试图从日常生活出发,以阐明世界观和生活形式的结构——在汤普森(E. P. Thompson,1924—1993)的论著中,它还与历史研究结合起来。然而,在哈氏看来,"结构分化理论不能充分地把系统与生活世界方面区分开来,系统理论和行动理论则把这两个方面的一个隔离开来并予以过分强调。"[①]他们

---

① J. Habermas, *The Theory of Communicative Action*, Vol.2: *System and Lifeworld*, trans.Thomas McCarthy (Boston: Beacon Press, 1987), p.377.

都未能实现马克思所谓的"现实的抽象化"(real abstractions),而若要实现"现实的抽象化",必须"同时追溯生活世界的合理化过程及媒介导控系统(media-steering systems)之复杂性的增长"①,即诉诸他所谓的"系统与生活世界的二元论"。哈贝马斯将他的这种理论路径称为"发展心理学中的发生学结构主义"(genetic structuralism of developmental psychology),即把对生活世界中"意义"的发展心理学探究与对"系统"的结构主义阐释结合起来的一种路径。这种路径袭取了韦伯的宗教社会学(特别是其始于文化合理化的社会合理化理论)、米德(G. E. Mead,1863—1931)的符号互动论、涂尔干(Emile Durkeim,1858—1917)的社会整合理论等成果,并主张"以'发生学结构主义'来解读韦伯式的合理化命题"②。

从其所皈依的理论传统来看,哈贝马斯式的"发生学结构主义"其实是一种基于"沟通范式"的"韦伯式的马克思主义"(Weberian Marxism)。按照 Harry F. Dahms 的解读,"韦伯式的马克思主义"的突出特征在于对科学—认知、道德—实践、艺术—审美等诸文化价值领域之自主逻辑的尊重:"马克思对资本主义的批判性分析须由那种受韦伯激励而获得的体悟予以平衡,即:在某种高度整合的社会中实现的大量任务,不能被吸纳进与这些特定任务及可供使用的必要社会功能的固有要求不相兼容的那些迫令(imperatives)之中。"③从韦伯那里,哈贝马斯获得的最大思想激励之一即是对文化价值领域之自主逻辑的

---

① J. Habermas, *The Theory of Communicative Action*, Vol.2: *System and Lifeworld*, trans.Thomas McCarthy (Boston: Beacon Press, 1987), p.378.
② Ibid.
③ Harry F. Dahms, Theory in Weberian Marxism: Patterns of Critical Social Theory in Lukács and Habermas, in *Sociological Theory*,15 (3) 1997, p.195. Harry F. Dahms 进一步指出:哈贝马斯受卢卡奇"物化理论"启发的"韦伯式马克思主义"则源于下述认识:"面对现代社会似乎日益具有压倒性的物化掣肘(stranglehold of reification),卢卡奇的社会理论必须进行重新调整,以使沟通能力的提炼成为我们的主题;必须识别出思考经济、国家及社会的替代性方式,而不必超克(overcome)资本主义。换言之,我们面临的挑战是要阻止当前先进资本主义生产方式的合理化特征的逻辑被进一步吸纳进其他领域自身的迫令中;把经济合理性限定于经济领域。任何导向克服资本主义的实践都可能不能使那种回应当前社会历史发展阶段的替代性实践(及生活)形式成为主题。与社会合理性和进步(progress)的相应概念一道,这种替代性的实践形式需要一种不同的社会行动和社会理论范式:沟通行动范式。"(Ibid., pp.205-206.)

尊重；然而，他又试图以其所建构的"沟通范式"克服韦伯（以及马克思和早期法兰克福学派）局限于认知—工具领域的工具理性视角。在他看来，不仅韦伯基于"目的合理性"（Zweckrationalität, purposive rationality）或"形式合理性"（Formale Rationalität, formal rationality）的现代性阐释传统与早期法兰克福学派的"工具理性批判传统"明显局限于工具理性视角①，马克思主义的"生产范式"亦不例外。按照哈贝马斯的理解，马克思主义的"生产范式"将劳动作为人区别于动物的主要方面，并将其作为对资本主义生产方式进行分析和批判的逻辑起点；然而，就劳动过程而言，它其实体现了"工具行动"的逻辑："从物理学方面来看，劳动过程意味着人之能量的耗费以及在适当安排（economy）外在自然时的能量转换；然而，具有决定性的是：这种目标导向的物质转型（transformation of material）的社会学方面是依据工具性行动的诸规则（rules of instrumental action）而进行的。"②在他看来，唯有纠偏马克思、韦伯及早期法兰克福学派局限于科学—认知领域的工具理性视角，代之以他所力主的"沟通理性"视角，才能进一步释放蕴涵于生活世界的解放潜能。因此，哈贝马斯对科学—认知、道德—实践、艺术—审美等诸文化价值领域之自主逻辑的尊重，在很大程度上旨在突出道德—实践领域相对于科学—认知领域（即作为"上层建筑"的道德与法

---

① 值得注意的是，尽管当下中国学界常常将"工具理性"等同于"目的合理性"或"形式合理性"。但据我初步考察，韦伯本人最常使用的术语其实是相对于"价值合理性"的"目的合理性"，他只是在讨论具体理性的经济活动时才采用了"形式合理性"和"实质合理性"这对范畴，更没有明确使用过"工具理性"概念——"工具理性"是早期法兰克福学派在继承韦伯思想的基础上提出的。哈贝马斯在重构韦伯的"实践理性"这一复杂概念时，曾将"工具合理性"和"选择合理性"统称为"形式合理性"（"目的合理性"），并将"形式合理性"（"目的合理性"）和"价值合理性"统称为"实践合理性"。哈贝马斯认为，韦伯所谓的目的合理性（形式合理性）是指"不仅手段及其运用方式或多或少可以具有合理性，即可以有效针对给定的目的，而且目的本身也或多或少可以具有合理性，即在给定的价值、手段和边界条件下，对目的的选择也可以具有客观意义上的正确性。属于目的合理行动行为的条件不仅包括手段的工具合理性，而且包括根据价值来选择并确定目的时的选择合理性。"J. Habermas, *The Theory of Communicative Action*, Vol. 1. *Reason and the Rationalization of Society*, trans. Thomas McCarthy (Boston: Beacon Press, 1984), p.170.

② J. Habermas, *Communication and Social Evolution of Society*, trans. Thomas McCarthy (Cambridge: Polity Press, 1991), p.131.

律意识相对于作为"基础"的经济领域)的自主性,进而凸显"生活世界合理化"(rationalisation of lifeworld)进程的自主性,并以蕴涵于生活世界的沟通理性纠偏马克思主义的生产范式和早期法兰克福学派的"工具理性批判"传统①。

---

① 在其他场合,哈贝马斯本人曾经指出:以早期法兰克福学派为代表的批判理论传统主要在如下三个方面存在缺陷,即"规范性基础"、"真理的概念及其与科学学科之间的关系"、"对民主和宪政国家传统的低估"。他说道:"回想起来,对我而言批判理论的缺憾似乎可以按照如下类别予以归类:'规范性基础'、'真理的概念及其与科学学科之间的关系'、'对民主和宪政国家传统的低估'……在1930年代,老法兰克福学派仍明确地认同理性,并按照历史哲学的方式对其进行阐发。这是经由对资本主义之意识形态批判的袭取(appropriation)而取得的……在1930年代,对此的怀疑开始在法兰克福理论家中兴起,其结果反映在《启蒙的辩证法》(*Dialectic of Enlightenment*)和《理性之蚀》(*Eclipse of Reason*)中……这与第二点批评意见有关,即:老法兰克福学派从未放弃取自黑格尔的哲学的真理观,而该真理观与科学努力的易谬性(fallibility)不相兼容……第三点变得与我非常相关。在政治理论层面,老法兰克福学派从来没有认真对待资产阶级民主。"[J. Habermas, *Autonomy and Solidarity: Interviews with Jürgen Habermas*, Peter Dews (ed) (London and New York: Verso,1992), pp.98-99.] 从方法论视角看,我们至少还可以从如下两个方面来解读哈贝马斯与法兰克福学派及马克思主义的关系:第一,哈氏的这种理论转向继承了从黑格尔—马克思到法兰克福学派的"内在批判"(immanent critique)传统,并将法兰克福学派早期基于"意识形态批判"的"内在批判"转向基于"理想言谈情境"(ideal speech situation)的"内在批判",进而将其对现代性的否定转向批判性的捍卫。所谓"内在批判",即"基于既存思想的各项范畴而做出的批判,使这些范畴激进化,不同程度地揭示它们的问题和未被认识的可能性。"([英]布莱恩·特纳:《Blackwell社会理论指南》第2版,李康译,上海人民出版社2004年版,第622页。)正如霍克海默指出的,"哲学将处在其历史背景中的既存范畴与其基于观念原则的主张相对照,以期对这两者(观念与现实)之间的关系做出批判,从而超越这种关系。"[Max Horkheimer, *The Eclipse of Reason* (New York: Oxford University Press,1947), p.182.转引自[英]布莱恩·特纳:《Blackwell社会理论指南》第2版,李康译,上海人民出版社2004年版,第622页。]大体而言,哈贝马斯"内在批判"的规范性渊源主要在于如下两端:一是他所独创性地开掘的理论路向,即内在于"言语行为"(speech act)的那些"准先验的"(quasi-transcendental)语用前提,也就是他所谓的"理想言谈情境";二是承继"法兰克福学派"的传统,主张根据现代社会本身的"未被兑现的诺言"来对它的现实进行批判,而这种"诺言"不仅体现在作为几大资产阶级革命之成果的宪法性文件之中,也体现在西方社会近代以来所形成的政治文化之中(关于对哈贝马斯此种向度的"内在批判"路径的讨论,可参见童世骏:《批判与实践:论哈贝马斯的批判理论》,三联书店2007年版,第44—45页)。第二,从政治立场上看,哈贝马斯更接近于(西方)马克思主义传统中以罗莎·卢森堡和晚期霍克海默为代表的稳健改良立场,而非经典马克思主义的激进革命立场。

正如我们将在本书第一章中将要看到的，哈贝马斯基于"沟通范式"的"韦伯式的马克思主义"旨在强调：道德—实践领域中以语言为媒介的互动及其所凝结而成的"规范结构"（normative structures）（即道德和法律意识结构）遵循着某种"发展逻辑"（developmental logic），进而可以让我们在社会进化论语境中重新确认当下批判理论的"规范性基础"。按照哈贝马斯的理解，规范结构主要是法律与道德这种标识人之互动的主要领域所凝结而成的"意识结构"，而这种意识结构体现了由人们在与道德和法律相关的互动或沟通中经由"学习过程"（learning process）而形成的"学习水平"（learning levels），并遵循着由低级到高级进化的发展逻辑。因此，以规范结构及其发展逻辑为主要基点，哈贝马斯不仅找到了以规范结构的社会进化"重建历史唯物主义"的路径，而且亦开辟了以沟通范式重新确认批判理论之规范性基础的理论路向。在他看来，法兰克福学派所赖以为基的马克思版本的历史唯物主义已不足以为批判理论提供规范性基础，我们应从内在于语言运用之中的沟通理性中重新确认其规范性渊源："社会理论不必再从资本主义文化、艺术和哲学思想中间接地——即以意识形态批判的方式——确证其规范性内容。有了内在于取向达致理解的语言运用中的沟通理性概念，社会理论再次从哲学中获得能够担当起系统性任务的期待。"[①]根据哈贝马斯的弟子兼阐发者塞拉·本哈比（Seyla Benhabib）的解读，沟通理性概念对批判理论之规范性基础的重新确认在于如下两个关键修正：

> 第一，自我反思（self-reflection）与自主（autonomy）的关系依照商谈理论进行了重述。哈贝马斯宣称，在对有效性主张进行商谈性证成中所运用的认知能力（cognitive capacity），亦蕴含着一种普遍主义的伦理立场。第二，自主则以沟通性的术语予以理解。自主不再是康德式的自我立法（self-legislation）、黑格尔和马克思那里的自我实现（self-actualization）以及阿多诺和霍克海默那里的摹仿（mimesis），而是采取普遍主义立场的认知能力以及以这种

---

① J. Habermas, *The Theory of Communicative Action*, Vol.2: *System and Lifeworld*, trans.Thomas McCarthy (Boston: Beacon Press, 1987), p.397.

普遍主义立场为基础行为的互动能力。①

正是以上述两个修正为基点,哈贝马斯对作为现代性核心理念的"自主"及其与"自我反思"的关系进行了基于"沟通范式"的重述,进而为我们从内在于语言沟通中的"准先验前提"中获致批判理论的"规范性基础"开辟了理论通道。

综上所论,主要从韦伯的社会理论(特别是其合理化理论)中汲取思想养料,并以此纠偏马克思主义关于现代复杂社会之社会结构原理的"经济决定论"的化约主义解释,同时以其借鉴米德的符号互动论等理论资源而系统阐发的沟通理性观念消解马克思和韦伯等前辈理论家局限于认知—工具领域的工具理性观念,构成了哈贝马斯后期理论建构的一个主要路向②。为了完成上述理论任务,哈贝马斯在1970年代和1980年代主要做了如下两个理论工作:一是在前述"重建历史唯物主义"的工作中,主要通过对劳伦斯·科尔伯格(Lawrence Kohlberg, 1927—1987)个体道德发展理论的社会进化论"转译",他试图消解马克思历史唯物论的"经济决定论"倾向,并力图使规范结构(即道德意识和法律意识结构)在社会进化中的发展逻辑成为他所主张的沟通范式(即他所期许的批判理论的规范性基础)得以呈现的社会—历史背景③。二是在两卷本的《沟通行动理论》中,立基于前述多种思想资源,他主要在韦伯合理化理论的语境中系统建构了"系统与生活世界的二元论",并试图以蕴涵于生活世界的沟通理性为核心,通过沟通理性与工具理性之间的对勘,以超越马克思、韦伯对社会秩序的工具理性解释及早期

---

① Seyla Benhabib, *Critique, Norm and Utopia: A Study of the Foundations of Critical Theory* (New York: Columbia University Press, 1986), p.282.
② 他的这一理论转向甚至被很多人视为他开始"右转"的标志,就连吉登斯也认为其社会理论体现了一种"没有革命性的理性"(reason without revolution),包含着"太多的韦伯,太少的马克思"。[Anthony Giddens, "Reason Without Revolution?" Habermas's *Theorie des kommunikativen Handelns*, in J. Bernstein (ed.), *Habermas and Modernity* (Cambridge, Mass.: MIT Press, 1985), pp.95-121.]详见本书余论部分。
③ 详见本书第一章的讨论。需要指出的是,本书之所以从哈贝马斯在韦伯合理化语境中对"规范结构"(道德意识与法律意识结构)的社会进化论阐释为起点来探究其商谈论合法化理论,正是考虑到了他的这一理论建构在其超越早期法兰克福学派传统、奠定其晚期整个理论体系(特别是商谈理论)之建构的社会理论基础等方面所具有的承前启后作用。

法兰克福学派的工具理性批判传统。

2. 从对"合法化危机"的病理诊断到对复杂社会合法化机理的系统探究

由于秉承"韦伯式的马克思主义",哈贝马斯对合法化问题的关注也经历了一种潜在的转向,即从早期对合法化危机的病理诊断到后期对现代复杂社会合法化机理的系统理论探究。其关键的理论步骤是:在《沟通行动理论》中,哈贝马斯不仅在生活世界合理化的语境中以"生活世界的殖民化"(colonization of lifeworld)命题重新表述了其关于晚期资本主义的危机理论(特别是合法化危机命题),而且建构了回应这种合法化危机的社会理论,即沟通行动理论。

在《合法化危机》一书中,哈贝马斯不仅以"投入—产出"结构为基点较为系统地考察了晚期资本主义(即相对于自由资本主义的有组织的资本主义)的各种危机形态,而且初步提出了"系统与生活世界的二元论"以及以商谈来证成政治系统合法化的理论思路。他认为,晚期资本主义在经济系统、政治系统(包括行政系统和合法化系统)和社会文化系统(大体上相当于他后来全面阐释的生活世界)出现了全面的危机:

> 或者经济系统不能生产出必要数量的可消费的价值;
> 或者行政系统不能生产出必要数量的合理决策;
> 或者合法化系统不能生产出必要数量的普遍化动机;
> 或者社会文化系统不能生产出为行动提供动机的意义(action-motivating meaning)。[①]

然而,哈贝马斯对四种危机的论述并不是毫无立场的描述性分析,而是一种规范性阐释。在他看来,合法化危机,即由政治系统中投入大众忠诚的合法化系统(主要与议会、政党选举等建制相联系的"意志形成过程")"不能生产出必要数量的普遍化动机"而产生的危机,不仅是晚期资本主义的最主要危机,而且在根本上体现为"认同危机"(identity

---

① J. Habermas, *Legitimation Crisis*, trans. Thomas McCarthy (Boston: Beacon Press, 1975), p.49.

crisis)或"动机危机"(motivation crisis)。"当贯彻从经济系统接管而来的导控迫令(steering imperatives)时,合法化系统不能把大众忠诚(mass loyalty)维持在必要的水平上。"①此时产生的危机即是哈贝马斯所谓的"合法化危机"。这种危机不同于行政系统的合理性危机(即"不能生产出必要数量的合理决策")和经济危机(即"不能生产出必要数量的可消费的价值"),因为它在根本上不是由于"系统整合"(systemic integration)受到威胁而产生的一种系统危机(system crisis),而是一种与社会文化系统危机相联系的认同危机或动机危机:

> 只有那种僵化的、不能随时应行政系统之需而运行的社会文化系统,才可以解释合法化难题被恶化为合法化危机的原因……合法化危机必然以动机危机为基础——这即是说,在国家、教育系统和职业系统所宣称的动机需要与社会文化系统所提供的动机之间,存在着龃龉不合的情形。②

正是由于把合法化危机与社会文化系统危机相联系,哈贝马斯不仅初步诊断出了现代社会合法化危机的病因,亦为他后来基于生活世界(以及以生活世界为背景的公共领域)视角系统回应这种合法化危机指引了方向。事实上,在《合法化危机》一书中,哈贝马斯已经勾画出了主导他后来研究的一些思路。根据托马斯·麦卡锡(Thomas McCarthy)的总结,哈氏在《合法化危机》中回应合法化危机的思路主要在于:

> 1."只要我们在沟通性的行为组织(communicative organisation of behavior)中必须处理约束着内在本性(inner nature)的社会化形式,我们就想象不出应当会存在着那种可以确保——哪怕只是近似地确保——不诉诸理由而接受决定任何行动规范的合法化过程。"
>
> 2.自自由资本主义以降,规范合法化的需要唯有诉诸普遍主

---

① J. Habermas, *Legitimation Crisis*, trans. Thomas McCarthy (Boston: Beacon Press, 1975), p.46.
② Ibid., pp.74–75.

义的价值体系才能得到满足。

3. 今天,可以承受传统之解构的唯一形式的普遍道德是一种沟通伦理观,而根据这种伦理观,所有政治上重要的决定都端赖于在不受限制的商谈中合理共识的形成。

4. 一种沟通伦理观的诸基本要素已经在今天影响到了数个社会阶层的典型社会化过程——这即是说,这些要素已经获得了"动机形成力量"(motive-forming power)。

5. 因此,对形式民主而言不可或缺的唯私主义动机模式(privatistic motivational patterns)受到瓦解的威胁,即可以在"戒断与抗议综合征"(withdrawal and protest syndromes)的扩散中予以表征的那种威胁。①

不难发现,在上述思路中,哈贝马斯以商谈兑现社会规范(包括道德规范和法律规范)的有效性、以建制化的商谈民主回应现代政治秩序和法律秩序合法化危机的理论轮廓已初步显现出来②。然而,尽管其已在《合法化危机》中初步提出了"系统与生活世界的二元论",但哈贝马斯只是暗示了后来的一些研究思路,系统与生活世界的构成及其相互关

---

① Thomas McCarthy, *The Critical Theory of Jürgen Habermas* (Cambrigde, Mass.: MIT Press, 1978), p.376.
② 特别是,作为其商谈论合法化理论之基础的商谈原则已经得到了较为完整的表述。哈贝马斯明确指出:"不诉诸合理地激发的一致(rationally motivated agreement),或者至少确信关于被主张规范的共识是可以基于理由而获致的,我们就不能解释规范的有效性主张(validity claim)……恰当的模式毋宁是由那些被影响的人们所组成的沟通共同体(Kommunikationsgemeinschaft),这些人们作为实践性商谈(practical discourse)的参与者检验着规范的有效性主张,并且他们基于理由接受这些规范的范围内,他们确信在给定的情势下被主张的规范是'正当'(right)的。……规范的有效性主张本身在下述假定[无论其具有多么的反事实性]的意义上具有认知性(cognitive):它可以以商谈的方式予以兑现(redeemed)——这即是说,它建立在参与者经由论证(argumentation)达成的共识基础之上。"[J. Habermas, *Legitimation Crisis*, trans. Thomas McCarthy (Boston: Beacon Press, 1975), p.105.]如果我们联系他后来对"商谈原则"的经典表述["只有那些所有可能受到影响的人作为合理商谈的参与者都可能(could)同意的行动规范才具有有效性。"],可发现"商谈原则"的核心思想,即尼可拉斯·卢曼所溯源的"*Quod Omnes Tangit, omnibus tractari et approbari debet*"(直译为"影响到每个人的事务应当得到所有受影响者的倾听和同意"),已得到较为完整的表述(详见后文论述)。

系仍未得到充分的阐述。借用麦卡锡的话来讲,"他确实暗示了许多指导原则(基于他关于社会系统经由吸纳有效性主张之行动而再生产自身的观点);但是,在大多数情况下,系统和生活世界这两个不同的框架仍不协调,即是交替使用着的,而不是真正整合到了一起。"[①]他真正把系统与生活世界这两个视角整合为"系统与生活世界的二元论",是在随后出版的《沟通行动理论》中完成的。

在《沟通行动理论》中,哈贝马斯不仅在韦伯(社会和文化)合理化语境中建构了以生活世界为基础的"系统与生活世界的二元论",而且主要在其所谓的"生活世界合理化"的语境中对其早期合法化危机的论说进行了重述。在此,哈贝马斯开始明确地将现代社会的经济和行政这两个遵循着目的合理性行动逻辑的领域视为"系统",并将由文化、社会和个性这三个遵循着沟通合理性行动逻辑的结构性要素所组成的行动领域称为"生活世界"。在他看来,"系统复杂性的增长"和"生活世界的合理化"共同导致了"系统与生活世界的去耦合化"(the uncoupling of system and lifeworld):行政领域和经济领域先后从生活世界的"社会"成分中分化出来,成为遵循着目的合理性逻辑的"系统";与此相适应,生活世界亦主要由于文化合理化的成就而日显合理化——从沟通行动理论的视角来看,韦伯所谓的"世界除魅"(disenchantment of the world)在根本上意味着"神圣事物的语言化"(linguistification of the sacred),即此前根植并统一于宗教—形而上学情境的价值和规范的有效性开始由以语言为媒介的沟通行动予以兑现。然而,在哈贝马斯看来,这两方面在现代社会却不是平行发展的,而是系统复杂性的增长压制了生活世界的合理化,由此带来的问题,他即名之为"系统对生活世界的殖民化"[②]。

哈贝马斯的"系统对生活世界的殖民化"这一著名命题具有多重理论渊源:它既与马克思的"异化"(alienation)的思想有关,亦与早期法兰克福学派(特别是卢卡奇)关于"物化"(reification)的思想有关。但从其最初出场的语境来看,却主要与韦伯关于"自由丧失"和"意义丧

[①] Thomas McCarthy, *The Critical Theory of Jürgen Habermas* (Cambrigde, Mass.: MIT Press, 1978), p.379.
[②] 详见本书第一章的论述。

失"的著名时代诊断有关:哈贝马斯想以其沟通行动理论来重建韦伯的上述命题,既否弃其对于现代性的悲观论调,又纠偏其对目的合理性行动领域的排他性关注。对此,我们不妨以哈贝马斯本人所列出的试图超越韦伯理论的三段论命题来把握其理论思路:

(a) 肇端于资本主义的现代社会的出现,要求把后习俗的道德和法律表征(postconventional moral and legal representation)建制化地表现出来,并将其诱导性地锚定起来;但是,

(b) 资本主义现代化所遵循的模式是如此片面,以至于认知—工具合理性超越了经济和国家的边界而侵入那些以沟通方式组织起来的生活领域,并以牺牲道德—政治合理性和审美—实践合理性为代价而在那些领域取得了支配地位。

(c) 这导致了生活世界中符号再生产的紊乱。①

上述(b)和(c)所包含的内容正是哈贝马斯"系统对生活世界的殖民化"命题的核心要义所在:"由于资本主义的增长,经济和国家子系统变得越来越复杂,并且更深地渗入到生活世界的符号再生产中。"②它所表征的其实是由于"系统"的目的合理性行动逻辑在社会中的弥散所导致的合法化危机,因为系统迫令"把道德—实践性要素驱赶于生活的私人领域和政治公共领域之外了"③。在哈贝马斯看来,这种"未获满足的合法化需要"之所以产生,并不是由韦伯所说的"意义丧失"(即文化价值领域的诸神争斗)所致,而是因为"人们的日常实践在私人领域和公共领域都货币化(monetarisation)和官僚化了"④。因此,其合法化理论即是要扭转"系统对生活世界的殖民化"趋势,而把系统重新锚定于生活世界的沟通行动情境中。在哈贝马斯看来,经济系统和行政系统固然在复杂社会中具有不可替代性,但它们的存在只是"延搁"(defer)了合法化

---

① J. Habermas, *The Theory of Communicative Action*, Vol. 2: *System and Lifeworld*, trans. Thomas McCarthy (Boston: Beacon Press, 1987), pp.304-305. 此处引用将原书中"p, q, r"编号改为了"a, b, c"。
② Iibd, p.367.
③ Iibd, p.325.
④ Iibd.

问题,并不能在根本上"消解"(dissolve)合法化问题。系统不仅不能取代生活世界的文化再生产、社会整合和社会化等功能,相反,其仍需嵌入生活世界的背景中才能合法运行,即需依靠沟通行动和商谈来兑现包括法律在内的社会规范的合法性。用哈贝马斯本人的话来讲,

> 只有在以合理化的生活世界为条件而形成的政治意志形成的民主程序,才能在原则上产生合法性:在这种合理化的生活世界中,其成员高度的个体化(individuated),其规范已经变得抽象、实证并需要证成,其传统在其声称具有权威性的方面已被反思性地转换(refracted),并被以沟通的方式确立了其统绪(aflow)。①

从其后来的理论发展来看,哈贝马斯一直延续着上述理论思路。较为明显的变化是,他试图以作为系统和生活世界之媒介的法律为核心,更为系统地建构其商谈合法化理论。从合法化的视角来看,在《沟通行动理论》中,他初步建构了回应现代社会—政治秩序合法化危机的社会理论,即沟通行动理论;在《在事实与规范之间》中,他则进一步以法律秩序为核心,系统确立了以"商谈民主"回应现代社会合法化危机的思想,即本书讨论的商谈合法化理论——这就涉及我们在下一节中将要讨论的他的另一个理论转向。

综上所论,在1980年代以后,哈贝马斯愈加认识到:"在马克思主义传统中阐发而来的社会理论过于狭隘地建立在危机分析基础之上,以至于建构性的模式在今天付之阙如。"②与此相适应,从《合法化危机》到《沟通行动理论》(及后来的《在事实与规范之间》),其合法化论说大体上经历了一个理论转向,即从对晚期资本主义合法化危机的病理诊断到建构回应这种合法化危机的理论模式(沟通行动理论和商谈民主理论)。

(二)"填补法学空区":从政治秩序的合法化到法律的合法化

早在发表于1963年的《自然法与革命》一文中,哈贝马斯即对马克

---

① J. Habermas, *The Theory of Communicative Action*, Vol.2: *System and Lifeworld*, trans. Thomas McCarthy (Boston: Beacon Press, 1987), p.344.
② J. Habermas, *A Berlin Republic: Writings on Germany*, trans. Steven Rendall (Lincoln: University of Nebraska Press, 1997), p.141.

思对资产阶级法律[民主法治国(demokratischen Rechtsstaats)]的忽视有所警醒。他写道:"由于对适用于资产阶级立宪国家的意识形态的批判及对自然权利之基础的社会学消解,马克思比黑格尔走得更远,使得合法律性观念和自然法的意图本身对马克思主义者而言长期名声受损……"①1980年代以后,哈贝马斯明显更为注重法律(民主法治国)在现代复杂社会中不可替代的作用。在《自主与团结》(Autonomy and Solidarity)这本访谈集中,他明确指出,以早期法兰克福学派为代表的批判理论传统的三大缺陷之一,便是"对民主和宪政国家传统的低估":"在政治理论层面,老法兰克福学派从来没有认真对待资产阶级民主。"②在同期发表的《法律与道德》演讲中,哈贝马斯对以康德为代表的理性自然法理论进行批判时,也主张从理性自然法的"契约论"传统转向"法治国"观念。他指出:"任何想一劳永逸地从诸最高原则中获得私法和公法之基础的尝试都会被社会的复杂性和历史的流动性(mobility)打败。"③在"冷战"结束后,他更明确地认识到:马克思主义缺乏一个令人满意的法学传统是左派应当牢记的最重要教训之一。在1989年后发表的《社会主义在今天意味着什么?》一文中,哈贝马斯明确指出:

   对立宪民主的狭隘和功能主义的分析,其实践后果之严重,远远超过迄今为止所讨论的那些缺点。对马克思来说,这种政府形式由他如此轻蔑地斥为"庸俗的民主"(vulgar democracy)的第三共和国予以体现。因为他把民主共和国理解成资产阶级社会中最后的国家形式——在此基础上,将进行阶级斗争的最后即决定性的战斗——所以他对它的建制持一种纯粹工具性的态度。《哥达纲领批判》明确告诉我们,马克思把共产主义社会理解成民主的唯一可能的实现。在这里,就像在他以前对黑格尔国家学说批判的

---

① J. Habermas, Natural Law and Revolution, in *Theory and Practice*, trans. John Viertel (Boston: Beacon Press, 1973), p.113.
② J. Habermas, *Autonomy and Solidarity: Interviews with Jürgen Habermas*, Peter Dews (ed.) (London and New York: Verso, 1992), p.99.
③ J. Habermas, "Law and Morality", trans. Kenneth Baynes, in S. M. McMurrin (ed.) *The Tanner Lectures on Human Values*, Volume 8 (Salt Lake City: University of Utah Press, 1988), p.271.

那样,自由仅仅在于"把国家从一个凌驾于社会之上的机构转变成一个完全从属于社会的机构"。但他对自由可能被建制化的方式则没有说更多;除了他预计在"过渡时期"必然出现的无产阶级专政以外,他想象不出任何别的建制形式。①

从其1980年代以后的理论倾向来看,哈贝马斯对待法律(民主法治国)的政治立场更接近于(西方)马克思主义传统中以罗莎·卢森堡和晚期霍克海默为代表的稳健改良立场,而非经典马克思主义的激进革命立场。如众所知,自恩格斯去世以后,马克思主义在政治上主要沿着三种路径发展:以伯恩施坦理论为起点的第二国际修正主义,发展为民主社会主义,它在许多方面已在实际上放弃了马克思主义的基本原理;以列宁主义为起点的"第三国际"东方布尔什维主义,力图走把马克思主义"东方化"的新路;以介于两者之间的罗莎·卢森堡的理论为渊源,以卢卡奇、柯尔施和葛兰西为创始人而发展起来的西方马克思主义②。作为德国社会民主党的领袖,卢森堡早在1918年就曾指出:"托洛茨基和列宁所找到的药方,即对民主制本身的取消,比他们打算医治的病患更糟糕。"在其晚年,霍克海默基于罗莎·卢森堡的上述立场明确指出:"应当公开宣布,一种即便存在有缺陷的、可疑的民主制,也总比我们今天的革命必然会产生的专制独裁好一些。"

用自由世界的概念本身去判断自由世界,对这个世界采取一种批判的态度,然而又坚决地捍卫它的理想,保卫它不受法西斯主义、斯大林主义、希特勒主义及其他东西的侵害,就成为每一个有思想的人的权利与义务。尽管其危险的潜在力量,尽管有作为其历程的标志的遍布内外的不公正,可是,自由世界此时仍然是时空中的岛屿;这个岛屿在暴力控制的海洋中的沉没也就意味着包括批判理论的这个文化的沉没。③

---

① J. Habermas, "What does Socialism Mean Today? The Rectifying Revolution and the Need for New Thinking on the Left", trans. Ben Morgan, 183 *New Left Review*, 1990, p.12.
② 参见顾海良:《马克思主义发展史上的罗莎·卢森堡》,载《学术月刊》2006年第8期。
③ 参见〔德〕霍克海默:《批判理论》,李小兵等译,重庆出版社1989年版,第4—5页(序言)。

从政治立场上看,卢森堡—霍克海默对现代法律(民主法治国)的重视所体现的"内在批判"立场与前述哈贝马斯基于"未被兑现的诺言"的内在批判路径如出一辙,即都主张在尊重现代社会基本政治结构的基础上,通过捍卫其理想或"未被兑现的诺言"而展开对社会实践的批判——尽管正如我们将要看到的那样,哈贝马斯从社会理论视角对法律在现代复杂社会的"全社会整合"(*Gesellschaftliche Integration*, *societal integration*)中不可替代的媒介地位有更为全面的认识。事实上,正是以哈贝马斯上述对法律(民主法治国)的重视及其产生的成果为依据,童世骏在马克思主义传统中将《在事实与规范之间》解读为填补马克思主义"法学空区"的一种智识努力。在他看来,从80年代末90年代初西方左翼思想界的总的氛围来看,我们似乎可以感到有一种"填补空区"的建设性要求和努力。不过这次的重点不再是萨特(Jean-Paul Sartre, 1905—1980)时代的填补"人学空区",而是填补"法学空区";而"1989年以后,在讨论法律问题的左翼思想家中,哈贝马斯无疑是最重要的一位"①。

与这种对法律(民主法治国)的重视相一致,哈贝马斯的合法化理论亦大体上经历了从政治秩序的合法化到法律合法化的演变。在《合法化危机》、《重建历史唯物主义》等早期论著中,尽管他讨论了合法化问题,但他将自己的讨论明确限定于政治秩序的合法化:"只有政治秩序才能拥有或失去合法性;只有它们才需要合法化。"②"我们首先在涉

---

① 参见童世骏:《社会主义在今天意味着什么——当代西方左翼思想家的社会主义观》,载氏著:《中西对话中的现代性问题》,学林出版社2010年版,第151页。
② J. Habermas, "Legitimation Problems in the Modern States", in J. Habermas, *Communication and the Evolution of Society*, trans. Thomas McCarthy (Cambridge: Polity Press, 1991), p.179. 值得注意的是,"合法性"(legitimacy)与"合法化"(legitimation)是略有区别的两个概念。大体而言,正如"现代性"与"现代化"的情形一样,前者是指一种属性,而后者则指追求此种属性的过程。正是在这个意义上,有论者用后者指称从统治者视角自上而下追求合法性的谋略或过程(比如韦伯那里的合法化概念),而用前者指称从规范层面关注"合法性"的授予,并在这个意义上将韦伯与哈贝马斯的合法化论说区分开来[参见吴冠军:《正当性与合法性之三岔路口:韦伯、哈贝马斯、凯尔森与施米特》,载《清华法学》(第五辑),清华大学出版社2005年版,第51—52页]。但是,综观哈贝马斯本人的用法,他似乎并没有将两者明确区分开来,因此,本书亦将两者混用。

及政治秩序时谈及合法性问题。"①哈贝马斯这么说,主要是相对经济系统而言的。与经济系统相比,政治系统是一种人为的公共秩序且事关公民的自由,因此其必然面临着合法化问题。

> 由于掌权之人用其界定权(definitional power)确定何种目标被视为集体目标,因此这种结构性的不利条件唯有当其服从者本身能够检验这些目标,并可以同意或拒绝这些目标时才能得到抵消。这些服从者必须处在可以对下述主张进行辩驳的地位:那些目标群组就集体而言是可欲的,或者就像我们说的,它们符合一般性的利益。②

因此,政治系统"呼唤比经济系统更为迫切的规范性锚定(normative anchoring)"③。

> 国家不能以其本身建立起社会的集体认同(identity),亦不能通过价值和规范实现社会整合——这不是在其部署之内的事情;但是,当国家保证通过有约束力的决断防止社会分化时,国家权力的运用就同在规范确定的认同中维持社会的要求联系起来了。④

尽管哈贝马斯也看到了法律,特别是法官在政治秩序合法化中的作用,但他在总体上讨论的仍是政治秩序的合法化问题,并直接以此来定义"合法性"的含义:"合法性意指的是某种政治秩序值得被认可。"⑤这种思想亦贯穿于其《合法化危机》一书中。如前所述,他在该书中明确将政治系统区分为负责接管经济系统导控迫令的"行政系统",以及汲取大众忠诚的同时确保行政系统免于有效民主参与而自主运行的"合法

---

① J. Habermas, "Legitimation Problems in the Modern States", in J. Habermas, *Communication and the Evolution of Society*, trans. Thomas McCarthy (Cambridge: Polity Press, 1991), p.179.
② J. Habermas, *The Theory of Communicative Action*, Vol.2: *System and Lifeworld*, trans. Thomas McCarthy (Boston: Beacon Press, 1987), p.271.
③ Ibid.
④ J. Habermas, "Legitimation Problems in the Modern States", in J. Habermas, *Communication and the Evolution of Society*, trans. Thomas McCarthy (Cambridge: Polity Press, 1991), p.180.
⑤ Ibid., p.178.

化系统"。进而,他明确合法化危机定位为政治系统的认同危机:"合法化危机是一种直接的认同危机,它不是由于系统整合受到威胁而产生,而是由下述事实导致的:政府计划任务的完成使得去政治化的(depoliticized)公共领域受到质疑,进而使得以形式上民主的方式保证生产方式的私人自主安排受到质疑。"①在《沟通行动理论》中,他仍将合法化定位为政治秩序的诉求,并明确将法律秩序视为政治秩序的一部分:"由于法律系统是政治秩序的一部分,如果政治秩序不能主张合法性,它也将同时崩溃。"②只是到其法律哲学代表作《在事实与规范之间》一书中,他才更为细致地着眼于现代社会政治与法律秩序的运行机理开始探讨法律的合法化问题。在他看来,"法律是一种具有合法性的秩序,而这种秩序就其建制化过程而言已经变得具有反思性。就此而言,它是社会共同体(societal community)的核心,而这个共同体转而又是整个社会的核心结构。"③因此,以法律秩序为核心,探究现代复杂社会的合法化机理,就构成了哈贝马斯《在事实与规范之间》一书的主要任务。

从早期对现代社会合法化危机的病理诊断到后期对现代社会合法化机理的理论建构,从对政治秩序合法化的一般性论述到对法律合法化的系统探究,均表明了哈贝马斯合法化思想的逐步深化;而他之所以能够同时完成上述这两个密切相关的理论转向,其关键原因不仅在于他对法律在现代社会中的媒介性地位的深刻认识,更在于他对"法律的商谈之维"的揭示。从哈贝马斯本人的理论逻辑来看,现代法律毕竟是经济系统和行政系统的组织手段,若要将其合法化溯源于他所强调的生活世界背景,他至少要同时完成如下两个理论工作:一是必须开掘出法律秩序本身的商谈性维度,进而将其合法性溯源于以生活世界为背景的"理解成就"[即他所谓的"沟通权力"(*Kommunikative Macht*,

---

① J. Habermas, *Legitimation Crisis*, trans. Thomas McCarthy (Boston: Beacon Press, 1975), p.46.
② J. Habermas, *The Theory of Communicative Action*, vol.2: *System and Lifeworld*, trans. Thomas McCarthy (Boston: Beacon Press, 1987), p.80.
③ J. Habermas, *Between Facts and Norms: Contributions to a Discourse Theory of Law and Democracy*, trans. Williiam Rehg (Cambridge, Mass.: MIT Press, 1996), p.74.

communicative power)];二是将法律与生活世界和系统同时关联起来。唯有同时完成这两个理论工作,他才能以法律秩序为核心深入探究现代复杂社会的合法化机理。

根据哈贝马斯本人的提示,尽管他很早(在《合法化危机》中)就将道德—实践问题与"真理性"(truth)相联系,进而为一种道德认知主义(moral cognitivism)提供了认识前提①,但由于受卢曼式系统理论的影响,他仍把法律(特别司法诉讼过程)理解为相对于沟通行动的策略行动的一种形式;直到受德国法哲学家罗伯特·阿列克西法律论证理论启发,他才开始明确将法律纳入实践性商谈(practical discourse)的范畴,即属于相对于理论性商谈(适用于客观世界/认识—工具领域)的实践性商谈(适用于社会世界/道德—实践领域)的范畴。他写道:"……我早期把法庭诉讼(court proceedings)视为策略行动的一种形式……但我已被罗伯特·阿列克西说服,司法论证在其所有的制度化的类别中都必须被理解为实践性商谈的一种特殊情形。"②在他看来,

> 法庭中的论据(arguments)(就像其他种类的司法讨论一样,比如说司法审议、对法律信条的检视,及对法律的评论等)区别于一般的实践性商谈之处在于:它既要受到既存法律的约束,亦要受到某种法律诉讼秩序的特殊限制,而这种法律诉讼秩序满足了争议当事人对权威裁决的需要及趋于成功的取向。但同时,法庭中的论证亦包含了那些一般而言关于规范性标准的正当性(rightness)之讨论的本质性要素,而这些要素唯有依据道德论证

---

① "道德认知主义"主张"道德性陈述确然地表达了信念,并且它们适合于真理和谬误的判断。"[Mark van Roojen, "Moral Cognitivism vs. Non-Cognitivism", *The Stanford Encyclopedia of Philosophy* (*Spring 2011 Edition*), Edward N. Zalta (ed.), URL = <http://plato.stanford.edu/archives/spr2011/entries/moral-cognitivism/>.]简言之,道德认知主义认为,如同人们关于认知—工具性问题(自然世界)的陈述或命题一样,人们关于道德—实践性问题的陈述或命题亦具有真理性,并可以通过一定的方式检验或兑现其真理性。哈贝马斯对"道德认知主义"的捍卫,详见本书第二章。

② J. Habermas, *The Theory of Communicative Action*, Vol. 1: *Reason and the Rationalization of Society*, trans. Thomas McCarthy (Boston: Beacon Press, 1984), p.412, note 49.

模式才能予以把握。因此,所有论证,无论是其与法律和道德问题相关,还是与科学假设或艺术作品有关,都要求同样的基本组织形式,即:经由更佳论据(argument)的力量,使议论性的手段服从于发展出主体间性确信(intersubjective conviction)的目的。①

自此,哈贝马斯不仅从理论上总体解决了道德—实践性问题的"真理性"问题,而且明确把法律问题纳入道德—实践领域,并对其基于商谈维度的"真理性"问题进行了理论阐释。

在我看来,法律作为"实践性商谈的一种特殊情形"之认识的确立,对哈贝马斯而言非常重要。这意味着他不仅不再如韦伯—卢曼一脉的实证论倾向的社会理论家那样,仅仅排他性地关注法律作为"行动系统"的"事实性"(facticity),而且也洞察到了法律作为"符号系统"之有效性(validity)或规范性(normativity)的维度。法律的这种两重性,既是哈贝马斯将其法律哲学论著命名为《在事实与规范之间》的深意所在,亦体现了法律秩序运行的复杂张力。根据詹姆斯·L.马什(James L. Marsh)的总结,哈贝马斯在法律秩序领域中谈到了事实性与有效性之张力的四种表现:(1)某一共同体对一套规范、法律、政策的事实性同意与在沟通行动的无强制践习中的有效性理想之间的张力;(2)现代社会沟通和策略语境的问题性与"生活世界"的共识之间的张力;(3)具有事实性强制服从力的法律与在沟通行动中被合法化的法律之间的张力;(4)以金钱和权力为媒介的系统整合与以语言为媒介的社会整合之间的张力②。

按照我的理解,正是对法律的上述两重性及其内在关系的认识,使得哈贝马斯找到了以法律秩序为核心、连接系统与生活世界的现代复杂社会合法化机理的门径。以其"系统—生活世界二元论"为基础,哈贝马斯最终将法律定位为连接系统与生活世界之间的媒介,并以此为

---

① J. Habermas, *The Theory of Communicative Action*, Vol. 1: *Reason and the Rationalization of Society*, trans. Thomas McCarthy (Boston: Beacon Press, 1984), pp.35 - 36.

② See James L. Marsh, *Unjust Legality: A Critique of Habermas's Philosophy of Law* (New York: Rowman & Littlefield Publishers, Inc.,2001), p.18.

基础建立了一种相当精致的法律合法化理论。在他看来,作为沟通系统与生活世界的一个媒介,法律既是一种行动系统,又是一种符号系统:作为行动系统,法律是现代社会经济系统和行政系统的组织手段,进而是人们的行为规则;作为符号系统,法律又与生活世界中的文化和个性要素(道德—实践性要素)密切相关。申言之,私法和公法的建制使得经济系统(市场)和行政系统(国家权力组织)的建立成为可能,因为从生活世界中的"社会"成分中分化而来的经济系统与行政系统是依据法律运行起来的;另一方面,以法律为中介,经济系统与行政系统仍被锚定在生活世界的社会成分之中,仍需从生活世界的共识性整合机制获得整合力量。于是,作为系统和生活世界之间的媒介,法律与现代社会的三种整合资源(金钱、权力和语言)均具有了结构性关联。

> 系统整合的两个媒介——即金钱和权力——均经由法律的建制化而被锚定(anchored)于生活世界的秩序中,而生活世界转而经由沟通行动达致社会整合。经由这种方式,现代法律与三种整合资源(金钱、权力和语言——引者注)都有了联结。通过那种要求公民们公开运用其诸沟通自由的自决实践,现代法律从社会团结(social solidarity)的源泉中获得了社会整合力量。①

"由于法律不仅同生活世界的团结,而且同金钱和行政权力紧密相连,因此,法律自身的整合功能可以对不同来源的迫令予以吸纳。"②因此,现代法律在全社会整合中扮演着"系统整合"(*Systemisch Integration*, systemic integration)与"社会整合"(*Sozial Integration*, social integration)的媒介作用。正是在这个意义上,法律的合法化既离不开生活世界,又与系统密不可分:法律的合法性最终有赖于我们在以生活世界为背景的公共领域中,以语言为媒介所达致的"理解成就";但作为法律合法化源泉的这种沟通权力,却须遵循系统(特别是行政系统)本身的自主运行逻辑。这就是哈贝马斯著名的"双轨模式"的主要理论含义③。

---

① J. Habermas, *Between Facts and Norms: Contributions to a Discourse Theory of Law and Democracy*, trans. Williiam Rehg (Cambrige, Mass.: MIT Press, 1996), p.40.
② Ibid.
③ 详见本书第四、第五章的相关讨论。

由此可见，正是以法律为中介、以公共商谈作为兑现法律合法性的方式，哈贝马斯不仅将系统与生活世界联系起来，而且开始以法律秩序为核心，建构以社会理论为基础并统合政治哲学和法哲学的综合性合法化理论——这即是他在《在事实与规范之间》所建构的商谈合法化理论。

三、法律与道德：哈贝马斯合法化理论的法哲学语境及其理论意蕴

（一）"三大法学派"与三种有效性：法哲学中的合法化问题

在法哲学中，直接以"法律的合法性或合法化"为主题的论说并不多见。但是，这并不意味着我们就不可以在思想史研究中探讨法律的合法化问题。一般而言，"即使在法律语境中，合法性也可以在经验和规范意义上使用。经验合法性（empirical legitimacy）表征的是人们对一般意义上的法律或法律规范的事实上的接受，而规范合法性（normative legitimacy）则表征法律或法律规范的可接受性（acceptability）。"[1]从上述两个合法性向度中，我们可以获得如下启示：在法哲学中，论者关于法律与道德关系（即著名的"分离命题"）的论说在一定意义上构成了法律合法化论说的背景——甚至在很大程度上就是对法律合法化问题的论说。从逻辑上讲，实证论者（包括分析实证论者和社会实证论者[2]）更有可能坚持经验合法化的论说，即主张在法律与道德相分离的前提下，悬置法律在规范上的可接受性，而探讨法律在事实上被接受的状态及其条件；而自然法论者则更倾向规范合法化的

---

[1] Christopher Berry Gray (ed.), *The Philosophy of Law: an Encyclpedia*, Vol.3 (New York: Garland Publishing, Inc., 1999), p.493.

[2] 正如博登海默指出的，"法律实证主义也有可能以一种社会学的形式表现出来。社会学实证主义所从事的工作是对各种影响实在法之制定的社会力量进行研究和描述。它所关注的并不是国家制定的法律规则，而是分析导致制定这些法律规则的各种社会因素。它和分析实证主义一样，完全以经验的态度对待法律，不赞同研究和寻求法律制度的终极价值。"[美]E·博登海默：《法理学：法律哲学与法律方法》（修订版），邓正来译，中国政法大学出版社2004年版，第123—124页。

路径,即主张参照道德性标准探究法律在规范上的可接受性。

从另一方面看,在法哲学领域,法律的合法性问题与"有效性"(validity)密切相关。因此,人们对有效性的探讨在很大程度上可以视为对合法性问题的研究。

> 事实上,合法性的概念与有效性的概念密切相关;而有效性概念在法哲学中被用以表征法律规范具体存在样式(mode)上的特征。在其讨论中,Jerzy Wróblewski 和 Aulis Aarnio 区分了法律规范的有效性或有效性主张的三个方面:形式或系统化的有效性、实效(efficacy)和价值论上的有效性(Jerzy Wróblewski)或可接受性(Aulis Aarnio)。①

因此,所谓的"三大法学派"都在不同程度上探讨了合法性或有效性问题。其中,自然法论者关注的是"价值论上的有效性或可接受性",分析实证论者关注的则是"形式或系统化的有效性",而社会学法学则是从法律"实效"的层面探究了法律的合法性——后两者都可以视为一种经验路径的合法性论说,而只有自然法论者才进入了合法性的规范性论域。按照经验路径的合法性论说,所谓的合法性

> ……所传达的是这样的一种观念:法律的地位是某个形式规则系统所授予的东西,而不是基于任何实质性理据——这就是实证论者所理解的法律权威。它是当且仅当政治决断符合合法律性(legality)的法律系统的形式评判标准(criteria)时由其所赋予的一种地位。②

如果我们遵循康德主义的传统将法哲学看作是实践哲学的一部分,那么,包括法哲学在内的实践哲学所研究的根本问题就是实践秩序(道德秩序、政治秩序或法律秩序等)的正当性(rightness)和可欲性(desirability)问题,即"正当"(right)与"善"(good)及其相互关系问题;

---

① Christopher Berry Gray (ed.), *The Philosophy of Law: an Encyclpedia*, Vol.3 (New York: Garland Publishing, Inc., 1999), p.493.
② See David Dyzenhaus, "The Legitimacy of Legality", 46(1) *The University of Toronto Law Journal* (Win., 1996), p.138.

借用哈贝马斯的话讲,实践哲学的基本问题是"我应当做什么",或者"从长远看或从总体看什么对我是善或好的"①。就此而言,如果引入"合法性"这一概念,法哲学所研究的一个核心问题就是对法律合法性的探讨,即对法律之有效性或正当性条件的阐释;而所谓"三大法学派"只不过是对这一问题的不同层面或视角的阐释而已。在这个意义上,也正是因为"法律与道德的关系",以及与此相关的实证论与自然法的长期二元对立同法律的合法性或有效性这一法哲学的基本问题密切相关,它们才在法律哲学中占据着如此突出的地位②。

(二)法律与道德:哈贝马斯合法化理论的法哲学语境及其理论意蕴

从其整个理论语境来看,哈贝马斯正是主要在法律与道德之关系的语境中论及法律合法化问题的。在题为"法律与道德"的泰纳演讲中,哈贝马斯所关切的其实主要是法律合法化问题,即"基于合法律性的合法性何以可能"(*Wie ist Legitimität durch Legalitä möglich*, How is Legitimacy Possible on the Basis of Legality)的问题。正如他本人所说的,"关于合法律性的合法性的问题到现在为止把法律与道德的论题推到了最显著的位置。"③正如我们在后文第四章中将要详细讨论的,他基于韦伯的法制型统治或法理型支配(legal domination)论说[即现代社会"基于合法律性的合法性"(*Legitimität durch Legalität*, legitimacy through legality)模式],通过将现代社会法律与道德的关系定位为一种"互补关系",建构了一种商谈论的合法化理论,即建基于其所谓的"商谈

---

① See J. Habermas, *Between Facts and Norms: Contributions to a Discourse Theory of Law and Democracy*, trans. Williiam Rehg (Cambridge, Mass.: MIT Press, 1996), p.9.

② 耶林说:"法律与道德的关系"是法理学的"合恩角"(the Cape Horn of Jurisprudence)[参见〔美〕罗斯科·庞德:《法理学》(第 2 卷),邓正来译,中国政法大学出版社 2007 年版,第 214 页]。而考夫曼则认为,实证论与自然法的二元对立一直主宰着法哲学的"难题史"(参见〔德〕阿图尔·考夫曼:《法律哲学》,刘幸义等译,法律出版社 2004 年版,第 25—29 页)。

③ J. Habermas, "Law and Morality", trans. Kenneth Baynes, in S.M. McMurrin (ed.) *The Tanner Lectures on Human Values*, Volume 8 (Salt Lake City: University of Utah Press, 1988), p.246.

原则"之上的一种合法化模式。而且,按照我的理解,从《在事实与规范之间》一书的内在理路来看,哈贝马斯其实主要从法律与道德之关系的视角探讨了法律秩序的合法化问题,并从"道德"与"伦理"(私人自主与公共自主)之关系的视角研究了民主问题,同时将两者融合为一种商谈民主理论。当然,限于篇幅,本书主要聚焦于对前者学理逻辑的研究。

法律与道德的关系作为哈贝马斯法律合法化理论的法哲学语境至少有如下理论意蕴:

首先,它意味着哈贝马斯并不是像普通的法哲学家那样一般性地探讨法律与道德的关系,而是将其同法律的合法化相联系予以讨论;而这根本上意味着他将"法哲学"作为康德意义上的"实践哲学"(而非凯尔森意义上的"纯粹法学")来对待,探讨道德哲学、政治哲学和法哲学共同关切的问题,即"提供一种具有合法性之法律(legitimate law)的规范性解释"[1]。事实上,哈贝马斯不仅是明确将法律与道德关系同法律的合法化问题联系起来的少数论者之一,亦是明确地从合法化视角探讨政治秩序和法律秩序的正当性问题最为系统、成就最为突出的学者。就前者而言,这主要是因为一般的法哲学家或法学理论家很少明确地将法律与道德的关系同合法化问题联系起来;就后者而言,尽管康德和康德主义论者(比如罗尔斯)在根本上都探讨了政治秩序和法律秩序的正当性问题,但他们都不是从合法化的视角出发的——比如说,康德主要通过"实践理性法则"切入同样的论题[2],而罗尔斯则是从"正义"视角出发的[3]。

---

[1] James Bohman & William Rehg, "Jürgen Habermas", *The Stanford Encyclopedia of Philosophy* (Fall 2011 Edition), Edward N. Zalta (ed.), URL = <http://plato.stanford.edu/archives/fall2011/entries/habermas/>.

[2] 详见本书第三章。

[3] 在1990年代哈贝马斯与罗尔斯的对话中,罗尔斯指出了"正义"与"合法性"之间的细微差别:"合法性是一个比正义更弱的概念,它给可行的行为所施加的约束也更弱一些。尽管合法性肯定与正义有一种根本性的联系,但它也是制度化的。"[John Rawls, Political Liberalism: Reply to Habermas, 92(3) *The Journal of Philosophy* (Mar., 1995), p.175.]关于哈贝马斯与罗尔斯的对话,还可以参见 J. Habermas, "Reconciliation through the Public Use of Reason: Remarks on John Rawls's Political Liberalism", 92(3) *The Journal of Philosophy* (Mar., 1995), pp.109 – 131; Thomas McCarthy, "Kantian Constructivism and Reconstructivism: Rawls and Habermas in Dialogue", 105(1) *Ethics* (Oct., 1994), pp.44 – 63.etc。

其次，从合法化研究的路径来看，这可能预示着哈贝马斯是在合法化的规范性路径和描述性路径的基础上推进自己的研究的。一如前述，合法化的规范性路径和描述性路径同法律与道德的关系紧密相关：合法化的规范性路径倾向于承认法律与道德之间的密切关联，而描述性路径则倾向于否认两者的关联。哈贝马斯不仅很早就指出了合法化研究的这两种不同路径，而且立基于此开展自己的理论探究。早在1970年代发表的《现代国家的合法化问题》一文中，哈贝马斯就明确提出了合法化研究的这两种路径，并明确主张他所谓的"重构性"路径（reconstructive approach）。在他看来，描述性路径和规范性路径都有其缺陷："一个可以在社会科学中得到运用，但由于放弃了有效性理据的系统权衡，它并不令人满意；另一个在这方面令人满意，但由于深嵌其中的形而上学语境，它又是站不住脚的。"①他所谓的"重构性的"路径，是与其沟通行动理论的"重构性路径"（或主张建立一种"重构性科学"）相一致的。在基于言语行为理论而建构沟通行动理论时，哈贝马斯曾这样定位"重构"："重构（reconstruction）与有言说能力之人的某种前理论知识（pretheoretical knowledge）相关；而这种知识一方面在自然语言的句子生产中表现出来，另一方面又在对语言表达的语法性（grammaticality）的评估中表现出来。"②哈贝马斯的沟通行动理论，正是通过重构人们以语言为媒介进行互动和沟通的语用前提和"语法规则"而建构起来的。与此相一致，他所谓"重构性的"合法化路径，其实是要探讨政治和法律秩序具有合法性的"程序条件和沟通前提"③："我正在寻求的一种重构性的分析旨在证明：如果我们参与民主和宪政实践……而总是已然默示地假设的那些东西。"④

---

① J. Habermas, "Legitimation Problems in the Modern States", in J. Habermas, *Communication and the Evolution of Society*, trans. Thomas McCarthy (Cambridge: Polity Press, 1991), p.204.

② J. Habermas, "What is Universal Pragmatics?", in J. Habermas, *Communication and the Evolution of Society*, trans. Thomas McCarthy (Cambridge: Polity Press, 1991), p.18.

③ See J. Habermas, *Between Facts and Norms: Contributions to a Discourse Theory of Law and Democracy*, trans. Williiam Rehg (Cambridge, Mass.: MIT Press, 1996), p.450.

④ J. Habermas, *A Berlin Republic: Writings on Germany*, trans. Steven Rendall (Lincoln: University of Nebraska Press, 1997), p.132.

在观念与现实不矛盾的条件下,我们所需要的毋宁是对那种被重构起来的证成性体系(justificatory system)本身进行评估。这便使我们回到了实践哲学基本问题。在现时代,它被反思性地理解为证成(justifications)据以产生共识力量之程序和前提的问题。[1]

事实上,正因为采取了这种"重构性路径",哈贝马斯的合法化论说并不是直接力主一种规范性的合法化路径,而是以"重构性路径"间接捍卫合法化的规范性路径。正如我们在后文中将要看到的,尽管哈贝马斯在区分"社会有效性"(或"事实有效性")与"规范有效性"前提下,明确将法律的合法化同法律的"规范有效性"(即法律在道德上的"可接受性"或值得被认可)联系起来,但是他并没有如同自然法论者般去探讨法律值得被认可的实质性的道德评判标准,而是重构出能够或可能使得法律具有规范有效性的"语法规则",即达致具有合法性之法律的商谈程序。这种路径亦使得哈贝马斯的合法化论说从一开始就避免了自然法,特别是理性自然法论者合法化论说的形而上学色彩;换言之,哈贝马斯是在"后形而上学之思"的前提下,诉诸"重构性路径"谋求合法化论说的规范性色彩的。我们在后文第三章同康德式理性自然法合法化论说的对堪中,将会更明确地看到这一点。

四、哈贝马斯法律合法化理论的两种解读方式:麦卡锡式的"重构性路径"与吴冠军式的"外部视角"

(一) 国内外哈贝马斯法哲学研究概览

时至今日,哈贝马斯研究已成国内外思想史研究的一大"产业"。仅就2008年世界各地出版的研究专著而论,据不完全统计,中文本就

---

[1] J. Habermas, "Legitimation Problems in the Modern States", in J. Habermas, *Communication and the Evolution of Society*, trans. Thomas McCarthy (Cambridge: Polity Press, 1991), p.205.

有4本,德语和英语各9本,法语2本,日语1本;专题性的研究论文更是难以计数。这些研究成果都不同程度地与哈贝马斯法哲学有关。从我目前所掌握的材料来看,直接论及哈贝马斯法哲学的英文论著中较有代表性的主要有:Mathieu Deflem 编辑的《哈贝马斯、现代性与法》[1];由 Michel Rosenfeld 和 Andrew Arato 编辑的《哈贝马斯论法律与民主》[2];由 René von Schomberg 和 Kenneth Baynes 编辑的《商谈与民主:关于哈贝马斯〈在事实与规范之间〉的论集》[3];以及詹姆斯·L·马什(James L.Marsh)研究哈贝马斯法哲学的专著《非正义的合法律性:对哈贝马斯法哲学的一种批判》[4];等等。

前三本论著都是书评类的文字,主要收录了理查德·伯恩斯坦(Richard J.Bernstein)、托马斯·麦卡锡(Thomas McCarthy)、詹姆斯·博曼(James Bohman)、威廉·雷格(William Rehg)、尼克拉斯·卢曼、罗伯特·阿列克西、贡塔·托依布纳(Grunter Teubner)等论者对哈贝马斯《在事实与规范之间》一书的评论性文字。总体来看,这些论者的论题主要包括以下几个方面:第一,探究哈贝马斯法律商谈理论与早期著作(沟通行动理论)的关系,如 Mathieu Deflem 的《导言:哈贝马斯沟通行动理论中的法律》[5]。第二,探究哈贝马斯法律思想或理论立场的转变,如 Michael K.Power 的《哈贝马斯与反事实性现象》[6]。

---

[1] Mathieu Deflem (ed.), *Habermas, Monernity and Law* (London: SAGE publications, 1996).

[2] Michel Rosenfeld & Andrew Arato (eds.), *Habermas on Law and Democracy* (California: University of California Press, 1998).

[3] René von Schomberg & Kenneth Baynes (eds.), *Discourse and Demorcracy: Essays on Habermas's Between Facts and Norms* (New York: State University of New York Press, 2002).

[4] James L. Marsh, *Unjust Legality: A Critique of Habermas's Philosophy of Law* (New York: Rowman & Littlefield Publishers, Inc.,2001).

[5] Mathieu Deflem, "Introduction: Law in Habermas's Theory of Communicative Action", in Mathieu Deflem (ed.), *Habermas, Monernity and Law* (London: SAGE publications, 1996), pp.1-20.

[6] Michael K. Power, "Habermas and the Counterfactual Imagination", in Michel Rosenfeld & Andrew Arato (eds.), *Habermas on Law and Democracy* (California: University of California Press,1998), pp.207-225.

第三,探究哈贝马斯法律思想在哈贝马斯理论体系中的地位,如麦卡锡的《合法性与多样性:对分析性差别的辩证反思》[1]。第四,探究哈贝马斯理论与其他论者(如黑格尔、罗尔斯等)之间的学理关系,如 Adnrew Buchwalter 的《哈贝马斯、黑格尔与法律的概念》[2]。第五,较为深入地探究哈贝马斯程序主义法律范式或商谈民主理论的内在理路及其存在的问题,如 Andrew Arato 的《程序性法律与市民社会:对激进民主反思的解释》以及雷格与博曼的《商谈与民主:〈在事实与规范之间〉中合法性的正式与非正式基础》[3]。第六,对哈贝马斯法哲学的批判性检视,如卢曼的《影响到每个人的事物:对哈贝马斯法哲学的评论》[4]。这些评论性文字,对于我们把握哈贝马斯法哲学的问题意识、内在理路及其限度具有重要的参考价值。

詹姆斯·L·马什的《非正义的合法律性:对哈贝马斯法哲学的一种批判》,则是从"激进左派"的立场出发对哈贝马斯法哲学的系统的批判性检视。对此,我们将在本书"余论"中予以详论。

当然,除了上述论著外,还有不计其数的英文研究论文,这些论文大体上可以分为两个题域:对哈贝马斯(法律)合法化理论的研究和对

---

[1] Thomas McCarthy, "Legitimacy of Diversity: Dialectical Reflections on Analytic Distinctions", in Michel Rosenfeld & Andrew Arato (eds.), *Habermas on Law and Democracy* (California: University of California Press,1998), pp.115 – 153.

[2] Andrew Buchwalter, Habermas, "Hegel and the Concept of Law", in René von Schomberg & Kenneth Baynes (eds.), *Discourse and Demorrcacy: Essays on Habermas's Between Facts and Norms* (New York: State University of New York Press,2002), pp.129 – 152.

[3] Andrew Arato, "Procedural Law and Civil Society: Interpreting the Radical Democratic Paradigm", in Michel Rosenfeld & Andrew Arato (eds.), *Habermas on Law and Democracy* (California: University of California Press,1998), pp.26 – 36; William Rehg & James Bohman, "Discourse and Democracy: The Formal and Informal Bases of Legitimacy in Between Facts and Norms", in René von Schomberg & Kenneth Baynes (eds.), *Discourse and Democracy: Essays on Habermas's Between Facts and Norms* (New York: State University of New York Press,2002), pp.31 – 60.

[4] Niklas Luhmann, "Quod Omnes Tangit: Remarks on Jurgen Habermas's Legal Theory", trans. Mike Robert Horenstein, in Michael Rosenfeld & Andrew Arato (eds.), *Habermas on Law and Democracy: Critical Exchanges* (California: University of California Press, 1998), pp.157 – 172.

哈贝马斯商谈民主或审议民主理论的研究。由于实在难以计数,亦难以归纳综合,此处不赘。

就中文世界的研究而言,尽管伴随着2001年的中国之行哈贝马斯声誉日隆,但对其思想、特别是对其晚近法哲学和政治哲学思想的研究还颇为薄弱。这突出地表现在:一方面,很多人还囿于"标签化"、"脸谱化"的研究,将哈贝马斯贴上诸如"西方马克思主义"、"法兰克福学派"、"激进左派"等标签,而欠缺较为深入的理论探讨;另一方面,诸多研究存在着肢解式或简单化的倾向。比如说,季卫东的"新程序主义"对哈贝马斯进行了"六经注我"式的解读,将其"程序主义法律范式"同原本与之南辕北辙的卢曼程序理论融为一体作为其所力主的"新程序主义"的一个论据,但却忽视了哈贝马斯理论本身的内在理路和问题意识,特别是忽视了哈氏理论所预设的现代民主政治和发达公共领域的存在①。

截止本书初版的2012年,较为严肃的研究性论著作开始出现。汪行福的《通向话语民主之路:与哈贝马斯对话》一书,在《在事实与规范之间》中文版尚未面世的条件下就已出版本身就属难得。而且,其研究的视野之开阔、解说之系统似乎仍然代表着目前国内哈贝马斯政治法律哲学研究的最高水平②。童世骏晚近出版的哈贝马斯研究代表作《批判与实践:论哈贝马斯的批判理论》,尽管对哈氏政治法律哲学着墨不多,但其中包含的若干相关论文却是哈氏政治法律哲学研究的必读文献③。由高鸿钧等著的《商谈法哲学与民主法治国》是目前中文世界第一本哈贝马斯研究论文集,书中辑录了诸多当代中国中青年学者较为严肃的哈贝马斯研究论文,堪为哈贝马斯法哲学研究的参考书④。由郑永流主编的《商谈的再思:哈贝马斯〈在事实与规范之间〉导读》对哈氏《在事实与规范之间》进行了逐章研读,是中文世界对哈氏法哲学进行文本研读的可贵尝试⑤。

---

① 季卫东:《法律程序的形式性与实质性:以对程序理论的批判和批判理论的程序化为线索》,载《北京大学学报(哲学社会科学版)》2006年第1期。
② 汪行福:《通向话语民主之路:与哈贝马斯对话》,四川人民出版社2002年版。
③ 童世骏:《批判与实践:论哈贝马斯的批判理论》,三联书店2007年版。
④ 高鸿钧等:《商谈法哲学与民主法治国》,清华大学出版社2007年版。
⑤ 郑永流主编:《商谈的再思:哈贝马斯〈在事实与规范之间〉导读》,法律出版社2010年版。

当然,还存在着大量的哈贝马斯法哲学研究论文和学位论文。

(二) 哈贝马斯法律合法化理论的两种解读方式

就我目前的阅读而论,对哈贝马斯的法律合法化理论主要有两种解读方式:一种是国际哈贝马斯哲学研究领域盛行的"重构性路径",另一种是思想史研究者偏爱的"外部视角"。前一种解读的模式一般来取这样的理论步骤:从对哈贝马斯早期作品的爬梳入手,分析其不同时期对同一主题的理论建构,进而基于哈贝马斯的文本获得一个比较完整的理解(甚至发现其不同时期论说之间的张力或矛盾,并对此进行解释);后一种模式的思路一般是:从哈贝马斯最具典型性的理论观点入手,通过与相关知识脉络中的理论洞见和理论模式相比较,进而分析哈贝马斯理论相对于其他理论的"知识增量"或理论限度。本书拟分别以国际著名的哈贝马斯研究专家托马斯·麦卡锡和华人青年学者吴冠军为例,来呈现这两种不同解读方式的优劣。

1. 麦卡锡式的"重构性路径"

美国著名哲学家托马斯·麦卡锡堪称当下英美哈贝马斯哲学研究领域的权威。作为哈贝马斯研究专家,他不仅对哈贝马斯理论在英语世界的传播作出了最为突出的贡献,而且对哈贝马斯整个理论体系的建构都起着间接或直接的推动作用。麦卡锡不仅是《沟通行动理论》等哈贝马斯代表作的英译者,而且其于1978年推出的《哈贝马斯的批判理论》[1],迄今仍是哈贝马斯研究领域的扛鼎之作。在很大程度上可以说,正是以麦卡锡等为代表的学者的不懈努力,使得哈贝马斯很早就在英语世界获得普遍的声誉——与哈贝马斯齐名的另一位德国社会理论大师卢曼就未享受到此种待遇。从其对哈贝马斯《沟通行动理论》一书出版前的《重建历史唯物主义》的英文编排和解读来看,麦卡锡事实上已经预料到了哈贝马斯在1980年代以后的理论发展趋向。从哈贝马斯本人《沟通行动理论》的序言中,我们可以看到,正是麦卡锡的建议直

---

[1] See Thomas McCarthy, *The Critical Theory of Jürgen Habermas* (Cambrigde, Mass.: MIT Press, 1978).

接促使他开始撰写这一奠基性的论著①。作为"法兰克福学派"从欧陆扩展至英语世界的关键人物,麦卡锡对哈贝马斯的理论发展起到了不可替代的推动作用。或许正是因为麦卡锡的特殊地位,哈贝马斯本人在1992年9月卡多佐法学院专门组织的《在事实与规范之间》专题讨论会上曾坦言:

> 碰到托马斯·麦卡锡是我的福气——我总是有这样的印象:他比我本人更理解我的文本。每一次他对我进行批判时,他总是捍卫了那些后来被我承认属于我们共同立场的观点。他的批判(尤其是对福柯、罗蒂和解构主义者的批判)是如此尖锐,以至于当他在其文章中如此强调我们之间的矛盾时,我感觉到了某种不安。②

在《合法性与多样性:对分析性差别的辩证反思》一文中,麦卡锡基于哈贝马斯不同时段的文本对其"民主的合法性"(democratic legitimacy)思想进行了较为全面的梳理,并分析了其学理脉络及其应对当下复杂社会的限度。

在该文的前两部分中,麦卡锡首先考察了哈贝马斯"民主的合法性"思想早期所包含的张力、哈氏的解决之道,以及由此带来的思想流变。据他研究,哈贝马斯"民主合法性"的思想最早在1962年出版的《公共领域的结构转型》中就开始流露出来。1970年代的《合法化危机》、《现代国家的合法化问题》和1980年代的《沟通行动理论》等论著,则代表着哈贝马斯本人早期对此问题的思考。但是,在其早期的思想旅程中,哈贝马斯的"民主合法性"理论事实上一直面临着一种张力,即形式上的程序合法性与实质上的合理可接受性之间的张力。哈贝马斯一直试图以程序的合法性与实质上的合理可接受性相结合,来探究政

---

① See J. Habermas, *The Theory of Communicative Action*, Vol.1: *Reason and the Rationalization of Society*, trans. Thomas McCarthy (Boston: Beacon Press, 1984), Author's Preface, p.xli.
② J. Habermas, "Reply to Symposium Participants, Benjamin N.Cardozo School of Law", trans. William Rehg, in Michel Rosenfeld & Andrew Arato (eds.), *Habermas on Law and Democracy* (California: University of California Press, 1998), p.390.

治秩序和法律秩序的合法性。一方面,哈贝马斯认识到,现代社会法律的实证化致使法律的合法性已不需要直接诉诸道德原则;但另一方面,作为整体的法律系统或法律秩序仍需要获得道德上的辩护才能赢得合法性。在其《沟通行动理论》一书中,他甚至还明确基于人权原则和人民主权原则等实质性的评判标准,对作为整体的法律系统需要合法化证成进行论证;而在其《合法化危机》中,他则将这种合理的可接受性交给了所有受到影响者的商谈以期在商谈中予以兑现,进而奠定了其商谈合法化理论的思想基调。对此,麦卡锡指出:

> 在哈贝马斯早期对合法性予以解释的两条线索(strands)之间存在着一种明显的张力,即正如我们将要看到的,甚至在其最近的著作中仍未完全解决的一种张力。声称具有合法性的一项法律,是程序在形式上的正当(correct)结果,而这种程序本身被承认具有合法性,不是根据那种表达了所有人实质上可能(could)想要之物的法律来判定的——尽管每个人都同意其形式上的正当性……不诉诸实质上的合理共识而依赖于其他任何事物的程序来达致决定,都会带来(形式上的)程序合法性与(实质上的)合理可接受性之间的裂缝。①

麦卡锡认为,哈贝马斯解决此种张力的办法是将程序本身建基于合理商谈和理性一致之上,亦即民主宪政国家应当建立起"理性意见形成"和"理性意志形成"据以产生的程序。通过这样的努力,哈贝马斯试图将"合法性"、"程序正当性"、"合理可接受性"和"普遍性利益"(general interests)在概念上相互联系起来。对此,哈贝马斯的一个学术努力,是在《法律与道德》演讲中通过对法律与道德的形式化建构,以"发现法律程序在道德实践意义上的合理内核"②。

---

① Thomas McCarthy, "Legitimacy of Diversity: Dialectical Reflections on Analytic Distinctions", in Michel Rosenfeld & Andrew Arato (eds.), *Habermas on Law and Democracy* (California: University of California Press, 1998), p.118.
② See J. Habermas, "Law and Morality", trans. Kenneth Baynes, in S.M. McMurrin (ed.) *The Tanner Lectures on Human Values*, Volume 8 (Salt Lake City: University of Utah Press, 1988), p.242.

麦卡锡还考察了哈贝马斯1988年在《论实践理性的实用、伦理与道德运用》一文中对"实践理性多态论"的理论建构，及其在哈贝马斯后期合法化论说中的特殊地位。在他看来，哈贝马斯的这一理论工作是其进一步认识到现代社会之复杂性的结果。哈贝马斯开始更明确地区分"伦理"（价值）与"道德"（规范或正义），并认识到复杂社会基于个体的不可替代性而必然产生的"自我实现"的差异，进而不再将其合法化理论同单一的普遍主义道德相联系。"在写于1988年的一组值得注意的论文中，哈贝马斯开始阐明合理的意志形成的如下面向：既不可被化约为对每个人利益的公平考量，也不可被化约为公平妥协的面向，特别是具体化的'伦理'审议的面向。"[1]

此外，麦卡锡还梳理了哈贝马斯在《在事实与规范之间》一书的合法化思想，并对其商谈合法化理论"存在着一个正确的答案"的预设展开了批判，并立基于此给出了自己的替代性方案。

2. 吴冠军式的"外部视角"

如果说，麦卡锡的上述研究是一种"内部视角"的研究，那么吴冠军的《正当性与合法性之三岔路口：韦伯、哈贝马斯、凯尔森与施米特》一文，则是一种"外部视角"的解读，即基于合法化论说的知识脉络，特别是立基于韦伯的合法化论说来解读哈贝马斯商谈论合法化理论的"知识增量"。

在该文中，吴冠军从卢梭入手过渡到韦伯，并立基于韦伯来分析施米特、凯尔森和哈贝马斯合法化论说的异同。他首先区分了"合法化"与"合法性"：前者关注的是统治合法化的过程，常常是从统治者的视角出发的；而后者则关涉到他所谓的"合法性的授予"。在他看来，卢梭最先将这两者区分开来并一同处理："在卢梭这里，统治的合法化与合法性授予被一同处理了，公意（general will）既是一种主权形式（大众民主），也是一种政府形式（民主制度），前者涉及合法性授予，后者则事关

---

[1] Thomas McCarthy, "Legitimacy of Diversity: Dialectical Reflections on Analytic Distinctions", in Michel Rosenfeld & Andrew Arato (eds.), *Habermas on Law and Democracy* (California: University of California Press, 1998), p.121.

合法(有效)的统治制度。"①由于在政治实践中,由全体人民产生的"公意"常常是缺席的,因此名义上的公意实际上常是被具体的官僚统治者利用,卢梭正因这一含糊而在雅各宾专政后一直委屈地背上了"极权主义"鼻祖的骂名。韦伯则正是从这一角度继承卢梭,其关注的是"统治的合法化",而非"合法性的授予"。也正是在这个意义上,吴冠军将韦伯的合法化论说定位为一种经验主义的路径,进而认为其将合法性等同于合法律性。

吴冠军认为,与韦伯不同的是,哈贝马斯则发展了合法化论说的规范性路径:

> 哈贝马斯虽也以韦伯作为讨论合法性问题的出发点,但他则是从康德角度来上接卢梭,而摒弃"卢梭—韦伯—施米特"这一条通向全权化的领袖民主之路,而在历史实践中,可以视作与之对应的发展则是罗伯斯庇尔—俾斯麦—希特勒。哈贝马斯力图重新矫正问题的重心——把制度层面统治的合法化问题重新转化为规范层面的合法性授予问题,在卢梭—康德—韦伯这条脉络中重建作为合法性之源的商谈民主。②

吴冠军同时指出:"凯尔森与施米特的合法性论述至多均只能算是一种'准合法性论述',一种实质上是在合法性名义下反对合法性的论述,然而颇为有意思的是,他们之间经年累月的激烈论争,却一直被当作是一场合法律性与合法性的交锋。"③

3. 对"重构性路径"与"外部视角"的检视

毋庸置疑,无论是麦卡锡还是吴冠军,他们对哈贝马斯合法化理论的研究都颇有参考价值。但是,一旦我们将两者对比起来,就会发现两

---

① 吴冠军:《正当性与合法性之三岔路口:韦伯、哈贝马斯、凯尔森与施米特》,载《清华法学》(第五辑),清华大学出版社 2005 年版,第 51 页(为使行文统一起见,此处引证将"普遍意志"、"正当性"、"正当化"分别改为了"公意"、"合法性"、"合法化")。
② 吴冠军:《正当性与合法性之三岔路口:韦伯、哈贝马斯、凯尔森与施米特》,载《清华法学》(第五辑),清华大学出版社 2005 年版,第 51—52 页(为使行文统一起见,此处引证将"正当性"、"正当化"和"辨谈民主"分别改为了"合法性"、"合法化"和"商谈民主")。
③ 同上书,第 49 页(为使行文统一起见,此处引证将"正当性"、"合法性"分别改为了"合法性"、"合法律性")。

者各自的优劣所在。

麦卡锡的"重构性路径",对我们准确、全面地把握哈贝马斯的合法化论说有着无可比拟的优势。正是通过麦卡锡的仔细爬梳,我们看到了哈贝马斯数十年合法化论说的思想演变与内在理路,进而瞥见了哈贝马斯合法化思想的全貌。毋庸置疑,作为一种以人物为中心的思想史研究,麦卡锡的这种路径堪称典范。不过,单纯的重构性路径也并非完美无缺:第一,在很大程度上讲,麦卡锡的"重构性路径"并不是一种彻底的"重构性路径",而是基于他自己批判的便利所采取的权宜性的路径。他只是重构出哈贝马斯合法化思想之旅中一直包含且迄今仍未完好解决的张力,进而为批判和改进其论说奠定基础。这种路径固然有助于我们把握哈氏合法化理论的可能限度,但却不足以让我们真正厘清哈贝马斯复杂论说的问题意识和复杂内在理路。第二,由于过于局限于哈贝马斯的论说,它忽视了其合法化理论在思想史上的地位,进而不能在相关知识脉络中把握哈贝马斯法律合法化理论相对其他论说的"知识增量"。

麦卡锡式"重构性路径"的上述缺憾(特别是第二个缺憾),在很大程度上就是吴冠军式"外部视角"的优势。在我看来,吴冠军的这种解读模式最大的长处,正在于他为我们展现了一个合法化思想史中的哈贝马斯,即有助于我们把握哈贝马斯合法化理论相对于思想先贤(特别是韦伯)的知识增量:在哈贝马斯那里,正如吴冠军所解读的,这种知识增量在于他恢复并捍卫了合法化论说的规范性路径。但是,这种"外部视角"的解读由于没有仔细爬梳哈贝马斯的相关论说,却未能较为完整地把握哈贝马斯的思想。总体看来,吴冠军对哈贝马斯的解读至少存在着如下偏差:第一,正如我们在前文中已经指出的,哈贝马斯并非单纯地、直接地要捍卫合法化论说的规范性路径,而毋宁是要通过"重构性路径"的合法化论说而间接捍卫这种路径。第二,尽管他较为清楚地阐述了哈贝马斯的核心思想及其对韦伯的超越,但却未能指出哈贝马斯为什么能够超越韦伯。换言之,其未能把握哈贝马斯本人复杂的理论建构过程。第三,他也遮蔽了哈贝马斯与韦伯合法化论说的共同点(即在根本上都是一种"基于合法律性的合法性"论说),以及为什么哈贝马斯如此强烈地反对韦伯的"领袖民主"模式(正如本书第四章将要指出的,这既与哈贝马斯早年对纳粹的切身反思有关,亦与他对在德国批判和反思韦伯—施米特式"领袖民主"模式的独特语境及其特殊必要性的深刻认识密不可分)。第四,不仅如此,正如本书第四章所显示的,吴冠军对韦伯的解读还存在着一个较为明显的失误:他未能厘清韦伯以"学者"身份对现代社会"基于合法律性的合法性"(法制型统治)的解读和以其本人所谓的"群众性政治家"身份对德国实行"领袖民主模式"(卡理斯玛型统治)的设计之间的联系与区别。正因这种单纯的"外部视角",吴冠军对哈贝马斯的解读在很大程度上实是一种"印象化的解读",而未能如同麦卡锡那样真正深入到哈贝马斯那复杂且多变的论说之中去。

五、本书的研究路径:"重构性路径"与"外部视角"相结合

基于对既有研究路径的上述分析,本书拟采取"重构性路径"与"外部视角"相结合的研究路径,即立基于麦卡锡式的"重构性路径",同时引入外部参照框架对哈贝马斯的商谈合法化理论进行解读。

之所以采取"重构性路径",不仅是因为这是以人物为中心的思想史研究的经典解读模式,更是因为它对哈贝马斯法哲学的解读而言有着特殊的意义:由于哈贝马斯是一个百科全书式的思想家,加之法哲学直到晚年才进入其理论视野,他在《在事实与规范之间》一书中的论说其实是以其早期已经论证的结论为起点的(事实上,这也是对其理论不熟悉的论者,特别是中国论者难以读懂《在事实与规范之间》的主要原因),而只有通过"重构性路径"重构出商谈论合法化理论的内在理路,才有助于我们理解哈贝马斯的学说,进而立基于此对其知识增量和理论限度展开深入分析。

当然,本书所谓的"重构性路径",与哈贝马斯本人对合法化所采取的"重构性路径"并不是完全对应的:此处所谓的"重构性路径"所要解决的问题,不仅是要弄清哈贝马斯商谈论合法化理论"所言为何",更是要厘清哈贝马斯"何出此言",即要厘清哈贝马斯长达数十年的思想旅程对法律合法化之建构的内在理路;而正如前文已经指出的,哈贝马斯本人对合法化所采取的"重构性路径",则是他的一种理论模式,即要重构出法律具有合法性的"程序条件和沟通前提"。

为了探究哈贝马斯商谈合法化理论的知识增量，本书引入了"外部视角"。我将在康德式理性自然法和韦伯式法律实证论这一二元对立的论说模式为参照，以法律与道德的关系为主线，探讨商谈法律合法化理论相对于这两者的知识增量。

然而，有必要指出的是，本书所谓的"外部视角"，事实上只具有有限的意义。事实上，这种"外部视角"本身具有一定的"内在性"。这是因为：第一，哈贝马斯的商谈论合法化理论的建构本身就是主动以康德式理性自然法论说和韦伯式法律实证论理论为基础而形成的。第二，从全书的结构体系和内在理路来看，这只是在具体的研究（第三章和第四章）中为了探究其法律合法化理论的知识增量而选择的一种做法，经由法律/合法律性与道德/合道德性之间关系这一主线的牵引，它事实上最终服务于全书（如第一章、第二章和第五章）对哈贝马斯合法化理论的整体解读。具体言之，由于我们在前两章中秉承"重构性路径"对"后习俗/后传统（post-conventional/post-traditional）"道德意识与法律意识结构及其道德理论回应的解读，已表明哈氏商谈合法化理论本身是以康德式理性自然法和韦伯式实证论为理论基点的，我们在第三章和第四章引入康德式理性自然法和韦伯式实证论这两个"外部框架"，在很大程度上其实是"重构性路径"的某种逻辑延伸。

根据前文对哈贝马斯法律合法化理论的法哲学语境定位，本书将从法律与道德的关系入手来解读哈贝马斯的商谈合法化理论；为了重构其内在理路，本书从哈贝马斯早期基于社会理论视角对"后习俗/后传统的"道德意识与法律意识结构的理论建构入手，通过考察其回应此种道德意识与法律意识结构的道德理论建构，进一步考察商谈合法化理论的道德哲学基础，进而引入康德式理性自然法和韦伯式实证论这两个"外部框架"分析其知识增量。

六、本书的论题限定与结构安排

（一）本书论题的若干限定与相关说明

有必要对本书的研究做出进一步的限定或说明。首先，由于前文已对哈贝马斯合法化理论的问题意识作了初步讨论,特别是考虑到很多读者对哈贝马斯关于晚期资本主义(现代社会)合法化危机的论说已耳熟能详,本书将不单独讨论这个问题。正如前文已经指出的,如果说1970年代,他关于合法化危机的论说是诊断出了现代社会合法化危机的诸多"症状",那么商谈论合法化理论则可视为哈贝马斯作为"社会病理学家"所开出的"药方"。在他看来,现代社会政治秩序合法化危机的根源在于"系统对生活世界的殖民化"。在晚期资本主义社会,由于以生活世界为背景的公共领域的"去政治化"和"再封建化",公民的"公共自主"(即卢梭式的"自我立法")地位受到威胁,进而使得公共领域的民主潜能受到压制。而他坚信这样的一个信念:民主的问题唯有通过民主的进一步激进化才能得到解决。因此,其商谈合法化理论所做的即是:通过对"民主合法化"模式的商谈论改造,释放公共领域的民主潜能,进而使政治秩序和法律的合法化仍与公民的"自我立法"地位相联系。当然,我们还可以从其他方面来解读哈贝马斯商谈论合法化理论的"问题意识",比如:在"后冷战时代"重建对"社会主义"的自我理解;对法律实证论与理性自然法、自由主义范式与福利国家范式、自由主义与共和主义等诸种二元对立的超越;等等。

其次,本书不拟直接从沟通行动理论视角(特别是哈贝马斯"系统—生活世界的二元论")探究哈贝马斯法哲学的社会理论基础,而是从哈贝马斯对"后习俗/后传统"的道德意识与法律意识结构的理论建构入手探究其社会理论基础。这主要是基于如下考虑:第一,诸多在先的相关研究使本书有必要假定:本书的读者对哈贝马斯的沟通行动理论及其与法律商谈理论的基本关系已有所了解。当然,在具体的论述(特别是在"结语")中,我亦将简要论及这一层面的问题。第二,正如前文已经指出的,哈贝马斯主要是在法律与道德之关系的语境中建构其商谈合法化理论的,这使我们更有必要从"后习俗/后传统"道德意识与法律意识结构这一角度切入,以重构哈贝马斯商谈合法化理论的社会理论基础。第三,哈贝马斯对当下时代特征和性质的诊断,其中包括在《后形而上学思想》一书中对后形而上学之思的解读、在《沟通行动理论》一书中对后除魅社会的"现代意识结构"的论述、在《重建历史唯物主义》一书中对现代法律与道德意识结构的认识、在《在事实与规范之间》和《包容他者》等中对现代复杂社会的多元化、复杂化等情势的分析等等,在很大程度上构成了其包括沟通行动理论和商谈理论在内的所有理论的逻辑前提。在这个意义上讲,解读其对"后习俗/后传统"的道德意识与法律意识结构其实是从其时代诊断入手,解读其回应此一诊断的理论建构。第四,更为重要的是,正如我们已经(并将继续)指出的,哈贝马斯关于"规范结构"(道德意识与法律意识结构)的理论认识,既与他意欲实现的对马克思历史唯物主义的超越密切相关,亦在很大程度上构成了其沟通行动理论的逻辑起点。正如我们在第一章指出的,正是通过将"规范结构的社会进化"(道德意识的发展)纳入其"生活世界合理化"命题中,哈贝马斯既对以韦伯、卢曼为代表的社会理论家对工具性行动(观察者视角或系统视角)的排他性关注进行了纠正,又在社会进化和社会合理化的语境中,开掘出了沟通理性得以出场的社会—历史背景及其必要性,进而为其以"系统与生活世界的二元论"为核心的沟通行动理论奠定了基础。在这个意义上,哈贝马斯对"道德意识与法律意识结构"的社会理论建构,既是商谈合法化理论得以出场的社会理论基础,亦在很大程度上构成了其沟通行动理论的逻辑起点。

再次,我将以法律与道德的关系为主线,来探究哈贝马斯的商谈合法化理论,而不拟从民主理论的视角探讨其商谈民主理论。按照我的理解,《在事实与规范之间》一书主要有两个理论构件(building blocks):一是他从法律与道德之间入手为我们呈现的法律合法化理论;二是他从道德与伦理之关系的视角为我们展现的民主理论,而两者又最终融合为一种商谈民主理论。但限于篇幅,本书不拟从民主视角直接切入。当然,为了使论述更为完整,在行文中、特别是在第五章"结语"中,我亦将简要论及此一视角的问题。

最后,我将不对哈贝马斯的思想展开批判,而只是在"余论"中述评几种较具代表性的批判立场。这样的处理并不代表我完全认同他的观点,而是基于如下考虑:第一,我目前尚处于冯友兰所谓的"照着说"(而非"接着说"或"自己说")的学术阶段,面对一个百科全书式的思想大师,在有限的篇幅内要搞清楚其"所言为何"和"何出此言"已属不易,开展批判只能是本书作者下一步的研究任务。第二,哈贝马斯明确指出其合法化理论的问题意识是西方民主法治国的合法化问题,而未论及非西方国家①。在这样的背景下,我们若像某些中国论者那样提出基于中国立场的批判,对哈贝马斯其实有失公允。也正是基于这种考虑,本书在"余论"中述评了西学语境中"左派"、"右派"和"家族内部"等三种代表性的批判立场,以让我们较为深刻地把握其法律合法化理论本身的限度。

此外,需要特别说明的是:由于哈贝马斯本人著述甚丰,其很多著作尚无中译本,加之本书作者暂不谙德语,本书的写作将尽可能地引证英文文献。哈贝马斯英译本大都是像麦卡锡、威廉·雷格这样的哈贝马斯追随者翻译而成,他们本身不仅具有扎实的理论功底,而且很多人本身已成为法兰克福学派向英美扩展的代表人物,因此,其翻译质量总体上较为可信。而且,以本书作者多年来比较阅读哈贝马斯英译本与中译本的体会,在中译本中读不懂的地方,只要比较阅读相关英文多会豁然开朗。比如,重庆出版社 1990 年代出版的哈贝马斯《交往行动理论》(第二卷)的目录中出现的"邮政自由社会统一的形式"让人如坠云雾,但查阅英译本便知此处不过是"后自由社会的整合形式"的误译(译者竟将"post"译为了"邮政")。还如,该书在正文中竟然将"intersubjectivity"(主体间性或交互主体性)、"substantive rationalisation(实质合理化)"等关键术语译为"内部主观性"、"物质合理化",实在不忍卒读②。除了这种低级错误外,术语翻译的不统一、不准确(甚至错误)亦是本书舍弃中译本而选择英译本的一个主要原因。比如,哈贝马斯的奠基性代表作 *Theorie des Kommunikativen Handelns* (*The Theory of Communicative Action*)被译为"交往行为理论"(最好应译为"沟通行动理论")③。由于对哈贝马斯所皈依的韦伯"行动理论"传

---

① 哈贝马斯说:"我 …… 只涉及宪政民主的合法化。"[J. Habermas, *The Postnational Constellation: Political Essays*, translated, edited and with an introduction by Max Pensky (Cambridge: MIT Press, 2001), p.113.]也正是出于这种考虑,他以"关于法律与民主法治国(*demokratischen Rechtsstaats*)的商谈理论"来限定法哲学著作《在事实与规范之间》的问题意识。
② 请分别参见[德]尤根·哈贝马斯:《交往行动理论》(第二卷),鸿佩郁等译,重庆出版社 1994 年版,第 9 页(目录)、158、396 页。
③ 参见[德]尤根·哈贝马斯:《交往行为理论 第一卷:行为合理性与社会合理性》,曹卫东译,上海人民出版社 2003 年版。关于 *Theorie des Kommunikativen Handelns* 的翻译详见本书附录。

统(特别是其与"行为主义"的区别)以及"*Kommunication*"的知识脉络[特别是其与马克思"*Verkehr*"(commerce & intercourse,交往)的区别]和理论要旨缺乏必要的敏感和体认,译者在"*Kommunikativen*"和"*Handelns*"这两个关键术语中都出现了严重的失误乃至错误。

(二) 本书的结构安排

一如前述,本书试图从法律与道德之间关系入手,研究哈贝马斯的商谈合法化理论,并主要回答如下两个问题:哈贝马斯的商谈合法化理论"所言为何"及"何出此言"?本书试图论证的核心论题是:哈贝马斯的商谈合法化理论是一种"程序性"、"商谈论"、"民主论"的、基于"合道德性"与"合法律性"的理论;哈贝马斯的此种理论意欲基于韦伯的社会理论建构,在"后传统"的现代复杂社会背景下,同时捍卫康德式的道德普遍主义和卢梭式的激进民主传统。为了厘清商谈合法化理论的内在理路,本书从哈贝马斯对现代社会道德意识结构和法律意识结构("后习俗"或"后传统"的意识结构)的论述入手,分析其对"现代意识结构"的社会理论建构,进而探究其从道德哲学视角回应此种规范结构的道德理论建构;而为了把握哈氏理论在相关知识脉络中的知识增量,本书引入康德式的理性自然法合法化论说和韦伯式的法律实证论合法化论说这两个外部参照框架进行深度对勘。

因此,本书将以法律与道德(合法律性与合道德性)的关系为主线,集中探讨哈贝马斯商谈合法化理论的社会理论与道德哲学基础、法哲学构件,以及相对于相关合法化论说的知识增量。具体而言,除了导论外,本书正文在结构上分为五个章节,外加"余论"和附录:

在第一章中,本书将从哈贝马斯对"后习俗的道德意识与法律意识结构"的社会理论建构入手,通过分析哈贝马斯对科尔伯格个体道德发展理论的社会进化论"转译"、对韦伯(法律)合理化理论的"阐发",并通过他在"生活世界合理化"语境下对韦伯合理化理论的沟通行动理论"重建"将前两者统合起来,进而较为全面地梳理哈贝马斯对"现代意识结构"的建构理路。通过此种梳理,我们可以发现,哈贝马斯将现代社会道德意识与法律意识标示为"后习俗的"或"后传统的"规范结构,即遵循着基于原则的、普遍主义的道德意识,而后传统的现代法律又是具有实证化、法制主义和形式性等特征的"形式法",而这意味着法律的合法化需要在"合道德性"与"合法律性"相对分离的前提下,同时基于两者而获得。

在第二章中,本书将从哈贝马斯回应"后习俗的道德意识与法律意识结构"的道德理论建构入手,通过分析哈贝马斯对科尔伯格个体道德发展理论的沟通行动理论"改造",特别是商谈伦理学改造,并在康德主义伦理学的观照下,考察其对商谈伦理学的理论建构。通过本章的考察,我们得以看到,哈贝马斯回应"后习俗的道德意识与法律意识结构"的道德理论是他所谓的"商谈伦理学",这种道德理论立以科尔伯格和康德的相关论说为基础,主张将"商谈原则"作为所有规范的证成原则,将"可普遍化原则"作为道德规范的证成原则。

在第三章中,本书将在同康德式理性自然法合法化理论的比较中分析商谈合法化理论的知识增量。在对康德式理性自然法合法化论说的考察中,本书首先将在与卢梭的对比中探究两者诉诸"同意模式"的不同,接着将主要以康德《道德形而上学》为文本依据考察基于实践理性法则(合道德性)的法律合法化论说。通过对比性考察,我们可以发现:哈贝马斯的商谈合法化理论坚持了卢梭—康德的"自我立法"或"同意"模式,甚至也坚持了康德基于实践理性法则(合道德性)的法律合法化论说模式,但是他主要通过"实践理性的多态论"的建构,并通过将康德那里的"语义普遍性"改造成"程序普遍性"而形成的程序主义道德观,消解了康德在道德与法律之间所设立的等级结构。

在第四章中,本书将在同韦伯式法律实证论合法化理论的对比中分析商谈合法化理论的知识增量。在对韦伯式法律实证论的探究中,本书首先将考察对其政治社会学和法律社会学具有方法论意义的、他关于"学术与政治"(价值无涉与价值关涉)的论说,并立基于此将韦伯以学者和"群众性政治家"身份为我们展现出来的合法化模式分而视之。通过考察,我们可以发现:韦伯以学者身份对现代社会"基于合法律性的合法性"(法制型统治)模式进行了分析,而作为"群众性政治家",韦伯则为处于困境中的德国设计了一种"领袖民主"(卡理斯玛型统治)模式;但这两种模式都未超越合法化研究的描述性路径,即始终将法律的合法化定位于远离道德—实践领域的认知—工具领域。哈贝马斯的商谈合法化理论坚持了韦伯基于合法律性的法律合法化模式，但是他主要通过"法律道德互补论"的建构，并通过将韦伯那里与道德无涉的形式合理性改造成可以容纳道德论辩并体现程序化道德普遍主义的程序合理性，从而超越了韦伯式法律实证论合法化理论的描述性路径。

在第五章即结论部分，本书将立基于前文研究，进一步探究哈贝马斯对法律的定位（将法律作为系统与生活世界之间的媒介）、他所谓的"围攻论"的"双轨模式"及其法律合法化与民主理论的关系。最后，文章得出结论认为：哈贝马斯的商谈合法化理论是一种"程序性"、"商谈论"、"民主论"的、基于"合道德性"与"合法律性"的理论；哈贝马斯的此种理论意欲在"后传统"的现代复杂社会背景下，基于韦伯的社会理论建构而同时捍卫康德式的道德普遍主义和卢梭式的激进民主传统。

在"余论"中，本书将分别以詹姆斯·L·马什、卢曼以及威廉·雷格和詹姆斯·博曼为代表，评述"左派"、"右派"和"家族内部"对哈贝马斯论合法化理论的批判。

同时，为便于读者把握哈贝马斯的相关理论，本书附录收录了作者撰写的一篇关于"*Kommunikation*"译名探讨的论文；同时，还收录了与哈贝马斯现代性理论、商谈合法化理论有关的三篇译文。

第一章 "后习俗"的道德意识与法律意识结构:商谈合法化理论的社会理论基础

> 由具有后传统法律建制的实在法所规范的行动领域预设了这一前提:参与者处在从无主见地(naïvely)实施行动转向反思性地参与论辩的这种立场之中。*
>
> ——哈贝马斯

作为一个百科全书式理论家,哈贝马斯庞大的理论体系在很大程度上其实是以其对当下时代性质的诊断及其相关的社会理论建构为前提的。哈贝马斯认为,"哲学能对当代社会的具有时代特征的自我理解作出特殊贡献"[①]。在他看来,这是哲学家作为公共知识分子所具有的优势:"哲学家作为参与现代社会自我理解的公共过程的知识分子角色,要比作为专家和传授意义者的角色,具有更加广泛的、精确规定的、并在历史上得到更好证明的产生影响的可能性。"[②]立基于时代诊断,哲学家既能抵抗系统的不断扩张,进而捍卫生活世界的自主性,更能积极地推动政治公共领域的形成和发展。哈贝马斯进而认为,在后形而上学的思维条件下,哲学具有多语特征,仍然保持着同科学、道德和艺术的联系,并从这些领域本身的角度去研究规范性问题和评价性问题,

---

* J. Habermas, *The Theory of Communicative Action*, vol.2: *System and Lifeworld*, trans. Thomas McCarthy (Boston: Beacon Press, 1987), p.195.

① 〔德〕尤根·哈贝马斯:《再论理论与实践的关系》,李理译,载中国社会科学院哲学研究所编:《哈贝马斯在华讲演集》,人民出版社 2002 年版,第 150 页。

② 同上书,第 149 页。

进而为现代社会的自我理解和实践的完善做出自己的贡献。哈贝马斯关于时代诊断的论述,为我们提示了一个解读其法律思想(乃至其整个理论体系)的思路,即我们可以立足于他对当下时代的诊断性分析和社会理论建构来解读其商谈合法化理论。

如前所述,哈贝马斯的法律合法化理论是在梳理合法化论说的规范性路径和描述性路径的前提下展开的,进而同法律与道德关系密不可分。但是,现代社会的法律和道德究竟有何特征?或者说,我们讨论法律与道德的关系之时,所说的"法律"是何种意义上的法律?所说的"道德"又是何种意义上的道德?与一般法哲学家不同的是:作为社会理论家,哈贝马斯晚年(1980年代中期以后)基于法律与道德的关系讨论法律的合法化问题其实是以其早期(1970—1980年代初)对现代社会法律与道德意识结构的认识为前提的。具体言之,立基于后形而上学的思维条件,哈贝马斯借用了美国道德心理学家劳伦斯·科尔伯格"后习俗道德层次"(post-conventional moral level)和受到德国社会理论大师韦伯激发的"后传统法律与道德结构"(post-traditional legal and moral structure)这两个互相阐释的术语,来标示现代社会的道德和法律意识的结构特征,并以此为经历"世界之除魅"后的现代社会道德与法律间的互补关系论说提供逻辑起点,进而为其商谈论的合法化模式奠定了社会理论基础。

在本章中,我们将把哈贝马斯的时代诊断聚焦于现代条件下的法律意识与道德意识结构,即本书所谓的"后习俗的道德意识与法律意识结构"。在我看来,"后习俗/后传统的道德意识与法律意识结构",在很大程度上构成了哈贝马斯商谈合法化模式的社会理论基础。为此,我将首先分辨出哈贝马斯所谓的"后习俗"和"后传统"的不同理论语境(一)。接着,我将以科尔伯格的个体道德意识发展理论(二)和韦伯的(法律)合理化理论(三)为线索,分别在社会进化论语境和社会合理化理论语境中,考察哈贝马斯对后习俗层次的现代道德意识结构和法律意识结构的社会理论建构;然后,我力图在哈氏"生活世界合理化"的语境中将上述两个向度的论述结合起来(四)。最后,我将对本章进行总结,并归纳出后习俗道德意识结构和法律结构的理论逻辑,以及哈贝马斯法律合法化理论的问题意识和理论担当等。

一、"后习俗"与"后传统"

如众所知,哈贝马斯在《在事实与规范之间》一书中,几乎将"后习俗"与"后传统"互换使用以指称现代社会道德与法律的证成特性,却没有给出任何详尽的解释。打开哈贝马斯早期的《重建历史唯物主义》,我们不难发现,他的这一用法与美国道德心理学家科尔伯格有着直接的关联。而在《沟通行动理论》一书中,哈贝马斯在解读韦伯的法律合理化理论时曾写道:

> 我们首先来看看资产阶级法律的**后传统**(posttraditional)特征。社会秩序是在合法秩序的框架中得以制度化的,而合法秩序部分地依赖于共识。这种共识建基于对规范的交互主体性(intersubjective)承认之上。只要这种规范性共识以传统为基础,韦伯就称之为传统性的社会行动……规范性共识必须从以前由传统所达致的共识转向以沟通方式获得的共识,即协商一致(vereinbar)的共识。①

在同一小节中,他随后又写道:"法律的合理化反映了同人们在发展心理学中为个体发展而获得的基本概念具有同样序列的发展阶段:前习俗的、习俗的和后习俗的。"②可见,哈贝马斯基本是在相互替换的意义上使用"后习俗"和"后传统"这两个术语的,并以此来标示现代法律与道德意识结构的特征。但我们是否就可以说,这两个术语就是可以互换而没有任何区别呢?或者像童世骏指出的那样,将"后习俗"视为哈氏对个人道德意识的指称,而把"后传统"看作是他对社会建制之发展的表述?③

本书经过细致爬梳发现,尽管哈贝马斯在后来的论述中多将两者

---

① J. Habermas, *The Theory of Communicative Action*, Vol. 1: *Reason and the Rationalization of Society*, trans. Thomas McCarthy (Boston: Beacon Press, 1984), p.255(此处加重为引者所为).

② Ibid.

③ 参见童世骏:《批判与实践:论哈贝马斯的批判理论》,三联书店2007年版,第137页。

交互使用，但其最初的言说背景和理论渊源却是不一样的："后习俗的道德层次"是哈贝马斯对历史唯物主义进行重建时，以科尔伯格的道德发展心理学为基础，在社会进化的语境中使用的；而"后传统的道德意识结构"则是他对现代社会理论基础进行重建时主要在韦伯的（文化和社会）合理化理论语境中使用的[①]。对这一问题进行细致爬梳，不仅有助于我们理解哈贝马斯对现代社会法律与道德意识结构的社会理论建构，更助益于我们深入把握其以此为社会理论基础的合法化论说。由于哈贝马斯的上述思想一直未引起学界的重视，我们须花些篇幅对其进行理论上的重构。

值得注意的是，在1970年代和1980年代初的社会理论建构中，哈贝马斯常常将法律与道德并提，对两者的关系并未进行深入的探究，但在不同的场合却各有侧重：如果说在将科尔伯格的个体道德意识发展理论运用于社会进化之时，哈贝马斯主要是论及道德意识的同时兼及法律观念，那么在韦伯合理化理论语境中，他则主要是论述了法律合理化的同时附带提到了现代道德意识的特征。为此，下文也将遵循哈贝马斯的理路，在行文中将法律与道德并提，但主要以科尔伯格为参照讨论现代道德意识结构，而以韦伯为背景讨论现代法律意识结构，并以"哈贝马斯意义上的现代意识结构"（规范结构）将两者贯通起来。

二、科尔伯格：社会进化与"后习俗层次"的道德意识

1970年代，哈贝马斯致力于对马克思主义的历史唯物论进行重建。他的意图不仅在于对作为社会进化论的历史唯物论做进一步推

[①] 尽管社会进化理论与（社会）合理化理论密切相关，但后者消解了历史哲学前提和进步观。也正因此，哈贝马斯后来将两者区分，并在与社会进化理论相对的意义上高度评价了韦伯的（社会）合理化理论。他说："在古典社会学家中，马克斯·韦伯是唯一同时摆脱历史哲学前提和进化论之基本假设的人——尽管他想把旧欧洲社会的现代化理解为一种合理化的普遍历史性过程。"[J. Habermas, *The Theory of Communicative Action*, *Vol.1: Reason and the Rationalization of Society*, trans. Thomas McCarthy (Boston: Beacon Press, 1984), p.143.]

进，事实上也想在社会—历史向度验证其沟通行动理论的合理性："哈贝马斯对于历史唯物论的重建……可以归结为对沟通理性在社会、历史中体现的回溯性的同时也是前瞻性的重建。"①本书不拟基于经典马克思主义立场对哈贝马斯的这一"重建"进行评析，而拟追随哈氏的思路进入本书的关切，即现代社会的"规范结构"问题。

简言之，哈贝马斯重建历史唯物主义的基本前提是：他认为，劳动和使用工具并不能将人与其他动物区别开来，人的本性在于除了会使用工具外，还会使用语言。因此，道德—实践领域中以语言为媒介的互动及其所凝结成的规范结构（法律与道德意识结构）对社会进化而言非常重要。正是通过对道德—实践领域中立基于互动之上的规范结构的凸显，哈贝马斯试图同时完成以下两项任务：既对经典历史唯物论仅仅专注于认知—工具领域之劳动（生产力和生产方式）的社会进化模式进行批判，亦对沟通行动理论在社会—历史领域的运用进行验证②。在其社会进化论中，哈贝马斯的"基本假设涉及的主张是：存在着可以决定意识可能内容之视域（horizon）或范围的潜隐意识结构，而这些深层结构是人类的一种共同特性，并且是内在发展着的"③。哈贝马斯所谓的"意识结构"大致相当于帕森斯"社会—文化—个性"这种三分的社会理论建构对象中的"文化"与"个性"层面④。而在哈贝马斯那里，

---

① 罗晓南：《哈伯玛斯对历史唯物论的重建》，远流图书出版公司1993年版，第216页（为使行文统一起见，此处引证将"哈伯玛斯"改为了"哈贝马斯"）。
② 法国学者洛克莫尔甚至认为，哈贝马斯对历史唯物主义的态度与其说是"重建"，不如说是"替换"，亦即将历史唯物主义替换为他的沟通行动理论。他写道："我们已经找到了哈贝马斯处理历史唯物主义的两种方式：第一种方式是理论重建的观念，这种方式源于哈贝马斯将历史唯物主义看成是可以从中发展出另外一种更加优越的理论形式的原材料；第二种方式是理论替换的观念，哈贝马斯在后期隐含发生的思想转向，是为了理性地证明他自己的理论与历史唯物主义和一般意义上的主体性哲学相比，是一种更好的选择。"参见〔法〕洛克莫尔：《历史唯物主义：哈贝马斯的重建》，孟丹译，北京师范大学出版社2009年版，第34页。
③ David. S. Owen, *Between Reason and History: Habermas and the Idea of Progress* (New York: State University of New York Press, 2002), p.3.
④ 在评价韦伯的合理化理论时，哈贝马斯曾说："韦伯研究合理化问题的路径是将其限定在意识结构的层面——用帕森斯的话说，即限定在个性与文化层面。"J. Habermas, *The Theory of Communicative Action*, Vol.1: Reason and the Rationalization of Society, trans.Thomas McCarthy (Boston: Beacon Press, 1984), p.178.

文化主要包括科学、道德和艺术三个领域，同时根据其"个体化"与"社会化"互动共生的思想，这三个领域，特别是其中的道德—实践领域又与个性系统存在着互动关系。正是在这个意义上，哈贝马斯又进一步区分了两种类型的意识结构：决定着我们关于客观世界的经验知识之视域的认知—技术结构与决定着我们关于社会世界的实践知识之视域的道德—实践结构。他所关注的主要是后者，即道德—实践领域的意识结构，或者说是"规范结构"。就规范结构而言，主体间以语言为媒介形成的互动是其主要的结构方式，而由于法律与道德是协调互动之可能冲突的主要手段，"法律和道德标志着互动的主要领域。"[①]因此，哈贝马斯对历史唯物论的重建，主要着眼于道德意识与法律意识结构；而他对道德意识与法律意识结构的探究则主要借鉴了美国道德心理学家科尔伯格的个体道德意识发展理论，同时又对这一理论进行了社会进化论的"转译"，使之成为文化层面的对现代社会道德意识结构的一种社会理论把握。

（一）科尔伯格的个体道德意识发展理论

美国道德发展心理学家劳伦斯·科尔伯格在其个体道德意识发展理论(以下简称"科氏理论")中提出了著名的"三层次六阶段说"。科尔伯格沿着皮亚杰(Jean Piaget，1896—1980)研究儿童道德判断的路径[②]，将芝加哥地区 10—26 岁的 72 名男性儿童作为被试，并以九个假设性的道德两难故事为问卷依据，对他们进行了长达 25 年的跟踪研究。以这些问卷调查结果为依据，科尔伯格提出了个体道德意识"三层次六阶段说"：前习俗层次(阶段 1：他律的道德；阶段 2：个人主义的

[①] J. Habermas, *Communication and Social Evolution of Society*, trans. Thomas McCarthy (Cambridge: Polity Press, 1991), p.99.

[②] 值得注意的是，科尔伯格的这种论说既受到了皮亚杰的影响，也受到了英国道德心理学家 William Mcdougall(国内译作"威廉·麦独孤")(1871—1938)的影响[See William Mcdougall, *An Introduction to Social Psychology*, (Kitchener: Batoche Books, 2001), esp. chap.7,8]。罗尔斯在《正义论》中受 William Mcdougall、皮亚杰特别是科尔伯格影响，亦将后文将要提到的"基于原则的道德"作为其论证良序社会成员获得正义感、进而认同其正义二原则的主要推论依据[See J. Rawls, *A Theory of Justice* (Cambridge, MA: Harvard University Press, 1971), chap.8]。

工具性道德)、习俗层次(阶段3：人际规范的道德；阶段4：社会系统的道德)，以及后习俗层次(阶段5：人权与社会福利的道德；阶段6：普遍伦理原则的道德)①。按照他的说法，个体道德意识发展的三个层次所对应的社会视角(social perspective)分别是：具体个人的视角、社会成员的视角和超社会的视角。也就是说，个体道德意识的发展大体经历了这样一个过程：个体化的他律性道德意识→社会成员视域的道德意识→超社会成员视域的、个体化的普遍主义道德意识。就本书关切的后习俗层次的道德意识而言，科尔伯格认为，其主要具有下列特征：(1) 基于原则的道德意识。道德意识是建基于原则(即规则之规则)之上，而这些原则又是抽象的和道德性的("己所不欲，勿施于人"的"金规则")，它们不是像摩西十诫那样的具体道德规则，而是互惠与人权平等的原则，是尊重人之尊严的原则②。(2) 普遍主义的道德意识。

> 后习俗层次上所持的个人观点……是普遍性的，是任何理智的有道德的个人所具有的观点。后习俗层次者知道社会成员的观点，但会依据个人的道德观点对它进行质疑和重新解释，因此，他会用所有道德个体公认合理的方式来重新界定社会义务。③

(二) 哈贝马斯对科氏理论的社会进化论"转译"

哈贝马斯认为，道德—实践领域中规范结构的发展对社会进化起着"起搏器"的作用。因此，研究规范结构(道德意识和法律观念)的演化对社会进化而言就尤显必要。在《论历史唯物主义的重建》和《历史唯物主义与规范结构的发展》等文章中，哈氏不仅对规范结构的发展进行了一般性的描述，还将现代社会的道德意识结构定性为"后习俗层次"。

---

① 参见〔美〕劳伦斯·科尔伯格：《道德发展心理学：道德阶段的本质与确证》，郭本禹等译，华东师范大学出版社2004年版，第164—173、602—616页。
② See J. Habermas, *Communication and Social Evolution of Society*, trans. Thomas McCarthy (Cambridge: Polity Press, 1991), p.80.
③ 〔美〕劳伦斯·科尔伯格：《道德发展心理学：道德阶段的本质与确证》，郭本禹等译，华东师范大学出版社2004年版，第169页(为使行文统一起见，此处引证将"后习俗水平"改为了"后习俗层次")。

本书认为,这在实质上体现为:哈贝马斯对科尔伯格的个体道德意识发展理论进行了一种社会进化论意义上的"转译"。哈贝马斯认为,"正如在个人行为中所出现的一样,在社会系统的层面上也会出现阶段差异。"①

人们可以在法律与道德这一核心的互动领域中看到嵌入法律建制(institutions)与道德建制中的意识结构同个体道德判断和道德行动中所展现的意识结构的同一性(identity)。认知发展心理学已经表明:在个体成长的过程中,存在着不同的道德意识阶段,即尤其可以被描述为前习俗和后习俗的问题解决模式的阶段。同样的模式又在道德与法律所表征的社会进化中得到展现……在社会文化水平上,社会的再生产与其成员的合理化是同一过程的两个方面;它们依赖于同样的结构。②

但是,个体道德意识的发展何以能够"转译"为一种对现代社会道德意识的社会进化论意义上的理论把握?这其中涉及哈贝马斯本人所做的一系列颇为复杂且让人眩目的理论建构工作。大概是由于其本身所具有的内在复杂性,他的这一理论工作一直未能得到人们充分的重视——这一点甚至连英语世界最权威的哈贝马斯研究专家托马斯·麦卡锡都未能幸免③;在《哈贝马斯的批判理论》(*The Critical Theory of Jürgen Habermas*)一书关于哈贝马斯社会进化理论的解释中,麦卡锡只是简单地写道:

哈贝马斯想将科尔伯格道德意识(或者,更确切地说,道德意识的认知方面即作出道德判断的能力)发展的这个图式作为道德系统与法律系统发展的一个线索(clue),因为道德系统与法律系统代表

---

① J. Habermas, *Communication and Social Evolution of Society*, trans. Thomas McCarthy (Cambridge: Polity Press, 1991), p.156.
② Ibid., p.99.
③ 就笔者手头上两本较有代表性的哈贝马斯社会进化理论研究专著来看,论者们无一例外地都忽视了这一关键要点。参见罗晓南:《哈伯玛斯对历史唯物论的重建》,远流图书出版公司1993年版;贺翠香:《劳动·交往·实践:论哈贝马斯对历史唯物论的重建》,中国社会科学出版社2005年版。

着试图基于共识且不诉诸显见暴力来解决与道德有关的冲突。①

在我看来,我们应当特别注意哈贝马斯《历史唯物主义与规范结构的发展》一文中的这句话所提供的信息:

> 在个体的历史与类的历史中有着同构性(homological)的意识结构(并不局限于法律与道德领域)。我在此纲要性地予以展现的理论路径之成功(success),也要求我们对此前在概念上或经验上几乎都未作检视的如下领域中的合理性结构进行探究:自我发展与世界观进化、自我认同(identity)与集体认同。②

在这里,哈贝马斯事实上提示我们:他从个体道德意识到社会道德意识的"转译"同个体自我发展与世界观进化、自我认同与集体认同等这两个"转译"之间是相互阐释的。对此,美国学者戴维·S.欧文(David S. Owen)在经过哈贝马斯本人评阅的《在理性与历史之间:哈贝马斯与进步观》(*Between Reason and History: Habermas and the Idea of Progress*)一书中敏锐地把握住了这一点。他将哈贝马斯所做的上述"转译"步骤称为哈氏社会进化理论中的三个"同构性论据"(the homological arguments),并将这三个论据同哈贝马斯后来阐发的"三个世界"的不同合理性结构大致对应起来:

> 哈贝马斯所主张的这三种同构性似乎预示着他后来对韦伯三种合理性结构(complex)的分析。以此来看,人们可以将(认知性)自我与世界观之发展的同构性理解为他后来遵循韦伯所提出的认知—技术合理性的范例(paradigmatic)。同样,道德意识与形式化的法律表征(representations)及道德表征之间的发展同构性是他后来所分析的道德—实践合理性结构的范例;自我认同与集体认同之间的发展同构性则是审美—实践合理性结构的范例。③

---

① Thomas McCarthy, *The Critical Theory of Jürgen Habermas* (Cambrigde, Mass.: MIT Press, 1978), p.251.
② J. Habermas, *Communication and Social Evolution of Society*, trans. Thomas McCarthy (Cambridge: Polity Press, 1991), p.99.
③ David. S. Owen, *Between Reason and History: Habermas and the Idea of Progress* (New York: State University of New York Press, 2002), pp.132-133.

以此为起点,我们可以将哈贝马斯从个体道德意识到社会道德系统的"转译",重构为如下三个可以互相阐释的主要理论步骤:

第一,以自我发展与世界观发展的同构性阐释为基点,哈贝马斯在总体上将现代社会的世界观标识为普遍主义立场和反思性态度。以弗洛伊德的精神分析学和皮亚杰的认知发展心理学成果为依据,哈贝马斯认为个体自我的发展经历了共生(symbiotic)、自我中心(egocentric)、社会中心—客观化(sociocentric-objectivistic)和普遍主义等四个发展阶段。在附加了一系列限制性说明之后,哈贝马斯将世界观与自我区分体系(the system of ego demarcations)(亦即将个体自我、自然环境与社会环境区分开来的能力)而非认知性自我(相对于外在自然的自我)的发展进行了类比。在他看来,世界观的发展大致经历了如下四个阶段:旧石器时代的魔魅—有灵论(magical-animistic)世界观如同自我发展的共生阶段一样,都不能将自己与环境区分开来;古代社会随后出现的神话学(mythological)世界观如同自我发展的自我中心阶段一样,能够将自己同环境区分开来,但仍不能区分出自然环境与社会环境;随着以民族国家的现代发展作为中心组织特征的社会的发展,理性世界观的出现得以将社会(规范)领域与自然环境区分开来,这又类似于自我发展的社会中心阶段;最后,基于现代经验科学、制度化的资本主义经济系统和民主化的政治系统所进行的世俗化世界解释的出现,又类似于自我发展的普遍主义阶段:"在自我发展和世界观演化的这个阶段,自我或社会以一种普遍主义和反思性的方式,来理解自己与其环境之间的关系。这样,世界观的总体化特征就消解了,理论理性与实践理性也区分开来。"[①]

哈贝马斯主张从认知能力、言语能力和行动能力三个向度,对"自我"进行分析。他所谓的"自我",不仅是认知性自我,还有实践性自我——换言之,不仅是相对于皮亚杰意义上的"客体"即外在自然(external nature)(他后来所谓的客观世界)的自我发展,还有相对于弗洛伊德意义上的"客体"即社会(他后来所谓的社会世界)的自我发展,

---

① David. S. Owen, *Between Reason and History: Habermas and the Idea of Progress* (New York: State University of New York Press, 2002), p.141.

同时还包括相对于主观世界即内在本性(internal nature)的自我发展。因此,哈贝马斯此处所谓的"自我发展"很大程度上就是"自我区分体系"的发展,亦即将主观世界个体自我、自然世界、社会世界区分开来之能力的发展;而"对这些具有普遍性的不同对象领域的区分,使得我们隐而不显地将其同所有言语行为都联系起来的诸有效性主张(真实性、正当性和真诚性)之区分(如果必要,使之成为论题)成为可能"①。与此相适应,哈贝马斯所谓的"世界观",毋宁说"是将人和环境(自然与社会)结合起来的一般性的即包罗万象的(overarching)'解释系统'"②。我们可以进一步将其区分为服务于认知目的的世界观与服务于实践目的的世界观,而后者又包括两方面内容,协调主体间关系的法律与道德表征,以及使个体认同统一和稳定起来的集体认同。因此,哈贝马斯对自我发展与世界观发展的同构性解释不仅是他将个体道德意识"转译"为社会道德意识结构的认识论前提,而且他所谓的现代世界观的普遍主义和反思性等特征,也进一步注解了现代社会法律与道德意识结构的后习俗特性。

第二,以自我认同与集体认同的同构性阐释为基点,哈贝马斯在总体上将现代社会的集体认同标识为形式主义的伦理观。哈贝马斯所谓的"认同"是指"使得个性系统具有连续性和一贯性的符号结构"③,因此,自我认同就是维持自我的这种符号结构的能力。个体自我认同大致经历了三个阶段:在"自然认同"阶段,儿童靠将本身与其环境区分开来的身体来维护自我认同;在"角色认同"阶段,个体基于主体间承认的社会角色的识别来维护自我认同;在"自我认同"阶段,个体开始脱离习俗性的道德意识,进而反思性地建构自己的认同。集体认同则经历

---

① J. Habermas, *Communication and Social Evolution of Society*, trans. Thomas McCarthy (Cambridge: Polity Press, 1991), p.116.

② David. S. Owen, *Between Reason and History: Habermas and the Idea of Progress* (New York: State University of New York Press, 2002), p.141.

③ See Rainer Döbert, Jürgen Habermas, and Gertrud Nunner-Winkler, Zur Einführung, *Die Entwicklung des Ichs* (Koln: Keizenheimer, 1977), p.10. Cited in: Stephen K. White, "Habermas's Communicative Ethics and the Development of Moral Consciousness", in David M. Rasmussen & James Swindal (eds.), *Jürgen Habermas Vol. III* (London: SAGE Publications, 2002), p.167.

了四个阶段：与个体的"自然认同"相类似，旧石器时代依靠血缘关系结构来维护群体的认同，而新石器时代则凭借共同的祖先和神话世界观框架内的共同宇宙起源来维护群体认同；在大帝国时代，与个体角色认同相类似，则依靠"政治认同"来维持；在民族国家出现的现代社会，则与前述自我认同的普遍主义结构相类似："资产阶级社会的集体认同在高度抽象的合法律性（legality）、合道德性（morality）和主权观点之下发展起来；至少在现代自然法建构和形式主义伦理观中，它以这种方式表达了出来。"[①]

考虑到哈贝马斯直到1980年代后期才明确将关注认同或价值问题的"伦理"（ethics）与关注评判或正义问题的"道德"（morals）区分开来，他对自我认同与集体认同的同构性阐释，就他对现代道德意识结构的把握而言尤显重要。事实上，在哈贝马斯那里，无论是普遍主义的世界观，还是形式主义的伦理观（他将康德的伦理学视为典型），同下文将要谈到的"后习俗层次"规范结构之间都是可以互相阐释的。考虑到哈贝马斯本人思想的成熟和精致化需要过程，这在很大程度上是从不同视角达致的一种"同义反复"，即我们可以宽泛地把它视为哈贝马斯从不同视角对现代社会规范结构的理论把握。在他先期（1973）出版的《晚期资本主义的合法化问题》的相关论述中，我们也可以为上述判断找到注解——在该书中，尽管哈贝马斯在从社会进化视角论及现代社会的规范结构时没有使用"后习俗层次"的说法，但却使用了"普遍主义道德"、"形式主义伦理观"等相互阐释的说法[②]。

第三，以个体道德意识与社会之法律与道德意识结构的同构性阐释为基点，哈贝马斯在总体上将现代社会的法律与道德意识结构标示为"后习俗层次"的规范结构。在《论历史唯物主义的重建》一文中，哈贝马斯基于前述科氏理论和自己的上述理论建构，经由行动的一般结构、世界观结构以及制度化的法律结构和具有约束力的道德观念结构

[①] J. Habermas, *Communication and Social Evolution of Society*, trans. Thomas McCarthy (Cambridge: Polity Press, 1991), p.115.

[②] See J. Habermas, *Legitimation Crisis*, trans. Thomas McCarthy (Boston: Beacon Press, 1975), pp.21–22, 86–90.

三个共时性变量,同时诉诸新石器社会、早期文明、高度发达的文明和现代社会四个历时性时段,对规范结构的演化进行了较为系统的阐述,正式完成了从个体道德意识发展理论到社会进化论上对现代社会道德意识结构之理论把握的"转译"。我们可以将其相关论说列入下列表格(见表1.1)。

表1.1 规范结构的社会进化

社会形态	行动的一般结构	(对道德与法律具有决定性之层面的)世界观结构	制度化的法律与有约束力的道德表征的结构
新石器时代	习俗化的行动系统	仍与行动系统直接结合起来的神话世界观	从前习俗的观点对冲突进行法律调整
早期文明	习俗化的行动系统	始自行动系统的神话世界观发挥着使统治者合法化的功能	从习俗性道德视角出发调节冲突,但这种习俗性道德是与施行或表征正义之统治者的身份相联系的
发达文明	习俗化的行动系统	神话世界观瓦解,理性世界观得以发展	从习俗性道德视角出发调节冲突,但这种习俗性道德已与统治者的身份分离
现代社会	后习俗化的行动领域:用普遍性手段调节的策略行动领域(资本主义企业、资产阶级民法)分化开来,以原则为基础形成政治意志(形式民主)	普遍发展起来的合法化学说(理性自然法)	从合法律性与合道德性严格分离的视角调节冲突;一般性、形式化和理性化的法律;由原则导引的私人道德

表格来源:J. Habermas, *Communication and Social Evolution of Society*, trans. Thomas McCarthy (Cambridge: Polity Press, 1991), pp.157–158。

至此,哈贝马斯以"规范结构"为基点完成了从个体发展到社会演化三个向度(从自我发展到世界观、从自我认同到集体认同、从个体道德意识到社会道德意识与法律意识结构)的同构性"转译"。从哈贝马斯关于个体化与社会化的理论看,这种"转译"又是与其"个体化"与"社会化"互动共生的思想相一致的。从社会、文化与个性三分的视角看,这种"转译"的性质和意义在于：从对人们个性系统之意识结构的把握,"转译"至对社会理论建构而言更具综合性价值的文化层面之意识结构的论说①。经由文化层面意识结构(主要是道德—实践领域的规范结构)的建构,我们就可以对现代社会的道德意识与法律观念进行宏观上的把握,进而建构符合这种意识或观念的道德哲学和法哲学理论。

从哈贝马斯关于学习过程、学习能力或学习水平的理论来看,上述文化层面的规范结构的发展逻辑(前习俗阶段→习俗阶段→后习俗阶段),其实体现了一种经由集体"学习过程"所达致的集体"学习水平"。作为前述"重构性科学"的信奉者和践行者,哈贝马斯对规范结构的社会进化论把握,旨在重构出社会在文化层面如何获得已经具有的那些知识和能力的过程,也就是哈贝马斯所说的集体学习过程②。"规范结构"之所以遵循着发展逻辑,乃是因为后一阶段的学习水平是对前一阶段的克服和超越。用哈贝马斯本人的话来讲,

> 不管其内容为何,被取代的阶段的合法化将随着向下一个更高阶段的过渡而遭到贬损;不是因为这个或那个理由不再令人信服,而在于理由的类型。……我的推测是：这种贬损性的转向与那种向新的学习水平发展的社会进化性过渡相关,而这种新的学

---

① 读者可能会质疑哈贝马斯上述理论"转译"的合理性。本书认为,哈贝马斯所谓的"同构"更多是一种"思想试验",其合理性和解释力主要取决于人们的经验认同。当然,从更深层次上讲,其合理性与科尔伯格理论本身的合理性有关。科尔伯格的理论立基于对现代社会(而非整个人类社会)道德意识成长的经验调查,其本身就是对西方现代社会(即已现代化了的社会)背景下个体道德意识的一种理论把握。因此,就本书所关注的现代道德意识结构(而不是进化论建构)而言,我们至少可以这样来理解哈贝马斯的上述"转译"：他实质上是以现代社会成年人个体化道德意识为目标蓝本,将其普适化为现代社会的道德意识模式。在这个意义上讲,其合理性应当是不言而喻的。

② 参见童世骏:《"学习"与"批判"——为哈贝马斯八十寿辰而写》,载邓正来主编:《西方法律哲学家研究年刊》(2009年总第4卷),北京大学出版社2011年版,第12页。以哈贝马斯的"重构性科学"为起点,童世骏在中文世界第一次对哈氏关于学习过程、学习能力或学习水平的理论与实践进行了较为全面的阐释,敏锐地把握住了"学习"作为哈氏批判理论之核心范畴的理论意蕴。

习水平规定着学习过程的诸可能性条件——无论是在使思想客观化（objectivating thought）的维度，还是在实践性洞见（practical insight）的向度内，均是如此。①

如果现代社会的"学习过程"使得其"规范结构"体现了"后习俗的"证成层次，那么包括法律在内的规范的有效性（即法律的合法化）就须建立在这种证成层次的基础之上。对此，我们稍后还会进一步予以讨论。

（三）现代社会道德意识结构的主要特征

通过上述理论步骤，哈贝马斯认为，现代社会文化层面的道德意识结构主要有如下两个特点。

第一，基于原则的道德。哈贝马斯区分了规范与原则。在他看来，原则是据以证成规范的较高级规范，即"规范可以导源其中的元规范"②。但是，从效力逻辑上讲，规范的效力具有非此即彼（all or nothing）的绝对性，而原则的效力则具有相对灵活性："规范之间的冲突只能以两者之一的方式解决，即要么引入例外条款，要么宣布某种冲突性的规范无效；原则冲突时，则无须做出这种非此即彼的决定。"③

在习俗层次，道德行为是规范导向的，是根据规范的取向和对规范的违反来判定的；而在后习俗层次，道德行为是原则导向的，"规范本身的有效性也要根据原则来判断"④。因此，从习俗层次向后习俗层次的演化，意味着基本社会—认知概念（basic socio-cognitive concepts）从

---

① J. Habermas, *Communication and Social Evolution of Society*, trans. Thomas McCarthy (Cambridge: Polity Press, 1991), p.185.
② J. Habermas, *Legitimation Crisis*, trans. Thomas McCarthy (Boston: Beacon Press, 1975), p.88.
③ J. Habermas, *Between Facts and Norms: Contributions to a Discourse Theory of Law and Democracy*, trans. Williiam Rehg (Cambridge Mass.: MIT Press, 1996), pp.208 - 209.
④ See J. Habermas, *The Theory of Communicative Action*, Vol. 2: System and Lifeworld, trans. Thomas McCarthy (Boston: Beacon Press, 1987), p.174.

"规范"转向"原则"①；而后习俗层次所形成的基于原则的道德，也意味着道德意识开始具有反思性，亦即开始用普遍性的原则来反思或质疑习俗性道德规范的正当性。

第二，普遍主义的道德。"在后习俗阶段，道德判断脱离了地方性的习俗和个殊生活形式的历史性色调；它不再能够诉诸生活世界情境的朴素有效性。道德答案，仅仅保留在理性激发的洞察力中。与失去其生活世界背景的朴素自我确定性一样，道德答案也失去了其经验性行动动机的推动力和有效性。"在这样的条件下，"为了在实践中变得有效，普遍主义道德必须弥补特定伦理实体(concrete ethical substance)的丧失——这些普遍主义道德最初被接受，是因为其在认知上具有修补这种伦理实体的优势。"②从原则性与普遍性的关系来讲，两者也是同生共存的：基于原则的道德只有通过良心的内在权威才能得到认可，因此，它内在地呼唤普遍主义的道德，即呼唤那种具有普适性的道德规范。"一种基于原则的道德是一个只遵从一般性的规范(即没有例外、没有特权，也没有有效性领域之局限的规范)体系。"③

三、韦伯：法律的合理化与"后传统"的现代意识结构

如前所言，哈贝马斯主要从意识结构对科氏理论进行了"转译"，使之成为文化层面的道德意识结构论说。在其奠基性的代表作《沟通行动理论》中，他主动衔接韦伯所开启的现代性和合理化论题，企图立基于韦伯而对现代性的自我理解和理性形态进行重建，进而重建现代性的规范性基础，继续推进现代性这一"未尽的谋划"。在其间，他更为便

---

① See J. Habermas, *The Theory of Communicative Action*, Vol. 2: *System and Lifeworld*, trans. Thomas McCarthy (Boston: Beacon Press, 1987), p.174.
② See J. Habermas, *Moral Consciousness and Communicative Action*, trans. Christian Lenhardt & Shierry Weber Nicholsen (Cambridge Mass.: MIT Press, 1990), p.109.
③ J. Habermas, *Legitimation Crisis*, trans. Thomas McCarthy (Boston: Beacon Press, 1975), p.88.

利地在韦伯文化合理化和社会合理化的语境中,对现代意识结构的形成和法律观以及与此相关的法律结构进行了探讨。如果说哈贝马斯在社会进化论语境中对科氏理论的"转译"还不够系统、深入,那么他在合理化语境中对韦伯合理化理论的"阐发",则为其对现代社会"后传统"的道德意识结构和法律意识结构的理论建构,奠定了更为厚实的社会理论基础。

需要指出的是,在《沟通行动理论》中,哈贝马斯主要在两个场合谈及了韦伯的合理化命题:一是在该书第一卷中,他主要以韦伯的合理化命题为基础建构了他关于社会行动的四种理想类型,并基于他所谓的"沟通行动"对韦伯基于文化合理性和社会合理化论说进行了一般性的重建;二是在该书第二卷中,他又在韦伯合理化命题的语境中建构了他关于"生活世界合理化"的命题,并以此为基础建构了"系统与生活世界的二元论"。鉴于此,本书首先在(位于文化合理化和社会合理化之间的)法律合理化语境中讨论他关于后传统的"现代意识结构"(道德与法律意识结构)的论说;接着,我将专门辟出一节讨论他关于"生活世界合理化"的论说,并以此将他对前述科氏理论的社会进化论"转译"和他对韦伯合理化理论的重建统合起来。

如众所知,有着"资产阶级的马克思"之称的韦伯"是以一位对马克思的资产阶级回应者的面目,出现在社会科学领域中"[①]。同马克思一样,他也是要探究资本主义或现代性所面临的困境;但"马克思的主要兴趣在于两个阶级的利益冲突,韦伯的兴趣则主要在于具体社会组织形态。"[②]因此,不同于马克思的那种最终走向无产阶级革命的激进方案,韦伯则站在资产阶级立场捍卫资本主义的现代性成果:"他对理性和自由事业的深刻信仰,指导了他对研究课题的选择。他的研究结论也是十分明确的,即西方世界的理性和自由正处于危险之中……韦伯也是为了在充分探究启蒙运动遗产的历史前提之后来捍卫这份伟大的遗产。"[③]

[①] 参见〔英〕B·特纳:《探讨马克斯·韦伯》,李康译,载〔德〕马克斯·韦伯:《学术与政治》,冯克利译,三联书店1998年版,第185页。
[②] Talcott Parsons, *The Structure of Social Action* (New York: Free Press, 1968), p.506.
[③] 〔美〕莱因哈特·本迪克斯:《马克斯·韦伯思想肖像》,刘北成等译,上海世纪出版集团2007年版,第8页。

在具体的研究路径上,韦伯与马克思也大异其趣。尽管其对精神层面的强调常常被误解为走向了马克思主义唯物史观的对立面,但韦伯对资本主义和现代性的理解不同于马克思却是显见不争的[①]:不同于马克思,韦伯的基本问题是要回答为什么"在——且仅在——西方世界,曾出现(至少我们认为)具有普遍性意义及价值之发展方向的某些文化现象"[②]。他最终以宗教社会学的研究为起点,并将其同文化与社会的合理化现象联系起来,亦即通过从宗教向度对"世界观"之合理化的探究,再通过"从文化合理化转向社会合理化",进而形成对资本主义社会在西方兴起的解释[③]。

需要指出的是:由于韦伯本人著作之体系性匮乏所带来的阐释难题,本书主要以哈贝马斯的论述为依据,同时结合其他经典阐释对上述问题进行探讨。

[①] 法国学者雷蒙·阿隆指出:"认为马克斯·韦伯提出了一个与马克思根本相反的命题,即用宗教来说明经济,而不是其相反,用经济来解释宗教,这一观点是绝对错误的。虽然他有时,特别是在第一次世界大战结束后在维也纳的一次大会上也说过'积极批判历史唯物主义'这样的话,但他从不打算推翻历史唯物主义学说,让宗教力量的因果关系替代经济力量的因果关系。"(〔法〕雷蒙·阿隆:《社会学主要思潮》,葛志强等译,华夏出版社 2000 年版,第 303 页)。其他论者,如特纳(Bryan S. Turner)、弗洛因德(Julien Freund)等,也有类似的看法(参见〔英〕B.特纳:《探讨马克斯·韦伯》,李康译,载〔德〕马克斯·韦伯:《学术与政治》,冯克利译,三联书店 1998 年版,第 185—187 页和 Julien Freund:《宗教与世界:韦伯的宗教社会学》,简惠美译,载〔德〕马克斯·韦伯:《韦伯作品集Ⅴ:中国的宗教 宗教与世界》,康乐等译,广西师范大学出版社 2004 年版,第 434 页以下。)然而,考虑到韦伯在《新教伦理与资本主义精神》结尾中所表达出来的下述明确立场,我们却不宜做出韦伯与马克思完全对立的结论:"以对文化和历史所作的片面的唯灵论因果解释来替代同样片面的唯物论解释,当然也不是我的宗旨。每一种解释都具有同等的可能性,但如果不是作作准备而已,而是作为一次调查探讨所得出的结论,那么,每一种解释都不会解释历史的真理。"〔德〕马克斯·韦伯:《新教伦理与资本主义精神》(修订版),于晓等译,陕西师范大学出版社 2006 年版,第 106 页。]

[②] 参见〔德〕马克斯·韦伯:《韦伯作品集Ⅴ:中国的宗教 宗教与世界》,康乐等译,广西师范大学出版社 2004 年版,第 448 页。

[③] See J. Habermas, *The Theory of Communicative Action*, Vol. 1: *Reason and the Rationalization of Society*, trans. Thomas McCarthy (Boston: Beacon Press, 1984), p.168.

(一)韦伯眼中的"传统"与"传统主义"

据本书考察,韦伯的社会理论主要在两个场合明确提到了"传统"的作用:在社会行动类型中,他将"传统式的行动"视为社会行动的四种类型之一(另三种是目的合理行动、价值合理行动和情感式行动),而在统治(Herrschaft,domination)社会学理论中,他同样将"传统"视为统治合法化的一种类型(另两种是魅力型或卡理斯玛型统治与法制型统治)。韦伯所谓的"传统式行动"是指"通过根深蒂固的习惯所决定的行动"[①]。他对"传统型统治"的定义则是:"如果某一统治的合法性是来自其所宣称、同时也为旁人所信服的、'历代相传'的规则及权力的神圣性,则我们称此种统治为传统型统治。"[②]尽管从行动类型的四种到合法统治的三类分类目项上有所减少且并非一一对应[③],但"传统"却同时出现在这两种分类场合。可见,"传统"一直都在韦伯眼中占据着重要地位。同时,韦伯也经常使用"传统主义"的说法。在他那里,"'传

[①] 参见〔德〕马克斯·韦伯:《韦伯作品集Ⅶ:社会学的基本概念》,顾忠华译,广西师范大学出版社2005年版,第32页。

[②] 〔德〕马克斯·韦伯:《韦伯作品集Ⅱ:经济与历史 支配的类型》,康乐等译,广西师范大学出版社2004年版,第323页(为行文统一起见,此处引证将"正当性"和"支配"分别改为了"合法性"和"统治")。值得注意的是,韦伯还区分了"习惯"(Brauch,usage)、"风俗"(Sitte,custom)和习俗(konvention,convention)。限于论题,本书不作细究。

[③] 对这种分类的非对应性,人们有着不同的解读。比如说,雷蒙·阿隆认为,"分析中出现的种种困难,其原因是马克斯·韦伯没有在纯分析性概念与半历史性的概念之间作出选择。三种统治类型的概念应当被视为纯粹分析性的概念,但是韦伯却同时使这些概念具有某种历史上的意义。"(〔法〕雷蒙·阿隆:《社会学主要思潮》,葛志强等译,华夏出版社2000年版,第375页)。顾忠华则认为,法制型统治事实上包括了理性因素,即包括了目的合理性与价值合理性,而卡理斯玛型则正好对应着情感式行动(参见顾忠华:《韦伯学说》,广西师范大学出版社2004年版,第168页)。郑戈补充"自然法"之后将行动类型与统治类型一一对应起来,即"价值合理性行动"对应的是"自然法"(参见郑戈:《法律与现代人的命运:马克斯·韦伯法律思想研究导论》,法律出版社2006年版,第124页)。不仅如此,韦伯在"合法秩序的类型"和"合法性的基础"中要么以"宗教"替换"传统",要么又将合法性的基础与行动类型一一对应起来(参见〔德〕马克斯·韦伯:《韦伯作品集Ⅶ:社会学的基本概念》,顾忠华译,广西师范大学出版社2005年版,第44—45、48—49页),这的确为我们的理解带来了一定困难。

统主义'一词所指的是,将日常的惯习视为不可违反之行为规范的一种心理态度与信仰。"①

如果孤立地来看待上述定义,我们并不能真正把握"传统"在韦伯理论视野中的真正含义。就此而言,我们必须结合韦伯的合理化理论来看。因为只有这样,我们才能进一步洞察到:"传统"在韦伯那里其实是他意欲否定的对象。质言之,他事实上是想表明:与现代社会相适应的社会行动类型应是目的合理行动,而现代社会的合法统治类型应是"法制型统治"。或者说,正如中国等非西方宗教在韦伯那里是作为西方宗教之陪衬或对比而存在的,"传统式行动"、"传统型统治"也分别是作为"目的合理行动"和"法制型统治"的对立面而存在的②。就行动的合理化而言,韦伯认为,"行动的'合理化'过程中,一个最重要的元素便是把内在未经思索地接受流传下来的风俗习惯,替换成深思熟虑地有计划地适应利害状况。"③就法律的合理化而言,在韦伯看来,它就是从形式不合理发展为形式合理的过程。也就是说,"不管法和法实务在这些势力的影响下会发展成什么样的样态,作为技术与经济发展的结构,下述情形无论在什么情况下都将是法所不可避免的命运:一方面,尽管有素人法官制度的种种尝试,随着法的技术内容的逐渐增加,素人对法的无知、亦即法的专门性,也无可避免地会随之升高。另一方面,现行有效的法律也越来越会被评价为合理的,因此随时都可以合目的理性地加以变更的、在内容上不具任何神圣性的、技术性机制。"④因此,"今天合法性最普遍的形式,便是对合法律性的信仰,也就是服从形

---

① 〔德〕马克斯·韦伯:《韦伯作品集Ⅴ:中国的宗教 宗教与世界》,康乐等译,广西师范大学出版社 2004 年版,第 496—497 页。

② 本迪克斯指出:"卡理斯玛型统治和传统型统治,只是理解现代西方国家法制型统治的参照物,正如他对中国和印度社会与宗教的研究,为他研究古代犹太教提供了对比。"〔美〕莱因哈特·本迪克斯:《马克斯·韦伯思想肖像》,刘北成等译,上海人民出版社 2007 年版,第 317 页。

③ 〔德〕马克斯·韦伯:《韦伯作品集Ⅶ:社会学的基本概念》,顾忠华译,广西师范大学出版社 2005 年版,第 40 页(为使行文统一起见,此处引证将"理性化"改为了"合理化")。

④ 〔德〕马克斯·韦伯:《韦伯作品集Ⅸ:法律社会学》,康乐等译,广西师范大学出版社 2005 年版,第 339 页。

式正确的以一般方式通过的成文规定。"①

一言以蔽之,只有在韦伯社会合理化的语境中,我们才能真正领会哈贝马斯所谓的"后传统"道德意识与法律意识结构的确切含义——它指称的是经历社会合理化(即现代转型)洗礼之后的法律意识结构和道德意识结构。

(二)哈贝马斯对韦伯合理化理论的"阐发":从文化层面的"现代意识结构"到社会层面的"法律合理化"

"以理性主义或合理化的问题作为整体观察韦伯立场的重心,是最恰当的";因为"韦伯综合了他对资本主义——这一'近代西方的理性主义'——所作的经济、政治和文化上的分析,全面地检视了一种情况——西方经过长久以来的发展,直到近代方才'完成'的'世界之除魅'的过程"②。韦伯对合理化问题的关注表现于从个性到社会的方方面面,其本身具有极大的阐释空间。但是,哈贝马斯并不是要重述韦伯的论说,而毋宁是要以韦伯为起点,来完成他所没有完成的任务,即在新的时代条件下对他进行进一步"阐发"(development),以在消解韦伯现代性理论的工具理性视角的同时重新确立批判理论的规范性基础。我们可以从以下几个方面,来粗略把握哈贝马斯的这一"阐发"工作。

第一,哈贝马斯依据帕森斯社会、文化和个性的三分框架,将韦伯的合理化论说进行了归类。在哈贝马斯看来,韦伯对西方理性主义之表现的列举比较混乱,因此有必要进行归类,而最恰当的归类标准当是帕森斯社会、文化和个性的三分法。依据这种三分法,哈贝马斯将韦伯的合理化论述归为如下三个方面:首先,在社会合理性层面,韦伯主要探讨了资本主义经济系统和行政系统的合理化问题,即认为两者都建基于目的合理性之上,分别表现为合理的经济行为和合理的行政行为

---

① 〔德〕马克斯·韦伯:《韦伯作品集Ⅶ:社会学的基本概念》,顾忠华译,广西师范大学出版社2005年版,第40页(为使行文统一起见,此处引证将"合法性"改为了"合法律性")。
② 参见〔德〕沃夫冈·施路赫特:《理性化与官僚化:对韦伯之研究与诠释》,顾忠华译,广西师范大学出版社2004年版,第4页(为行文统一起见,此处引证将"世界解除魔咒"改为了"世界之除魅")。

(现代官僚制)。其次,在文化层面,表现为科学—认知领域、道德—实践领域和艺术—审美领域(即文化的认知领域、规范领域和表现领域)等文化价值领域的分化,从而形成"现代意识结构":"对现代社会具有典型性的意识结构源于文化的合理化,而文化合理化包括宗教传统的认知要素、审美—表现要素和道德—评价要素。随着科学与技术、自主的艺术与自我表现的价值,以及普遍性的法律表征和道德表征的发展,出现了三个价值领域的分化,每个价值领域均遵循着自己特有的逻辑。"①最后,"与文化合理化相对应,在个性系统层面上我们可以看到一种有条不紊的生活品行(methodical conduct of life)——其动机基础是韦伯的主要兴趣目标,因为韦伯相信他本人在此抓住了资本主义兴起的一个主要因素(尽管不是最重要的因素)。"②哈贝马斯此处所谓的"有条不紊的生活品行"主要指涉的是韦伯那里与"责任伦理"(ethic of responsibility)相对、与"新教伦理"(protestant ethic)相关的"信念伦理"(ethic of conviction)③,而正是这种围绕着职业观的"新教伦理"或"信念伦理",使得清教徒"人人皆祭司、个个有召唤",并为荣耀上帝而

---

① J. Habermas, *The Theory of Communicative Action*, Vol. 1: *Reason and the Rationalization of Society*, trans. Thomas McCarthy (Boston: Beacon Press, 1984), pp.163-164.
② Ibid., p.164.
③ 在《政治作为一种志业》的演讲中,韦伯明确区分了信念伦理和责任伦理,并认为:"一个人是按照信念伦理的准则行动(在宗教的说法上,就是'基督徒的行动是正当的,后果则尾诸上帝'),或者是按照责任伦理的准则行动[当事人对自己行动(可预见)的后果负有责任],其间有着深邃的对立。"([德]马克斯·韦伯:《韦伯作品集Ⅰ:学术与政治》,钱永祥等译,广西师范大学出版社 2004 年版,第 261 页。)韦伯所谓的"信念伦理"有着深厚的宗教社会学背景,这一点可以在《中间考察:宗教拒斥的阶段与方向》这一著名篇章中瞥见。在该文中,韦伯将"信念伦理"与"新教伦理"联系了起来,并认为:"一切先知或救世主的宗教……与现世及其秩序之间,存在着……紧张关系。……当宗教越是从仪式主义升华为'信念的宗教意识'之时,紧张性就越是剧烈。""其(指"救赎预言"——引者注)根本命令越是由邻人团体的互惠伦理中所揭示出来的,其救赎观念就愈合理化,亦即愈是升华为信念伦理的形态。"[[德]马克斯·韦伯:《韦伯作品集Ⅴ:中国的宗教 宗教与世界》,康乐等译,广西师范大学出版社 2004 年版,第 512、514 页。为行文统一起见,此处引译将"心志的(或信念的)"和"心志伦理"分别改为了"信念的"和"信念伦理"。]由此可见,韦伯将"信念伦理"当成了伦理合理化的一种结果,即与新教伦理相一致的。也正因此,哈贝马斯才将韦伯意义上的"信念伦理"和"新教伦理"联系起来。

获取和积累财富,最终孕育了资本主义精神。

第二,哈贝马斯把文化合理化作为解读韦伯合理化理论的起点,并从宗教合理化角度诠释了"世界观之除魅"所形成的"现代意识结构"。首先,在对韦伯的合理化论述进行归类后,哈贝马斯把"文化合理化"作为解读韦伯合理化理论的起点。在他看来,韦伯的合理性概念所诉诸的不是行动理论,而是文化理论,即它不是直接表现在个性系统中,而是首先体现于文化传统和符号系统中。"韦伯用'合理的'这一术语指称符号系统,特别是宗教系统以及法律表征和道德表征在形式上趋于完善。"①因此,我们应当将文化层面的合理化作为解读韦伯合理化理论的出发点。其次,"韦伯所探究的相应文化合理化的两个特征是'世界观的系统化'和'价值领域的内在逻辑'。"②也就是说,韦伯的文化合理化主要探究的是因世界观的合理化导致的诸价值领域的分化。而世界观的合理化又与宗教合理化密切相关,因为"宗教合理化是西方理性主义的前提",正是宗教的合理化使人们克服了神秘的信仰,进而奠定世界除魅的基础③。简言之,宗教合理化导致了世界观的合理化,而世界观的合理化又导致了文化的认知领域、规范领域和表现领域相互分化,从而形成一种现代世界观。最后,哈贝马斯进一步认为韦伯把世界观合理化的探讨限定在了道德—实践领域的伦理化视角,并借此将宗教合理化、世界观的合理化同现代意识结构在道德层面的形成(即后习俗的道德表征或者韦伯所谓的以宗教为基础的信念伦理)联系了起来。哈贝马斯写道:

> 韦伯以克服神秘思维的程度来评价世界观的合理化。在伦理合理化的维度中,他首先在信仰者与上帝(或神)之间的互动中来考察除魅。他们之间——即需要救赎的个体与超验的即人们在道德上需要的神圣权威之间——愈是能够形成一种纯粹的

---

① J. Habermas, *The Theory of Communicative Action*, Vol. 1: *Reason and the Rationalization of Society*, trans. Thomas McCarthy (Boston: Beacon Press, 1984), p.174.
② Ibid.
③ Ibid., pp.167, 175.

沟通性关系，个体就愈能基于抽象的道德立场将其世内关系（innerworldly relations）严格地系统化——而这种抽象的道德或者仅仅为选民们（即宗教人士）服从，或者为所有信徒以同样的方式服从。这意味着：(a) 从一种单一性或个别性的视角抽象出来，服务于所有规范调节之人际关系的一种世界概念得以提炼出来；(b) 一种纯粹的、个体可以用于遵守和批判规范的伦理态度分化出来；并且(c) 同时具有普遍主义和个体主义特征，并与良心、道德问责（moral accountability）、自主、罪责等等互相关联的一种人的概念发展起来。据此，在传统中获得保障的那种对具体生活秩序的虔诚遵守，就可以为主张普遍性原则的自由倾向所替代。[①]

可见，哈贝马斯认为，历经世界观除魅所形成的现代意识结构在道德层面上体现为一种后习俗层次的道德，即基于原则的、普遍主义的形式伦理。这一结论和我们前面提到的哈贝马斯对科氏理论进行"转译"时获得的结论是完全一致的。

第三，哈贝马斯以道德—实践领域的"现代意识结构"（法律与道德表征）为中心，分别沿着社会层面（制度系统）与个性层面（个性系统）这两条线索，以达致对"后传统"现代法律意识结构和道德意识结构的认识。哈贝马斯既将后习俗层次的道德意识与世界的除魅联系起来，也将后习俗的法律表征与之相联系。而且，他还将道德—实践领域的"现代意识结构"（法律与道德表征）分别沿着制度系统与个性系统定位于社会层面与个性层面。在他看来，现代法律观念与道德意识对于现代性的展开同样重要，它们同样都基于后习俗的意识结构，遵循着普遍主义的规范结构。但是，它们不仅仅是文化层面的意识结构，而且还分别渗透到了社会和个性层面：后习俗的法律观念基于理性自然法，并在形式法的基本概念中得以重建，进而在满足普遍主义原则的前提下得以制度化，即在社会层面上表现为资本主义经济系统和行政系统的一

---

① J. Habermas, *The Theory of Communicative Action*, *Vol. 1: Reason and the Rationalization of Society*, trans. Thomas McCarthy (Boston: Beacon Press, 1984), pp.212 – 213.

种组织手段;而后习俗的道德意识则进入到个性系统,表现为一种私人化的道德:

> 在基于原则的道德意识层次,道德被去制度化(deinstitutionalized)到如此程度,以至于它现在仅仅作为一种行为的内在控制被锚定(anchored)在个性系统;同样,法律发展则成为一种外在强力即从外部强施的力量,以至于由国家制裁保证的现代强制法,变成了与法权人(legal person)的伦理动机相分离,且依赖于抽象法律服从的一种制度。①

因此,哈贝马斯认为,法律的合理化是与宗教合理化、世界观合理化相伴而生的,即是社会合理化的"副产品"。与"世界除魅"后形成的"现代意识结构"相适应的是一种形式法,而形式法经由理性自然法的媒介满足了现代社会的普遍主义规范结构:

> 一种基于原则的道德是一个只遵从一般性规范(即没有例外、没有特权,也没有有效性领域之局限的规范)的系统。现代自然法试图发展出符合这些判准的法律规范系统。平等的规范的一般性可以通过法律规范的形式品质得到保证。②

---

① J. Habermas, *The Theory of Communicative Action*, Vol. 2: System and Lifeworld, trans. Thomas McCarthy (Boston: Beacon Press, 1987), p.174. 此外,在《沟通行动理论》第一卷中,哈贝马斯写道:"关于现代化的内在条件,首先两个环节(moments)颇为重要:由企业家和政府官员所表现出来、遵循职业伦理的有条不紊的生活品行与形式法的组织手段。从形式上看,它们两者都基于同样的意识结构:后传统的法律表征与道德表征。一方面,现代法律表征在理性自然法的形式中得以系统化,它经由法律训练、职业性地得到激发的司法执行(professionally inspired public justice)等进入到经济交换、政府管理的司法系统与司法组织中。另一方面,经由社会性的团契机构(agencies of the congregation)和宗教性激发的家庭组织,新教伦理则被转化为带有苦行色彩的职业行动倾向(professional-ascetic orientations of for action),进而被锚定在孕育资本主义产生之阶级(classes)的动机中。道德—实践领域的意识结构沿着两个路向表现在制度与个性系统中。"[J. Habermas, *The Theory of Communicative Action*, Vol.1: Reason and the Rationalization of Society, trans. Thomas McCarthy (Boston: Beacon Press, 1984), p.166.]
② J. Habermas, *Legitimation Crisis*, trans. Thomas McCarthy (Boston: Beacon Press, 1975), p.88.

哈贝马斯的这些论说，既与韦伯的法律发展思想、韦伯及他本人对现代法形式品质的强调是完全一致的，也体现了本书在第三章中将要详细论及的他关于自然法与实在法之关系的一个重要观点：现代自然法已经进入实在法之中，成为实在法的一部分。

值得注意的是，之所以会出现上述道德意识与法律意识的不同发展趋向，与哈贝马斯本人对法律与道德的不同定位与认识密切相关。哈贝马斯一直把法律视为连接"系统"（包括经济系统和行政系统）与"生活世界"之间的媒介。为此，他既把法律作为资本主义经济和现代国家之组织手段放在社会层面（在社会层面，"建基于制颁原则之上的形式法的作用体现在：作为资本主义经济和现代国家的组织手段，并调节着这两者之间的互动"①），亦把法律表征或法律观念定位于文化和个性层面，即生活世界领域。在其后来的《在事实与规范之间》一书中，他进一步申论了这一观点，明确强调法律是"行动系统"和"知识/符号系统"的统一："不像后习俗道德，法律不仅代表着一种文化知识，其同时也构成了制度化秩序的一个重要核心。"②但哈贝马斯认为，道德与法律不同，只是一种"知识/符号系统"，而不是一种"行动系统"。哈贝马斯的这种思想不仅在其早期的《合法化危机》一书中已有流露③，在《在事实与规范之间》中，他更是明确强调了这一点，并将其视为法律与道德之区别的一个关键点④。对此，本书在后文中还将在哈贝马斯与韦伯合法化理论的对比中

---

① J. Habermas, *The Theory of Communicative Action*, Vol. 1: *Reason and the Rationalization of Society*, trans. Thomas McCarthy (Boston: Beacon Press, 1984), p.158.

② J. Habermas, *Between Facts and Norms: Contributions to a Discourse Theory of Law and Democracy*, trans. Williiam Rehg (Cambridge, Mass.: MIT Press, 1996), p.79. 但也正因此，有论者批评哈贝马斯"把法律放在生活界与系统界之间，显得妾身不明，处境尴尬。"（参见洪镰德：《法律社会学》，扬智文化事业股份有限公司 2004 年版，第 33 页。为行文统一起见，此处引证将"体系"改为了"系统"。）

③ See J. Habermas, *Legitimation Crisis*, trans. Thomas McCarthy (Boston: Beacon Press, 1975), pp.86 – 88.

④ See J. Habermas, *Between Facts and Norms: Contributions to a Discourse Theory of Law and Democracy*, trans. Williiam Rehg (Cambridge, Mass.: MIT Press, 1996), pp. 106 – 107.

予以讨论。

最后，立基于韦伯，哈贝马斯达致了另一个更为直接的"同构性论据"，即认为法律的合理化（法律的发展）与个体道德意识的发展具有同构性：与前习俗、习俗和后习俗相对应，法律的合理化大致经历了神启法、传统法和形式法三个阶段。从"神启法"经"传统法"再到"形式法"这一发展阶段与韦伯的法律发展思想是基本一致的。韦伯将法律分为四种类型：（1）形式不合理的；（2）实质不合理的；（3）实质合理的；（4）形式合理的。简言之，形式与实质的区别在于法律是否具有自主性或自治性，是否用法律之内的标准来处理案件；合理与不合理的不同在于法律是否具有普遍性。借用戴维·M.特鲁贝克（David M. Trubek）的话来说，"'形式性'可做这样的理解：其意指'采用内在于法律体系中的裁决标准'，并以此对该法律体系的自治程度予以考量；而'合理性'则意指'遵从可以适用于所有类似情形的某些裁决标准'，并以此对该法律体系中所适用之规则的一般性和普遍性加以考量。"[①]在韦伯看来，现代法律发展进程就是法律逐渐摆脱宗教和巫术等非理性因素的影响而日益合理化，特别是形式合理化，即从形式不合理的法律制度发展为形式合理的法律制度[②]。基于此，哈贝马斯认为，法律的合理化是与个体道德意识发展序列相对应的："法律的合理化反映了同人们在发展心理学中为个体发展而获得的基本概念具有同样序列的发展阶段：前习俗的、习俗的和后习俗的。"[③]

[①] David. M. Trubek, "Max Weber on Law and the Rise of Capitalism", in Peter Hammilton (ed.) *Max Weber: Critical Assessments 1. Vol. Ⅲ*, (London: Routledge, 1991), p.132.

[②] 韦伯认为，法律的发展大致经历了"'法先知'的卡理斯玛法"→"预防法学与判例的法创制阶段"→"世俗的公权力与神权政治的权力下达法指令的阶段"→"形式法"等四个阶段，它们分别对应着"形式—不合理性"、"实质—不合理性"、"实质—合理性"和"形式—合理性"等四种不同类型的法律。参见〔德〕马克斯·韦伯：《韦伯作品集Ⅸ：法律社会学》，康乐等译，广西师范大学出版社 2005 年版，第 319 页。相关详细阐释，可参见林端：《韦伯论中国传统法律：韦伯比较社会学的批判》，（中国台湾）三民书局股份有限公司 2003 年版，第 7 页。

[③] J. Habermas, *The Theory of Communicative Action*, Vol. 1: *Reason and the Rationalization of Society*, trans. Thomas McCarthy (Boston: Beacon Press, 1984), p.258.

他提到了克劳斯·埃德(Klaus Eder)的人类学论据,并主要借用施鲁赫特(Schluchter)对韦伯的阐释进行了论证。我们不妨摘引如下:

> 原始法律过程还不承认任何独立于行动的"客观法",行动和规范交织在一起。社会关系中出现规则性(regularity)的可能完全依赖于习惯和风俗,或者依赖于自我利益。这乃是因为行动还不是由那些某个群体之人们"为了自己利益"而承认"具有约束力"的法律义务所导向的。由法律义务导向行动首先出现在向传统法律过程的转化中,而在传统法律过程中,行动是依据给定的法律规范来判定的。当然,传统法律过程仍然是个殊主义的(particularistic);它们仍非以普遍主义的法律原则为基础。后者是自然法所取得的成就——自然法假定这些原则可以合理地获得。但是,这样一来,法律不仅被赋予了一种原则基础,同时也被赋予了一个元法理(meta-juristic)基础。既存的法律,现在必须通过这些原则而合法化;当其违反这些原则时,它可以且必须被改变。这样,就为制颁法律的观念提供了一种具有决定性的动力。当然,此时的法律仍然坚决奉行法律原则的被给定性(givenness)观念。只有当这一观念也动摇了,即当这些原则本身变得具有反思性之时,法律才成为严格意义上的实在法。而这是现代法律过程所取得的成绩。在现代社会,几乎所有的法律都可以被认为其是被制颁的,进而是可以修改的。因此,其"基础"就从元法理原则转向法理原则。而这些原则现在只有假定性的地位,它表达了这样的现实:法律变得具有自主性,但同时也与超越法律的情境(extralegal contexts)保持着联系。①

由此可见,理性自然法既为从传统法向现代法的转变提供了原则基础(它使得人们的行动不再以合于传统或习俗的个殊主义规范为基础,而是以普遍主义的原则为基础),亦为法律提供了元法理基础;现代法律

---

① J. Habermas, *The Theory of Communicative Action*, *Vol. 1: Reason and the Rationalization of Society*, trans. Thomas McCarthy (Boston: Beacon Press, 1984), pp.258–259.

就是经由原则的反思性将这些"元法理原则"转化为构成实在法之一部分的"法理原则"而形成的。因此,现代法律也体现了后习俗层次的道德意识,即基于原则的、普遍主义的道德意识。

因此,我们可以看到,在《沟通行动理论》第二卷中,哈贝马斯将科尔伯格的发展心理学与韦伯合理化理论结合在一起,将法律发展的阶段列表如下(表1.2)。

表 1.2　法律发展阶段表

道德意识阶段	社会—认知基本概念	道德观	法律的类型
前习俗	行为的特殊预期	神话伦理观	神启法
习俗	规范	法律伦理观	传统法
后习俗	原则	信念伦理与责任伦理	形式法

表格来源: J. Habermas, *The Theory of Communicative Action*, Vol.2: *System and Lifeworld*, trans. Thomas McCarthy (Boston: Beacon Press, 1987), p.174。

不难发现与前文不同的是,此处后习俗的伦理观由康德式义务论形式伦理变成了韦伯式的信念伦理与责任伦理。这种细微的区别其实表明:无论是康德式的义务论的形式伦理,还是韦伯式的信念伦理与责任伦理,它们都是回应后习俗层次道德意识的一种理论尝试,而这些尝试本身也构成了哈贝马斯建构自己道德哲学的理论起点和论辩对象[①]。在后文中,我们将更明确地看到这一点。

(三) 哈贝马斯论"后传统"法律的结构性特征

经由对韦伯法律合理化思想的上述阐发,哈贝马斯同韦伯一样都强调现代法律的形式属性,即认为"后传统"的现代法律是一种形式法。这种形式法主要有以下三个特征:

1. 实证性。后传统的现代法律是一种实在法:它不是靠对被承认

---

① 参见阮新邦等主编:《解读〈沟通行动论〉》,上海人民出版社2003年版,第96—98页。

的神圣传统的解释而发展起来,毋宁说,它表达了以司法组织调整社会性事态的主权立法者的意志。

2. 法制主义或法条主义(legalism)。除了一般性的守法义务外,现代法律没有为人们施加任何道德动机;它在制裁性的限度内保证着个体的私性倾向(private inclinations)。受到法律制裁的不是邪恶的意向,而是偏离规范的行为。

3. 形式性。现代法律界定了个体合法地运用自由选择的领域。但法律主体在私人行动领域中的选择自由与法律后果相联系。因此,私法下的互动可以被消极地调节,即通过对那些原则上被承认之资格的限制予以调节(而不是被积极地调节,即经由具体义务和实质律令予以调节)。在私法领域,法不禁止即自由[1]。

除了上述三个结构性特征之外,哈贝马斯在早期的《重建历史唯物主义》中还强调了"普遍性"这一特征[2]。哈贝马斯所谓的普遍性是指"现代法律应该由共同的规范组成,个体的规范原则上不允许有例外和特权。"他同时指出:"普遍性(第四个结构性特征)是同资产阶级法律的合法性直接相联系的:只要现代法律普遍主义地规定策略行动的一个领域,整个法律系统就可以被看作普遍利益的表现。"[3]

在哈贝马斯看来,后传统的法律之所以具有上述特征,是因为它预设了这样一种行动系统,即所有人都在其中采取策略行动,可

---

[1] See J. Habermas, *The Theory of Communicative Action*, Vol.1: *Reason and the Rationalization of Society*, trans. Thomas McCarthy (Boston: Beacon Press, 1984), p.259.哈贝马斯对现代法律形式属性的强调,还可参见 J. Habermas, *The Inclusion of the Other: Studies in Political Theory*, Ciaran Cronin & Pablo De Greiff (eds.) (Cambridge, Mass.: MIT Press, 1998), pp.254 – 256。

[2] 在一篇讨论韦伯和哈贝马斯的文章中,David Dyzenhaus 这样论述法律的形式属性:"法律的形式特征如下:法律是一种由公开、抽象和一般性的规则所构成的一个系统——这一系统足以确定地强化这种观念:当法官解释法律时,当行政机关适用法律时,其自由裁量权要受到法律的细密限制。"参见 David Dyzenhaus, "The Legitimacy of Legality", 46 (1) *The University of Toronto Law Journal*, (Win., 1996), p.144。

[3] 参见[德] 尤根·哈贝马斯:《重建历史唯物主义》,郭官义译,社会科学文献出版社 2000 年版,第 256 页(为行文统一起见,此处引证将"战略行为"改为了"策略行动")。

以从目的合理性的角度运用其私人自主（private autonomy）。而且，这种行动系统也是与法律作为目的合理性子系统（即资本主义经济系统和行政系统）的组织手段相一致的；因为只有具备实证性、法制主义和形式性等形式属性，现代法律才能满足以货币为媒介的经济交往和以权力为媒介的官僚制行政管理之系统迫令的形式合理性需要①。

四、"生活世界的合理化"与规范结构的社会进化：哈贝马斯对韦伯合理化命题的沟通行动论"重建"

童世骏曾指出，哈贝马斯现代性理论的一个特点是采用"双重结构的范式"，除了系统与生活世界这对著名范畴外，他还使用了"社会进化"和"社会合理化"这对范畴。他认为，"哈贝马斯以一种接近马克思的方式也希望把合理化的主题同社会进化的主题结合起来；他设法既从韦伯那里又从新进化论者那里吸收观点进入他的现代化理论，在其中，这两个主题互相从对方的角度加以诠释。"②童世骏的这一论述尽管对哈氏本人对社会进化和社会合理化的区分关注不够（正如我们在前文中提到的，哈贝马斯在《沟通行动理论》中曾明确认为，社会合理化命题相较于社会进化论消解了前者的历史哲学前提，特别是其进步观，并在这个意义上高度评价了韦伯的合理化理论），但却敏锐地把握住了他在《重建历史唯物主义》对科尔伯格个体道德意识理论的社会进化论"转译"，与在《沟通行动理论》中对韦伯合理化理论的重建之间的相互阐释关系。正是在这个意义上，前述规范结构的社会进化与《沟通行动理论》第二卷中阐发的另一个主要命题——"生活世界合理化"——密切相关。"生活世界

---

① See J. Habermas, *The Theory of Communicative Action*, Vol. 1: *Reason and the Rationalization of Society*, trans. Thomas McCarthy (Boston: Beacon Press, 1984), p.260.

② 童世骏：《批判与实践：论哈贝马斯的批判理论》，三联书店2007年版，第82页。

合理化"的命题堪称《沟通行动理论》第二卷中最为重要的命题之一。基于哈贝马斯的论述,我们可以从如下两个方面来总体把握他的这一命题。

第一,它是与哈贝马斯所谓的"系统与生活世界的去耦合化"密切相关的一个命题。哈氏所谓的"系统与生活世界的去耦合化",是由"系统复杂性的增长"和"生活世界的合理化"共同导致的。在其"系统与生活世界二元论"的术语体系中,"生活世界"包含"社会"、"文化"与"个性"三大结构性要素,免除了生活世界沟通行动之累而由金钱或权力等"导控媒介"(steering media)予以调节的自主的社会子系统(包括经济系统和行政系统)则是从生活世界的"社会"这一成分中分化而来①。从历史上看,在部落社会,系统与生活世界并未完全分化,甚至在很大程度上在结构上耦合在一起,没有现代意义上的经济系统和行政系统的存在空间;随着基于社会分层的国家的出现,行政系统首先从生活世界的社会这一成分中分化出来;随着社会化大生产的资本主义市场经济的出现,经济系统亦从生活世界的社会这一成分中分化为自主的系统。然而,"如果没有一定数量的一般化的行动取向(generalised action orientation),即使最简单的互动系统亦不能运行。每个社会都不得不面临协调行动的基本问题:自我(ego)如何让异他(alter)继续按照己(然)欲(求)的(desired)方式互动?他如何避免阻挠行动次序的冲突?"②这就需要生活世界的合理化来确保系统分化的成就:"只有当生活世界的合理化亦达致某种相应水平时,系统分化所达致的新水平才能将自己确立起来。"③遵循帕森斯,哈贝马斯认为"价值一般化"(value generalisation)"适合于行动者在社会进化的过程中建制化地予以要求的那种变得愈来愈一般化和形式化的价值取向"。这大体表现在:在分层化的部落社会,主要依靠统治集团"声望"(prestige)和"影响力"(influence)来协调社会行动;在政治性地组织起来的社会,统治者的权威扩大了一般化价值取向的范围:"同

---

① 关于"系统与生活世界二元论"及"生活世界"的构成,详见本书第五章的相关论述。
② J. Habermas, *The Theory of Communicative Action*, Vol.2: *System and Lifeworld*, trans. Thomas McCarthy (Boston: Beacon Press, 1987), p.179.
③ Ibid.

意和遵循的意愿,首先不是与有影响力的家族相一致,而是符合国家的法律权威";在现代资本主义社会,则需要更高层次的价值一般化:"在传统伦理生活(Sittlichkeit)分裂为合法律性和合道德性的范围内,在私人领域要求自主地适用一般化的原则,在职业领域和公共领域则要求遵循以实证的方式制颁的法律。"① 在哈贝马斯看来,上述社会进化中的价值一般化趋向对他所谓的沟通行动的影响在于如下两个方面:一方面,

> 动机和价值的一般化愈是进一步推进,沟通行动就愈是与具体的和传统的规范性行为模式相分离。这种去耦合化趋向愈来愈将社会整合的负担从那种锚定于宗教情境的共识转向在语言中达成共识的过程。这种行动协调向达致理解之机制的转移使得沟通行动的结构以更纯粹的形式出现成为可能。②

但另一方面,上述沟通行动脱离个殊性价值取向的趋势,亦迫使以成功为取向的工具性行动(合法律性)和以理解为取向的沟通行动(合道德性)相分离。沟通行动(合道德性)和工具行动(合法律性)相分离,其实指向了生活世界合理化的一个悖论:"由于生活世界合理化的推进,过去想当然的观念因为与宗教性的生活世界情境相分离而受到质疑并需要证成。但由于生活中越来越多的方面以这种方式受到质疑,那种只能靠论辩性的说服(argumentative conviction)化解的不确定性却与日俱增。"③ 换言之,由于以沟通行动证成规范有效性不堪重负(overloaded),系统整合——即以金钱和权力这种"去语言的"(delinguisticated)、工具性(目的性)的媒介导控社会行动——成为现代社会的必然现象。用哈贝马斯本人的话讲,

---

① See J. Habermas, *The Theory of Communicative Action*, Vol. 2: *System and Lifeworld*, trans. Thomas McCarthy (Boston: Beacon Press, 1987), pp.179-180.
② Ibid., p.180.
③ Erik Oddvar Eriksen & Jarle Weigard, *Understanding Habermas: Communicative Action and Deliberative Democracy* (London: Continuum International Publishing Group, 2004), p.96.

当一种去制度化的即内化的道德将解决冲突的规章同那种对规范性的有效性主张进行证成的观念——即道德性论证的诸程序和预设——联系起来之时，一种去道德化的即实证性的强制法（a de-moralized, positive, comlusory law）呼唤一种合法化的延搁（a deferment of legitimation），而这使以一种不同类型的媒介（金钱和权力媒介——引者注）导控社会行动成为可能。①

可见，在哈贝马斯"系统与生活世界的去耦合化"命题中，系统复杂性的增长与生活世界的合理化既是同一历史进程的两个不同方面，亦形成了相反相成的关系：系统复杂性的增长既带来了系统与生活世界的去耦合化，也以生活世界的合理化为其必要条件；但是，生活世界中的沟通行动面对复杂社会时的不堪重负，亦使系统整合及其所导致的"合法化的延搁"成为必然，进而又促进了系统复杂性的增长，即经济系统和行政系统越来越自主的运行。联系哈贝马斯的其他相关观点可以发现，正是在"系统与生活世界的去耦合化"（系统复杂性的增长 vs 生活世界合理化）的命题下，哈贝马斯关于社会构成或社会结构（系统 vs 生活世界）、全社会整合（系统整合 vs 社会整合）、行动类型（工具行动 vs 沟通行动）、理性类型（工具理性 vs 沟通理性）、伦理生活的分化（法律/合法律性 vs 道德/合道德性）、法律属性（行动系统 vs 符号/知识系统）等社会—政治理论和法哲学核心论题的一系列双重性视角，均可以再次得到确认。

第二，它对韦伯的合理化理论（特别是其关于"世界之除魅"的命题）进行了基于沟通行动理论的重建。在生活世界合理化的语境中，哈贝马斯不仅将前述他对韦伯合理化论说的重建纳入进来，而且又着重从沟通行动理论视角对韦伯的合理化理论进行了重建。大体而言，哈贝马斯的这一重建工作，仍将生活世界合理化视为沿着文化合理化和社会合理化轨迹而展开的历史进程：在文化层面，世界的除魅不仅意味着前述文化价值领域的分化及

---

① J. Habermas, *The Theory of Communicative Action*, Vol.2: *System and Lifeworld*, trans. Thomas McCarthy (Boston: Beacon Press, 1987), p.180.

"现代意识结构"的形成,而且在根本上体现为"神圣事物的语言化"(linguistification of the sacred)。在哈贝马斯看来,从沟通行动理论的视角来看,韦伯所谓的世界除魅,其实表征着根植于宗教神圣情境的规范有效性从"以符号为媒介的互动"(symbolically mediated interaction)中解放出来,并发展为一种以语言为媒介的互动,即"合乎语法的言语行为"(grammatical speech)。这意味着:

> 以前首先在礼俗(ritual practice)中实现的社会整合和社会表现功能发展为沟通行动;神圣权威逐渐为达致共识的权威所取代。……神圣领域的除魅和失去权力(disempowering)是经由那种由礼仪保障之事物的语言化而出现的;与此相适应的是,释放了沟通行动中的合理性潜能。从神圣事物的值得尊敬的即令人着迷的(spellbinding)力量中散发出来的迷人和恐怖光芒升华为可批判的有效性主张的约束力。①

哈贝马斯进而认为,从礼仪行动到沟通行动的这种转化,使得越来越多的行动领域从宗教情境中解脱出来,并在世俗化情境中分化为不同的行动领域。

> 目的性行动要素基于礼俗并以魔魅的方式促成国家出现于世界的事实而出现;规范调节之行动的要素显著地见于从那种由礼仪施加影响并同时有吸引力和令人恐怖的力量中解放出来的责任(obligation)性质中;表现性行动在礼俗仪式中标准化的情感表达中尤显清楚;最后,断言性(assertoric)方面亦在下列范围内呈现出来:礼俗被用来再现和再生产出典范性事件或者以神话方式叙述的人类原初场景。②

在社会层面,我们可以看到与上述文化合理化相平行的分化过程。同"系统与生活世界的去耦合化"相适应的是生活世界的结构分化,即生

---

① J. Habermas, *The Theory of Communicative Action*, Vol. 2: *System and Lifeworld*, trans. Thomas McCarthy (Boston: Beacon Press, 1987), p.77.
② Ibid., pp.191-192.

活世界逐渐分化为文化、社会和个性三个部分。前述"系统与生活世界的去耦合化",既表征着系统与生活世界的结构性分化与关联,亦是社会合理化的重大成就,即表征着社会从生活世界中分化的进程。从社会合理化的视角看,系统复杂性的增长,不仅使得从生活世界的社会成分中分化而来并遵循着工具合理性(目的合理性)原则的行政系统和经济系统,建立在形式法(形式合理性的公法和私法)的基础之上,进而使得社会(合法律性)与文化、个性领域(合道德性)分离开来。同时,由于文化变得越来越合理化(即具有抽象性、普遍性及反思性),它逐渐与其所产生的社会情境相分离,并可以为其他社会反思性地变改、批判性地袭取;由于个性变得越来越合理化,它亦有能力反思性地将自己从文化传统和习俗性社会角色中解放出来,并形成一个相对独立的领域[①]。

综上所论,我们事实上可以从哈贝马斯的"生活世界合理化"命题中推演出其商谈合法化理论的主要问题意识及理论出发点:首先,由社会合理化(系统复杂性的增长)带来的社会与文化和个性领域的分离使得法律/合法律性与道德/合道德性相分离,进而使现代复杂社会的形式法处于由"合法化延搁"所导致的"合法化赤字"、甚或"合法化危机"中——这指向了商谈合法化理论的主要问题意识。其次,与文化合理化相适应的是世界的除魅(生活世界的合理化),它在根本上意味着"神圣事物的语言化":人们不再按照那些由未经质疑的神圣权威所确保的规范而行动,相反,他们在个性和文化层面均倾向于遵循沟通行动的行为模式而对规范采取反思性的证成立场——这指向了后习俗道德意识的主要表征及商谈合法化理论的主要社会理论基础。

走笔至此,我们不妨把哈贝马斯对科尔伯格后习俗道德的社会进化论"转译"同他对韦伯合理化理论的"阐发"及沟通行动论"重建"结合起来。它们之间的对应关系大体上如表 1.3 所示。

---

① See David Ingram, *Habermas: Introduction and Analysis* (Ithaca and London: Cornell University Press, 2010), p.314.

表 1.3 社会进化、社会合理化及道德意识发展

	组织原则	系统与生活世界的关系	合理化程度	相互理解的形式	主导世界观	道德意识阶段	需解决的主要问题
古老（部落）社会	血缘（家庭）社会	不完全的分化：a. 平等的部落：系统的交换机制将相似的家庭区隔（segment）联系起来；b. 等级化的部落：系统的权力机制产生分层	神圣领域优位于世俗领域；自然宗教（图腾崇拜）与魔魅的日常互动	神圣的：神话诗性的；世俗的：前合理性的目的性行动；具有整全性有效性取向的沟通行动	神话诗性的	结果导向的前习俗（神启）法；前习俗与习俗相混合的道德	社会从自然中区分开来
由国家来组织的文明	国家政治的	行政系统从血缘系统（生活世界）中分化出来	神圣行动与世俗情境的分离；合目化一神论宗教产生	神圣的：对那种具有话语解释力的教义的非批判性接受；世俗的：专业性的职业话语以神谈合理性的方式兑现真理性主张时由规范引导的沟通行动	宗教—形而上学的	由某种伦理性的善观念所驱导的习俗性的法律和道德规范	为回应阶级冲突而使社会秩序内在化
现代社会	分化的行政与经济	经济系统和行政系统与生活世界分离开来；金钱和权力分别成为市场驱动的经济系统、法律驱动的行政系统的导控媒介	世俗领域优位于神圣领域；统一的宗教世界观分化为不同文化价值领域	世俗的：由科学技术驱导的充分合理化的目的性行动；在建制化的商谈中进行的在规范上无约束的沟通行动	科学的	由个人信念和责任感所驱导的后习俗的形式法	系统迫令与民主之间的冲突（由"合法化延搁"导致的"合法化赤字"）

表格来源：David Ingram, *Habermas: Introduction and Analysis* (Ithaca and London: Cornell University Press, 2010), p.313. 略有删改。

五、本章小结

(一) 后习俗道德意识与法律意识结构的理论逻辑

如前所论,哈贝马斯在《重建历史唯物主义》(英译本为《沟通与社会进化》)中,主要以科尔伯格的个体道德意识发展理论为依据,通过三个"同构性论据"(自我发展与世界观发展的同构、自我认同与集体认同的同构、个体道德意识发展与社会道德意识与法律意识结构的同构)将其"转译"为社会进化论层面上对现代社会道德意识结构的把握,亦即将现代社会的道德意识结构标示为"后习俗层次的道德"。在《沟通行动理论》中,他结合对韦伯合理化理论的"阐发",从文化层面的"现代意识结构"到社会层面的法律合理化的论说,更直接地达致了另一个"同构性论据",即通过对个体道德意识的发展与法律的发展(法律合理化)的同构性阐释,将现代社会的法律结构标示为"形式法"。同时,他又在"生活世界合理化"的题域中,基于沟通行动理论视角将韦伯的世界除魅重建为"神圣事物的语言化"命题,初步勾画出了其商谈理论得以出场的社会理论基础。在他看来,后传统的道德与法律遵循着同样的意识结构或规范结构,即都体现了后习俗/后传统的普遍主义的规范结构;这种规范结构是生活世界合理化的必然结果,呼吁以商谈的方式兑现规范的有效性或合法性。在此,我们不妨将哈贝马斯的理论逻辑进一步总结如下:

首先,后习俗层次的道德构成了现代道德意识结构的基本特征。后习俗层次道德的基本特性是基于原则的(pricinpled)道德和道德普遍主义。在经历了"世界之除魅"(即宗教—形而上学世界观已经瓦解)的现代社会,在缺乏元意义保障的前提下,唯一可以为道德规范提供证成的是一系列普遍主义的原则,即体现为一种后习俗层次的道德意识结构:"在后习俗的证成层次上,个体发展出一个基于原则的道德意识,并以自我决定的观念导向其行动。"[①]

---

① J. Habermas, *Between Facts and Norms: Contributions to a Discourse Theory of Law and Democracy*, trans. Williiam Rehg (Cambridge, Mass.: MIT Press, 1996), pp.97–98.

其次,由于理性自然法的历史贡献,后传统的现代法律遵循着与道德同样的规范结构,即后习俗/后传统的普遍主义规范结构。理性自然法既为从传统法向现代法的转变提供了原则基础(使得人们的行动不再建基于合于传统或习俗的个殊主义规范之上,而是建基于普遍主义的原则之上),也为法律提供了元法理基础。普遍主义原则的出现意味着对规范采取反思性态度,而把证成规范的原则作为给定的;但是当这些原则本身也开始具有反思性之时,这些"元法理原则"就开始转变为构成实在法一部分的"法理原则"。也就是说,随着法律的实证化趋势,理性自然法的诸原则成为实在法的一部分,这意味着现代法律与道德遵循着同样的规范结构,即基于原则的、普遍主义的规范结构。与后习俗的规范结构相适应,现代法律体现为一种"形式法",即具有实证性、法制主义、形式性等结构性特征。

最后,作为符号系统,法律意识与道德意识分别沿着不同的轨迹发展为社会层面的法律制度和个性系统的私人道德,这体现了法律/合法律性与道德/合道德性的分离。后习俗的道德只是作为符号系统存在于个性系统和私人领域,而法律不仅是符号系统,也是行动系统,即与生活世界中的文化和个性层面保持着密切关联的法律(作为符号系统的法律)同时也是制度化经济系统和行政系统的组织手段(作为行动系统的法律)。在法律与道德的关系上,这表现为合法律性与合道德性的分离;而这种分离本身也是社会合理化的结果:"合理化也意味着法律与道德的日渐自主,也就是说,道德—实践洞见、伦理和法律学说、基本原则,以及准则(maxims)和决定规则摆脱了其最初嵌入其间的世界观。"[1]

同时,在"生活世界合理化"的语境中,哈贝马斯不仅进一步确认了上述论断,而且又从沟通行动理论视角初步论证了以商谈的方式兑现规范有效性或合法性的必要性。从社会层面来看,系统复杂性的增长,既导致了"系统与生活世界的去耦合化",进而导致了生活世界社会与

---

[1] J. Habermas, *The Theory of Communicative Action*, Vol. 1: *Reason and the Rationalization of Society*, trans. Thomas McCarthy (Boston: Beacon Press, 1984), p.163.

文化、个性领域的结构分化(与此相关,也导致了系统整合与社会整合的分化、法律/合法律性与道德/合道德性的分离等等),又以生活世界的合理化(即沟通理性的增长)为必要条件。然而,以生活世界为背景的沟通行动面对现代社会复杂情势时的"不堪重负",又使系统整合以及由此导致的"合法化的延搁"成为必然。从文化层面来看,世界的除魅在根本上体现为"神圣事物的语言化"。这意味着:行动者不必按照那些由未经质疑的神圣权威所确保的规范而行动,相反,他们在个性和文化层面均倾向于对规范采取普遍主义的、反思性的证成立场(即体现了一种后习俗的道德意识),以商谈的方式兑现规范之有效性或合法性遂成现代社会的内在要求。

综上所论,由于系统整合(合法律性)在现代社会对减弱社会的复杂性具有不可替代性,因此它必然要与社会整合(合道德性)的相分离;然而,由于这种分离带来的"合法化延搁"又导致了"合法性赤字"(合道德性欠缺),这又使得法律的合法性必须与生活世界的沟通理性(合道德性)保持着制度化的联系(在我看来,这也是哈贝马斯所说的"经济系统和行政系统仍需以法律为中介锚定于生活世界的社会成分"的深意所在)。从另一方面来看,社会的合理化既使得法律与道德分化,同时也使它们分享着同样的规范结构:"法律的实证化以及与此相伴随的法律与道德分化是合理化过程的结果。宗教世界观的除魅……(还)使得法律的有效性得以重组,即它同时将道德与法律的基本概念转移在后习俗层次。"[1]这意味着:我们要在合法律性与合道德性相分离的背景下,在后习俗的证成层次(即依据普遍主义的、基于原则的道德)谋求现代法律秩序的合法性。这大体上构成了哈贝马斯商谈论合法化理论得以出场的社会理论背景,在此,其问题意识、理论起点、逻辑理路、理论框架等已初步显现出来。

值得注意的是,无论是科尔伯格,还是哈贝马斯,都不认为后习俗层次的道德意识是所有现代社会的成年人都实际具有的道德意识特征。哈贝马斯强调的是,不管个体成员是否切实具有这种后习俗层次

---

[1] J. Habermas, *Between Facts and Norms: Contributions to a Discourse Theory of Law and Democracy*, trans. Williiam Rehg (Cambridge, Mass.: MIT Press, 1996), p.71.

的道德意识,但现代社会的法律建制体现了这种道德意识。在回答基于此视角的质疑(如"我们面临着这样一个悖论:社会具有后习俗的社会建制,而大多数成员的道德意识却停留在前习俗或习俗阶段")时,哈贝马斯指出:

> 社会革新常常是由边缘化的少数人推动的——尽管他们后来在建制层面被概括或普遍化为整个社会的象征。这可以解释:为什么尽管许多成员被发现只处于道德意识的习俗阶段,但现代社会的实在法必须被视为后习俗意识结构的体现。对某种后习俗法律系统的习俗化理解并不必然导致不稳定性;比如说,它有时能够阻止那种导致了公民不服从发生之激进解释的出现。①

由此可见,哈贝马斯关于"后习俗道德意识"的论说以及立基于其上的商谈合法化理论其实是一种具有理想性、规范性和前瞻性色彩的理论建构。

(二) 后习俗的证成层次与法律合法化

由于哈贝马斯的法律合法化理论主要是在法律与道德之关系的语境中达致的,他对后习俗道德意识与法律意识结构的社会理论建构对其合法化理论而言即尤显重要。用哈贝马斯本人的话讲,"获取合法化的明确界限是无法变改的规范结构"②。而"如果规范结构遵循的是一种发展逻辑,那么,即使在现代国家中,合法性也不能像功能主义者多认为的那样可以随意'获得'"③。在《现代社会的合法化诸问题》(*Legitimation Problems in the Modern Society*)一文中,通过对历史上不同层次的合法化类型的勾勒,哈贝马斯亦得出了与前文类似的结

---

① J. Habermas, *Justification and Application: Remarks on Discourse Ethics*, trans. Ciaran Cronin (Cambridge, Mass.: MIT Press, 1993), p.161.
② J. Habermas, *Legitimation Crisis*, trans. Thomas McCarthy (Boston: Beacon Press, 1975), p.93.
③ 〔德〕尤根·哈贝马斯:《重建历史唯物主义》,郭官义译,社会科学文献出版社 2000 年版,第 43 页。

论。在他看来,人类历史上曾经出现过三种类型的合法化证成层次:在早期文明阶段,统治家族借助"关于起源的神话"(myths of origin)来对自己的统治予以证成,所采用的是一套神话叙事(narratives);随着古代文明的发展,"不仅统治者本人必须获得证成,而且(统治者可能违反的)政治秩序也需获得证成"——在这种证成层次中,"论证(arguments)取代了叙事";在现代社会,主要由于卢梭和康德的贡献,"理性的形式化原则在实践问题中取代了诸如自然或上帝这样的实质性原则。"① 在哈贝马斯看来,现代社会将政治秩序和法律的合法化转移至后习俗的证成层次,即要以基于原则的、普遍主义道德获得证成。他写道:

> 在这里,证成不仅仅是基于论证——在哲学上形成的世界观框架中的情形亦复如此。既然终极根据不再可信,证成本身的形式化条件即获得了合法化的力量。合理一致自身的程序和预设即变成了原则。②

因此,如果我们把法律的合法化理解为法律规范获得证成的过程,那么后习俗层次的规范结构事实上呼唤我们将法律的合法性建立在普遍性原则的基础之上:"如果其符合那些对所有人类成员而言属外显的特定普遍性原则,命令与服从即被认为具有合法性。"③

在哈贝马斯看来,后习俗道德意识与法律意识结构具有丰富的意蕴。

> 正是在后习俗层次,下述现象第一次出现了:法律规范在原则上对批判开放且需要证成的观念;行动的规范与行动的原则的区别;依据原则创制规范的观念;基于具有规范性约束力的规则达成一致的观念(和第一次使得契约关系之产生具有可能性的契约观);法律规范普遍性与可证成性(justifiability)之关系的洞见;抽

---

① See J. Habermas, *Communication and Social Evolution of Society*, trans. Thomas McCarthy (Cambridge: Polity Press, 1991), pp.183 – 184.
② Ibid., p.184.
③ Craig Matheson, "Weber and the Classification of Forms of Legitimacy", 38(2) *The British Journal of Sociology* (Jun., 1987), p.204.

象法律主体的一般性资格的观念,以及主体性的法律供给权的观念。①

对法律哲学的建构而言,这首先意味着转移和重组了法律有效性或法律合法性的证成层次,亦即将其转移至后习俗的证成层次。哈贝马斯所谓的"证成层次"是指"理据或理由(reasons)具有可接受性的形式化条件,亦即使得合法化具有产生共识、形塑动机之效力即力量的诸条件"②。在他看来,由社会进化导致的社会成员"学习水平"的提高,已使现代社会合法化的证成层次转移至"后习俗层次"。在后习俗的证成层次,

> 具有决定性的是:合法化的证成层次变成反思性的了。证成的程序和预设现在本身就是合法化的有效性(the validity of legitimations)所赖以为基的合法化理据(the legitimating grounds)。所有当事人——作为自由且平等的主体——都开始具有的那种获得一致的观念,决定着现时代的合法性的程序类型。③

就现代社会的法律而言,"法律的实证化、法条化(legalisation)和形式化意味着法律的有效性不再能从想当然的道德传统权威中获取,而是需要自主的基础,即一个不只是与给定的目的相关的基础。"④同时,法律与道德所具有的相同规范结构亦决定了法律的合法性仍需定位于道德—实践领域,即仍不能脱离与道德性原则的关联。尽管后传统法律的基本形态是实在法,但经过理性自然法的洗礼,普遍主义的道德原则不仅已经进入到实在法系统之中,而且也扎根于人们的道德意识中。在这样的意识结构条件下,实在法要获得合法性,必须诉诸那些具有

---

① J. Habermas, *The Theory of Communicative Action*, Vol. 1: *Reason and the Rationalization of Society*, trans. Thomas McCarthy (Boston: Beacon Press, 1984), pp.260 - 261.

② J. Habermas, *Communication and Social Evolution of Society*, trans. Thomas McCarthy (Cambridge: Polity Press, 1991), p.184.

③ Ibid., p.185.

④ J. Habermas, *The Theory of Communicative Action*, Vol. 1: *Reason and the Rationalization of Society*, trans. Thomas McCarthy (Boston: Beacon Press, 1984), p.260.

"假定性地位"的道德原则。申言之,我们要区分单个法律规范或决定的合法性与整个法律系统的合法性:"一般而言,作为整体的法律系统的合法性压力要大于单个法律规范。"[①]即使单个法律规范或决定不需要规范性支持,但作为整体的法律系统却仍建基于合法化原则之上。在民主宪政国家,法律是通过宪法权利和人民主权获得这种合法性的。只有当法律系统所赖以为基的原则和程序具有合法性之时,该系统所产生的法律结果才具有合法性[②]。正是在这个意义上,哈贝马斯说:"随着现代法律的产生而出现的合道德性与合法律性的分离也带来自身的问题:合法律性领域作为整体需要实践证成。法律领域独立于道德领域,但是它同时要求法律主体遵守法律的意愿必须以基于原则的道德来补充。"[③]

因此,在现代社会,法律的合法化必须在缺乏元意义保障的后形而上学思维条件下,在实在法与后习俗道德相分离的条件下,使之作为道德—实践理性之体现而获得。可以说,哈贝马斯合法化理论所面临的任务就是:要在后习俗的证成层次下,在合道德性与合法律性相分离

[①] J. Habermas, *Between Facts and Norms: Contributions to a Discourse Theory of Law and Democracy*, trans. Williiam Rehg (Cambridge, Mass.: MIT Press,1996), p.30.马克·范·胡克受到哈贝马斯的启发,却得出了表面上完全相对的结论。他认为,作为整体的法律系统的合法化只能是一种弱式合法化(a weak form of legitimation):我们接受该法律系统,也许仅仅是因为我们别无选择,我们需要法律官员执行契约、婚姻和签证申请等;而法律系统的部分则涉及一种强式合法化:如果某人认为"人们应当遵守法律规则"是由于它们在道德上是正义的,那么,这就意味着一种完全的即强式的合法化。同时,他还指出:"尽管作为一个整体的法律系统仅仅具有弱势意义上的合法性,但例外的是,明显不正义的法律系统会缺乏强势意义上的合法性。"(〔比〕马克·范·胡克:《法律的沟通之维》,孙国东译,法律出版社2008年版,第144—145、266页。)本书认为,造成这种区别的主要原因在于两人对合法化的理解不同:正如本书即将指出的那样,哈贝马斯主要从规范性路径(即法律的可接受性,而非法律的被接受这一现实)来定位合法化;而尽管其没有为合法化下过明确的定义,但胡克主要是从法律被接受这一描述性路径来理解合法化的——这在他将道德理由的介入称为"强式合法化"即可瞥见。

[②] See J. Habermas, *The Theory of Communicative Action*, Vol. 2: *System and Lifeworld*, trans. Thomas McCarthy (Boston: Beacon Press, 1987), pp.174 - 175.

[③] J. Habermas, *The Theory of Communicative Action*, Vol. 1: *Reason and the Rationalization of Society*, trans. Thomas McCarthy (Boston: Beacon Press, 1984), p.261.

的前提下,(间接地)为一种规范性的法律合法化路径辩护。

基于此,在区分作为行动系统之法律与作为符号/知识系统之法律的基础上,哈贝马斯进一步区分了法律有效性的两个向度,即经验向度的社会有效性和规范向度的规范有效性(法律的被接受与法律的可接受性),并将合法性定位于规范性向度。

> 法律有效性具有两种不同的要素:法律实施的经验要素与合法性主张的合理要素。法律有效性要求这两个要素同时在受众面前获得证成:认知性期待(cognitive expectation)——如果必要,采取强制手段——保证每个人遵守个别性的法律规范(行为的合法律性是法律有效的理由,即仅仅是那种符合法律的行为对法律来说就足够了);同时,它还必须保证法律系统基于好理由而值得或应受(merits)认可的规范性期待(法律必须总是有可能具有比纯粹的合法律性更多的理由而获得有效性,即基于法律秩序的合法性洞见而守法)。①

在哈贝马斯看来,"韦伯将法律等同于以一种目的理性的方式予以运用的组织手段,并将法律的合理化与道德—实践性的合理性结构(complex of rationality)相分离,进而将其化约为一种手段—目的关系的合理化。"②换言之,韦伯仅仅将法律理解为一种行动系统,即目的合理性的经济系统和行政系统的组织手段,并因之将合法性与合法律性等同起来,获得了一种实证化的法律合法化理论:基于合法律性的合法性。而康德在其理性自然法中则将法律局限为一种符号/知识系统,在将合法性建基于合道德性之上的同时也使得法律从属于道德,即获得了一种自然法的合法化理论:基于合道德性的合法性。因此,哈贝马斯的合法化理论所要做的就是在康德与韦伯的合法化论说的基础上,建构一种更符合后习俗规范结构的合法化论说,这就是其商谈合法

---

① J. Habermas, *Justification and Application: Remarks on Discourse Ethics*, trans. Ciaran Cronin (Cambridge, Mass.: MIT Press, 1993), p.156.
② J. Habermas, *The Theory of Communicative Action*, Vol. 1: *Reason and the Rationalization of Society*, trans. Thomas McCarthy (Boston: Beacon Press, 1984), p.262.

化理论。

接下来,本书就将在与康德式理性自然法(第三章)合法化理论和韦伯式实证论合法化理论(第四章)的对比中,详细讨论哈贝马斯商谈合法化理论的建构。但是,在进入其法哲学之前,我们有必要先了解哈贝马斯针对这种后习俗道德意识与法律意识结构所进行的道德哲学建构(第二章),因为在很大程度上构成了哈贝马斯商谈合法化理论的道德哲学基础。

第二章　后传统社会的道德理论：商谈合法化理论的道德哲学基础

> 发展出后习俗互动阶段的行为能力的概念，使我们清楚地认识到：道德行动是规范调节行动的一种情形，而在这种情形中，行动者倾向于反思性地检验其有效性主张。*
>
> ——哈贝马斯

在上一章中，我们以后习俗的道德意识结构与法律意识结构为主线，讨论了哈贝马斯从社会理论视角对现代道德与法律的认识。这种认识为哈贝马斯基于法律与道德之关系讨论法律合法化问题奠定了社会理论基础；但是，在哈贝马斯的社会理论建构与法与民主的商谈理论之间并不是直接联系起来的，而是以其"商谈伦理学"为中介间接联系起来的。在本章中，我们就开始论及他于 1980 年代中后期所提出的商谈伦理学理论。

需要先就本章标题作一番解释。通过上一章指出的，哈贝马斯认为：由于宗教—形而上学世界观的崩溃和社会的合理化，其道德意识结构表现为一种基于原则的、普遍主义的道德意识；其法律结构主要表现为一种具有实证性、法制主义、形式性等结构性特征的形式法，同时现代法律也遵循着基于原则的、普遍主义的规范结构。在哈贝马斯看来，经历了世界除魅（"神圣事物的语言化"）和"系统与生活世界的去耦合化"的现代社会是一个价值多元与功能分化并存的复杂社会。考虑到哈贝马斯还曾专门讨论过"后形而上学之思"的问题，我们可以将这样的社会

---

* J. Habermas, *Moral Consciousness and Communicative Action*, trans. Christian Lenhardt & Shierry Weber Nicholsen (Cambridge Mass.: MIT Press, 1990), p.162.

称为"处于后形而上学时代"的社会。但考虑到本书讨论主要涉及后习俗／后传统的道德意识与法律意识结构,本书将其名之为"后传统社会"。明乎此,本章标题所谓的"后传统社会的道德理论",其实应当读解为:回应后习俗／后传统道德意识结构的道德理论。哈贝马斯的理论回应,就是他提出的商谈伦理学。

哈贝马斯的商谈伦理学本身具有自己的逻辑,对其进行详细探讨显然不符合本书的论旨。为此,本章仍将以科尔伯格的个体道德意识发展理论为切入点,以管窥其商谈伦理学的基本思想。之所以选择这一视角,主要基于如下两个理由:一方面,科尔伯格的发展心理学是哈贝马斯商谈伦理学建构的主要依据之一,这主要表现在哈氏自己曾直接基于科氏理论论证了商谈伦理学的建构路径。另一方面,更重要的是,科尔伯格对后习俗道德意识的认识在很大程度上构成了哈贝马斯商谈伦理学建构的逻辑前提——从逻辑上讲,商谈伦理学正是回应后习俗道德意识结构的一种道德哲学思想。正如 Stephen K.White 指出的,"关于道德意识,哈贝马斯不仅将其理论建基于科尔伯格的工作,他还想表明:如果道德发展被理解为'互动能力'(interactive competence)发展的一个方面的话,科尔伯格的洞见可以更为合理。"[①]因此,科尔伯格对于哈贝马斯商谈伦理学的建构非常重要。我们似乎可以这样说:就像哈贝马斯的其他众多理论来源(比如,前述韦伯的合理化理论)一样,哈贝马斯商谈伦理学受到了科氏理论的启发,但是他却意欲完成科尔伯格未能完成的任务。我们可以将哈贝马斯的这种理论工作称为"改造"。

哈贝马斯对科氏理论的"改造",主要体现于两个不同的场合:1970年代基于沟通行动理论视角的社会理论"改造"和1980年代基于商谈伦理学视角的伦理学"改造"。前一"改造"使他得以基于主体间性对现代社会的道德意识和人的互动能力有了较为系统的认识,而后一"改造"则让他获得了回应现代社会道德意识结构的一种道德哲学。

由于本章主要探讨哈贝马斯回应后习俗道德意识的道德哲学建构,

---

① Stephen K.White, "Habermas's Communicative Ethics and the Development of Moral Consciousness", in David M.Rasmussen & James Swindal (eds.), *Jürgen Habermas Vol. III* (London: SAGE Publications, 2002), p.158.

因此，我们将主要讨论哈贝马斯对科氏理论的商谈伦理学"改造"（二）。但在此之前，本书也顺便论及哈贝马斯对科氏理论的沟通行动理论"改造"（一），因为这一"改造"既使科氏理论成为沟通行动理论的"注脚"，也预示着哈贝马斯的商谈伦理学"改造"。在知晓了哈贝马斯对科氏理论的商谈伦理学"改造"后，我们有必要在与康德主义伦理学的对比中考察商谈伦理学的理论突破(三)，因为这不仅有利于我们揭示下一章将要探讨的康德式理性自然法合法化理论与哈贝马斯合法化理论的不同伦理学预设，更有助于我们把握商谈伦理学相对于康德式伦理学的特色。接下来，本书将顺理成章地讨论商谈伦理学的基本原则及其同哈贝马斯合法化理论的关系(四)。但这种讨论并不是要从伦理学视角系统研究哈贝马斯的道德哲学，而是主要基于法哲学和合法化的视角来阐述。在本章的最后，本书将对本章进行一般性总结，以突出哈贝马斯回应后习俗道德意识的道德理论建构以及哈贝马斯法哲学的主要课题(五)。

一、哈贝马斯对科氏理论的沟通行动论"改造"

哈贝马斯对科氏理论的最初"改造"集中体现于他1970年代发表的《道德发展与自我认同》一文中。在他看来，无论是自我认同(identity)还是道德发展，都与人之互动有着密切的关联。就自我认同而言，

> 它不是认识论的自我(epistemic ego)所决定之物，毋宁说，它存在于在社会互动所形成的某种能力之中。认同是通过社会化亦即通过如下事实而产生的：成长中的儿童首先通过对符号化普遍性(symbolic generalities)的据有，将自己整合进一个特定的社会系统；随后它又通过个体化（确切地说，通过相对于社会系统的日益增长的独立性）而得到保障和发展。[①]

---

① J. Habermas, *Communication and Social Evolution of Society*, trans. Thomas McCarthy (Cambridge: Polity Press, 1991), p.74.

就道德规范而言,它其实是以共识的方式解决行动冲突的一种方式,而行动冲突的道德解决可以视为一种排除了武力和妥协之运用而采用沟通行动的结果。因此,沟通行动的概念其实是我们认识道德冲突、理解道德意识的前提,而道德判断能力或道德意识就成了个体互动能力的一个侧面:"'道德意识'标示的是运用互动能力而有意识地处理与道德相关之行为冲突的能力。"①就自我认同、道德意识相互之间及其与互动之间的关系而论,"道德发展表征着对自我认同具有决定性之个性发展的一部分"②;道德意识和自我认同都是伴随着"社会的个体化"和"个体的社会化"这一互动共生的过程而形成的。因此,只有通过"主体间性"的互动视角,我们才可以对其做出更全面的理解。

从互动视角出发,所谓的道德意识的三个层次(前习俗、习俗和后习俗),所对应的互动能力层次分别是:不完全的互动、完全的互动,以及沟通行动与商谈。换言之,道德意识的发展其实是与个体互动能力的发展相一致的,即从儿童阶段的不完全互动经青少年时期的完全的互动再到成年人阶段的沟通行动与商谈③。同时,也正是通过这种主体间性的改造,哈贝马斯为科尔伯格的道德发展阶段补充了第七阶段,即基于对话、而非独白的商谈性道德论证原则。他写道:

---

① J. Habermas, *Communication and Social Evolution of Society*, trans. Thomas McCarthy (Cambridge: Polity Press, 1991), p.88. 对此,哈贝马斯在该文中论述其写作步骤时明确地承认了这一点;麦卡锡也明确说道:在该文中,"通过将道德判断能力的阶段与互动能力发展的阶段协调起来,哈贝马斯为科尔伯格的理论置于一个更大的行动理论框架中。"[Thomas McCarthy, Translator's Introduction, in J. Habermas, *Communication and Social Evolution of Society*, trans. Thomas McCarthy (Cambridge: Polity Press, 1991), p.xxi.]值得注意的是,可能正是出于对沟通行动理论及其所赖以为基的形式语用学/普遍语用学的强调,麦卡锡在翻译哈贝马斯《重建历史唯物主义》一书时,不仅将其英文书名改成了《沟通与社会进化》,而且添加了《什么是普遍语用学》一文,并将其列为英译本的首篇文章。
② J. Habermas, *Communication and Social Evolution of Society*, trans. Thomas McCarthy (Cambridge: Polity Press, 1991), p.78.
③ 哈贝马斯区分了两种形式的沟通:"沟通行动"(互动)和"商谈"——前者体现于日常语言行为中,后者则是日常互动的中断和升华,即指有效性主张受到质疑后诉诸理由进一步兑现的互动情境。参见 Thomas McCarthy, *The Critical Theory of Jürgen Habermas* (Cambrigde, Mass.: MIT Press, 1978), pp. 291–292.

如果人们的需要被理解为是从文化上予以解释的但又被作为自然属性而归结为个体,那么,人们所允许的普遍主义的行动规范就具有一般道德规范的特征。每个个体都应该以独白的方式检验这种规范的普遍性——这对应于科尔伯格的第六阶段(良心取向的道德意识阶段)。只有在普遍性的言说伦理(ethics of speech)的层次上,需要之解释本身——即每个个体应当将其作为其"真实"利益予以理解和呈现的东西——才能成为实践性商谈的对象。科尔伯格并没有将这一阶段与第六阶段区分开来,但这两个阶段却有着质的差别:规范证成的原则不再是独白式适用的普遍性原则,而是共同遵循着以商谈的方式兑现规范有效性主张的程序。①

不难发现:哈贝马斯在此并不是要简单地重复科尔伯格的论述,而是对这种理论进行主体间性的"改造",并在个体道德发展领域展现其沟通行动理论的优越性。用科尔伯格回应哈贝马斯上述"改造"时所说的话讲,"哈贝马斯为我们提供了详细的分析,以便理解皮亚杰所说的'离开了和他人的关系,则完全不需要存在道德'这句话的意义。"②甚至,我们可以说哈贝马斯的用意其实在于:他要结合自己的伦理思想论述我们诉诸主体间性的商谈理论的必要性。因为从第六阶段转向第七阶段,用哲学的术语说,就是"从一种形式主义的义务伦理观迈向一种普遍性的言说伦理观";而这意味着:对个体道德意识的解释"不再被认为是给定的,而是迈向了商谈性的意志形成过程"③。

沿着上一章的"同构性"视角来看,哈贝马斯对科氏理论的上述"改造"实质上可以视为他的又一个"同构性论据"——只不过这一"同构

---

① J. Habermas, *Communication and Social Evolution of Society*, trans. Thomas McCarthy (Cambridge: Polity Press, 1991), p.90.
② 〔美〕劳伦斯·科尔伯格:《道德发展心理学:道德阶段的本质与确证》,郭本禹等译,华东师范大学出版社 2004 年版,第 365 页。
③ See J. Habermas, *Communication and Social Evolution of Society*, trans. Thomas McCarthy (Cambridge: Polity Press, 1991), p.93. Stephen K.White 对哈贝马斯早期的这一"改造"进行了细致探究,参见 Stephen K. White, "Habermas's Communicative Ethics and the Development of Moral Consciousness", in David M. Rasmussen & James Swindal (eds.), *Jürgen Habermas Vol.Ⅲ*(London: SAGE Publications, 2002), pp.158 - 176。

性"并没有从个体"转译"到社会，而是个体发展的不同方面（即道德意识发展与自我认同）的同构。而且，据我个人理解，这个"同构性论据"既是前述三个同构性论据的逻辑起点，更对其具有前提性的指导意义。首先，以自我认同与个体道德意识发展的同构为起点，经自我认同与集体认同之同构的中介，我们事实上可以合乎逻辑地推演出个体道德意识与集体认同，进而推演出社会道德意识结构的同构。其次，哈贝马斯在自我认同语境中对科尔伯格理论的进一步阐发，其实是"时代诊断"与"理论建构"的统一：既体现了哈贝马斯对后习俗道德意识的认识，亦是他个人的一种理论回应，因为它事实上预示着哈贝马斯未来道德理论及相关的政治法律理论的发展方向，即建构那种以商谈原则为基础的道德、法律与民主的商谈理论。

二、哈贝马斯对科氏理论的商谈伦理学"改造"

1980年代，在衔接沟通行动理论和法律商谈理论的商谈伦理学建构中，哈贝马斯再次把科氏理论作为其论证商谈伦理学的主要论据之一。不过，此时，他没有再添加第七阶段，而是直接将科氏理论的第六阶段作为其推演商谈伦理学的依据，并参照塞尔曼（Robert L.Selman）的社会认知发展理论对商谈伦理学进行了论证——用哈贝马斯的话讲，也即是将科尔伯格的发展心理学理论"改造"成了一种哲学伦理学。哈贝马斯的这种"改造"，主要体现在收录于《道德意识与沟通行动》一书的同主题论文中。我们可以从以下三个方面来把握哈贝马斯的内在理路。

第一，从规范性参照点入手，哈贝马斯认为：科氏理论包含着康德主义的基本哲学伦理学预设，但这种预设的当下最佳实现形式应是商谈伦理学。科尔伯格本人曾指出，他的理论工作支持了从康德到罗尔斯这一脉形式主义道德哲学家的主张，因为他对儿童从一个阶段到另一个阶段之道德意识发展的心理学解释其实表明：较高阶段为我们提供了更为充分的道德自主和普遍化标准[1]。他还把阶段6与罗尔斯正

---

[1] See Lawrence Kohlberg, "The Claim to Moral Adequacy of a Highest Stages of Moral Judgment", (18) *The Journal of Philosophy* (Oct., 1973), p.633.

义理论的建构主动联系起来:"我们把罗尔斯的正义模式看作阶段 6 部分的理性描述,而并不宣称道德判断的发展有一个终极的'理性模式'。"①正因此,哈贝马斯认为科氏理论事实上包含着康德式哲学伦理学的三个基本预设:认知主义、普遍主义和形式主义。

  由于导源于美国实用主义传统,劳伦斯·科尔伯格在其理论中具有一种清晰的哲学基础。他关于"道德判断之性质"的观点最初受到 G·E·米德的激励。但是,自从《正义论》出版后,他又利用承继了康德和现代自然法思想的罗尔斯伦理学,并使其更为清晰:"这些分析指向了道德观点的特征,亦即它们表明——真正的道德推理涉及诸如公正性、普遍性、可逆性(reversibility)和规定性(prescriptivity)。"②

但是,在哈贝马斯看来,商谈伦理学是当下我们实现康德主义道德哲学的最佳模式。这是因为:它不仅符合后形而上学之思的"程序合理性转向",而且其主张的程序化的道德观也符合后习俗层次的道德意识结构。首先,商谈伦理学"仅仅表达了商谈性意志形成之程序的规范性内容",而不涉及道德规范的实体内容,其程序主义路径是区别于其他版本的康德主义伦理学的最重要特征,也更符合后形而上学之思的条件③。因为"一旦一种规范性理论,像罗尔斯的正义理论,陷入实质性论争,它就仅仅变成了对实践性商谈的一种贡献而已——尽管它可能

---

① 〔美〕劳伦斯·科尔伯格:《道德发展心理学:道德阶段的本质与确证》,郭本禹等译,华东师范大学出版社 2004 年版,第 255 页。
② J. Habermas, *Moral Consciousness and Communicative Action*, trans. Christian Lenhardt & Shierry Weber Nicholsen (Cambridge Mass.: MIT Press, 1990), p.119.
③ 哈贝马斯用形而上学指称始自柏拉图,止于康德、黑格尔的哲学观念论传统。"将亚里士多德的那条线索撇开,简单地说:我用形而上学指称这种哲学观念论(philosophy idealism):其一直可追溯至柏拉图,并途径普罗提诺和新柏拉图主义、奥古斯丁和托马斯·阿奎那、库萨努斯(Cusanus)和皮科·德·米兰德拉(Pico de Mirandola)、笛卡儿、斯宾诺莎和莱布尼茨,直至康德、费希特、谢林和黑格尔。"[J. Habermas, *Postmetaphysical Thinking*, trans. William Mark Hohengarten (Cambridge, Mass.: MIT Press, 1992), p.29.]这种意识哲学范式下的形而上学表现为:同一性思想、观念论、作为意识哲学的第一哲学和强大的理论概念等,但是后黑格尔哲学已经从"形式(程序)合理性"、"理性的去先验化(detransendentalization)(情境化)"、"语言学转向"和"实践之于理论的优先性"等四个方面根本上动摇了形而上学。在这样的背景下,只有转向一种新的范式,即沟通范式,才能避免作出错误的抉择[See Ibid., pp.34-49.]。

是特别称职的一种贡献。它就不再有助于我们为那种标示实践商谈本身的道德观点找寻基础"①。其次,商谈伦理学所主张的程序化的道德观也反映了后习俗层次的道德认知结构。程序化的道德观

> 允许我们在道德判断的认知结构与内容之间做出一种足够明确的划分。事实上,商谈程序恰恰反映了科尔伯格所设想的后习俗层次之道德判断的运行:参与者据以做出论证之视角的可逆性、被理解为包容所有相关人等的普遍性,以及其他所有人平等承认每个参与者之主张的互惠性。②

第二,哈贝马斯从科尔伯格所谓的"建构性学习"(constructive learning)的角度,论证了在后习俗道德意识结构中诉诸商谈的必然性。科尔伯格将道德意识从某一阶段发展为另一阶段视为一种学习过程,因为个体在道德意识发展的高级阶段必须能够学会解释他在先前阶段视为正确的道德判断是否为错,而这一反思过程本身其实是一种"建构性学习"的过程。在哈贝马斯看来,商谈伦理学可以同这种建构主义的学习观相兼容。商谈伦理学不仅把商谈性的意志形成和论辩过程看作是沟通行动的一种反思形式,而且经"原则导向的规范结构"之中介将关注点从"规范引导的行动"(norm-guided action)转向"检验规范的商谈"(norm-testing discourse)。哈贝马斯对科尔伯格的重构具有一定的复杂性,我们可以将其简述为如下三段论式的命题:

首先,从习俗层次向后习俗层次的发展使得个体开始对道德规范采取反思性的"假定性态度"(hypothetical attitude),即规范的有效性不再是给定的,而是需要证成的。

> 如果我们经由思想试验将成年人成长阶段压缩为个体对其生活世界的规范语境第一次——也是普遍性地和非妥协性地——采取一种假定性态度的独特或单一的临界时刻,我们就可以把每个人必须处理之问题的本质看作是经历了从习俗层次道德判断到后

---

① See J. Habermas, *Moral Consciousness and Communicative Action*, trans. Christian Lenhardt & Shierry Weber Nicholsen (Cambridge Mass.: MIT Press, 1990), p.122.
② Ibid.

习俗层次道德判断的转变。①

其次，这种"假定性态度"意味着个体必然会发展出一种后习俗的原则导向的规范结构。"如果成年人不能且不想返回到其过去世界的传统主义和未经质疑的认同，他必须在基本概念层面上重构出已经被其移除虚幻之幕后所形成的假定性把握态度破坏了的那种规范性秩序——否则，他会付出全然迷惑（disorientation）的代价。"②这样，传统就成为习俗性的，个体必然要形成一种新的规范结构；而这种规范结构必须足够稳固以能够经受住这种人的批判性审视：他或她可以在社会接受的规范与具有有效性的规范之间（即事实上接受的规范与值得认可的规范之间）做出清醒区分之。符合这种要求的规范结构只能是一种后习俗层次的原则导向的规范结构，而正是这些普遍性原则证成了规范的有效性。

最后，据以证成道德规范的诸原则本身并不具有先验的有效性，而需要商谈程序予以兑现和证成。在后习俗层次，"掌控我们关于规范之判断的诸原则（比如，分配正义原则）是复数的，它们本身需要证成……而证成性力量只存在于兑现规范性有效性主张的商谈程序中。"③

经由上述推论，哈贝马斯得出结论说：从习俗层次发展为后习俗层次意味着人们"从规范引导的行动转向检验规范的商谈"④。

第三，哈贝马斯从科尔伯格社会道德视角出发，通过对塞尔曼社会认知发展理论的商谈伦理学重构，来弥补科氏理论的不足。如前所述，科尔伯格将道德发展阶段与社会道德视角联系起来，认为个体道德意识发展的三个层次所对应的社会视角分别是：具体个人的视角、社会成员的视角和超社会的视角。但在哈贝马斯看来，科氏的这种社会道德视角不仅将道德判断的结构与道德判断的社会认知条件混同起来，

---

① J. Habermas, *Moral Consciousness and Communicative Action*, trans. Christian Lenhardt & Shierry Weber Nicholsen (Cambridge Mass.: MIT Press, 1990), p.126.
② Ibid.
③ Ibid., p.163.
④ Ibid., p.127.

而且其所体现出来的社会认知条件也缺乏足够的分析精确性来解释为什么这种发展序列所呈现出来的发展逻辑意义上的等级是显见的。这些缺陷可以借助塞尔曼所阐发的"视角采取阶段"(stages of perspective taking)来弥补,但是这种弥补不是要诉诸经验研究将这些社会认知条件一一列举,而是采取哈贝马斯所谓的"假定性重构"(a hypothetical reconstruction);这就直接指向了其商谈伦理学,因为商谈伦理学正是对那些对任何沟通和商谈而言都不可或缺的语用前提的重构。

前已论及,从互动的视角看,个体道德意识的发展就是互动能力增长的过程。在此,哈贝马斯仍然继续这种思路并将其同塞尔曼的社会认知发展理论结合起来。塞尔曼的社会认知发展理论认为,个体在不同的年龄阶段会采取不同层次的认知视角:约发生在5—9岁的层次1采取主体性视角,约发生在7—12岁的层次2采取第二人称(自我反思性)和互惠性(reciprocal)视角,而约发生在10—15岁的层次3则开始采取第三人称和相互性(mutual)视角。哈贝马斯主要着眼于层次3,并依据沟通行动理论对其进行了重构。在他看来,层次2是人之互动的第一阶段,即"为权威所支配的互动";在层次3的后期,个体进入互动的第二阶段,即"规范所支配的互动",而这种规范支配的互动的出现不仅标志着个体互动能力的增长,也为沟通行动和商谈伦理的出现提供了可能。从另一方面看,第三人称视角的出现大致对应着科尔伯格从习俗层次向后习俗层次的转变。这种视角的出现意味着个体视角系统的完善,即意味着他们有能力从第三人称视角看待第一人称和第二人称行动取向之间的相互关联性。"一旦互动以此种方式重构起来,参与者不仅可以互相采取对方的视角,而且也可以用参与者视角去交换观察者视角,并将其中一种视角转化为另一种视角。"[1]哈贝马斯本人用了大量篇幅结合互动和商谈的条件来证明第三人称视角对于商谈伦理学的重要性,限于篇幅和本书主题,我们只需得出下列结论即

---

[1] See J. Habermas, *Moral Consciousness and Communicative Action*, trans. Christian Lenhardt & Shierry Weber Nicholsen (Cambridge Mass.: MIT Press, 1990), p.146.

可：从习俗层次向后习俗层次的转变使得个体视角系统更加完善,从而有可能对社会世界或规范采取商谈伦理学所内在要求的"假定性视角";而

> 从假定性视角出发,事物(things)和事件(events)变成了既可能存在、亦可能不存在的事态(states of affairs)。同样,这种视角也将既存规范——即经验上认可的规范或社会接受的规范——转变为了既可能有效、亦可能无效的规范,即值得认可的规范。断言性陈述是否具有真实性,规范(或相应的规范性陈述)是否具有正当性则变成了需要讨论的问题。①

经由上述三个理论步骤,哈贝马斯基本完成了对科氏理论的商谈伦理学"改造"。因此,在其重新设定的"互动阶段、社会视角与道德阶段"表格(见表2.1)中,他直接以科氏理论为依据,将后习俗层次的"行动类型"标示为"商谈",并将阶段5和阶段6的"行为预期结构"、"视角"和"正义观"分别标示为"检验规范的规则:原则"与"检验原则的规则:证成规范的程序"、"基于原则的视角"与"程序化的视角",以及"倾向于正义的诸原则"与"倾向于证成规范的程序"。

经由上述"改造",哈贝马斯不仅将后习俗层次看作是道德意识的反思性阶段,而且更是指向了程序化的商谈:"在阶段5,原则被视为最终的,并超越了证成的需要;而在阶段6,它们不仅被更具反思性地对待,而且被明确认为与证成程序具有相关性。"②结合上一章哈贝马斯对科氏理论的社会进化论"转译",我们可以合乎逻辑地做出下述推论:由于后传统社会的道德意识结构体现了后习俗层次的道德意识,因此,回应此种道德意识结构的伦理学只能是一种商谈伦理学,即以相关者对商谈的普遍性参与来证成或兑现规范的有效性。

---

① See J. Habermas, *Moral Consciousness and Communicative Action*, trans. Christian Lenhardt & Shierry Weber Nicholsen (Cambridge Mass.: MIT Press, 1990), p.159.
② Ibid., p.172.

表 2.1 互动阶段、社会视角与道德阶段表

行动类型	认知结构		社会视角		道德判断阶段
	视角结构	行为预期结构	视角	正义观	
权威控制的前习俗互动	行动视角的互惠性联结	个殊化的行为模式	自我中心视角	秩序与服从的补充性	1
基于自我利益的合作				补偿的对称	2
习俗性角色行为	观察者视角与参与者视角的协调	群体性的一般行为模式：社会角色	基本群体视角	符合规则	3
规范性掌控的互动		群体性的一般角色：规范体系	集体的视角（系统性的观点）	符合既存的规范体系	4
后习俗性的互动	言说者与世界观察者的整合	检验规范的规则：原则	基于原则的视角（先于社会）	倾向于正义的诸原则	5
商谈		检验原则的规则：证成规范的程序	程序化的视角（理想的角色承担）	倾向于证成规范的程序	6

表格来源：J. Habermas, *Moral Consciousness and Communicative Action*, trans. Christian Lenhardt & Shierry Weber Nicholsen (Cambridge Mass.: MIT Press, 1990), pp.166-177. 略有删改。

三、康德主义伦理学的一般特征及商谈伦理学的发展

哈贝马斯主动将其商谈伦理学寻祖认宗至康德，并考察了康德主义伦理学的一般特征。在他看来，马尔寇斯·辛格(Marcus Singer, 1914—1994)、保尔·罗伦茨(Paul Lorenzen, 1915—1994)、库尔特·贝尔(Kurt Baier, 1917—2010)、约翰·罗尔斯(John Rawls, 1921—2002)、卡尔-奥托·阿佩尔(Karl-Otto Apel, 1922—2017)和厄恩斯特·图根哈特(Ernst Tugendhat, 1930—)等所有康德主义道德哲学家都着

力于对人们公正判断实践问题——即仅仅基于理由进行判断——的条件进行分析。表现在理论倾向上,他们都具有四个特征:义务论(deontological)、认知主义(cognitivist)、形式主义与普遍主义①。首先,康德主义伦理学是一种义务论。由于将自己严格限定于对可证成的规范性判断之种类予以解释,康德采取了一种狭义的道德观:古典伦理学涉及所有与"善生活"相关的问题,而他只论及正当或正义行动问题。对他而言,道德判断被用来解释行动冲突如何能基于理性的一致而得到解决,或者说它们被用来解释如何依据有效规范来证成行动、如何依据值得认可的原则来证成有效的规范。简言之,道德哲学必须解释的基本现象是命令和行动规范的规范有效性问题。因此,康德主义伦理学是义务论的。其次,康德主义伦理学是认知主义的。义务论伦理学把规范和命令的正当视为类似于断言性陈述(即针对客观世界的陈述)之真理性(truth)的事物,即强调实践领域的客观性和可认知性。康德强调了理论领域(理论理性)和实践领域(实践理性)的区别,但同时对实践领域采取了认知主义的态度。"正如断言性的陈述模式(assertoric mode of utterance)可以依据被断言之事态的存在予以说明一样,义务论的陈述模式亦可以依据所有那些可能受到影响之利益主体平等实施的行动予以解释。"②再次,康德主义伦理学是形式主义的。认知主义伦理学必须回答如何证成规范性陈述的问题,而康德的回答则是形式主义的。康德认为,实践理性的基本法则是:"要这样行动,使得你的意志的准则任何时候都能同时被看作是一个普遍立法的原则。"③在哈贝马斯看来,康德对命令采取的是语法形式(grammatical forms)的解释。但尽管如此,康德的绝对命令事实上仍然扮演着证成原则的角色,其依据可普遍性(universalisability)标准评判着规范的有效与无效:每个理

---

① 以下阐述是对哈贝马斯观点的概述,同时也参阅了其他相关论说。关于哈贝马斯对康德道德哲学之特征的论说,See J. Habermas, *Moral Consciousness and Communicative Action*, trans. Christian Lenhardt & Shierry Weber Nicholsen (Cambridge Mass.: MIT Press, 1990), pp.196-197.
② J. Habermas, *Justification and Application: Remarks on Discourse Ethics* (Cambridge Mass.: MIT Press, 1993), p.29.
③ 〔德〕依曼努尔·康德:《实践理性批判》,邓晓芒译,人民出版社2003年版,第39页。

性存在物必须能够意愿的事物在道德意义上得到了证成。在这个意义上讲,它是形式化的,因为它只涉及规范可普遍化的形式。而且,"把道德原则提升为纯粹的形式(绝对命令)是康德伦理学的一个重大的贡献,它使道德生活中的伪善无处藏身"①。最后,康德主义伦理学也是普遍主义的。在哈贝马斯看来,当其宣称其道德原则绝非仅仅反映了某种个殊文化或特殊时代的道德直觉,而是具有普遍的有效性之时,一种伦理学就是普遍主义的。康德主义伦理学正是如此,因为它明确地以"推己及人"的方式将规范的正当性建基于所有人的道德直觉之上。

商谈伦理学坚持了康德主义道德哲学的上述基本立场,但是又对其进行了"改造"和发展。就本书所关注的合法化论题而言,我们至少要看到哈贝马斯在如下三个方面的"改造"和发展。

首先,它消解了康德伦理学的意识哲学前提,将其由"独白式的"(monological)发展为"对话式的"(dialogical),亦即将康德那里孤立的主体性道德意识转化为了主体间性的对话和商谈。在哈贝马斯看来,康德伦理学是意识哲学②主客体二元模式下的一种道德唯我论(moral solipsism),即是从孤立主体的道德意识或道德直觉出发的。在康德那里,"道德准则是抽象和普遍的,意思是说,当它对我来说是普遍有效的,那么,它当然必须被假想成对一切理性的本质也是有效的。因此,在这些准则指导下的互动就成了孤立的和自满自足的主体的行动;这

---

① 邓晓芒:《康德哲学诸问题》,三联书店2006年版,第91页(为使行文统一起见,此处引证将"定言命令"改为了"绝对命令")。
② 哈贝马斯认为,现代性的哲学话语主要是一种意识哲学,其受到笛卡儿范式(the Cartesian paradigm)的支配,而这种范式反映了人们主体主义的雄心,预设了"主体与客体、理性与感性(sense)、理性与欲望(desire)、心智(mind)与身体、自我与他者"等的二元对立;相信"绝对客观真理的存在,而追求这种真理的方法建筑在没有偏见、没有价值污染及不受传统影响的基础上。"这种范式主宰了几乎整个现代思想史,但本质上是一种意识哲学,即主体哲学。参见 Thomas McCarthy, Translator's Introduction, in J. Habermas, *The Theory of Communicative Action, Vol. 1: Reason and the Rationalization of Society*, trans. Thomas McCarthy (Boston: Beacon Press, 1984), p.ix.和阮新邦:《哈贝马斯的〈沟通行动论〉》,载阮新邦等主编:《解读〈沟通行动论〉》,上海人民出版社2003年版,第12页。

些主体中的每一个主体必须这样行动,似乎他就是唯一的实存意识。"①但是,在哈贝马斯看来,"只要我们以一种独白方式进行更精确的检验的话,绝对命令仍然是一种个体化的孤立视角;从这种视角出发,每个人私下考虑所有人期望的东西,这是不恰当的。"②与之不同的是,商谈伦理学认为,行动规则的有效性不能由孤立个体的道德意识以独白的方式予以确定,它只能在未受到限制的商谈中以对话的方式予以兑现。麦卡锡对此解释说,

> 哈贝马斯的商谈模式所表征的,是对绝对命令的一种程序主义重解:它不是将我意志中的任何可以作为普遍法则(laws)的准则(maxim)都作为有效准则而归于他者,而是为了以商谈的方式检验我所提出之准则的普遍性,我必须将该准则提交(submit)给其他任何人。其重心从对每个人的意志中所能不矛盾地普遍化为一般性法则的关注,转向了对所有人的意志都能一致地认可为普遍性规范的强调。③

其次,它发扬了康德伦理学的形式主义路径,但是又把它进一步"改造"为一种程序主义路径。如前所述,康德伦理学的形式主义品格主要体现为他对规范的证成采取了一种"语法形式",即指出规则有效的形式条件。也正是在这个意义上,哈贝马斯将康德的自然法思想同此前的自然法思想区分开来。更为重要的是,哈贝马斯从康德的这种

---

① 参见〔德〕尤根·哈贝马斯:《劳动和相互作用:评黑格尔耶拿时期的〈精神哲学〉》,载〔德〕尤根·哈贝马斯:《作为"意识形态"的技术与科学》,李黎等译,译林出版社 1999 年版,第 13 页此处引证根据麦卡锡的相关英文引证将原文中的"相互作用"和"孤独的"改为了"互动"和"孤立的"。[See Thomas McCarthy, *The Critical Theory of Jürgen Habermas* (Cambridge, Mass.: MIT Press, 1978), p. 326.]
② J. Habermas, "Reconciliation through the Public Use of Reason: Remarks on John Rawls's Political Liberalism", 92(3) *The Journal of Philosophy*, (Mar., 1995), p.117.
③ Thomas McCarthy, *The Critical Theory of Jürgen Habermas* (Cambridge, Mass.: MIT Press, 1978), p.326.麦卡锡的这一解释深获哈贝马斯本人的认可,哈氏甚至在自己后来对商谈伦理学的建构中还引证了这一解释,并将其作为对商谈伦理学与康德伦理学之区别的说明[See J. Habermas, *Moral Consciousness and Communicative Action*, trans. Christian Lenhardt & Shierry Weber Nicholsen (Cambridge Mass.: MIT Press, 1990), p.67.]。这亦反映了涉及同时代思想家的思想史研究中,研究者与被研究者之间的相互影响。

形式主义伦理学及其社会契约论模式中获得了基于商谈程序论证规范有效性的洞见。在他看来，契约论模式事实上可以看作是康德"自我立法"思想的程序化。

> 依凭这种契约模式(藉此，所有的法律伙伴在权衡其利益之后，将其共同生活调整成为自由且平等的伙伴关系)，现代理性法论者第一次满足了对法律之基础进行程序性论证的要求，即依据原则来证成法律，而这些原则的有效性转而又是可以批判的……他们划定了一致必须满足的条件——如果这种一致想具有合法化力量的话。①

这样，"社会契约模型(以一种类似于绝对命令的方式)可以理解为是建议一种程序，这种程序的合理性应当确保任何以程序方式产生的决定的正当性。"②换言之，只有符合我们在下文中马上要谈到的商谈原则(即只有所有相关人有能力作为实践商谈的参与者而同意的规范才能声称有效性)的商谈程序才能保证规范的正当性；或者说只有基于那种使得法律的"承受者"同时也成为法律的"创制者"(即符合康德那里的"自我立法")之程序所创制的法律，才具有合法性。可见，哈贝马斯所主张的道德普遍主义，不仅是形式化的，更是程序化的。他区分了"语义的普遍性"和"程序的普遍性"："普遍性不仅仅可以理解为其规则形式的普遍性，而且也可以理解为其论证基础的普遍性，也就是获得一个特定法律规范或规范系统所要支配其行动的那些人们的主体间的普遍同意。"③因此，哈贝马斯说："商谈伦理学的原则(D)参照了程序，即主张以商谈的方式来兑现规范的有效性主张。在这个意义上，商谈伦理学可以被恰当地标示为形式化的，因为它没有提供任何实质性的指导方针，而只提供了一种程序：实践商谈。"④

---

① J. Habermas, *The Theory of Communicative Action*, Vol.1: *Reason and the Rationalization of Society*, trans. Thomas McCarthy (Boston: Beacon Press, 1984), p.264.
② J. Habermas, "Law and Morality", trans.Kenneth Baynes, in S.M. McMurrin (ed.) *The Tanner Lectures on Human Values*, Volume 8 (Salt Lake City: University of Utah Press, 1988), p.228.
③ 参见童世骏：《批判与实践：论哈贝马斯的批判理论》，三联书店2007年版，第140页。
④ J. Habermas, *Moral Consciousness and Communicative Action*, trans. Christian Lenhardt & Shierry Weber Nicholsen (Cambridge Mass.: MIT Press, 1990), p.103.

最后,它也部分消解了康德在理论理性与实践理性之间所划定的界限,而将理论问题和实践问题均统一于沟通理性和商谈。众所周知,康德在亚里士多德的基础上区分了理论领域和实践领域,并分别研究其各自的理性基础,即理论理性与实践理性。哈贝马斯遵循了这一立场,但是却寄望将两者统一于他所谓的沟通理性和商谈。哈贝马斯所谓的"沟通理性"是立足于人们互动实践的理性,但由于人的实践活动穿越了他所谓的客观世界(认知—工具领域)和社会世界(道德—实践领域),并分别涉及客观真实性、规范正当性等不同的有效性主张,因此沟通理性并不限于康德意义上证成规范正当性的道德—实践领域,而是试图在多元世界的科学、道德和艺术诸分化领域建立统一理性的努力。就理论领域和实践领域而言,哈贝马斯主张将商谈区分为涉及客观世界之"真理性"或"真实性"(truth)主张的理论商谈与涉及社会世界之"正当性"(rightness)主张的实践商谈。在他看来,无论是理论问题,还是实践问题,其有效性主张都是需要用商谈——即最终由商谈中获致的"基于理由的共识"——予以兑现的:"在理论商谈和实践商谈中,目标是一样——都是获得一种承认(或拒绝)有效性主张的理性产生的决定。"[1]与涉及主观世界的"真诚性"(sincerity)或"坦率性"(truthfulness)主张依据其行为与表达的一致性来兑现不同,涉及客观世界的真实性和涉及社会世界的正当性都是以商谈的方式予以兑现的。用哈氏本人的话讲,

> 在真实性主张或正当性主张的情形下,言说者可以以商谈的方式(即通过举出理由的方式)来兑现自己对有效性的保证;而在真诚性主张的情形下,他可以经由一致性行为兑现(某人可以使另一人确信:他所言说的事物仅仅通过其行动的一致性、而非靠提供理由来兑现)。[2]

哈贝马斯的上述思想亦与他将涉及客观世界之真实性(真理性)与涉及社会世界的正当性统一于其"真理共识论"的做法相一致[3]。

---

[1] J. Habermas, *Legitimation Crisis*, trans. Thomas McCarthy (Boston: Beacon Press, 1975), p.107.
[2] J. Habermas, *Moral Consciousness and Communicative Action*, trans. Christian Lenhardt & Shierry Weber Nicholsen (Cambridge, Mass.: MIT Press, 1993), p.59.
[3] 关于对"真理共识论"的阐述,请参见本书第四章。

四、商谈伦理学：商谈合法化理论的道德哲学基础

（一）商谈伦理学的两个原则及其关系

哈贝马斯认为，商谈伦理学是建立在两个假设之上的：其一，规范性的有效性主张具有认知性的意义，且可以用类似于真理性主张的方式对待；其二，规范的证成诉诸真正的商谈，而不是以严格独白的形式——即假定发生在个体心智活动中的论证过程——进行的①。为此，他提出了商谈伦理学的两个著名原则：商谈原则（principle of discourse，D 原则）和普遍化原则（principle of universalisation，U 原则）。

所谓商谈原则是指："只有那些所有可能受到影响的人作为合理商谈的参与者都可能（could）同意的行动规范才具有有效性。"②所谓普遍化原则是指：只有当"所有受到影响的人都能接受某个规范的一般性遵守所带来的后果和副作用，而这种一般性遵守可以被预期符合每个人的利益（且这些后果相对已知的、其他可供选择的规制的后果而言为这些相关者所偏好）"之时，该规范才具有有效性③。

就两者的关系而言，哈贝马斯强调前者优先于后者：商谈原则是

---

① See J. Habermas, *Moral Consciousness and Communicative Action*, trans. Christian Lenhardt & Shierry Weber Nicholsen (Cambridge Mass.: MIT Press, 1990), p.68.
② 他最初对该原则的表述是："只有那些得到（或能够得到）所有受到影响的人以其能力作为实践商谈的参与者同意的规范才能声称有效性。"或"只有那些能够得到所有受到影响的人以其角色作为实践商谈的参与者同意的规范才可以声称有效性"。(See J. Habermas, *Moral Consciousness and Communicative Action*, trans. Christian Lenhardt & Shierry Weber Nicholsen (Cambridge Mass.: MIT Press, 1990), pp.66, 198.)这里采取的是他的晚近表述，See J. Habermas, *Between Facts and Norms: Contributions to a Discourse Theory of Law and Democracy*, trans. Williiam Rehg (Cambridge, Mass.: MIT Press, 1996), p.107.
③ See J. Habermas, *Moral Consciousness and Communicative Action*, trans. Christian Lenhardt & Shierry Weber Nicholsen (Cambridge Mass.: MIT Press, 1990), p.65.他在另一个场合将其表述为："一个规范具有有效性的条件是：其符合每个人的特殊利益的一般性遵守所带来的后果和副作用必须为所有人接受。"[See ibid., p.198.]

所有行动规范(包括法律规范、道德规范等)的证成原则,而普遍化原则则专属于道德领域,即是道德规范的证成原则[1]。之所以如此定位两者的关系,主要是因为道德规范和法律规范的证成逻辑不同。法律规范的有效性或合法性不能被还原为规范的正当性:一方面立法实践与道德实践是两种不同的实践形式;另一方面亦非所有的法律都能满足普遍化原则的要求[2]。就法律领域和政治领域而言,普遍化原则是不充分的,

> 因为大量不同的问题必须在集体意志形成的过程中来回答。它们也需要超越道德实践知识的其他类型的知识。不仅是那种从中立和公正的视角来回答何为正当的问题在政治审议过程中具有规范性力量,而且目的和价值的考量也具有规范性效果。不仅义务性问题,而且目的性问题也起着重要作用。而且,文化价值和集体目标的实现也应该包括在规范性政治理论中。[3]

因此,正如后文将指出的,法律商谈涉及三种不同类型的商谈(道德商谈、伦理商谈和实用商谈),因此,道德上的理由只是法律规范获得证成的诸理由之一,而不是全部。可见,为了使商谈伦理学适合于更广泛的领域(如法律领域),必须限制普遍化原则的适用范围而突出商谈原则的地位。正是基于上述考虑,哈贝马斯在建构

---

[1] 哈贝马斯关于两个原则关系的认识经历了一个变化。起初,他将普遍化原则作为商谈伦理学的首要原则,商谈原则则从属于普遍化原则;但同属法兰克福学派的 Weimer 和社群主义论者泰勒(Charles Taylor)等对此提出批评,认为他忽视了法律与道德证明逻辑的差异(前者不能还原为规范的正当性辩护),把道德性论证作为元商谈(meta-discourse)等等。哈贝马斯部分接受了 Weimer 和泰勒等的批评后,才对两者的关系作出了上述调整。关于 Weimer 和泰勒等的批评和哈贝马斯商谈伦理学的发展过程,可以参见 Erik Oddvar Eriksen & Jarle Weigard, *Understanding Habermas: Communicative Action and Deliberative Democracy* (London: Continuum International Publishing Group, 2004), pp.159 - 161;汪行福:《通向话语民主之路:与哈贝马斯对话》,四川人民出版社 2002 年版,第 183—190 页。

[2] 参见汪行福:《通向话语民主之路:与哈贝马斯对话》,四川人民出版社 2002 年版,第 183—184 页。

[3] See Erik Oddvar Eriksen & Jarle Weigard, *Understanding Habermas: Communicative Action and Deliberative Democracy* (London: Continuum International Publishing Group, 2004), p.159.

其法律商谈理论时,详细解析了前述商谈原则的含义,却只字不提普遍化原则①。

由是观之,商谈伦理学的首要原则是"商谈原则",因为这一原则是包括法律规范在内的所有规范的证成原则;而"商谈原则"完全是程序化的,它只是标示了正当规范得以产生之程序的条件,并不涉及规范内容的正当性标准。从普遍化的视角看,它所强调的是规范证成之主体的普遍性,而不是规范内容的普适性。换言之,它追求的是"程序的普遍性",而非"语义的普遍性"。

(二)规范有效性与法律合法化:从商谈原则到民主原则

哈贝马斯的道德哲学建构一开始即以人际互动和沟通为基点,并以此来探讨蕴涵于人际互动和沟通之中的政治伦理意蕴:"商谈理论将道德理解为超越了私人领域和公共领域之界限的一种权威(authority)。"②因此,它既是一种道德哲学建构,也为其政治哲学和法哲学的建构指明了方向③。如前所言,商谈原则是所有规范的证成原则,因此它理应成为法律规范的证成原则,进而也是法律合法化的评判标准。但是,哈贝马斯在法哲学领域又明确将商谈原则转化为他所谓的"民主原则",并强调民主原则是商谈原则在法律领域的具体表现:"商谈原则被期待以法律制度化的方式采取民主原则的形态。这样,民

---

① 在其道德哲学中,哈贝马斯将普遍化原则作为实践商谈的"搭桥原则"(a bridging principle)。他所谓的"搭桥原则"主要是针对道德义务与经验事实之间的鸿沟而言。在他看来,正如理论商谈需要科学假设一样,实践商谈也需要搭桥原则。这主要是因为:道德推理既不是演绎推理,亦不是归纳推理。比如说,从"张三给你借过钱"这一前提到"你应该还钱"这一结论之间的推理既不是归纳,也不是演绎的,而必须借助"向别人借钱应当归还"这一道德命题;而这一命题是否正当正是依靠普遍化原则来检验的。参见汪行福:《通向话语民主之路:与哈贝马斯对话》,四川人民出版社2002年版,第181页。
② J. Habermas, *Between Facts and Norms: Contributions to a Discourse Theory of Law and Democracy*, trans. Williiam Rehg (Cambridge, Mass.: MIT Press, 1996), p.108.
③ 这涉及人们对伦理学(道德哲学)与政治哲学之关系的理解。自亚里士多德以降,两者就具有密切关联。用西季威克的话说:"伦理学(道德哲学)的目的是决定个人应当做什么,而政治学(政治哲学)旨在决定一个国家或政治社会的政府应当做什么,以及它应当怎样延续下去。"(转引自〔英〕杰弗里·托马斯:《政治哲学导论》,顾肃等译,中国人民大学出版社2006年版,第37页。)

第二章 后传统社会的道德理论：商谈合法化理论的道德哲学基础

主原则就赋予立法过程以合法化力量。关键的理念在于：民主原则从商谈原则和法律形式中获得了解释。"①

按照我个人的理解，商谈原则之所以可以转化为民主原则，其根本原因在于商谈原则本身就蕴含着一种卢梭式激进民主的理念。商谈原则强调："只有那些所有可能受到影响的人作为合理商谈的参与者都能同意的行动规范才具有有效性。"其所强调的"受到影响者"与"商谈参与者"的同一及"受到影响者"作为"商谈参与者"的"同意"，其实是卢梭式"个人只不过是服从其本人"的这种激进民主理念的重述②。在商谈原则中，其所包含的民主意蕴主要是通过前述的"程序的普遍性"或"商谈主体的普遍性"予以确保的，因为正是这种程序的普遍性或商谈主体的普遍性使哈贝马斯以一种程序化的方式重构了"人民主权"③。因此，商谈原则不仅蕴含着康德"自我立法"的思想，而且亦蕴含着卢梭式激进民主的理念。如前所论，商谈原则其实是对包括卢梭在内的社会契约模式的商谈论重构：它们都包含着规范有效性或合法性的一种证成程序，即只有规范的承受者与创制者同一的程序，才能保证规范的有效性或合法性；所不同的只是，在商谈模式中，"法律共同体不是以社会

---

① J. Habermas, *Between Facts and Norms: Contributions to a Discourse Theory of Law and Democracy*, trans. Williiam Rehg (Cambridge, Mass.: MIT Press, 1996), p.121.

② 卢梭式的激进民主理念主张："服从法律的人民就应当是法律的创造者。""要寻找出一个结合的形式，使他能以全部共同的力量来卫护和保障每个结合者的人身和财富，并且由于这一结合而使得每一个与全体相联合的个人只不过是服从其本人，并且仍然像以往一样地自由。'这就是社会契约所要解决的根本问题。"参见〔法〕让-雅克·卢梭：《社会契约论》，何兆武译，商务印书馆 2003 年版，第 48、19 页。

③ 值得注意的是，哈贝马斯的民主观经历了一种变化：从早期所坚持的参与民主观或聚合式民主观（即强调人民主权以下以政治系统为核心的公民参与和民意聚合）转向一种程序主义的民主观（即强调公民在决策前的政治公共领域中的商谈所蕴含的民主要素）——商谈民主。在哈贝马斯尚未系统建构其商谈民主理论的 1970 年代，他所持的民主观事实上仍是一种实质性的参与民主观或聚合式民主观，这在 1973 年出版的《晚期资本主义的合法化问题》一书中表现得较为突出。比如，在对晚期资本主义的合法化系统进行诊断时，他就以"实质民主"即"政治意志形成过程中的真正的公民参与"为依据，隐含流露出了对晚期资本主义行政系统过于独立于民主化的政治意志形成过程做出了批评［See J. Habermas, *Legitimation Crisis*, trans. Thomas McCarthy (Boston: Beacon Press, 1975), pp.36, 101］。由于本书主要是从合法化的视角（而不是从民主理论的视角）来研究哈贝马斯的法哲学，本书对此不申而论之。

契约的方式构造起来的,而是建基于以商谈方式获得的一致之上。"①

因此,考虑到前述法律与道德领域的不同,商谈原则在法律领域采取民主原则的形式是理所当然的。这样,"商谈原则"与"普遍化原则"和"民主原则"的关系可如下图(图 2.1)所示:

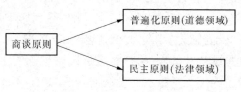

图 2.1　商谈理论的结构

图表来源:Erik Oddvar Eriksen & Jarle Weigard, *Understanding Habermas* (London: Continuum International Publishing Group,2004), p.160.略有改动。

从该图中我们可以看到:商谈原则对法律与道德之间的区别持中立态度;但是,"就道德规范的证成而言,商谈原则所采取的是普遍化原则的形式","而民主原则则适合于法律规范"②。

正是由于将商谈原则在法哲学和政治哲学领域具体化为民主原则,哈贝马斯最终将"合法化"问题与"民主"问题联系了起来。根据哈贝马斯的界定,所谓"民主原则"是指:"只有那些满足下列条件的制定法(statutes)才能声称具有合法性:所有处于立法商谈过程中的公民都同意,且这种立法商谈过程转而又是在法律上被构造起来的。"③他所谓的"这种立法商谈过程转而又是在法律上被构造起来",是指存在着相关的权利体系确保公民在享受"私人自主"(private autonomy)的同时,也能实现"公共自主"(public autonomy),即保证所有相关的公民都能够参与到立法商谈过程中来。可见,经由从商谈原则到民主原则的转化,哈贝马斯事实上明确将法律的合法化同民主过程联系了起来:法律的合法化取决于公民作为商谈主体的普遍性参与。在我看

---

① See J. Habermas, *Between Facts and Norms: Contributions to a Discourse Theory of Law and Democracy*, trans. Williiam Rehg (Cambridge, Mass.: MIT Press, 1996), p.449.
② Ibid., pp.109, 111.
③ Ibid., p.110.

来,这一转化是他能够将法哲学的合法化论题(法律的合法性或有效性)和政治理论的民主论题(商谈主体的普遍性)融合为他所谓的"商谈民主"模式的关键所在。也是因为有了这种转化,哈贝马斯在《在事实与规范之间》一书的前言中才指出:"在第七章和第八章,我从合法化的面向(aspects)来讨论民主理论。"[1]可见,在《在事实与规范之间》一书中,合法化理论和民主理论犹如器官共用的连体婴儿,两者同生共存,不可分割。正因此,我们还可以发现:无论是作为所有行动规范证成的商谈原则,还是作为法律规范证成的民主原则,都是与哈贝马斯在《在事实与规范之间》一书中所反复强调并意欲捍卫的卢梭式激进民主理念完全一致的:"现代法律秩序只能从自我决定(self-determination)的观念中获得其合法性:公民应当总能够把自己也理解为他们作为承受者(addressees)所服从之法律的创制者(authors)。"[2]在此,哈贝马斯所强调的其实是:在现代社会,在缺乏宗教—形而上学元意义保障的条件下,"承受者"(受到影响者)与"创制者"(商谈参与者)的同一,以及"承受者"(受到影响者)作为"创制者"(商谈参与者)的"同意"是法律合法性和规范有效性的根本评判标准。

五、本 章 小 结

前文考察表明:哈贝马斯不仅使科尔伯格关于后习俗层次道德意识的论说与个体的自我发展和互动能力的发展结合了起来,而且指明回应现代社会后习俗层次道德意识结构的道德哲学应是他所谓的商谈伦理学。这种商谈伦理学是一种康德主义的伦理学,即试图在后传统社会(后形而上学的复杂社会)的背景下,捍卫康德的道德普遍主义。相对其他版本的康德主义伦理学,商谈伦理学将康德伦理学由"独白

---

[1] J. Habermas, *Between Facts and Norms: Contributions to a Discourse Theory of Law and Democracy*, trans. Williiam Rehg (Cambridge, Mass.: MIT Press, 1996), p. xl (preface).

[2] Ibid., p.449.童世骏说:这句话"大概是《在事实与规范之间》一书中最重要的一句话"(参见童世骏:《批判与实践:论哈贝马斯的批判理论》,三联书店2007年版,第163页)。对此,本书深以为然。

式"改造成"对话式",又将康德那里的"形式主义"阐发为一种"程序主义",同时在区分理论领域和实践领域的基础上将两者统一于沟通理性和商谈。通过这样的阐发,商谈伦理学其实力图用程序化的道德普遍性在复杂社会的背景下捍卫康德式的道德普遍主义。不仅如此,他同样还力图捍卫卢梭式的激进民主传统;其采取的一个重要步骤是将"商谈原则"作为所有行动规范的证成原则,同时在法律和政治领域将其具体化为"民主原则"。正是经由从"商谈原则"到"民主原则"的转化,哈贝马斯不仅将法哲学的合法化论题与政治理论的民主论题融合为一种"商谈民主"模式,而且也力图通过对人民主权的程序化阐释来捍卫强调法律"承受者"与"创制者"同一的卢梭式激进民主传统。因此,我们可以说:哈贝马斯的法哲学和政治哲学试图在后传统社会(后形而上学的复杂社会)的背景下,同时捍卫康德式的道德普遍主义和卢梭式的激进民主传统。当然,由于本书主要着眼于哈贝马斯的合法化理论,因此对其民主理论只是兼而论之——尽管两者是不可分割的。

结合上一章对韦伯式实证论合法化论说的初步论述,我们可以进一步追问:哈氏的合法化理论可以突破和超克康德式理性自然法和韦伯式实证论的合法化论说吗?他又做了哪些法哲学建构?我们应当如何评价这些理论建构?这就是我们接下来拟处理的问题。

第三章　基于合道德性的合法性：从康德到哈贝马斯

> 康德将不可随意支配性环节置入法律的道德基础之中，以至于实在法几乎整个地从属于理性（自然）法了。*
>
> ——哈贝马斯

从本章开始，我们将更为直接地进入法哲学领域。我们开始基于康德式理性自然法(rational natural law)和韦伯式实证论的二元对立视角，来探讨哈贝马斯的商谈合法化理论相对于这两者可能的知识增量。在本章中，我们将探讨哈贝马斯与康德式理性自然法合法化论说的关系。

之所以选择康德式理性自然法合法化论说作为外部参照框架，主要有以下两个原因：首先是因为康德的道德哲学及相关的法律合法化论说不仅是哈贝马斯合法化理论的一大理论渊源，而且哈贝马斯的合法化论说之建构本身也是对康德式理性自然法的一种"扬弃"。因此，将两者相对照，我们可以更好地探究哈贝马斯合法化论说的问题意识与理论路径，甚至其可能存在的问题。其次，康德以理性自然法合法化论说为核心的政治哲学和法哲学不仅是现代自由主义的经典论式，而且也是理性自然法的经典范本。就本书更为关切的后者而论，正如德国自然法理论家罗门所言，"伊曼纽尔·康德在其哲学中展示了个人主

---

* J. Habermas, "Law and Morality", trans. Kenneth Baynes, in S.M. McMurrin (ed.) *The Tanner Lectures on Human Values*, Volume 8 (Salt Lake City: University of Utah Press, 1988), p.270.

义自然法的最终与最高形态。"①哈贝马斯将康德的自然法思想称为"理性自然法"的经典论式,意在强调其与启蒙理性与现代性的密切关联。他借用韦伯的话说道:理性自然法中所谓的"'自然'和'理性'是从自然法的角度衡量什么是具有合法性的东西的实质性标准"②。作为"启蒙运动的导师",康德在其自然法论说中不再诉诸宗教世界观和唯理论—绝对主义自然法模式,而是着重对理性,特别是他所高扬的"实践理性"作出了全新的诠释,并以此来构建现代政治秩序和法律秩序的合法性基础。"康德的理论在程序主义的经验性观念论(the empirical idealism of proceduralism)与自然法的先验实在论(transcendental realism of natural law)之间开辟了一条道路。"③通过对道德和实践理性的形式主义的普遍主义诠释,康德不仅为私人道德行为提供了评判标准,而且也为政治道德秩序(政治、法律的合法性)提供了较为系统的证明。也正因康德式理性自然法论说极富阐释空间,在 20 世纪自然法复兴的思潮中,无论是主要以法哲学家面目出现的斯塔姆勒和拉德布鲁赫等新康德主义法学派,还是主要以政治哲学家面目登场的罗尔斯和德沃金等自然法倾向的自由主义论者,都在康德的法律哲学和政治哲学中寻找理论资源。因此,将康德作为理性自然法的范例可以在很大程度上一般性地获得自然法合法化论说的洞见,进而更具普遍性地洞察到哈贝马斯合法化论说相对于自然法模式的知识增量。

众所周知,康德是一个极富阐释空间的思想家,就其法哲学、甚至整个实践哲学而言,更是如此。在其理论中,他既强调自主意志和绝对命令,又反对人们有反抗政府的权利;他既强调人们不应

---

① 〔德〕海因里希·罗门:《自然法的观念史和哲学》,姚中秋译,上海三联书店 2007 年版,第 3 页。
② J. Habermas, "Law and Morality", trans. Kenneth Baynes, in S.M. McMurrin (ed.) *The Tanner Lectures on Human Values*, Volume 8 (Salt Lake City: University of Utah Press, 1988), p.228.
③ Kevin Thompson, "Kant's Transcendental Deduction of Political Authority", in B. Sharon Byrd & Joachim Hruschka (eds.), *Kant and Law* (Burlington: Ashgate Publishing Company, 2006), p.185.

当遵守与自然法相违背的法律,却又不否认非正义的法律是真正的法律;他既遵循了霍布斯、洛克等的社会契约传统,又接受了休谟对社会契约论的批判,并将社会契约看作是非历史性的;等等①。而且,就康德对待自然法的态度而论,其本身也大致经历了一个从前期反对到后期遵从的转变②。所有这些,都对本书的阐释带来了一定困难。

考虑到康德理论本身的复杂性,为谨严起见,本章拟采取如下阐释策略:主要遵从哈贝马斯对康德的理解,同时结合相关二手资料对其进行解释。因此,本书仍遵循哈贝马斯的思路将康德定位为一个典型的自然法论者,并认为其法哲学建基于其以自主意志和实践理性为核心的道德哲学之上——至少其法律合法化理论是如此。为了更为全面地阐述康德的合法化理论,本书将首先在同卢梭的对比中考察其契约论合法化论说(一),接着从法律与道德之关系入手,进一步考察其法律合法化理论(二),并以其道德哲学洞见将两者统合起来。之所以要与卢梭式"公意"模式进行比较,不仅是因为卢梭本人也是"理性自然法"的典型代表,而且康德的契约论合法化论说和哈贝马斯的商谈论合法化论说均受到了卢梭"公意"模式的智识激励:正如我们将要看到的,无论是康

---

① 正因康德本身的复杂性,既有论者将其标示为"实证主义者",又有论者认为他是自然法思想家或自由主义者。比如说,何怀宏基于对康德《什么是启蒙》的分析,强调康德的实证主义倾向,吴冠军则强调实践理性是康德哲学的核心(参见何怀宏:《康德论改革与服从》,载刘军宁等编:《市场社会与公共秩序》,三联书店 1996 年版和吴冠军:《康德论服从与权利——与何怀宏商榷》,载《二十一世纪》2002 年第 72 期)。吴彦对两人的争论进行了研究,认为康德的诸多对立均源于其在《纯粹理性批判》中所设定的经验世界(现象界)与超验世界(本体界)的二元对立(参见吴彦:《康德的反抗权理论》,吉林大学 2007 届法学理论专业硕士学位论文,第三章)。还如,博登海默和中国学者郑永流等都强调康德是将自然法扳倒的批判者,为法律实证主义的发展开辟了可能[参见〔美〕E.博登海默:《法理学:法律哲学与法律方法》(修订版),邓正来译,中国政法大学出版社 2004 年版,第 83 页和郑永流:《什么是法哲学?》,载《法哲学与法社会学论丛》(一),中国政法大学出版社 1998 年版,第 15 页]。
② 德国法学家考夫曼指出:康德驳倒了唯理论自然法,但其后期著作《道德形而上学》中实质上又支持了一种非批判性的唯理论自然法思想。参见〔德〕阿图尔·考夫曼等主编:《当代法哲学和法律理论导论》,郑永流译,法律出版社 2002 年版,第 89—90 页。

德还是哈贝马斯都继承了卢梭式"激进民主"的"自我立法"和"公意"论说,他们所不同的只是实现"自我立法"和"公意"的具体模式有所分别而已。当然,由于本书主要是从法律与道德的关系(而不是从政治理论的民主视角)来考察哈贝马斯的法律合法化理论,因此本书只是提及这一线索,而不拟申论[①]。也正是从上述论旨出发,本章的最后将考察哈贝马斯对"实践理性"概念的重建,以进一步揭示哈贝马斯商谈论合法化论说如何消解康德基于实践理性法则(合道德性)的合法性论说所导致的道德与法律之间的等级观(三)。

一、从"公意"到"实践理性":卢梭与康德契约论"同意"模式之别

我们知道,自霍布斯和洛克、特别是卢梭以降,社会契约论的"同意"(consent)模式即成为政治或法律秩序"形式合法化"(formal legitimation)论说的一个代表性模式[②];而这种合法化论说的出现事实上标志着政治哲学和法律哲学的合法化论说从古典时代的"自然"到现代社会的"意志"的"范式转型",即不再把合法性溯源于自然本体论中

[①] 大体而言,卢梭的"公意"模式预设了社会的"同质性",而且缺乏足够的道德哲学建构来保证其所宣称之"公意"的永远正确或正当性;卢梭本人也没有从法律与道德的关系来论述这一问题。因此,限于论旨,本书将不对卢梭与哈贝马斯的合法化论说进行专门比较。关于此论题,可以参谈火生:《民主审议与政治合法性》,法律出版社 2007 年版。

[②] 比利时法学家胡克以是否诉诸实质性的标准区分了形式合法化与实质合法化。形式合法化是现代法合法化的最主要的类型。形式合法化主要经历了三个历史进程:16、17 世纪,以霍布斯和马基雅维利等为代表,认为政治权力的合法化来自是否服务于一般利益(general interest);18 世纪,以卢梭的社会契约论为代表,认为政治权力和法律的合法化来自是否经过公民的同意;在现代社会,以卢曼为代表,强调政治权力和法律的合法化来自正当的程序。实质上的合法化就是试图为法律在道德上的可接受性提供一个标准:过去人们主要依据各种各样的自然法学说,现在人们主要依靠人权理论为此提供依据。参见〔比〕马克·范·胡克:《法律的沟通之维》,孙国东译,法律出版社 2008 年版,第 256—259 页。

的"自然",而是将其转移至个体的"(理性)意志"①。正如哈贝马斯所指出的那样,在现代社会,主要由于卢梭(及康德)的贡献,"理性的形式化原则在实践问题中取代了诸如自然或上帝这样的实质性原则。"②"同意"模式本身就遵循了"承诺应当信守"这一自然法原则:"如果我不曾对一个人作过任何允诺,我对他就没有任何义务"③;换言之,"义务不能用武力强加,而总是自愿承担的。正是这一信念使得一切义务都以诺言的名义出现;一个人对自己所作的诺言理应可以信守,因为是他本人以自己的行动提出该项义务的。"④正因此,在基于"公民同意"的合法化模式中,无须诉诸其他实质性的道德可接受性标准,单单形式上的公民同意就可以在很大程度上证成政治或法律秩序的合法性。但是,公民同意只是一个形式上的标准,它只能保证公民的"自我立法"地位,却不能确保基于公民同意或"自我立法"的法律一定就具有道德上的可接受性(事实上,前述麦卡锡对哈贝马斯合法化理论的批判意见也主要指向这一点)。因此,在强调形式上的"同意"之外,如何同时确保政治与法律秩序的实质合法性,是遵循"同意"模式的自然法论者所必须解决的问题——如果不能同时确保政治与法律秩序的道德可接受性或实质合法性,自然法论者也就不再是自然法论者了;因为从自然法的

---

① 英国政治哲学家奥克肖特区分了政治哲学中的三种思想传统:第一种传统是以理性和自然这些主导性概念为特征。它几乎与我们的文明同时期;它带着一部不曾被中断的历史进入现代世界并通过无可匹敌的、适应欧洲所有观念变化的能力而得以保存下来。第二种传统的主导性是意志和人造物(Artifice)。它也来自希腊的土壤,并从许多来源中至少是从以色列和伊斯兰世界获取了灵感。第三种传统是比较晚近的,直到18世纪才出现。它的主导性概念是理性意志,它的信从者的正当理由在于这样一种信念,即它相信可以包含头两种传统的正确之处,而又轻松地解决它们的错误之处。第一种和第三种的杰出代表分别是柏拉图和黑格尔,而第二种的代表就是霍布斯的《利维坦》。[参见〔英〕奥克肖特:《〈利维坦〉导读》,应星译,载《现代政治与自然》(《思想与社会》第三辑),上海人民出版社2003年版,第175—176页。]以此看来,以"公民同意"作为合法性的标准,事实上标志着政治哲学合法化论说从"自然"到"意志"的范式转化。哈贝马斯也得出了类似的看法,详见本书第一章"小结"部分。
② See J. Habermas, *Communication and Social Evolution of Society*, trans. Thomas McCarthy (Cambridge: Polity Press, 1991), pp.183-184.
③ 〔法〕卢梭:《社会契约论》,何兆武译,商务印书馆2003年版,第45页。
④ 〔美〕萨拜因:《政治学说史》(下册),刘山等译,商务印书馆1986年版,第487页。

基本理论倾向来看,自然法之为自然法,在很大程度上正是在于它们对合道德性的实质性价值的欲求。除了以实质性价值补充形式上的"同意"的不足之外①,自然法论者所采取的一个策略是对"同意"予以进一步的限定。社会契约论的集大成者卢梭和批判性重建者康德可谓这方面的突出代表:卢梭不仅强调了公民"同意",而且将"同意"进一步限定为永远正确或正当的"公意"(general will);而康德在其政治和法律合法化论说中既遵循了"同意"模式,又将这种"同意"限定为"假定性"或"可能性"意义上的,即公民基于实践理性或者自主意志可能会同意。接下来,我们就来分析卢梭和康德对"同意"的不同理解及其背后的理论蕴含。

众所周知,卢梭的"公意"概念既堪称《社会契约论》一书中最核心的一个概念,但又是一个聚讼纷纭的概念。这部分是因为卢梭本人的阐述不够详尽或存在着矛盾,正如美国政治哲学家萨拜因所说的,

> 卢梭反复声称,公意永远是正确的,这不过是不言自明之理,因为公意代表着社会幸福,它本身就是公理的标准。凡不正确的就说不上是公意。但是这一绝对正确的东西同许许多多而又可能互相冲突的对它的判断,其关系又是怎样的呢?又是谁具有权力来决定孰是孰非呢?卢梭对这些问题试图作出的回答产生了各种各样的矛盾和遁词。②

---

① 许多自然法论者采取的一个策略是:除了强调形式上的公民同意外,还设定了诸多实质性的判准。比如说,洛克就强调实在法应当保障平等权、自由权、生存权和财产权等"自然权利":"理性,也就是自然法,教导着有意遵从理性的全人类:人们既然都是平等和独立的,任何人就不得侵害他人的生命、健康自由和财产。"[[英]洛克:《政府论》(下篇),叶启芳等译,商务印书馆1964年版,第4页。]卢梭也强调了自由、平等在法律中的目的性价值地位:"如果我们探讨,应该成为一切立法体系最终目的的幸福究竟是什么,我们便会发现它可以归结为两大主要目标:即自由和平等。"([法]卢梭:《社会契约论》,何兆武译,商务印书馆2003年版,第66页。)在这个意义上讲,我们似乎可以说:以霍布斯、洛克和卢梭等为代表的经典自然法论者的合法性论说其实多以形式上的"公民同意"和实质上的自然法判准的"双重保险"来确保法律秩序的合法性。当然,由于论题所限,本书对此不拟申论。

② [美]萨拜因:《政治学说史》(下册),刘山等译,商务印书馆1986年版,第663—664页。

第三章 基于合道德性的合法性：从康德到哈贝马斯

本书无意介入关于卢梭"公意"之解读的争论①，而拟着重在同康德的对比中勾画出"公意"的主要内涵和相关论说。

概而论之，卢梭的社会契约论与传统自然法学说的不同在于："它没有形成一种详尽的道德法则，而是形成了界定合法政府和主权命令的一个简单规则。"②为此，卢梭区分了构成立法权基础的"社会契约"与"绝不是一项契约"的"政府的创制"，并将主要目标定位于前者③；同时，他还区分了象征着公共福利的"公意"与着眼于私人利益的"众意"（will of all）④，并将法律的合法性建基于前者。我们可以通过下述几个命题来把握卢梭的"公意"概念。

首先，公意之可能源于社会契约形成的彻底性和平等性。在卢梭看来，公意之所以是可能的，是因为在社会契约的形成中，个体转让了自己的全部权利，并且处于平等的地位。"每个结合体及其自身的一切权利全部

---

① 关于对卢梭"公意"概念的解读，可以参见 Patrick Riley, "A Possible Explanation of Rousseau's General Will", 64(1) *The American Political Science Review* (Mar., 1970), pp. 86-97; Arthur Ripstein, "Universal and General Wills: Hegel and Rousseau", 22(3) *Political Theory* (Aug., 1994), pp. 444-467; Bernard Grofman & Scott L. Feld, "Rousseau's General Will: A Condorcetian Perspective", 8(22) *The American Political Science Review* (Jun., 1988), pp. 567-576; James Conniff, "On the Obsolescence of the General Will: Rousseau, Madison, and the Evolution of Republican Political Thought", 28(1) *The Western Political Quarterly* (Mar., 1975), pp. 32-58. 中文文献，可以参见谈火生：《民主审议与政治合法性》，法律出版社 2007 年版，第 70—129 页。

② See Arthur M. Melzer, "Rousseau's Moral Realism: Replacing Natural Law with the General Will", 77(3) *The American Political Science Review* (Sep., 1983), p. 645.

③ 卢梭区分了立法权与行政权，但与霍布斯不同，卢梭认为行政权的产生不是基于社会契约。在《社会契约论》第十六章他直接以"论政府的创制 绝不是一项契约"为标题，强调"一个国家只能有一个契约，那就是结合的契约；而这个契约本身就排斥了其他一切契约。我们无法想象任何另一个公共契约是不会破坏最初的契约的。"〔法〕卢梭：《社会契约论》，何兆武译，商务印书馆 2003 年版，第 125—126 页。

④ "公意与众意之间经常有很大的差别；公意只着眼于公共的利益，而众意却着眼于私人的利益，众意是个别意志的总和。但是，除掉这些个别意志间正负相抵消的部分之外，剩下的总和依然是公意。"〔法〕卢梭：《社会契约论》，何兆武译，商务印书馆 2003 年版，第 35 页。用现代的术语言之，"众意"乃私意之和，可以用加总的方式获得；"公意"乃私意的最大公约数，可以用加权的方式获得。但关键在于"如何加权"，即如何认定各项私意的权重；在很大程度上讲，人们关于"公意"的争论就是对这一问题的认识分歧。正如后文看到的那样，哈贝马斯主张通过公共领域的理性商谈，形成"沟通权力"，以凸显卢梭意义上的"公意"。

都转让给整个集体。"由于"每个人都把自己全部地奉献出来,所以对于所有的人条件便都是同等的。而条件对于所有的人既是同等的,便没有人想要使它成为别人的负担了"①。"全体公民既然根据社会契约是人人平等的,所以全体就可以规定什么是全体所应该做的事情,同时又没有一个人有权利要求别人去做他自己所不做的事情。"②在这样的条件下,共同体便有可能形成"公意",即一种平等地适用于所有人的意志:"我们每个人都以其自身及其全部的力量共同置于公意的最高指导之下,并且我们在共同体中接纳每一个成员作为全体之不可分割的一部分。"③

其次,立法权是公意的对象,"法律是公意的宣告"。社会契约赋予政治体以生命,但是政治体若要完成社会契约所确定的使命,还需要立法来赋予其行动和意志。对卢梭而言,立法权是公意的对象,而立法则是公意的集中体现。卢梭十分看重立法权,并将其提高到主权的高度来对待:"立法权是国家的心脏";"国家的生存绝不是依靠法律,而是依靠立法权。"④因此,立法权是公意直接指向的对象:"立法权力是属于人民的,而且只能是属于人民的。"⑤"当全体人民对全体人民作出规定时……人们所规定的事情就是公共的,正如作出规定的意志是公意一样。正是这种行为,我就称之为法律。"⑥由于其兼具意志的普遍性和对象的普遍性,因此"法律乃是公意的行为","法律……不过是公意的宣告"⑦。

再次,"公意"的形成不能基于代表,而必须公民亲力亲为。卢梭主张直接民主制,强调公民的"同意"和"公意"的形成必须经公民的一致同意,且这种同意不能被代表。"主权在本质上是由公意所构成的,而意志又是绝不可以代表的";"在立法权力上人民是不能被代表的",法律的通过"必须要有全体一致的同意"⑧。卢梭也考虑到了"公意"的形

---

① 参见〔法〕让-雅克·卢梭:《社会契约论》,何兆武译,商务印书馆 2003 年版,第 19—20 页。
② 〔法〕卢梭:《社会契约论》,何兆武译,商务印书馆 2003 年版,第 124 页。
③ 同上书,第 20 页。
④ 同上书,第 113 页。
⑤ 同上书,第 69—70 页。
⑥ 同上书,第 46 页。
⑦ 同上书,第 46—47、122 页。
⑧ 同上书,第 120、122、135 页。

成不可能总是能达成全体一致的"同意",因此,他同时强调:"在国家形成以后,则居留就构成为同意。"①

最后,卢梭设定:"公意是永远正确的"。由于其超越私人利益的局限性,卢梭宣称,"公意永远是正确的";"公意永远是公正的,而且永远以公共利益为依归。"②正因此,"任何人拒不服从公意的,全体就要迫使他服从公意。"③

经由上述命题的相互阐释,卢梭宣称:法律的合法性就在于建基于全体公民一致同意之上的"公意"。这一论断的特征,主要在于两点:一是全体公民的事实上的一致同意;二是在此基础上形成的"永远以公共利益为依归"的"公意"。对这一论断,我们当然可以提出较多质疑,比如,全体公民事实上的一致同意是否具有可能?如何确保"公意""永远以公共利益为依归?"等。这些问题都指向了卢梭"公意"模式所预设的"同质化社会"这一前提。而且,即便是抛开这一前提不论,20世纪兴起的理性选择理论或公共选择理论(theory of rational/public choice)已经证明基于"集体理性"之公意的不可能性④。

康德曾坦承正是卢梭使他从纯粹形而上学的迷梦中惊醒,并使他得以更为重视人的价值。康德写道:

> 我自以为爱好探求真理,我感到一种对知识的贪婪渴求,一种对推动知识进展的不倦热情,以及对每个进步的心满意足。我一度认为,这一切足以给人类带来荣光,由此我鄙夷那班一无所知的芸芸众生。是卢梭纠正了我,盲目的偏见消失了;我学会了尊重人性,而且假如我不是相信这种见解能够有助于所有其他人去确立人权的话,我便应把自己看得比普通劳工还不如。⑤

卢梭对康德的影响更多地体现于道德哲学、政治哲学和法哲学领域,包括对政治和法律秩序合法性的认识。同卢梭一样,康德也诉诸契约论

---

① 参见〔法〕卢梭:《社会契约论》,何兆武译,商务印书馆2003年版,第135—136页。
② 同上书,第48、35页。
③ 同上书,第24页。
④ 参见谈火生:《民主审议与政治合法性》,法律出版社2007年版,第137—147页。
⑤ 转引自〔德〕恩斯特·卡西尔:《卢梭·康德·歌德》,刘东译,三联书店1992年版,第2页。

的"同意"、甚至"公意"模式,但是无论是对契约论的理解,还是对"同意"、甚或"公意"的限定,他都不同于卢梭。

首先,康德部分地接受了休谟对社会契约论的批判,而将其看作是非历史的,即假定性的。休谟对社会契约论的批判主要集中于如下两点:一是抨击其非历史性,即它只不过是一种假说;二是从经验的角度试图论证公民服从的义务和遵守协议的义务不可等同,进而消解社会契约论所赖以为基的"承诺应当信守"这一自然法原则①。康德则部分地接受了休谟的上述批判,并明确主张社会契约只是一种思想方法,是一种认识论的假定,而不具有历史的真实性。

> 人民根据一项法规,把自己组成一个国家,这项法规叫做原始契约。这么称呼它之所以合适,仅仅是因为它能提出一种观念,通过此观念可以使组织这个国家的程序合法化,可以易为人们所理解。根据这种解释,人们中所有人和每个人都放弃他们的外在自由,为的是立刻又获得作为一个共和国成员的自由。②

社会契约"的确只是纯理性的一项观念";其

> 作为人民中所有的个别私人意志的结合而成为一个共同的和公共的意志却绝不可认为就是一项事实,竟仿佛首先就必须根据已往的历史来证明确曾有过一族人民,其权利和义务是我们作为后裔的继承了下来,竟仿佛这族人民确实曾经有一度完成过这样一桩行动,并且还一定得在口头上或书面上留下给我们一项确凿无疑的有关通告或根据,好使我们尊重自己所要受到的那种既定的公民体制的约束。③

---

① 休谟认为,根据经验,公民服从的义务和遵守协议的义务是两码事:没有哪一个政府会实际上去征得其臣民的同意,也没有那个政府也会对政治付出与契约义务不加服从。而且,两者的目的似乎也各不相同:政治效忠是要维护秩序、保障和平与安全,而契约的必须履行则主要是在私人之间建立信任。参见〔美〕萨拜因:《政治学说史》(下册),刘山等译,商务印书馆1986年版,第676页。
② 〔德〕康德:《法的形而上学原理》,沈叔平译、林荣远校,商务印书馆1991年版,第142页。
③ 参见〔德〕康德:《论通常的说法:这在理论上可能是正确的,但在实践上是行不通的》,载氏著:《历史理性批判文集》,何兆武译,商务印书馆1990年版,第202—203页。

可见,康德是在区分经验人类学的根据与纯粹理性的(道德性)论据的前提下,按照后者来理解社会契约论的。

> 按照这一尺度,社会契约是一种独立于一切经验的先天纯粹实践理性的理念;它无非就是意味着法治国家的理性理念……它并不表明实际存在的国家的起源,而是表明国家应该如何的规则和准则。它不是指鲁特利山谷牧场宣誓或者朝圣者之父们在北美洲着陆以后的协议之类的历史事件,而是一切公法之最终的合法性确认基础,即一切公法来意证明自己公正或不公正的最高标准。①

因此,在康德看来,尽管社会契约是"纯理性的一项观念",

> 但它却有着不容置疑的(实践的)实在性,亦即,它能够束缚每一个立法者,以致他的立法就正有如是从全体人民的联合意志里面产生出来的,并把每一个愿意成为公民的臣民都看作就仿佛他已然同意了这样一种意志那样。因为这是每一种公开法律之合权利性的试金石。②

也就是说,"同意"更像是一个规范性理想,它督促政治和法律秩序的建立必须征得该秩序"承受者"的同意。极言之,正因其假定性的地位,它才使政治和法律的合法化成为一个恒久的问题,因为从来不存在任何人对所有事物的事实同意③。

其次,更为紧要的是,康德所理解的"同意"也是假定性的,即人民基于实践理性原则或者自主意志可能会同意,而不是卢梭所理解的现实的同意。受卢梭影响,康德也强调基于"同意"的"共同联合意志"(general united will)是法律合法化的渊源。

---

① 〔德〕奥特弗里德·赫费:《康德:生平、著作与影响》,郑伊倩译,人民出版社2007年版,第209页。
② 〔德〕康德:《论通常的说法:这在理论上可能是正确的,但在实践上是行不通的》,载氏著:《历史理性批判文集》,何兆武译,商务印书馆1990年版,第203页。
③ See Mark Van Hoecke, *Law as Communication* (Oxford—Portland Oregon: Hart Publishing, 2002), p.192.

> 立法权只属于人民的联合意志。因为一切权利都应该从这个权力中产生,其所产生的法律不能对任何人有不公正的做法……因此,只有全体人民同时发生并联合起来的意志(亦即每个人为所有人决定同一件事,以及所有人为每个人决定同一件事),应该在国家中拥有制定法律的权力。①

但是,康德所主张的同意,却不是卢梭那里人民事实上同意。他说:"倘若法律是这样的,乃至全体人民都不可能予以同意的话(例如,某一阶段的臣民将世袭享有统治地位的特权),那么它就是不正义的;但是只要有可能整个人民予以同意的话,那么认为法律是正义的便是义务了。"②这里的"有可能整个人民予以同意"很值得我们细细体味。联系康德的义务论伦理学所主张的实践理性观,我们最有可能获得的解释应是亚历山大·考夫曼(Alexander Kaufman)如是所言:

> 由于其自主意志的观念,康德愿意以假设性的检验代替个体意志的具体表达。由于康德认为当评价具体立法的正义性之时所有自主意志都会将其决定建基于实践理性之上,即所有自主意志都必定会达致同样的结论,因此,正义的假定性检验可以代替个体意志的明确表达。③

这里的"自主意志"是康德实践哲学的核心概念。康德所谓的"意志""是指那种虽然并不完全扼杀天然的冲动,但是能够与它们保持距离并且解除它们作为最终规定根据的作用的能力。"也就是说,"只有那种按

---

① Immanuel Kant, *The Metaphysics of Morals*, Mary Gregor (ed.) (Cambridge: Cambridge University Press, 1996), p.91. 中译本参见〔德〕康德:《法的形而上学原理》,沈叔平译、林荣远校,商务印书馆1991年版,第139页或〔德〕康德:《道德形而上学》,张荣、李秋零译,载李秋零主编:《康德著作全集》(第6卷),中国人民大学出版社2007年版,第324页。

② 〔德〕康德:《论通常的说法:这在理论上可能是正确的,但在实践上是行不通的》,载〔德〕康德:《历史理性批判文集》,何兆武译,商务印书馆1990年版,第203页。

③ Alexander Kaufman, "Self-Legislation and Legitimacy: Conceptions of Freedom in the Political Thought of Rousseau and Kant", 59 (1) *The Review of Politics* (Win., 1997), p.46.

照自己所表象的法则行动的能力才是一种自己的意志的根据。"① 这样,康德其实将"意志"限定为他所谓的"自主的意志",这种意志指向的是自由的规律,即自主②。或者说,"自由概念是阐明意志自律性的关键。"③ 同时,康德所谓的"自主的意志"所遵循的是一种普遍性的法则。"意志的一切行动都是它自身法则这一命题,所表示的也就是这样的原则:行动所依从的准则必定是以自身成为普遍法则为目标的准则。"④ 而由于任何自主的意志都是按照实践理性的"基本法则"即具有普遍性的法则来行动的,因此,人们必然会得出同样的结论。在此,我们也可以发现,"按康德的术语,'(纯粹)实践理性'、'自由'、'自律'都是相通的。"⑤ 正是在这个意义上,Allen D. Rosen 在评价康德的"同意"模式时说,"康德的社会契约原则并不是一个独立的正义规则",它"隐而不显地依赖于其理性目的的观念。当一个法律违背那些目的之时,它就不能为整个人民理性地意愿,并因之不能被认为是正义的",而"康德所归之于每个个体最重要的理性目的是自由"⑥。由此可见,当康德说"只要有可能整个人民予以同意的话,那么认为法律是正义的便是义务了"时,其前提性的命题其实是:只有当法律不违背实践理性法则并因之可能被全体人民所同意时,它才具有合法性。

---

① 参见〔德〕奥特弗里德·赫费:《康德:生平、著作与影响》,郑伊倩译,人民出版社 2007 年版,第 159 页。
② 康德所理解的"自由"、"自律"和"自我立法"也是可以互相阐释的,是相通的。邓晓芒指出:"自由也有可能导致不道德,但只有本身的规律(自律)则必定是道德的。而且在康德看来,真正的自由只能是有规律的自由,即自律,自由不仅仅是一个点,或一个又一个毫无联系的点(任意、'为所欲为'),而是一条无限延伸的线,一个保持自身同一的过程(人格的同一性),所以它是自己为自己立法、自己对自己负责,它是'义务'。所以,这样理解的自由就不是非理性,而正是理性的本质。同一个理性在认识上是按照法则去把握自然界('人为自然界立法'),在实践上则是按照法则去行动('人为自己立法'),而后者才是更根本的。"(邓晓芒:《康德哲学诸问题》,三联书店 2006 年版,第 91 页。)
③ 〔德〕康德:《道德形而上学原理》,苗力田译,上海人民出版社 2005 年版,第 69 页。
④ 同上书,第 70 页(为使行文统一起见,这里将"规律"改为了"法则")。
⑤ 参见赵敦华:《西方哲学简史》,北京大学出版社 2001 年版,第 280 页。
⑥ See Allen D. Rosen, *Kant's Theory of Justice* (Ithaca and London: Cornell University Press), p.138.

经由上述分析,我们可以发现:康德与卢梭都主张将"全体公民的一致同意"作为法律合法性的评判标准。但不同的是:卢梭的"一致同意"缺乏足够的理论支撑或相应的媒介来保证其实现的可能性,而康德所作的,即是将他所主张的实践理性作为媒介并用实践理性的普遍性来确保全体人民一致同意的可能性。从"自我立法"的视角来看,康德其实将卢梭思想中的自我立法观系统化为一种道德原则论说,进而为其提供了丰富的道德哲学基础。正如奥特弗里德·赫费所言,"自我立法的理念可以追溯到卢梭,他在《社会契约论》(I8)中说,听从自己设立的法则就是自由。但是直到康德才在卢梭更多地附带提到的思想中揭示出整个伦理学的基本原则,并且提供了对这一基本原则的论证。"① 亚历山大·考夫曼曾专门考察了卢梭与康德合法化理论不同的原因。在他看来,其关键在于他们对"实践理性"之地位的理解不同:卢梭仅仅把理性看作是工具性的,并因之预示着后来的后现代主义和经验主义(理性选择理论)对目的之理性选择的怀疑;而康德则是那种拒绝怀疑实践理性的当代正义阐释的先驱。卢梭对实践理性的怀疑使其将合法性的评判标准与个体事实上的偏好直接联系起来,而康德更为厚实的实践理性观则使他可以主张一种更具一般性和灵活性的合法性评判标准,并把合法性的阐释与其实践理性观的合理性直接联系起来。

康德和卢梭在确定立法合法性的原则上是一致的,但他们在建基于这一基本原则的正义评判标准上却出现分歧:卢梭认为,个体意志的确定主要建立在个体的倾向(inclinations)之上,并因之具有不可预测性,要求所有公民能够据以批准立法的具体程序;康德则认为,所有自主的意志必定达致关于特定立法之正义性的同样结论,并主张将一种假定性的检验作为正义的判准。②

---

① 〔德〕奥特弗里德·赫费:《康德:生平、著作与影响》,郑伊倩译,人民出版社2007年版,第179—180页。
② Alexander Kaufman, "Self-Legislation and Legitimacy: Conceptions of Freedom in the Political Thought of Rousseau and Kant", 59 (1) *The Review of Politics*, (Win., 1997), p.46.

综上所述,与卢梭强调公民事实上的"同意"不同的是,康德的契约论合法化论说所谓的"同意"是指公民基于实践理性或者自主意志可能会同意。换言之,康德将法律的合法化建基于实践理性法则之上。而众所周知,康德的实践理性即理性的实践运用,关注的是相对于现象界之本体界的道德律,即是对合道德性的一种形式化的原则性阐释。用康德本人的话来讲,实践理性所强调的是:

> 一个彻底善良的意志,它的原则必定表现为绝对命令,包含着意志的一般形式,任何客体都不能规定它,它也就是作为自律性。由于它,一切善良意志,才能使自己的准则自身成为普遍法则,也就是每个有理性的东西加于自身的、唯一的法则,不以任何动机和关切为基础。①

因此,我们可以说:康德的法律合法化论说所强调的其实是一种基于合道德性的合法性——尽管他所理解的"合道德性"更多的是形式化的。

二、"道德优先于法律"与"正当优先于善":从法律与道德的关系看康德的法律合法化论说

在当下汉语世界的康德法哲学研究领域,有论者以康德在《法的形而上学原理》[又译"正义的形而上学原理"(Metaphysical Elements of Justice)]一书中所强调的"合法律性"(legality)与"合道德性"(morality)之区分及强调前者优先于后者等为依据一般性地认为:康德主张"法律义务具有对道德义务的优先性","康德法哲学的重大贡献正在于奠定了现代自然法的新基础,同时开启了法律实证主义之门。"②如果上述论断成立,本书在上文中所得出的结论("康德的法律

---

① 〔德〕康德:《道德形而上学原理》,苗力田译,上海人民出版社 2005 年版,第 70 页(为使行文统一起见,此处引证分别将"定言命令"、"规律"改为了"绝对命令"、"法则")。
② 参见刘杨:《法律正当性观念的转变:以近代西方两大法学派为中心的研究》,北京大学出版社 2008 年版,第 149—150、156—157 页。

合法化论说所强调的其实是一种基于合道德性的合法性")显然会面临挑战。在我看来,这种观点的关键失误在于:其忽视了康德所强调的广义道德与狭义道德即"伦理"的区分,忽视了"Recht"含义的丰富性与"Tugend"含义的限定性,以及康德法哲学在整个哲学体系,特别是实践哲学体系中的从属地位。

首先,从康德的实践哲学体系来看,其法哲学是从属于其实践哲学的。康德的法哲学(法的形而上学)是作为其实践哲学(康德所谓的"广义的道德哲学"①)的一个分支而出现的,这可以从他将"道德形而上学"区分为"法的形而上学"和"德性的形而上学"②中清楚地瞥见。在康德看来,"法的形而上学"关注的是法律问题,而"德性的形而上学"关注则是的伦理问题。在康德那里,他将法律与伦理区分了开来,却又将两者归于"道德"或实践理性的名下:"康德的法律意味着其不与道德相分离,而与康德意义上的伦理——即关切人及其行动的善行(goodness)或价值(worth)的那部分道德——相分离。"③据此,我们可以初步得出这样的结论:在康德的哲学体系中,与其法哲学从属于其实践哲学("广义的道德哲学")相适应的是,"法律"和"伦理"都是从属于"道德"的,即遵循的是实践理性法则。

其次,只要我们细致爬梳,就可以发现:康德不仅使"法律"从属于广义的道德,而且也使狭义的道德即"伦理"从属于法律,即主张"正当优先于善"——换言之,论者们所谓的康德主张"法律优先于道德"其实不过是"正当优先于善"或法律优先于(狭义的)道德即伦理而已。从语源学的角度来看,康德所谓的"*rechtslehre*"(英语一般译为"the doctrine of right",即权利或正当学说,中译本将其译为"权利的科学")的词根是"recht",其有法律、权利、正义、正当、等丰富含义,可中译为"正当法"或"法权"。由于英语和德语的差异,在相关的英译本中既有将其译为"law"的,也有将其译为

---

① "实践哲学正是广义的道德哲学。"〔德〕康德:《法的形而上学原理》,沈叔平译、林荣远校,商务印书馆1991年版,第22页。
② 同上书,第2页。
③ Thomas C. Grey, "Serpents and Doves: A Note on Kantian Legal Theory", 87 (3) *Columbia Law Review* (Apr., 1987), p.580.

"right"或"justice"的。对此,Thomas C.Grey 解释说:"'*Recht*'没有完全充分的英语翻译:'law'包括德语'*Gesetz*'和'*Recht*',因此不足够规范;'justice'与'right'(在道德哲学家将"正当"和"善"相对照的意义上)又不是足够符合具有合法性之强制实施或法律与秩序的含义。"①由此可见,"*recht*"的这种丰富含义使得康德所谓的法律并不限于一般意义上的实在法,而是可以容纳合道德性的"正当法";用黑格尔的话讲,"*recht*""不能只理解为有限制的法律的法或权利。而是要广泛地理解为自由的一切规定的定在。"②在很大程度上讲,康德正是利用"*recht*"的丰富含义将其自然法思想"塞"进其法律理论中的。而康德所谓的"*Tugendlehre*"(英语一般译为"the doctrine of virtue",即美德学说或德性的科学)的词根是"*Tugend*"(对应的英语是"virtue"),其不同于康德所使用的"*Sitten*"(对应的英语一般是"morality"),是指狭义的、古典意义上的道德,即"伦理"。因此,他所谓的"*rechtslehre*"关注的是法律、正当或权利的一般问题,而"*Tugendlehre*"关注的则是狭义的道德即伦理问题。因此,正如后文所指出的,他所谓的'*Recht*'优先于"*Tugend*",事实上所预示的是当代(英美)道德哲学或政治哲学中所谓的"正当或权利优先于善"(the priority of right over good)的命题③,而不是论者们所谓的"法律优先于道德"。

在康德看来,义务是一种道德性的命令,它可以区分为法律义务和伦理义务:"一切义务,或者是权利的义务,即法律上的义务;或者是善德的义务,即伦理上的义务。"④法律与伦理所遵循的都是相对于"自然法则"的"自由法则",即道德法则,两者的关键区别在于是否涉及行为

---

① Thomas C. Grey, "Serpents and Doves: A Note on Kantian Legal Theory", 87 (3) *Columbia Law Review* (Apr., 1987), p.580.n.2.
② 〔德〕黑格尔:《精神哲学 哲学全书·第三部分》,杨祖陶译,人民出版社 2006 年版,第 314 页。
③ 参见 J. Rawls, *A Theory of Justice* (Cambridge, MA: Harvard University Press, 1971), pp. 446-451 和〔美〕迈克尔·J.桑德尔:《自由主义与正义的局限》,万俊人等译,译林出版社 2001 年版,第 225 页以下。
④ 〔德〕康德:《法的形而上学原理》,沈叔平译、林荣远校,商务印书馆 1991 年版,第 10 页。

的动机。

与自然法则(laws of nature)相对照,这些自由法则被称为道德性法则(moral laws)。就这些法则仅仅涉及外在行动及其与法律相符而论,它们被称为法律的法则(juridical laws)。但是,如果它们还要求这些法则本身成为决定行动的理据(grounds),那么,它们又称为伦理的法则(ethical laws)。①

也就是说,"一种行动与法律相符或者不相符而不考虑它的动机(incentive)被称作该行动的合法律性(legality);但在其间如果产生法则(law)的义务观念(idea of duty)也构成了该行动的动机,这种相符性就被称为该行动的合道德性(morality)。"②从自由的角度看,尽管法律和伦理都遵循实践理性的自由法则,但法律关切的是"外在自由",即"正当"或"权利",而伦理关注的则是"内在自由",即"德性"或"善行":"法律涉及的是不受他人强制性的随心所欲所左右而有所作为的外部自由,而不是涉及内在的或道德的自由,即不受本能欲望、需求和情欲左右的意志的独立性。"③由于法律涉及的是在社会视角中的外部自由,所以它不关注内在的动机,一切内在的东西(即需求和利益等)只有当它们变得有行动能力并且显现为外部自由的时候,才对法律具有意义。可见,用

---

① Immanuel Kant, *The Metaphysics of Morals*, Mary Gregor (ed.) (Cambridge: Cambridge University Press, 1996), p.14. 中译本参见〔德〕康德:《法的形而上学原理》,沈叔平译、林荣远校,商务印书馆1991年版,第18页或〔德〕康德:《道德形而上学》,张荣、李秋零译,载李秋零主编:《康德著作全集》(第6卷),中国人民大学出版社2007年版,第221页。

② Immanuel Kant, *The Metaphysics of Morals*, Mary Gregor (ed.) (Cambridge: Cambridge University Press, 1996), p.20. 中译本参见〔德〕康德:《法的形而上学原理》,沈叔平译、林荣远校,商务印书馆1991年版,第24页或〔德〕康德:《道德形而上学》,张荣、李秋零译,载李秋零主编:《康德著作全集》(第6卷),中国人民大学出版社2007年版,第226页。

③ 〔德〕奥特弗里德·赫费:《康德:生平、著作与影响》,郑伊倩译,人民出版社2007年版,第95页。原文为:"法律涉及的是不受强制性他人的随心所欲所左右而有所作为的外部自由,而不是涉及内在的或道德的自由,即不受本能欲望、需求和情欲左右的意志的独立性。"显然,此句乃病句,疑为译者笔误,故按照本书作者的理解改之。

德国哲学家奥特弗里德·赫费的话说,康德对法律与伦理的区分,其实就是对"政治道德"与"个人道德"的区分①:前者属于公共的正当领域,而后者则属于私人的德性或善行领域,这正是他所谓的"合法律性"(legality)和(狭义的)"合道德性"(morality)之区别的关键所在。

但是,康德并没有从个体道德(伦理)中推演出政治道德(法律),即主张"善"之于"正当或权利"的优先性,相反,他主张"法律"优先于狭义的道德即"伦理",亦即"正当或权利优先于善。"这既可以从他将"法的形而上学"("权利或正当的形而上学"或"正义的形而上学")作为"道德形而上学"的上篇并将其排在"德性的形而上学"之前部分地瞥见,亦可以从其对两者关系的隐含阐述中得到验证。康德认为,法律"处理的仅仅是外在自由的形式条件……伦理则超越了这一点并提供了一种质料(matter)(自由选择的一个对象),即亦被呈现为一种客观上具有必然性的纯粹理性的目的(an end),也就是对人们而言使其具有一种义务的一个目的"②。法律允许除了侵犯其他人自由之外的所有行动,进而是由限定了许可领域的禁令组成的,伦理则开始于义务概念并指向义务性的目的(obligatory ends)③。但是,在现代政治社会,这些义务性的目的并不具有强制性,除非它们是被允许的;而如果它们违背了其他人的法律权利,它们就不被允许。因此,在政治社会条件下,法律(正当)在逻辑上优先于伦理(善)。根据 Ernest J. Weinrib 对康德的阐释,"正当优先于善,乃是因为正当关系(relationship of right)使得那种自由选择的强制性对象之伦理的具体化所赖以为基的目的性能力(capacity for purposiveness)得以现实化。"伦理包含的是属于义务的目的,而法律仅仅关切目的性的能力。只要法律的实施与所有其他人的目的性(purposiveness)相一致,法律就不关切这种能力据以成熟的个殊化目的。而"由于义务性目

---

① 参见〔德〕奥特弗里德·赫费:《康德:生平、著作与影响》,郑伊倩译,人民出版社 2007年版,第 198 页。
② See Immanuel Kant, *The Metaphysics of Morals*, Mary Gregor (ed.) (Cambridge: Cambridge University Press, 1996), p.146.
③ Ibid., p.147.

的预设了其所例示的共同目的性,因此,经由共同目的性之正当所达致的和谐化(harmonization),在概念上就优先于在任何这些个殊化目的上所坚持的伦理。"①

尽管康德在法律(正当)与伦理(善)之间确立了上述等级关系,但康德所谓的法律(正当)仍从属于其实践理性法则。实践理性法则对康德法哲学的影响集中体现于他将实践理性的基本法则在法哲学中具体化为正当或权利的普遍法则;正如奥特弗里德·赫费所言,"由于个人道德与政治道德即道德(德行)与法律之间的根本区别,康德不是从个人道德原则即内在自由或意志自律中,而是从纯粹实践理性及其普遍规律性的标准中引申出法律。"②我们知道,康德实践理性的基本法则是:"要这样行动,使得你的意志的准则任何时候都能同时被看作是一个普遍立法的原则。"在法哲学中,康德又将其转化为正当或权利的普遍法则:"正当或权利(right)的普遍法则可以表达为:外在地要这样去行动,以至于你的选择(choice)的自由运用能够根据一条普遍法则同每个人的自由共存(coexist)。"③可见,康德的权利或正当的普遍法则,其实是从其实践理性的基本法则中推演出来的。他所强调的权利或正当仍是服从实践理性的可普遍化原则,即强调权利或正当在于所有不同主体的自由之间要相互并存。

在康德的法律概念中隐藏着一切实证性法令赖以判断其合法性的标准。只有那些使一个人的自由与所有他人的自由能够按照

---

① See Ernest J. Weinrib, "Law as a Kantian Idea of Reason, in B.Sharon Byrd & Joachim Hruschka"(eds.), *Kant and Law* (Burlington: Ashgate Publishing Company, 2006), p.32.
② 〔德〕奥特弗里德·赫费:《康德:生平、著作与影响》,郑伊倩译,人民出版社 2007 年版,第 198—199 页。
③ Immanuel Kant, *The Metaphysics of Morals*, Mary Gregor (ed.) (Cambridge: Cambridge University Press, 1996), p.24. 中译本参见〔德〕康德:《法的形而上学原理》,沈叔平译、林荣远校,商务印书馆 1991 年版,第 41 页或〔德〕康德:《道德形而上学》,张荣、李秋零译,载李秋零主编:《康德著作全集》(第 6 卷),中国人民大学出版社 2007 年版,第 239 页。

严格普遍的法则相协调的法律规定才是合乎理性或者绝对合法的。这一标准是在法学领域内与伦理学(德行学)领域内的绝对命令真正相对应的东西。它责成外在自由的协同性要完全遵循普遍规律性,就像绝对命令责成个人意志要遵循自我设定的准则一样。①

因此,我们可以说:康德的法律和伦理都是服从其实践理性法则的。在康德那里,

> 实践理性之自由选择的支配——其在自我决定的能力中是隐而不显的——以如下两种方式外显出来:行动者自己可以将实践理性作为其行为的目标(goal),或者某个外在的当事人可以强迫该行动者外在地符合实践理性的要求。内在的途径导致了康德的伦理学,而外在的途径则产生了康德的合法律性。②

而且,康德在道德、法律与伦理之间建立了一种大体上效力递减的等级关系。这不仅使得他在法律与道德之间建立了一种等级化的关系,而且也因在法律(正当)与伦理(善)之间建立起了等级关系而预示着当代自由主义在与社群主义进行论争时所提出来的"正当优先于善"的命题:"当康德系统论述法律与伦理时,它把法律放在首要位置,进而表明法律关系以某种方式优先于伦理义务——用当下的说法讲,即是正当以某种方式优先于善。"③

综上所述,康德所谓的"recht"(正当法或法权,即法律、正当、权利或正义)具有非常丰富的含义,其本身亦是从属于实践理性基本法则的。这种从属关系主要是通过康德将实践理性的基本法则具体化为权

---

① 〔德〕奥特弗里德·赫费:《康德:生平、著作与影响》,郑伊倩译,人民出版社 2007 年版,第 198—199 页。
② See Ernest J. Weinrib, "Law as a Kantian Idea of Reason, in B. Sharon Byrd & Joachim Hruschka" (eds.), *Kant and Law* (Burlington: Ashgate Publishing Company, 2006), pp.32—33.
③ Ibid., p.32.

利或正当的普遍法则而实现的①。康德区分了"法律"(正当、权利、正义、政治道德)与"伦理"(德性、个体道德),他所强调的前者对后者的优先性,其实不过是当下自由主义论者所主张的"权利或正当优先于善"命题,而不可去语境化地将其表达为"法律优先于道德"。

由此可见,通过对康德法律与道德关系之论说的考察,我们仍可以得出与前文一致的结论:康德的法律合法化论说,仍是自然法论者所坚持的基于合道德性的合法性模式,即法律的合法性有赖于实践理性基本法则的检验——尽管这种检验由于康德道德哲学的形式主义倾向而更多表现为一种形式化的检验,即形式上符合实践理性的可普遍性原则。也正是在这个意义上,德国哲学家考夫曼指出:"康德只是驳倒了一种特定类型的自然法,即唯理论—绝对主义自然法,他没有驳倒这样的自然法观念:其内容不允许任意确定的'正确之法'。"②

三、"实践理性的多态论":哈贝马斯对康德式合法化论说的批判与重建

(一)哈贝马斯对康德基于实践理性之合法化论说的批判

上文的考察表明:康德的法律合法化论说受到了卢梭基于"公意"

---

① 哈贝马斯还从康德的人权或权利思想中分析了康德的自然法倾向和法律之于实践理性的从属关系。他说:"康德通过将道德原则适用于'外在'关系获得了'法律的普遍原则'(即权利或正当的普遍原则——引者注)。作为其《正义的要素》(*Elements of Justice*,即中译本《法的形而上学原理》——引者注)一书的出发点的是,每个人'根据人性(humanity)'所享有的那个权利,即以权威性强制为后盾的平等个人自由的权利。这种原初的权利调整'内在特性'(internal property);把它运用于'外在特性'就产生了个体的私权利(康德以降的萨维尼和德国民法学说是以此为出发点的)。这种'某人即使愿意也不能放弃的'自然权利体系'不可转让地'属于每个人。在实在法形态分化之前,他基于道德原则得以合法化,进而其独立于只有随着社会契约才首次形成的公民的政治自主……保护公民私自主的'自然权利'先于主权立法者的意志。至少就此而论,公民的'个体联合意志'的主权是受到立基于道德之上的人权的限制的。"J. Habermas, *Between Facts and Norms: Contributions to a Discourse Theory of Law and Democracy*, trans. Williiam Rehg (Cambridge, Mass.: MIT Press, 1996), pp.100 - 101.

② 〔德〕阿图尔·考夫曼等主编:《当代法哲学和法律理论导论》,郑永流译,法律出版社2002年版,第98页。

的"同意"模式的启发,并将卢梭的"公意"进一步提炼为内涵丰富的"实践理性"(合道德性)。经由这样的处理,康德试图在保证公民"自我立法"地位的同时,又保证法律的合道德性,即道德上的可接受性。但是,由于康德将实践理性完全理解为形式上的合道德性(即符合道德的可普遍化原则),并将法律(合法律性)完全从属于实践理性法则,他事实上在道德与法律之间设定了一种等级化的关系。

从前文我们对哈贝马斯关于"后习俗的道德意识与法律意识结构"及"后传统社会的道德理论"之论说的分析来看,他显然不会同意康德的上述论说。在哈贝马斯看来,尽管它在一定程度上反映了现代社会基于原则的、普遍主义的后习俗道德意识,但是由于其所采取的仍是孤立个体的"独白式"检验方式,并意图通过个体之意志自主或实践理性的普遍性来保证规范的共识基础和"公意"的实现,而不是采取他所主张"对话式"的商谈检验模式(即由作为参与者的公民在商谈中兑现规范的有效性)。因此,这种基于道德可普遍化原则的形式主义合法化论说仍然不够彻底——因为它既隐而不显地预设了一种柏拉图主义的"道德实在论"(moral realism),也因将"道德原则"(可普遍化原则)置于"商谈原则"之上,并将其作为法律规范的证成原则而有损法律的自主性和"不可随意支配性"(indisponibility):康德的法哲学受到柏拉图主义直觉的影响,即主张"法律秩序是对'目的王国'的本体秩序的模仿,同时又在现象世界将这种本体秩序具体化"[1];同时,"康德将不可随意支配性环节置入法律的道德基础之中,以至于实在法几乎整个地从属于理性法了。"[2]

在哈贝马斯看来,康德式理性自然法所隐含的"高级法"观念只是一种前现代的法律观,它并不符合现代社会"后习俗的道德意识与法律意识结构"。如前所言,经过世界的除魅,宗教世界观与形而上学世

---

[1] See J. Habermas, *Between Facts and Norms: Contributions to a Discourse Theory of Law and Democracy*, trans. Williiam Rehg (Cambridge, Mass.: MIT Press, 1996), p.106.

[2] J. Habermas, "Law and Morality", trans. Kenneth Baynes, in S.M. McMurrin (ed.) *The Tanner Lectures on Human Values*, Volume 8 (Salt Lake City: University of Utah Press, 1988), p.270.

观(神学中心论世界观与宇宙中心论世界观)已经解体,而代之以"现代意识结构"的形成。它要求我们"必须把我们用宗教—形而上学世界观的概念设置所获得的学习水平一般化,也就是说,坚持把通过伦理合理化和认知合理化而获得的思维方式不断地应用到世俗的生活领域和经验领域"①。因此,无论是以神学本体论面目,还是以形而上学的先验理性面目出现的自然法理论,都是一种"时代错乱症"(anachronism)。用哈贝马斯的话说,在公认的宗教和形而上学世界观的背景之下,

> 统治者以科层方式颁布的法律,即前现代的"实在"法,其权威的基础是(以司法权威为中介的)统治者的合法性,是他对一种既定法律秩序的阐释,或者是习俗……但是,随着向现代性的过渡,有约束力的宗教世界观被瓦解成为一些主观的"诸神诸魔",法律失去了其形而上学的尊严和不可违背性。②

这就使得"现代自然法的规范主义痕迹消失在一个三难困境中:实践理性的内容既不能在历史的目的论中找到,亦不能在人种的构造中寻找;一旦其哲学基础在认识主体中发生裂变,我们也不能仅仅基于获得成功的历史和传统之幸运资源中获致。"③因此,"我们不能把形式权利同社会利益和历史观念的具体情境分割开来,并似乎可以独立地(无论是在本体论上,还是在先验—哲学上抑或人类学上)将这些权利根植于自然(世界的、意识的或人的自然或本性)之中……"④

而且,在现代社会,自然法已经法定化为实在法的一部分,道德亦不能代替法律在现代社会整合中所起的媒介作用。在《自然法与革命》这一早期的论文中,哈贝马斯比较了美国和法国革命时期主流自然法

---

① J. Habermas, *The Theory of Communicative Action*, Vol. 1: *Reason and the Rationalization of Society*, trans. Thomas McCarthy, (Boston: Beacon Press, 1984), p. 214.

② J. Habermas, *Between Facts and Norms: Contributions to a Discourse Theory of Law and Democracy*, trans. Williiam Rehg (Cambridge, Mass.: MIT Press, 1996), pp.145-146.

③ Ibid., p.3.

④ J. Habermas, "Natural Law and Revolution", in *Theory and Practice*, trans. John Viertel (Boston: Beacon Press,1973), pp.117-118.

构想的不同。在他看来,美国革命时的自然法构想,以洛克和潘恩思想为指导,其核心是通过实在法确认自然法以实现自由;法国革命时的自然法构想,则以卢梭思想为指导,其核心是通过实在法确认自然法以实现民主。但建立在理性自然法原则基础上的革命意识,仍是抽象而又无力的:"它要么在它合乎理性地要求的事物与阻止这种要求得以实现的事物发生矛盾时,表现得软弱无力,要么在对现实的解构中展现其没有限制的权力,并同时毁坏其包含的希望。"①因此,自然法的不确定性及社会和自然状态的区别,决定了两国最终都是通过自然法的法定化而最终实现自然法原则的。这种法定化的举动就是基本权利宣言。通过将人权或自然权利转化为政治权威保证的基本权利,自然法已经成为实在法的一部分:"自然法的道德原则在现代立宪国家中已经变成实在法","道德不再作为一套超实证规范悬置于法律之上——正像自然法理论家所主张的那样。道德论证渗透到了实在法的核心,但并不意味着它与法律完全重合。"②在这样的条件下,"在实在秩序(ordre positif)中,自然秩序(ordre naturel)必须基于哲学洞见并借助于政治权力及其对权力的主张——政治权力及其主张继而必须以专制的方式予以支持——才能取得支配地位。政治社会是国家根据对物质生活之自然法则的洞察所获致的命令而创设出来的。"③

哈贝马斯所强调的这种"专制",其实就是前文提及的韦伯意义上基于目的合理性的合法律性原则而运作起来的现代官僚制行政系统。如前所论,哈贝马斯认为,由这种以权力为媒介的行政系统和以金钱为媒介的经济系统所形成的"系统整合"在现代复杂社会起着不可替代的作用。法律正扮演着沟通系统与生活世界之媒介的作用。在他看来,现代社会是一个价值多元、功能分化的世俗化复杂社会。在现代复杂

---

① J. "Habermas, Hegel's Critique of French Revolution", in *Theory and Practice*, trans. John Viertel (Boston: Beacon Press, 1973), p.128.
② J. Habermas, "Law and Morality", trans. Kenneth Baynes, in S.M. McMurrin (ed.) *The Tanner Lectures on Human Values*, Volume 8 (Salt Lake City: University of Utah Press, 1988), pp.219, 246 - 247.
③ J. Habermas, "Natural Law and Revolution", in *Theory and Practice*, trans. John Viertel (Boston: Beacon Press, 1973), p.100.

社会中,没有了宗教和形而上学等元社会保障,沟通行动领域中的异议风险(risk of dissension)不断增长,策略性互动被大量释放出来。实现社会整合的出路只能是对策略性互动进行规范性调节,也就是将"策略行动"转换为"规范调节的行动",而实在法正扮演着这样的角色:它"使得在达致理解的努力中已不堪重负的行动者摆脱了社会整合的任务"①。在现代社会,伴随着世界之除魅的是法律与道德从根植于宗教—形而上学情境的整全性伦理生活中分化出来,但它们并不是从属关系:"在后形而上学的证成层面上,法律规则和道德规则同时从传统的伦理生活分化出来,并列成为两种不同但相互补充的行动规范。"②在这样的背景下,自然法的"高级法"观念显然已不合时宜,道德可以转化为法律,但不能代替法律而发挥作用:"在复杂社会,道德只有转译为法律代码才能具有超越邻近范围的效果。"③

(二)"实践理性的多态论":哈贝马斯对康德基于实践理性之合法化论说的重建

在哈贝马斯看来,康德式理性自然法基于实践理性的合法化论说之所以会出现上述问题,其关键在于:它对实践理性或合道德性的狭隘理解,使得它将道德置于过高的位置。"现代自然法理论的理性本质上是实践理性——一种自主的后传统道德的理性";但是,"在康德那里,从实践理性中先天地引出来的自然法或道德法居于如此高的地位,以至于法律有融合进道德的危险:合法律性被还原为道德的一种有缺陷模态。"④在哈贝马斯看来,这一切都是源于康德对实践理性的理解太过狭隘,即仅限于他所谓的纯粹实践理性:"对康德而言,实践理性是与合道德性共存的;只有在自主中,理性和意志才

---

① J. Habermas, *Between Facts and Norms: Contributions to a Discourse Theory of Law and Democracy*, trans. Williiam Rehg (Cambridge, Mass.: MIT Press, 1996), p.38.
② Ibid., p.105.
③ Ibid., p.110.
④ See J. Habermas, "Law and Morality", trans. Kenneth Baynes, in S.M. McMurrin (ed.) *The Tanner Lectures on Human Values*, Volume 8 (Salt Lake City: University of Utah Press, 1988), pp.269, 270.

得到统一。"①

康德曾经指出：指导人的实践的主要有三种命令："它们或者是技艺规则，或者是机智规劝，或者是道德戒律（规律）。"②也就是说，他区分了实践中的技术性命令、机智规劝和道德戒律。但尽管如此，由于前两者属于"假言命令"，他所谓的实践理性仅限于第三种表现为"绝对命令"的道德戒律。在他看来只有这第三种命令才符合意志自主的要求，才是实践理性中最纯粹的部分③。牟宗三在《心体与性体》中，用"截断众流"来说明康德的上述思想。在他看来，康德将属于他律性的一切实践命令或道德原则，或是属于经验性的、由幸福原则而引出者，或是属于理性的、由圆满原则而引出者，尽管剔除，而唯自"意志之自主"以观道德法则。在他看来，这就是"截断众流"句：

> 凡是涉及任何对象，由对象之特性以决定意志，所成之道德原则，这原则便是歧出不真的原则，就意志言，便是意志之他律。意志而他律，则意志之决意要做某事便是有条件的，是为的要得到什么别的事而作的，此时意志便不直不纯，这是曲的意志，因而亦是被外来的东西所决定所支配的意志，被动的意志，便不是自主自律而直立得起的意志，因而亦不是道德地、绝对地善的意志，而它的法则亦不能成为普遍的与必然的。④

显而易见，如果将实践理性仅限于最纯粹的绝对命令，即可通过"可普

---

① J. Habermas, *Justification and Application: Remarks on Discourse Ethics*, trans. Ciaran Cronin (Cambridge, Mass: MIT Press, 1993), p.10.
② 〔德〕康德：《道德形而上学原理》，苗力田译，上海人民出版社 2005 年版，第 32 页（为使行文统一起见，此处引证分别将"定言命令"、"规律"改为了"绝对命令"、"法则"）。
③ "假言命令"与"绝对命令"的区别在于是否自主："那种只是作为达到另外目的手段而成为善良的行为，这种命令是假言的。如若行为自身就被认为是善良的，并且必然处于一个自身就合乎理性的意志之中，作为它的原则，这种命令就是绝对的。"〔德〕康德：《道德形而上学原理》，苗力田译，上海人民出版社 2005 年版，第 32 页（为使行文统一起见，此处引证分别将"定言"改为了"绝对"）。
④ 牟宗三：《心体与性体》（第 1 册），台北中正书局 1968 年版，第 131—132 页。

遍化原则"检验的道德法则，那么基于实践理性的合法性，只会导致一种"高级法"观念的产生。

为了回应康德式理性自然法的上述困境，哈贝马斯在其商谈论合法化论说建构的过程中所做的一项关键工作，即是对康德的"实践理性"概念进行重建。择其大端，他所采取的理论步骤如下。

首先，哈贝马斯综合了经验主义与实用主义哲学、康德以及亚里士多德—黑格尔的实践哲学论说，结合现代社会情势，一般性地提出了实践理性的"三分法"，即实用理性、伦理理性和道德理性。在《实践理性的实用、伦理与道德的运用》一文中，哈贝马斯指出：实践理性的基本问题是"我应当做什么"，但这一问题在不同领域呈现出不同的理性形式。"根据其是否呈现出目的性的、善的或正义的取向，实践理性分别将自己表现为：目的行动主体的选择；本真性的（authentic）即自我实现之主体的决断力；或者具有道德判断能力之主体的自由意志。"[①]它们分别对应着实用理性、伦理理性与道德理性：实用理性的"应当"是目的合理性的"应当"，解决的是具体生活问题的思考；伦理理性的"应当"是有关善生活的"应当"，解决的是"自我实现"或善问题；道德理性的"应当"是超越具体生活而具有普遍性的"应当"，解决的是"自我决定"或正义问题。在哈贝马斯看来，实践哲学的三大传统都只涉及其中的一个方面：康德仅仅涉及了合道德性；经验主义和实用主义仅限于实践理性在实用意义上的运用；而亚里士多德—黑格尔传统则只关注了实践理性的伦理层面。只有将这三者统合起来，我们才能获得对实践理性的完整理解。

其次，哈贝马斯以建基于"程序普遍性"之上的商谈原则将实践理性的诸形式统合起来。如前所言，在现代社会，后习俗的证成层次将实践问题导向了建基于前述"程序普遍性"之上的商谈原则：只有那些所有可能受到影响的人作为合理商谈的参与者都能同意的规范，才具有有效性和合法性；根据问题性质的不同，所有可能受到影响的参与者经

[①] J. Habermas, *Justification and Application: Remarks on Discourse Ethics*, trans. Ciaran Cronin (Cambridge, Mass.: MIT Press, 1993), p.10.

由合理商谈同意后的规范,才具有合法性。这样,实践理性的上述三种形式就分别体现为三种不同类型的商谈:实用性商谈要以目的合理性原则进行;伦理性商谈要以"我们的"政治共同体的生活形式为参照系;道德性商谈则要以整个人类或者假定的世界公民共和国为参照系。不同的商谈所依赖的论据是不一样的:"在实用性商谈中,其结果依赖于这样的论据:这种论据将给定偏好的经验知识与目的相联系,并根据被预先接受的准则(maxims)或决定规则来评估可替代选择的(通常是不确定的)后果"①;"在伦理性商谈中,其结果依赖于这样的论据:这种论据建基于对我们历史性地传承下来的生活形式之自我理解的诠释性解释。它们在这种历史性的情境中将价值决定同那种本真性的生活品行(authentic conduct of life)——即对我们具有绝对性的那种目标——相平衡"②;"在道德商谈中,其结果依赖于这样的论据:这种论据表明包含在那些被争辩之规范中的利益,是普遍地可普遍化的"③。

最后,经由从"商谈原则"到"民主原则"的转化,哈贝马斯又将实践理性的诸形式与法律商谈联系起来,并考虑到了法律商谈中公平妥协的必要性。哈贝马斯认为,在这个后形而上学时代,道德理论本身有其限度,它并不能有效地保证实践理性的统一性:"实践理性不再能根植于依据康德式的先验意识统一性模式所获得的道德论辩的统一性,因为不存在任何我们可以据以对不同论辩形式的选择予以证成的元商谈(metadiscourse)。"④"道德理论必须把这个未回答的问题遗留给法哲学来解决;实践理性的统一只有在一种公共形式的沟通和实践的网络中,才能以一种明确的方式实现,而在这种网络中,合乎理性的集体意志形成的诸条件所采取的

---

① J. Habermas, *Between Facts and Norms: Contributions to a Discourse Theory of Law and Democracy*, trans. Williiam Rehg (Cambridge, Mass.: MIT Press, 1996), p.160.
② Ibid., p.161.
③ Ibid., p.162.
④ J. Habermas, *Justification and Application: Remarks on Discourse Ethics*, trans. Ciaran Cronin (Cambridge, Mass.: MIT Press, 1993), p.16.

是具体的建制化形式。"①只有在法律视野中,"在其意志和利益存在冲突的当事人之间取得一致的问题[才]能转移至论辩和协商过程所依据的建制化程序和沟通性预设的层面上,而这些建制化程序和沟通性预设在现实中又必须得到贯彻"②。一如前述,在这种"建制化程序和沟通性预设"中所遵循的原则仍是"商谈原则",但它从道德领域过渡至法律领域时采取了"民主原则"的形式:"商谈原则只有通过法律建制化的形式才能呈现出民主原则的形态,而民主原则又赋予立法程序以合法化力量。"③商谈原则的建制化是通过将民主原则作为权利体系的核心而实现的,也就是将商谈原则所要求诸种权利以民主原则的形式而制度化。于是乎,实践理性的诸种形式就进入以法律形式进行的商谈之中,表现为立法或政治意志形成中的实用商谈、伦理政治商谈和道德商谈。然而,法律问题并不都能在有限期限内以共识的方式加以解决,但法律在很多时候又须在特定时间内制定出来,这时互相妥协就成为必要。因此,法律商谈中除了运用前述实践理性原则之外,还需要公平妥协予以补充。但是,这种公平妥协本身还是要受到实践理性限制:妥协必须不能违反正义的要求或不能破坏所有群体共享的伦理价值,而且应当在技术上具有可行性。换言之,"只要符合这样的条件,最终结果就应当在道德上是正义的,在伦理上是本真的(authentic),在技术上是合算的(expedient),而且对所有人是公平的"④。

经由对"实践理性"概念的上述重建,哈贝马斯已经消解了康德式基于实践理性的合法化论说在道德与法律之间所设定的等级关系。"康德将可普遍化的道德有效性作为具有合法性之法律的模式,而哈贝

---

① J. Habermas, *Justification and Application: Remarks on Discourse Ethics*, trans. Ciaran Cronin (Cambridge, Mass.: MIT Press., 1993), p.17.
② Ibid., p.16.
③ J. Habermas, *Between Facts and Norms: Contributions to a Discourse Theory of Law and Democracy*, trans. Williiam Rehg (Cambridge, Mass.: MIT Press, 1996), p.121.
④ William Rehg & James Bohman, "Discourse and Democracy: The Formal and Informal Bases of Legitimacy in Between Facts and Norms", in René von Schomberg & Kenneth Baynes (eds.), *Discourse and Democracy: Essays on Habermas's Between Facts and Norms* (New York: State University of New York Press, 2002), p.35.

马斯则主张用一套更为复杂的商谈作为具有合法性之立法的基础。"①由于实践理性和法律商谈的"多态性",实质内容上的合道德性,并不是法律合法性的唯一证成理由。除此之外,法律合法化的证成理由还有伦理的、实用的,以及公平妥协的理由。

> 的确,有效的法律规范与道德规范相和谐,但除此之外,它们在下列意义上也是"合法的":表达了法律共同体的本真性自我理解,是对该共同体中分布的诸价值和利益的公平考虑,以及是政策追寻中之策略和手段是目的合理性的选择。②

因此,"政治立法不仅仅,甚至不是主要依赖于道德性理由,它还依赖于其他种类的理由"③。

值得注意的是,在一定意义上讲,哈贝马斯的法律合法化论说仍然建基于"合道德性"之上,但这里"合道德性"已经和康德所理解的完全不同。前文已经指出,哈贝马斯的"商谈原则"在一定意义上仍符合道德的普遍性原则,只不过这里的"普遍性"已不是规范内容上的"可普遍化",而是规范证成主体的普遍性。换言之,哈贝马斯是用"程序的普遍性"代替了康德那里的"语义普遍性"。在这个意义上讲,哈贝马斯的商谈论合法化论说仍是一种基于合道德性的合法性论说,只是这里的"合道德性"已不是康德式形式主义的合道德性,而是一种"程序性的合道德性"。

四、本章小结

前文分析表明:康德式理性自然法的法律合法化理论,坚持了卢梭式的基于"公意"的"同意"论模式,但其所谓的"同意"是指基

---

① William Rehg, "Habermas's Discourse Theory of Law and Democracy: An Overview of the Argement", in David M. Rasmussen & James Swindal (eds.), *Jürgen Habermas Vol. II* (London: SAGE Publications, 2002), p.301.
② J. Habermas, *Between Facts and Norms: Contributions to a Discourse Theory of Law and Democracy*, trans. Williiam Rehg (Cambridge, Mass.: MIT Press, 1996), p.156.
③ Ibid., p.232.

于实践理性法则和自主意志而可能同意。因此,其合法化理论事实上是一种基于合道德性的合法化论说,即它通过实践理性的普遍性来确保全体人民一致同意的可能性及其结果的正当性("公意"的正当性或正确性),而不是采取卢梭式的专断设定。对康德法律与道德之关系论说的进一步分析,也验证了上述论断的成立:尽管康德主张"法律"(正当、正义或权利)优先于"伦理"(德性或善行),但是这两者都是从属于其实践理性的,而这种从属性主要是通过将实践理性的基本法则转化为"法律"(正当、正义或权利)的普遍法则而实现的。

在哈贝马斯看来,康德式理性自然法基于实践理性(合道德性)的合法化论说,尽管在一定程度上反映了"后习俗的道德意识与法律意识结构",但是其独白式、形式化的检验方式并不完全符合这种规范结构。而且,它也因将合法性建立在合道德性的基础之上而有使法律从属于道德之虞。这在根本上因为,康德将实践理性与实质上的合道德性(规范内容的可普遍化)等同了起来。

在康德实践理性论说的基础上,通过吸收经验主义与实用主义、亚里士多德—黑格尔实践哲学的相关论说,哈贝马斯建构了实践理性的多态论:实践理性包括实用理性、伦理理性与道德理性等三种形式。他以建基于"程序普遍性"之上的商谈原则将实践理性的诸形式统合起来,并通过商谈原则到民主原则的转化,将实践理性的诸形式与法律商谈联系起来。经由上述理论步骤,哈贝马斯不仅继承了卢梭—康德式理性自然法契约论合法化论说的"自我立法"思想,而且也延续了康德"基于实践理性(合道德性)的合法性"的思想,并通过对"实践理性"多态性的建构消解了康德在道德与法律之间所设定的等级关系,同时通过从"语义普遍性"到"程序普遍性"的转换所达致的程序主义道德普遍主义的建构,部分保留了合法性论说的规范性色彩。在其商谈原则坚持了程序主义的道德普遍主义的意义上,哈贝马斯的商谈合法化理论仍是一种基于实践理性(合道德性)的合法化论说,即强调参与主体之普遍性或程序普遍性的合法化论说。

第四章 基于合法律性的合法性：从韦伯到哈贝马斯

> 由于使自己陷入法律实证主义观点，韦伯不能融贯地把那些——由那种以实证主义的方式掏空的法制性支配所导致的——合法化难题纳入现代社会的合理化模式之中。*
>
> ——哈贝马斯

前已论及，法律合法化论说主要存在着两种路径，即规范性和描述性的；两者大致对应着自然法与法律实证论的合法论论说。在上一章中，我们已经分析了哈贝马斯商谈论合法化论说相对于康德式理性自然法契约论合法化论说的知识增量。在本章中，我们将继续以韦伯为参照框架来分析韦伯式法律实证论的合法化理论与商谈合法化理论的关系。

正如康德的情形一样，本书之所以以韦伯为范例，也主要是因为其实证论合法化论说构成了哈贝马斯商谈合法化理论的一大理论渊源。同时，将韦伯作为实证论的范本也可以获得更具普遍性的结论。不难发现，所有的实证论都隐而不显地共享着以下两个假设：其一，在现代科学、文艺复兴、哲学启蒙、理性发展共同造就的"现代意识结构"条件下，科学研究不能再依靠宗教和形而上学，因此相对于规范路径的描述路径是唯一可靠的研究路径；其二，与此相关的是，"是"与"应当"、事实与价值之间不可通约，但价值不可认识（或者维特根斯坦所谓的"不可说"），应采用"价值中立"或"价值无涉"（*Wertfreiheit*, value-free）的态

---

* J. Habermas, *The Theory of Communicative Action*, *Vol.2: System and Lifeworld*, trans. Thomas McCarthy (Boston: Beacon Press, 1987), p.304.

度对待社会科学。因此,法律实证论一般都否认法律与道德之间的必然联系,特别是自然法理论强调的道德与法律之间的等级关系①。不难发现,实证论的这两个假设都与韦伯有着直接的关联。事实上,正是韦伯所谓的"世界除魅"所带来的价值领域的分化和法律自主构成了法律实证论兴起的背景和前设。韦伯的分析表明:伴随着世界的除魅,现代法律发展进程就是法律逐渐摆脱宗教和巫术等非理性因素的影响而日益合理化,特别是形式合理化,即从形式不合理的法律制度发展为形式合理的法律制度。这样,法律与道德等价值领域的分离或分化(法律的自主性或本书第一章所谓的"现代法的形式属性")成为必然,而各个价值领域的分化和独立既带来了价值领域的"诸神争斗",也使力主或默认价值(道德)非认知主义的法律实证论得以兴起②。

然而,解读韦伯的法律合法化理论有着特殊的困难。这种困难不仅是因为韦伯的合法化理论本身充满争议,更是因为韦伯在其学术生涯中有着不同的身份,而他以不同的身份所呈现给我们的合法化模式又不尽相同。就其合法化理论的争议性而言,尽管韦伯是第一个从社

---

① 比如说,哈特认为,法律实证主义常常意味着:第一,法律是一种命令,这种理论与边沁和奥斯丁有关;第二,法律的概念分析是值得研究的,它不同于社会学和历史学的研究,也不同于批判性的价值评价;第三,判决可以从事先确立了的规则中逻辑地推演出来,无须求助于社会目的、政策和道德;第四,道德判断不能通过理性论辩、证据或者证明来确立;第五,实际上确立的法律,不得不与"应然"的法律区分开来[See H. L. A. Hart, "Positivism and the Separation of Law and Morals", 71(4) *Harvard Law Review* (Feb., 1958), pp.601-602, n.25]。德国当代政治哲学家和法律哲学家赫费也认为,典型的法律实证论是一种"法经验主义"或"逻辑的法实证主义",它们主张:"只有经验的或分析的法观点才具有科学性质,而规范的法观点,也就是正义观点,这被看作是非科学的。"([德]奥特弗利德·赫费:《政治的正义性:法和国家的批判哲学之基础》,庞学铨等译,上海人民出版社2005年版,第80页。)

② 正因此,不仅哈贝马斯将韦伯作为法律实证论的代表,而且论者们也多将其作为实证论的典型予以对待。比如说,雷蒙·阿隆认为,"马克斯·韦伯孜孜以求的实证的、理性的科学是理性化历史进程的不可分割的组成部分";其"理解社会学"的核心范畴——"理解""丝毫不是一种神秘的才能,一种理智以外的或高于理智、高于自然科学逻辑方法的能力。"(参见[德]雷蒙·阿隆:《社会学主要思潮》,葛智强等译,上海译文出版社1998年版,第336—337页。)还有论者甚至直接将韦伯的政治哲学称为"实证主义政治哲学",参见欧阳英:《走进西方政治哲学:历史、模式与解构》,中央编译出版社2002年版,第216—229页。

会科学视角对统治的合法性进行系统研究的理论家,但是其合法化模式却招致广泛的批判。正如 Robert Grafstein 所言,"在现代政治学中,马克斯·韦伯的合法性观念具有吊诡性的地位:一方面,它已经被证明是合法性之经验性探究的主导模式;另一方面,它也已经招致那些对其做出评价的政治哲学家们几乎无一例外(universal)的批判"[1]。据我个人的理解,正如我们在后文中将要看到的,韦伯的合法化理论之所以饱受批评,主要是由如下两个原因所致:第一,他以"学者"身份对现代社会基于合法律性的合法性模式的理论探究,未能进入合法化的规范性论域;第二,他以他本人所谓的"群众性政治家"(Demagoge)身份为德国所设计的"领袖民主"模式或"卡理斯玛型"合法化模式,不仅因将合法化视角限定于统治者(而非被统治者)层面而仍未逃脱描述性或经验性路径,而且也经希特勒时代"纳粹首席宪法学家"卡尔·施米特(Carl Schmitt,1888—1985)的中介而与德国纳粹暴政是否具有学理关联、具有多大程度的学理关联,亦成为 20 世纪的一大学术谜团。

这就要求到我们必须认真对待韦伯以不同身份(学者和群众性政治家身份)所呈现出来的不同理论模式。在我看来,尽管韦伯以"学者"和"群众性政治家"身份所呈现出来的合法化模式在根本上都属于描述路径或实证倾向的研究(即局限于统治或法律的"被接受"的效果或事实,而非"可接受性"),但作为学理探究,我们还是应该分而视之。首先,学术与政治(学者和群众性政治家)的区分不仅更符合韦伯本人的原意(正如后文将要细究的,韦伯本人不仅一直强调这两种不同的身份所奉行的原则有所差异,而且其学术和政治实践也践履着这种差异,并受困于此种差异所带来的张力之中);而且也唯有如此,我们才能更全面地理解韦伯,进而对其做出较为公允的评价。其次,就本书的论旨而言,这种区分尤显必要,因为哈贝马斯对待韦伯的态度也是一分为二的:一方面哈氏总体上拒绝了韦伯合法化模式的描述路径,并极力批判了韦伯的"领袖民主"模式;但另一方面,他也将其合法化论说建基于韦伯式基于合法律性的合法性模式之上,并做出了不同的理论阐释与

---

[1] Robert Grafstein, "the Failture of Weber's Conception of Legitimacy: Its Causes and Implications", 43 (2) *The Journal of Politics* (May, 1981), p.456.

理论建构。

然而,综观学界,特别是汉语学界对哈贝马斯与韦伯(法律)合法化理论之理论关联的研究,论者们要么囿于韦伯著名的"价值无涉"学术伦理(即囿于经验主义的、"帕森斯化的韦伯"),将其法律合法化论说限定于基于合法律性的合法性模式(法制型统治模式),完全忽视了哈贝马斯早在1960年代就极力批判的、韦伯作为群众性政治家所提出的"领袖民主"模式(卡理斯玛型模式);要么虽然注意到了韦伯的领袖民主模式,但却没有看到韦伯的不同身份,进而也未能基于此厘清韦伯所呈现出来的这两种不同模式之间的实质关联。前者的代表作,如王立峰、李海滢的《法律合法性的批判与超越:韦伯与哈贝马斯的法政治学思想比较》及张康之的《合法性的思维历程:从韦伯到哈贝马斯》[①];后者的代表作,如吴冠军的《正当性与合法性之三岔路口:韦伯、哈贝马斯、凯尔森与施米特》[②]。论者们的这种忽视显然是对韦伯和哈贝马斯的相关文献未能较为全面的了解、进而未能予以深入探究的结果,而正是这种深入探究的缺失,事实上致使他们未能较为准确、充分地把握韦伯与哈贝马斯合法化论说的理论关联。

为了避免论者们的上述失误,本章将采取分而视之的态度分别考察韦伯作为"价值无涉"的学者对现代社会基于合法律性的合法性的探究(二)与韦伯作为"价值关涉"($Wertbezogenheit$, value-relevance)的群众性政治家所提出的"领袖民主"或卡理斯玛型合法化模式(三);但在此之前,我们有必要梳理韦伯本人关于学术与政治(学者与群众性政治家)的不同定位及其所体现出来的价值无涉与价值关涉的关系(一);最后,我们将考察哈贝马斯对韦伯合法化模式的批判和重构(四)。

[①] 参见王立峰等:《法律合法性的批判与超越:韦伯与哈贝马斯的法政治学思想比较》,载《法制与社会发展》2008年第4期;张康之:《合法性的思维历程:从韦伯到哈贝马斯》,载《教学与研究》2002年第3期。

[②] 参见吴冠军:《正当性与合法性之三岔路口:韦伯、哈贝马斯、凯尔森与施米特》,载《清华法学》(第五辑),清华大学出版社2005年版,第46—94页。

一、"叙古拉的诱惑":价值无涉与价值关涉及学术与政治

柏拉图一生三去叙古拉的故事既是其试图践行"哲学王"统治的行动举措,又更深刻地反映了哲人参与政治的激情与无奈。对哲人而言,"叙古拉"的诱惑几乎是内在的:一方面,作为思想资源的反思性供给者,哲人的存在本身就是一种政治的存在;另一方面如施特劳斯所言,"一切政治行动都由使某种事物变得更好或更坏的思想所导引的……如果人们把获取对好的生活与好的社会的知识变成其明确的目标,那么政治哲学就出现了"①。正是基于哲学与政治的内在关联,施特劳斯提出了"哲学在本质上是政治哲学"这一核心命题;也正是这种关联的存在,"叙古拉的诱惑"——即如何处理学术与政治(思想与行动)的关系——成为知识分子不可回避的问题。仅以20世纪观之,海德格尔、阿伦特、雅斯贝尔斯、卡尔·施米特、瓦尔特·本雅明、亚历山大·科耶夫、福柯、德里达等都不同程度地遭遇了"叙古拉的诱惑"②。

"君从叙古拉来?"海德格尔从弗莱堡大学校长离任后重返教席时其同事的这一调侃式质疑同样适用于韦伯——尽管他远没有海德格尔走得那么远。让我们先从韦伯的民族主义情结及他对学术与政治的相关论说开始我们的讨论。

(一)韦伯的民族主义情结

韦伯时代的德国与当下中国的政治处境颇为相似,也是一个大国在腹背受敌的处境下(东有正在变革的俄国和波兰,西有已经崛起的英国和法国)谋求崛起的国度,其正处于现代民族国家形成(国家建设)以及从前现代到现代的社会转型之中。卡尔·马克思于1844年在《黑格尔法哲学批判导言》中对当时德国政治情势的描绘在韦伯时代并未发

---
① Leo Strauss, "What Is Political Philosophy?", 19 (3) *The Journal of Politics* (Aug., 1957), p.343.
② 〔美〕马克·里拉:《当知识分子遇到政治》,邓晓菁、王笑红译,新星出版社2005年版。

生质变：

> 德国只是用抽象的思维活动伴随了现代各国的发展，而没有积极参加这种发展的实际斗争，那也就是说它只分担了这一发展的痛苦，而没有分享这一发展的欢乐和局部的满足。……德国会在还没有处于欧洲解放的境地以前就处于欧洲瓦解的境地。①

面对此种情境，在马克思去世12年后(1895)，有"资产阶级的马克思"之称的马克斯·韦伯在弗莱堡大学的就职演讲中曾以《民族国家与经济政策》为题，对当时盛行的、"以不断配置普遍幸福的菜谱为己任"的庸俗政治经济学进行了尖锐的批判。他从当时德国的地缘政治入手，明确提出了德国人的自由以及学术的文化政治担当问题。他发人深省地告诫道：

> 说到底，经济发展的过程同样是权力的斗争，因此经济政策必须为之服务的最终决定性利益乃是民族权力的利益。政治经济学乃是一门政治的科学。政治经济学是政治的仆人！这里所说的政治并不是那种某人或某阶级在某一时期碰巧执政的日常政治，而是整个民族长远的权力政治利益。②

在他看来，一个民族国家之经济政策的终极价值标准乃是"国家理由"③。就德国而言，经济政策的一切问题"最终的决定性因素端视它们是否有利于我们全民族的经济和政治的权力利益，以及是否有利于我们民族的担纲者——德国民族国家"④。在此，韦伯事实上将学术背后的文化政治关怀摆在了桌面上，而这种关怀既构成了他的问题意识，

---

① 《马克思恩格斯选集》，人民出版社1972年版，第10—11页。
② 〔德〕韦伯：《民族国家与经济政策》，甘阳等译，三联书店1997年版，第93页。
③ "国家理由"常被视为马基雅维利政治思想的关键词，虽然该词不曾在马氏著作中出现过。马氏以及对近代国家特质作思考的人认为，政治自有其政治性的目的，而不是为了宗教、道德或其他非政治性或超政治性的目的服务的。因此，政治家应该考虑的是权力，而不是正义；国家的行为应以本身权力的维持、增强为着眼点，不需引道德规范为准则。简言之，国家在考虑自身的活动时，应该以其本身为"理由"。参见〔德〕韦伯：《政治作为一种志业》，钱永祥译，载氏著：《韦伯作品集Ⅰ：学术与政治》，钱永祥等译，广西师范大学出版社2004年版，第224页，注47。
④ 〔德〕韦伯：《民族国家与经济政策》，甘阳等译，三联书店1997年版，第93页。

也为其未来20多年学术研究奠定了基调。

由于对学术之文化政治担当的强调,韦伯的政治社会学和法律社会学展现出浓郁的民族主义气息——尽管他所力主的民族主义在本意上可能更接近于"文化不可替代"意义上的民族主义,而非"民族优越论"意义上的民族主义①。"韦伯的全部公共生活——从他的弗莱堡就职演说与19世纪90年代的其他著述,到第一次世界大战中的政治讲演——都在显示他是一个热情洋溢的民族主义者。"②

> ……他期望他的民族能够成为一个主人民族(Herrenvolk)……他……以分析性的超然态度,指出民族主义和种族主义的观念,都是作为合理化工具的意识形态,由统治阶级及他们所雇的政治评论家所用,以把他们的控制和安排,灌输给社会中处境较弱的成员。③

在韦伯那里,其民族主义的现实载体主要是国家(政治)和学者(学术)。在他看来,国家是"民族文化的保护人",而"民族"这个概念是认同"民族文化"之知识阶层的一个建构。因此,学术与政治在后除魅的世界似乎已取代宗教的地位,就像《新教伦理与资本主义精神》中"人人皆祭司、个个有召唤"的清教徒为荣耀上帝而入世营生一样,从事学术事业和政治事业是一种召唤或志业(Beruf, calling)。

(二)"价值无涉"与"价值关涉":韦伯论"学术与政治"

韦伯的民族主义情结以及他对学术与政治关系的认识,对解读韦伯的法律合法化理论,乃至其整个政治与法律学说而言非常重要。在很大程度上,我们可以将韦伯的民族主义情结,特别是其对学术与政治关系的认识,视为解读其缺乏形而上学基础的政治和法律社会学研究

---

① 参见〔美〕麦克尔·H·莱斯诺夫:《二十世纪的政治哲学家》,冯克利译,商务印书馆2002年版,第35—36页。
② 〔美〕哈特穆特·莱曼、京特·罗特编:《韦伯的新教伦理:由来、根据和背景》,阎克文译,辽宁教育出版社2001年版,第112页。
③ H. H. Gerth & C. Wright Wills:《韦伯小传》,林振贤译,载〔德〕韦伯:《韦伯作品集Ⅰ:学术与政治》,钱永祥等译,广西师范大学出版社2004年版,第37页。

的一把钥匙①。首先,就其民族主义情结而言,正是这种强烈的民族主义情结,决定了韦伯的政治和法律社会学最终服务于德国的崛起和对西方文明的捍卫,同时他又隐而不显地将捍卫西方文明的重任置于日耳曼民族的肩上。正如德裔美籍著名韦伯研究专家莱因哈特·本迪克斯所言,"当被问到他的学术研究的目的时,他回答道:'我想知道我脚下的根基有多大。'出于这种优越性,他往往表现出赤裸裸的日耳曼民族主义。这不仅是接受当时传统流行观念的结果,也是接受日耳曼人负有保卫西方文明不受俄国威胁的历史使命的观念的结果"②。在这个意义上,韦伯对西方社会("资本主义精神")之形成的解释和对现代社会合理化的分析,其实是为了在新的条件下捍卫西方文明成果,同时他又愿意将这种捍卫与德意志民族的政治担当结合起来。其次,也正是这种民族主义情结的存在,使得韦伯本人尽管在理论上在学术与政治之间划定了相对明晰的界限,但在其学术实践,特别是政治实践中却又将两者联系了起来。正如法国社会学家雷蒙·阿隆(Raymond Aron,1905—1983)所言,在韦伯的政治实践中,"学术与政治之间,并非如一般所说的,只见必然的分别。他心中的学问对行动者应有所帮助,而行动者的态度,只应在目的上,而不是在结构上,异于学者"③。

韦伯关于"学术与政治"的思想集中体现于他在德国一战战败时面对以激进左派为主体的大学生所做的两场更为著名的演讲——即《学术作为一种志业》和《政治作为一种志业》——中。这两场演讲既是韦伯对时局的一种救国先知般的学术回应,也集中反映了他本人的学术旨趣与政治担当。接下来,我们即以这两篇演讲为线索来探究韦伯关

---

① 正是在这里,我们可以体会到台湾地区韦伯研究者们编辑《韦伯作品集》的良苦用心:尽管编者们没有对此做出较为详尽的解释,但他们将韦伯关于学术与政治的两篇演讲编为首卷本身就在很大程度上代表着他们对韦伯那种百科全书式理论体系的一种解读。参见〔德〕韦伯:《韦伯作品集Ⅰ:学术与政治》,钱永祥等译,广西师范大学出版社2004年版。
② 〔美〕莱因哈特·本迪克斯:《马克斯·韦伯思想肖像》,刘北成等译,上海人民出版社2007年版,第8页。
③ 〔法〕雷蒙·阿隆:《韦伯论学者与政治家》,梁其姿译,载〔德〕韦伯:《韦伯作品集Ⅰ:学术与政治》,钱永祥等译,广西师范大学出版社2004年版,第286页(此处将原译作者名"阿宏"改为了内地学界更常见的"雷蒙·阿隆")。

于学术与政治、"价值无涉"与"价值关涉"的论说与实践。

我们知道,韦伯的文化合理化理论以世界除魅所导致的"意义丧失"和"诸神争斗"为背景,主张"价值无涉"的社会科学研究方法。在他看来,后除魅社会的思想特征是漫无节制的"此岸性"或"非宗教性"[①],与之相伴而生的"价值诸神"争斗"在不可化约的价值秩序与生活秩序之间形成了非人格化的即客观的对抗",进而导致"意义的丧失"[②]。因此,在缺乏元意义保障的背景下,事实与价值的分离成为必然。用韦伯本人的话讲,"一个饱餐了知识之树的文化时代,其命运是必须知道,无论对世界事件研究的结果多么完善,都不可能从中获知世界事件的意义"[③]。结果,"意义丧失"成为我们"时代的宿命":"我们的时代,是一个理性化、理知化的时代,尤其是将世界之迷魅加以祛除的时代;我们这个时代的宿命,便是一切终极而最崇高的价值,已自社会生活隐没,或者遁入神秘生活的一个超越世界,或者流于个人之间直接关系上的一种博爱。"[④]"意义丧失"导致价值领域的"多神论"或"诸神争斗":"在各种价值之间,归根结底在任何地方和任何时候都不仅涉及取舍,而且涉及不可调和的生死斗争,例如'上帝'与'魔鬼'之间的生死斗争。在它们之间,不存在相对化和妥协。"[⑤]在这样的背景下,社会科学研究的客观性与真理性只能以"价值无涉"的方式获取:"'价值无涉'……是对政策、特别是社会政策和经济政策的任何一种纯科学探讨的前提条件。"[⑥]立基于此,在《学术作为一种志业》的演讲中,他又进一步将知识与行动、学术与政治分开:"在大学的讲堂中,政治没有立足之地";"先知与群众鼓动者,都不属于教师的讲台"。教师必须做到知性的诚实,要清楚"事实的确定、数学或逻辑上的关系的确定或文化理性之内在结

---

① 参见〔美〕施特劳斯:《自然权利与历史》,彭刚译,三联书店2006年版,第75页。
② See J. Habermas, *The Theory of Communicative Action*, Vol. 1: *Reason and the Rationalization of Society*, trans. Thomas McCarthy (Boston: Beacon Press, 1984), p.246.
③ 参见〔德〕韦伯:《社会科学方法论》,李秋零译,中国人民大学出版社1999年版,第5—6页。
④ 〔德〕韦伯:《学术作为一种志业》,罗久蓉译,载氏著:《韦伯作品集Ⅰ:学术与政治》,钱永祥等译,广西师范大学出版社2004年版,第190页。
⑤ 参见〔德〕韦伯:《社会科学方法论》,李秋零译,中国人民大学出版社1999年版,第103页。
⑥ 同上书,第121页(为行文统一起见,此处引证分别将"价值阙如"改为了"价值无涉")。

构的确定,是一回事;回答有关文化的价值及其具体内容,以及人在文化共同体与政治团体中应如何为行动的问题,是另一回事"①。

但是,在韦伯那里,所谓的"价值无涉",其实是康德意义上的"范导性原则"(regulative principles),而非"构成性原则"(constitutive principles),亦即是规范学者行为的准则,而非学术本身所必须具备的准则②。在这个意义上,韦伯在提倡"价值无涉"时,事实上已经赋予了学术研究以某种应然品格,已经是"价值关涉"的了。在他那里,"价值无涉"的这种特性主要表现在:其一,它有特定的适用范围,是学者以学者身份进行教学和学术研究时应当遵循的一种自律性原则;其二,学者以其他身份从事政治性活动时,不受此限。而且,韦伯一生都困于"价值无涉"和"价值关涉"的张力之中,这不仅反映在他有关"价值无涉"和"价值关涉"之关系的论述中,亦体现在其学术实践和政治实践中。就前者而言,尽管韦伯一再强调学术研究过程必须坚持"价值无涉"的原则,但是受李凯尔特影响③,他亦看到了"价值关涉"在研究对象的选择与塑造中所扮演的重要作用:"虽然各经验学科的问题之提出

---

① 参见〔德〕韦伯:《学术作为一种志业》,罗久蓉译,载氏著:《韦伯作品集Ⅰ:学术与政治》,钱永祥等译,广西师范大学出版社 2004 年版,第 176—177 页。在其他场合,他也坚持了这一观点:"如果一位学者把对实践评价的阐述限制在教室之外的适当场合,那么,只要人们知道他严格认真他在教室里面只做'他的职责'所在的事情,他的实践评价的重要性仍会增长。"(〔德〕韦伯:《社会科学方法论》,李秋零译,中国人民大学出版社 1999 年版,第 96 页。)
② 参见〔法〕Julien Freund:《韦伯的学术》,简惠美等译,载氏著:《韦伯作品集Ⅰ:学术与政治》,钱永祥等译,广西师范大学出版社 2004 年版,第 98 页。
③ 关于韦伯与李凯尔特的学术关系,在学术史上还有段趣闻。从表面上看,李凯尔特是韦伯论者中引证最多的同时代人。但根据盖伊·奥克斯的考察,他们两人相识于 1909 年,而在韦伯撰写社会科学方法论的著作时,他发现他独立发现的创见已出现在李凯尔特写于 1902 年的论文中。"对此韦伯表现得'极为慷慨无私',只要涉及这些逻辑问题,就会在自己的论文中引用李凯尔特。这就造成了一种误解:'他的这些讨论,仿佛只是李凯尔特观点的逻辑结果和逻辑应用。'"在韦伯去世五天后,李凯尔特在与雅斯贝尔斯的谈话中宣称"韦伯是他的学生"。对此,对韦伯极为推崇、亦是当时著名的"韦伯圈"重要成员的雅斯贝尔斯回讥道:"你以为将来还有人会阅读你的著作吗?即便如此,也只是因为,韦伯借鉴了你的一些逻辑观点,故而在注脚中提到了你。"(参见盖伊·奥克斯:《导论》,载〔德〕韦伯:《批判斯塔姆勒》,李荣山译,上海人民出版社 2011 年版,第 37 页。)尽管如此,至少从形式上看,韦伯的确受到了李凯尔特的影响。

就其自身而言应当'以价值无涉的方式'来予以回答,它们不是'价值问题',但是,它们在我们这些学科的领域里,却处在实在'与价值的关联'的影响之下……'价值关涉'这一表述仅仅指的是对那种典型地属于科学的'兴趣'的哲学解释,这种兴趣支配着一种经验研究之对象的选择和塑造。"①就后者而言,韦伯的学术与政治实践向我们展现的其实是:学者要像促进资本主义兴起的清教徒那样,在后除魅的世界对自己的生活进行伦理和实践意义上的合理化。用雷蒙·阿隆的话讲,在韦伯的学术与政治实践中,他所乞求的"是一种因果关系的学问,而这种学问正是行动者所需要的";另一方面,"价值"问题也是联系韦伯学术与政治实践的一个中介:"韦伯概念中的历史性的科学或'文化'的科学,就是对人在过去的生活方式、他们给予生存的意义及为不同价值所建立的等级的了解(compréhension)。而政治行动,则是在一些我们不曾选择的情况下,维护这些价值的努力。"②也是在上述意义上,韦伯的两个分别从左、右两翼将(晚年)韦伯激进化的追随者——卢卡奇(Georg

---

① 〔德〕韦伯:《社会科学方法论》,李秋零译,中国人民大学出版社1999年版,第105页(为行文统一起见,此处引证分别将"价值阙如"与"价值关联"改为了"价值无涉"与"价值关涉")。

    Jay A. Ciaffa梳理了韦伯之所以在主张"价值无涉"之余又强调"价值关涉"的两个基本原因:第一个原因即是韦伯上述文字中所展现的内容:"这是因为对社会科学对象和问题的描绘是由'文化价值'所导引的。"第二个原因在于:"把社会科学建构为'价值关涉的'与解释(interpretation)问题相关……在韦伯看来,社会科学的解释要素,即……'意图解释'(intentional interpretation)的需要,也要求助于文化价值……用韦伯的术语来讲,社会文化科学部分地依赖于'价值解释'或'价值分析'的过程。"[See Jay A.Ciaffa, *Max Weber and the Problems of Value-Free Social Science: A Critical Examination of the Werturteilsstreit* (London: Associated University Presses, 1998), p.38.]弗里茨·林格则认为,我们不能因韦伯对"价值关涉"的强调而把韦伯视为一名相对主义者:"虽然他承认影响研究主题之选择和界定的价值偏好是'主观'的,但他更反复强调文化社会科学中研究结果之'客观性'。"(〔美〕弗里茨·林格:《韦伯学术思想评传》,马乐乐译,北京大学出版社2011年版,第122页。)这更进一步确认了我们在前文中提到韦伯关于"价值无涉"的定位,即它是社会科学学术研究的一个"范导性原则",而不是一个"构成性原则"。

② 参见〔法〕雷蒙·阿隆:《韦伯论学者与政治家》,梁其姿译,载〔德〕韦伯:《韦伯作品集Ⅰ:学术与政治》,钱永祥等译,广西师范大学出版社2004年版,第287—288页(此处将原译作者名"阿宏"改为了大陆学界常见的"雷蒙·阿隆")。

Lukacs，1885—1971)和卡尔·施米特——都认为"价值无涉"并非韦伯的真实主张，其真正主张的是"自由的、即主观的世界观"①：在韦伯那里，"严格的科学性只是最终地巩固世界观中非理性主义的一条通道"②。由是观之，我们应当恰当定位"价值无涉"在韦伯学术体系与政治实践中的位置，切不可将其社会科学方法论乃至整个学术与政治实践都化约为一种"价值无涉"的立场。

就韦伯"价值无涉"与"价值关涉"（学术与政治）的关系而言，我们尤其应当留意他在《政治作为一种志业》讲演中所提到的学者与群众政治家或暂时性政治家的区分——在我看来，韦伯本人的这一区分对我们准确解读韦伯，特别是其政治与法律社会学而言具有拨云见日、穿庐自开之效③。

在韦伯看来，学者依凭学术可以获得一种"自我清明"，从而有能力去澄清社会上的某些"自我混乱"。一旦学者以公共知识分子的身份行动时，他就进入政治领域；此时，他必须鲜明地表明自己的价值或政治立场。在《政治作为一种志业》的演讲中，他分别使用了"暂时性政治家"和"群众政治家"的说法：前者乃是相对于官僚和政治家的那些以政治为副业的人，比如学者作为政府咨询机构的成员等情形；而后者则主要是指

---

① 参见刘小枫：《施米特论政治的正当性：从〈政治的概念〉到〈政治的神学〉》，载《施米特：政治的剩余价值》，上海人民出版社2002年版，第33页。
② 〔匈〕卢卡奇：《理性的毁灭》，王玖兴等译，江苏教育出版社2004年版，第402页。
③ 贝顿（David Beetham，又译"比瑟姆"）也做过类似的区分。他通过"作为政治学者的马克斯·韦伯"与"作为资产阶级价值观旗手的马克斯·韦伯"的区分，最终将其定位为"作为资产阶级政治学者的韦伯"，亦即将前述两者最终统一于此。换言之，与本书用"民族主义情结"来解释韦伯合法化理论的"价值关涉"不同的是，贝顿主张用"资产阶级"来解释韦伯政治理论的"价值关涉"。他写道："韦伯的形形色色的经验分析，将在本章所讨论的价值框架（即"作为资产阶级政治学者的韦伯"——引者注）中处理。把这些价值刻画为'资产阶级'的，并不是以粗糙的资产阶级观点去简化韦伯的任何文字，而是为了认定最具一般性的假设，包含在韦伯政论文中的各种分析可以依之成立。"（参见〔英〕戴维·贝顿：《马克斯·韦伯与现代政治理论》，徐鸿宾等译，久大文化股份有限公司、桂冠图书股份有限公司1990年版，第55页。）本书之所以以民族主义情结来解释韦伯的合法化理论，特别是"领袖民主模式"，主要是出于哈贝马斯本人对韦伯合法化理论的民族主义立场的批判性反思。有必要指出的是，本书作者最初做出此种区分时并未注意到贝顿的相关文字，而是在学友的提示下注意到的——这既反映了本书作者与贝顿在认识韦伯不同身份这一问题上的不谋而合，亦在根本上反映了韦伯本身身份的复杂性。

政治评论者,尤其是新闻工作者①。按照他自己的这种界定,他不仅具有学者身份,而且也具有暂时性政治家或群众性政治家的身份;因为除了以学者身份进行"价值无涉"的学术研究外,他本人同时作为暂时性政治家或群众政治家积极参与到德国当时几乎所有的重大政治活动中,比如说,他担任了战后凡尔赛和平会议成员、积极参与俄国社会主义革命所引发的有关社会主义前途的政治讨论,等等。从其整个学术生涯和政治实践来看,韦伯正是以秉承"价值无涉"原则的学者和实践"价值关涉"原则的暂时性政治家或群众性政治家这一相对分离的双重身份,甚至分裂的双重人格展现在世人面前的。正如李凯尔特所指出的:

> 他本人并不想只做一名学者,他也想发挥政治作用;他越是严守自己在概念清晰和价值中立的纯理论上的科学理想,他在生活中的整个立场就越会发生困难……为了使别人追随他,他必须担当起"布道者"的角色。然而他又认为这同科学工作是不相容的,为此只能将追求理解的理论家同必须采取行动的实践者做明确的区分,不仅从概念上要如此,从他本人人格的真实性讲也要如此,这就是说,撰写学术文章或讲课的他,同在一般报纸或公众集会上表达信念的他,在行动上要尽量做到判若两人。②

基于韦伯对学术与政治(学者与"群众性政治家")的不同定位以及他本人相对分立的学术与政治实践,我们在下文中将分别考察他以"学者"身份对现代社会基于合法律性之合法性的分析与他以"群众性政治家"身份对"领袖民主"模式("卡理斯玛型"合法化模式)的构想。

二、作为学者的韦伯:韦伯论现代社会基于合法律性的合法性

前已论及,韦伯的法律合理化理论论证了现代法律由"形式不合

---

① 参见〔德〕韦伯:《政治作为一种志业》,钱永祥译,载氏著:《韦伯作品集Ⅰ:学术与政治》,钱永祥等译,广西师范大学出版社2004年版,第206、225页。
② 〔德〕海因里希·李凯尔特:《马克斯·韦伯的科学观》,冯克利译,载〔德〕韦伯:《学术与政治》,冯克利译,三联书店2005年版,第140页。

理"发展为"形式合理"的过程,而其统治社会学理论又论及了合法统治的三种理想类型,并详细探究了现代社会基于合法律性的合法性(法制型统治)。这两者相结合,韦伯其实为我们详细论证了与现代社会相适应的"基于合法律性的合法性"模式。

(一)"法律理性的出现":从形式不合理到形式合理

韦伯的法律合理化理论认为,现代法律发展进程就是法律逐渐摆脱宗教和巫术等非理性因素的影响而日益合理化,特别是形式合理化,即从形式不合理的法律制度发展为形式合理的法律制度。本迪克斯将形式合理法律制度的出现,称为"法律理性的出现":"这个发展过程结束于政府对统治权的垄断,并伴随着法律理性的发展。"[①]

前已论及,韦伯将法律分为四种类型:(1)形式不合理的;(2)实质不合理的;(3)实质合理的;以及(4)形式合理的。形式与实质的区别在于法律是否具有自主性或自治性,是否用法律之内的标准来处理案件;合理与不合理的不同在于法律是否具有普遍性。在韦伯看来,法律的发展大致经历了"'法先知'的卡理斯玛法"→"预防法学与判例的法创制阶段"→"世俗的公权力与神权政治的权力下达法指令的阶段"→"形式法"等四个阶段:

> 法律与诉讼的一般发展,按照理论上的"发展阶段"整理的话,是从"法先知"的卡理斯玛法启示,发展到法律名家的经验性法创造与法发现(预防法学与判例的法创造阶段),进而发展到世俗的公权力与神权政治的权力下达法指令的阶段,最后则为接受法学教育者(专门法律家)体系性的法制定、与奠基于文献和形式逻辑训练的专门的"司法审判"阶段。[②]

法律的这一发展过程,即是从形式不合理发展为形式合理的历史进程:

[①] 〔美〕莱因哈特·本迪克斯:《马克斯·韦伯思想肖像》,刘北成等译,上海人民出版社2007年版,第321页。

[②] 〔德〕韦伯:《韦伯作品集Ⅸ:法律社会学》,康乐等译,广西师范大学出版社2005年版,第319页。

法的形式性质的发展阶段,则是从原始的诉讼里源于巫术的形式主义和源于启示的非理性的结合形态,时而途径源于神权政治或家产制的实质而非形式的目的理性的转折阶段,发展到愈来愈专门化的法学的、也就是逻辑的合理性与体系性,并且因而达到——首先纯由外在看来——法之逻辑性的纯化与演绎的严格化,以及诉讼技术之越来越合理化的阶段。①

一如前文所述,经由上述合理化过程洗礼的现代法律具有形式属性,哈贝马斯将其归结为实证性、法制主义、形式性和普遍性等特征。本迪克斯则将韦伯那里现代法律的形式特征归结如下:

(1)任何规范都可以由立法制定为法律,并要求或期待服从该政治生活权威的所有人都服从它。(2)法律作为一个整体形成一整套抽象的规则系统,这些规则通常是立法的结果。而执法的任务则是把这些规则运用于具体案件,政府行政也同样受法律规则的限制,并应遵照通常已公式化的原则行事,这些原则是获得赞同的,至少是被接受的。(3)占据权力位置的人本人并不是统治者,而是暂时任职的官员,由于职务的关系他们才享受有限的权力。(4)人们是作为公民而不是臣民,来服从依法设立的权威,他们服从的是"法律",而不是执法的官员。②

在这样的条件下,现代法律成为韦伯所谓的"自动机器",从上面投入文件和费用,从下面输出判决与理由③。在本迪克斯看来,这都是"法律理性"发展的结果。

本迪克斯所谓的"法律理性"其实是对韦伯所谓的"目的合理性"在法律领域的诠释。在韦伯那里,法律的这种形式品格是与现代社会基于目的的合理性的经济系统和行政系统(官僚制)的出现相伴而生的;也

---

① 〔德〕韦伯:《韦伯作品集Ⅸ:法律社会学》,康乐等译,广西师范大学出版社2005年版,第319—320页。
② 〔美〕莱因哈特·本迪克斯:《马克斯·韦伯思想肖像》,刘北成等译,上海人民出版社2007年版,第345—346页。
③ 〔德〕韦伯:《韦伯作品集Ⅲ:支配社会学》,康乐等译,广西师范大学出版社2005年版,第52页。

正因法律具有形式属性,它可以成为基于目的合理性的经济系统和行政系统的组织手段。就经济系统而言,形式法是维护经济活动之可计算性的前提条件:"法的理性化与体系化,一般而言,并且在保留后述诸限定的条件下,意味着审判机能的计算可能性的扩大,而此种可计算性对于经济的永续经营,尤其是资本主义的永续经营而言,是最重要的前提条件之一。"[1]就行政系统而言,一方面,现代官僚制本身也是顺应资本主义经济活动的可计算性需要而产生的:"官僚制的技术性优点在于,它倾向于建立一套非个人的制度,这些制度保证行政工作的一致性、可靠性和可预知性。"[2]"行政事务之必须精确的、一致地、持续地以及尽快地处理,主要是由于资本主义市场经济的要求。"[3]另一方面,官僚制为形式法的出现提供了基础,并使之成为现代行政系统的组织手段:"只有官僚制才为一个合理的法律——以'法令'为基础,经概念性体系化而形成的,一直到晚期罗马帝国时才首次以高度洗练的技术创造出来——之执行(裁判)提供了基础。"[4]

(二) 韦伯论现代社会"基于合法律性的合法性"

韦伯是学术史上第一个系统论述统治合法化的学者。他通过将"统治"(*Herrschaft*, domination)定义为"权力—服从"关系而将"统治"与"合法化"关联起来,并着重重建了"合法统治"的"理想类型"。在他看来,"每一种真正的统治形式都包含着最起码的自愿服从之成分。也就是对服从的利害关系的考虑,而这种考虑可能是因为别有用心,也可能是基于真心的诚服"[5]。除了提及基于习惯、情感、物质利益和理想动机等而服从外,韦伯尤为强调"合法性信念"的作用。他说:"经验

---

[1] 〔德〕韦伯:《韦伯作品集Ⅸ:法律社会学》,康乐等译,广西师范大学出版社2005年版,第321页。
[2] 〔美〕莱因哈特·本迪克斯:《马克斯·韦伯思想肖像》,刘北成等译,上海人民出版社2007年版,第350页。
[3] 〔德〕韦伯:《韦伯作品集Ⅲ:支配社会学》,康乐等译,广西师范大学出版社2005年版,第45—46页。
[4] 同上书,第47页。
[5] 〔德〕韦伯:《韦伯作品集Ⅱ:经济与历史 支配的类型》,康乐等译,广西师范大学出版社2004年版,第298页(为行文统一起见,此处将"支配"改为了"统治")。

显示,从来没有任何支配关系自动将其延续的基础,限制于物质、情感和理想的动机上。每一个统治系统都企图培养及开发其'合法性'。"①尽管他并未明确定义合法性,但从其行文来看,它所意指的是被统治者对统治的一种服从信念。因此,合法性信念的基础不同,统治的类型也不同。在其《社会学的基本概念》一文中,他在标题中将合法性的基础列为三种:传统、信仰及成文规定;但是在具体的论述中他又补充了自然法基于价值理性的信仰②。但从其合法性类型学来看,他主要探讨了合法性的三种基础:传统、感情信仰(卡理斯玛的基础)和合法律性(理性的基础)③,它们分别对应着三种合法性的"理想类型":传统型统治、卡理斯玛型统治和法制型或法理型统治。

尽管韦伯所谓的"理想类型"只是对历史上合法统治类型的一种"理解",而非一种线性进步观的展现④,但我们仍可以说,他对现代社会的分析事实上为我们提供了一种基于合法律性的合法性(即法制型或法理型统治)模式。正如本书第一章指出的,就像非西方宗教在韦伯那里是作为西方宗教的陪衬而存在的一样,卡理斯玛型统治,特别是传统型统治也是作为"西方/现代的他者"而出现于韦伯的理论分析中的。这一点不仅可以——如同前文指出的那

---

① 〔德〕韦伯:《韦伯作品集Ⅱ:经济与历史 支配的类型》,康乐等译,广西师范大学出版社 2004 年版,第 298 页(为行文统一起见,此处将"支配"、"正当性"改为了"统治"、"合法性")。
② 参见〔德〕韦伯:《韦伯作品集Ⅶ:社会学的基本概念》,顾忠华译,广西师范大学出版社 2005 年版,第 48—49 页。
③ 参见〔德〕韦伯:《韦伯作品集Ⅱ:经济与历史 支配的类型》,康乐等译,广西师范大学出版社 2004 年版,第 303 页。
④ 韦伯指出:"这三个理想类型并不是以'纯粹'的形式出现在历史中。"(〔德〕韦伯:《韦伯作品集Ⅱ:经济与历史 支配的类型》,康乐等译,广西师范大学出版社 2004 年版,第 305 页。)韦伯所谓的"理想类型"是其方法论的一个核心概念。它有两个特点:首先,它具有价值关涉性,即蕴含着价值判断,这使之区别于逻辑实证主义;其次,"理想类型的方法的目的不是侧重揭示各种文化现象之间的家族相似性,而主要在于辨析它们之间的差异"。韦伯的理想类型方法发挥着两种作用:"一方面,各种理想类型所蕴含的不同信息得以区分出各种文化现象之间的差异,同时又可以保障这些差异是根据同一种逻辑而言的;另一方面,理想类型又与经验事实之间保持着一定的距离,它有助于研究者把握与其研究旨趣相一致的经验对象。"(参见郑戈:《法律与现代人的命运:马克斯·韦伯法律思想研究导论》,法律出版社 2006 年版,第 59、63 页。)

样——从本迪克斯等人的韦伯诠释中看到,而且也可以从韦伯本人的相关文字中找到文本依据。比如,在《支配的类型》一文中,在以法制型统治开始合法统治类型的讨论时,韦伯专门以"注"的形式标明:"为了以后比较方便,本章有意地从现代的特殊管理机构开始讨论。"①而且,韦伯在《社会学的基本概念》中初步引入合法统治类型时也明确指出:"今天合法性最普遍的形式,便是对合法律性的信仰,也就是服从形式正确的以一般方式通过的成文规定。"②可见,韦伯将现代西方社会合法化模式标示为一种基于合法律性的合法性(即法制型或法理型统治)模式,而卡理斯玛型统治,特别是传统型统治更多的是作为陪衬或比较对象而存在的。正是在这个意义上,哈贝马斯在1986年关于"法律与道德"的泰纳演讲中开篇即说:"马克斯·韦伯把现代西方社会的政治系统理解为'法制型统治'的各种表现。它们的合法性建立在对于行使政治权力之合法律性的信念基础之上。"③

韦伯基于合法律性的合法性(即法制型或法理型统治)模式是与其社会合理化,特别是法律合理化理论相一致的。他所强调的是:与现代法的形式品格相适应的合法化模式也是一种形式化的合法化模式,即基于合法律性的合法性(法制型或法理型统治)模式:"基于被相信具有合法律性的成文规定,这些合法律性被参与者视为合法,是因为(a)那些利害关系者自愿地同意并接受此种形式;(b)某些人对其他的人拥有合法的权威,因此便强制服从。"④按照哈贝马斯对韦伯"法律合理性"的解读,这种形式化的基于合法律性的合法性模式之所以可

---

① 〔德〕韦伯:《韦伯作品集Ⅱ:经济与历史 支配的类型》,康乐等译,广西师范大学出版社2004年版,第307页。
② 〔德〕韦伯:《韦伯作品集Ⅶ:社会学的基本概念》,顾忠华译,广西师范大学出版社2005年版,第40页(为使行文统一起见,此处将"合法性"改为了"合法律性")。
③ J. Habermas, "Law and Morality", trans. Kenneth Baynes, in S.M. McMurrin (ed.) *The Tanner Lectures on Human Values*, Volume 8 (Salt Lake City: University of Utah Press, 1988), p.219.
④ 〔德〕韦伯:《韦伯作品集Ⅶ:社会学的基本概念》,顾忠华译,广西师范大学出版社2005年版,第48—49页(为使行文统一起见,此处将"合法性"、"正当"改为了"合法律性"、"合法")。

能,乃是源于现代法律具有三方面的形式合理性:"模式化行为"(工具性)的合理性、选择合理性和科学合理性。这三个方面的合理性,对应于现代法律中的价值分别是:法律的确定性,即严格执法、司法之程序的制度化使得行动、法律所确定的事实构成与法律后果之间有着规则性、可计算的联系,从而可以确保私人拥有对特定行动手段的规则性运用;法律的公开性、普遍性确保私人享有自主的目的选择空间,即确保私人拥有选择合理性[1];法律的职业化使法律的系统阐述依赖于专家的科学合理性[2]。在哈贝马斯看来,韦伯正是试图诉诸这三个方面的形式合理性而建构起完全形式化的基于合法律性的合法性模式:"除了其他方面外,法制型统治获得某种合理特征,乃是因为对于官方及制颁的规章之合法律性的信任,与对于传统的或卡理斯玛的信任具有不同的性质:正是内在于法律形式之中的合理性确保了以法律形式行使权力的合法性。"[3]

显而易见,韦伯的这种"基于合法律性的合法性"命题,是一种实证论的合法化论说。由于完全排除了从道德上证成法律合法性的可能,这种合法化模式其实支持了法律实证主义的"分离命题"(法律与道德相分离)。在这种合法化模式中,无须诉诸任何实质性的外在标准(如道德标准),单单形式上自足、自主且自洽的合法律性本身,就可使政治秩序和法律秩序赢得民众的忠诚或服从,进而使之产生合法性的信念。正如韦伯的追随者卡尔·施米特在《合法律性与合法性》一文中解释的:

> "合法律性"在此的含义与任务在于:其使得最高统治者或直接诉求民意所产生的意志(plebiscitarian will)的合法性(legitimacy),

---

[1] 正如本书导言已经指出的那样,按照哈贝马斯在《沟通行动理论》中的说法,"工具合理性"和"选择合理性"又统称为韦伯那里的"目的合理性"。

[2] See J. Habermas, "Law and Morality", trans. Kenneth Baynes, in S.M. McMurrin (ed.) *The Tanner Lectures on Human Values*, Volume 8 (Salt Lake City: University of Utah Press, 1988), pp.224–227.

[3] J. Habermas, "Law and Morality", trans. Kenneth Baynes, in SM McMurrin (ed.) *The Tanner Lectures on Human Values*, Volume 8 (Salt Lake City: University of Utah Press, 1988), p.219.

以及(无论在其自身中获得基础的,还是声称具有较高位阶的)每个权威和掌控权(governing power)的合法性都变得多余,并对其予以否定。马克斯·韦伯应当以这种方式来理解:"合法律性可以像合法性一样具有有效性",或"今天合法性最普遍的形式,便是对合法律性的信仰"。在这里,合法性与合法律性可归因于单一的合法性概念之中。①

也正是在其支持了实证主义"分离命题"的意义上,哈贝马斯为韦伯的这一命题贴上了"实证主义"的标签:

> 韦伯用这个命题支持了一种实证主义的法律概念:法律正是政治立法者(不管它民主与否)根据一个法律上制度化的程序制定为法律的东西。在这个前提下,法律形式赋予合法性的力量就不是来自法律与道德的亲缘关系。现代法必须能够通过自己的形式特征来为以法律形式行使的权力提供合法性。这些特征应该有可能在不诉诸康德或亚里士多德意义上的实践理性的情形下显示为"合理的"。②

三、作为"群众性政治家"的韦伯: "领袖民主"合法化模式

前已论及,韦伯从不满足于仅仅成为一个书斋化的学者,而是有着强烈的政治担当。这种担当在韦伯晚年面对德国一战战败后的境况时,似乎表现得更为明显与彻底。在其晚年,一方面出于对官僚制度所导致的"自由丧失"的担忧,另一方面又出于对德国的现实情势之考量,韦伯力主以卡理斯玛型统治弥补自由主义形式主义的法理型统治的局限。在他看来,现代西方普遍实行的、以官僚制度为基础的法理型统治

---

① Carl Schmitt, *Legality and Legitimacy*, trans. Jeffery Seitzer (Durham, N.C.: Duke University Press, 2004), p.9.
② J. Habermas, "Law and Morality", trans. Kenneth Baynes, in SM McMurrin (ed.) *The Tanner Lectures on Human Values*, Volume 8 (Salt Lake City: University of Utah Press, 1988), p.219.

尽管顺应了现代社会合理化，特别是形式合理化的需要，但也带来了灾难性的后果，最大的后果是其非人格性(impersonality)和纪律性致使"自由丧失"。同时，处于对当时德国政党政制党派性和非政治性等弊端的痛恨，他极力主张一种"直接诉求民意认可的"(plebiscitarian)卡理斯玛型统治，以纠偏自由主义之形式主义民主制的局限。通过官僚和政治家、信念伦理和责任伦理的区分，韦伯寄望于充满激情、眼光和责任感、能够出色运用责任伦理的卡理斯玛型领袖(政治家)"把手放到历史舵轮的把柄上"。他为德国设计的民主体制则是后来备受诟病的"领袖民主"模式；在这种模式中，领袖卡理斯玛的权威成为官僚权威的对立面，而成为民众审美化喝彩的对象。用他本人的话讲，这种"领袖民主"的精髓在于："在民主体制里，人民选取一个他们所信赖的领袖。然后，那被选出来的领袖说：'现在闭上嘴，听我的。'"[①]

我们可以从以下几个方面来解读韦伯的"领袖民主"模式。

首先，必须明确的是，这种模式是韦伯以"群众性政治家"(而非学者)身份提出来的。在其专门探究合法统治的理想类型的相关著作(比如《支配社会学》、《支配的类型》和《社会学的基本概念》等)中，韦伯都很好地坚持了自己所设定的"价值无涉"原则，并未对卡理斯玛型统治给予任何特别的偏好。据我初步考察，在其学术著作中，他对这种卡理斯玛型统治的赞美之词至多止于相对传统型统治的"革命"性，比如说："在传统型统治的鼎盛时期，卡理斯玛乃是一个伟大的革命力量，'理性'是另一个革命力量。"[②]但是，当他以"群众性政治家"身份发表政治演讲或撰写政论文章时，他则表现出了对这种合法统治模式的偏爱。比如，在《政治作为一种志业》的演讲中，在谈及三种合法统治类型后，他就明确表明了自己对这种模式的偏爱："在此，让我们特别感兴趣的，是这些类型中的第二种：因于服从者对'领袖'纯粹个人的'卡理斯玛'所发的皈依而形成的统治。这种类型的统治之所以重要，是因为志业

[①] H. H. Gerth & C. Wright Wills：《韦伯的政治关怀》，简惠美译，载〔德〕韦伯：《韦伯作品集Ⅰ：学术与政治》，钱永祥等译，广西师范大学出版社2004年版，第61—62页。
[②] 〔德〕韦伯：《韦伯作品集Ⅱ：经济与历史 支配的类型》，康乐等译，广西师范大学出版社2004年版，第361页(为使行文统一起见，此处将"传统型支配"改为了"传统型统治")。

这个观念最高度的体现,在此找到了其根源。"①不仅如此,他还强调了在现代西方实行领袖民主制的可能。

> 不过,我们更感兴趣的,则是西方所特有者:这种政治领袖起先的形态,是自由的"群众鼓动者";他们只有在西方的环境中出现,特别是在地中海文化所特有的城市国家的土壤中出现;后来,这种领袖则以国会中的"政党领袖"形态出现;这也只有在西方的环境中所特有的立宪国家中,才能培育。②

在该演讲的后文中,韦伯所谓的官僚与政治家、信念伦理与责任伦理、"没有领袖的民主"与"领袖民主制"等之间的区分事实上都是从学理上论证在德国实行卡理斯玛型"领袖民主"模式的必要性与可能性。如果说在上述演讲中韦伯可能还有所保留,那么在其政论文中,他已经毫无顾虑地力主"领袖民主"模式了。在《帝国总统》(The President of the Reich)这篇于1919年2月15日发表于《柏林金融时报》(Berliner Börsenzeitung)的政论文中,他明确从统治者(领袖)的视角,而非被统治者的视角来定位民主。

> 一个人民选举产生的总统,作为行政机关的首脑和官职分派的头目,以及作为搁置否决权、解散议会权和提交人民复决权的拥有者,是真正民主的守护神;而民主并不意味着软弱地屈从于私党(cliques),而是服从于人民自己选出来的领袖(leaders)。③

其次,这种模式立基于"政治"与"行政"("政治家"与"官僚")的区分,是为了消解德国当时形式主义政制所带来的党派性和非政治性、进而促进德国崛起而设计的。正如前文提及的,韦伯一直强调学术的政治担当;但他所谓的"政治"不是指政治权谋,而毋宁是一种文化政治、

---

① 〔德〕韦伯:《政治作为一种志业》,钱永祥译,载〔德〕韦伯:《韦伯作品集Ⅰ:学术与政治》,钱永祥等译,广西师范大学出版社2004年版,第200页(为使行文统一起见,此处将"支配"改为了"统治")。
② 同上书,第200—201页。
③ Max Weber, *Weber: Political Writings*, Peter Lassman & Ronald Speirs (eds.) (Cambridge: Cambridge University Press, 1994), p.308.

一种共同体政治、一种关涉政治共同体伦理生活愿景的"伦理—政治":"伦理—政治问题是从这样一些成员的视角提出的:在面对重要的生活论争时,人们想要澄清他们共同的生活形式为何,以及他们基于何种理想来构划他们的共同生活。"①用韦伯本人的话讲,"这里所说的政治并不是那种某人或某阶级在某一时期碰巧执政的日常政治,而是整个民族长远的权力政治利益"②。在《政治作为一种志业》的演讲中,他进一步区分了"政治"与"行政",以及相关的"政治家/领袖"与"官僚"。在他看来,官僚所从事的工作是"行政"工作,而"政治家/领袖"所从事的则是"政治"工作:"真正的官僚,就他本身的职分来说,是不应该从事政治的(这一点,对于评价我国以前那个政权,有决定性的意义)。他应该做的是'行政',最重要的是这种行政的非党派性。"③"政治"与"行政"("政治家"与"官僚")的主要区别在于其责任原则不同:前者遵循"责任伦理",即"采取立场、斗争、有所动情——有恶有好:这乃是政治家的本色,尤其是政治领袖的本色";后者秉承"信念伦理",其"……荣誉所在,是他能够出于对下命令者的责任,尽心地执行上级的命令,仿佛这命令和自己的信念、想法一致"④。而且,他还以美国政制为范例区分了"没有领袖的民主"与"领袖民主制"。前者是指"没有使命召唤感、没有领袖必具的那种内在精神性的、卡理斯玛要素的'职业政治家'的统治",其一个突出的弱点即是其"党派性"。在他看来,在德国由于实行"比例代表制"和国会的"非政治性"倾向,扼杀了领袖的产生。

> 比例代表制乃是没有领袖的民主一种典型的现象:之所以如此,一方面是因为比例选举的方式,有利于望族山头在争取提名时

---

① J. Habermas, *Between Facts and Norms: Contributions to a Discourse Theory of Law and Democracy*, trans. Williiam Rehg (Cambridge, Mass.: MIT Press, 1996), p.160.
② 〔德〕韦伯:《民族国家与经济政策》,甘阳等译,三联书店1997年版,第93页。
③ 〔德〕韦伯:《政治作为一种志业》,钱永祥译,载氏著:《韦伯作品集Ⅰ:学术与政治》,钱永祥等译,广西师范大学出版社2004年版,第223—224页(为使行文统一起见,此处将"官吏"改为了"官僚")。
④ 同上书,第224页(为使行文统一起见,此处将"官吏"改为了"官僚")。

的暗盘操纵;另一方面,也是因为在未来,这种制度让利益团体有可能迫使政党把它们的干部列入名单,因而产生了一个非政治性的国会,没有真正的领袖存身的余地。①

由此可见,韦伯其实是为了纠偏德国当时形式主义政制的党派性和非政治性弊端而设计"领袖民主制"的。

进一步看,韦伯设计"领袖民主制"的目的其实是为了促使德国成为一个政治性的民族,进而引领当时德国主动承受西方乃至世界的天命。正如甘阳解读韦伯时指出的,"韦伯终其一生惶惶不安的就是德意志民族无法走向'政治成熟'",德国的落后乃是因为它在根本上是一个"非政治的民族"(unpolitical nation),"亦即由于缺乏一套能够使全体国民都参与其中的政治过程和政治机制,大多数国民并不生活在本国政治之中,而是生活在本国政治之外"。他所要做的,即是要促使德国成为一个政治性的民族。而且,韦伯认为:

> 不但德国戎克式封建贵族政治注定要没落,而且老式的欧洲自由主义政治即英国式贵族自由政治同样注定没落,因为它们都把政治过程局限在一个特定社会集团之内,从而无法将已经进入历史舞台的"社会大众"整合到政治过程之中(英国本身从自由政治走向民主政治始于1867年改革法案)。②

再次,这种模式是一种"直接诉求民意认可"的"直接民主"模式。韦伯认为,他所谓的那种卡理斯玛型领袖只能由人民直接选举产生,而不能由国会产生:"对于领袖的需要,惟有在一位循直接诉求民意认可的方式而不是由国会选出来的帝国总统身上,才能得到满足。"③"直接诉求民意认可"的模式是韦伯政治思想中最重要的观念之一。所谓"直接诉求民意认可",是指卡理斯玛型领袖,跳出了传统的惯

---

① 〔德〕韦伯:《政治作为一种志业》,钱永祥译,载氏著:《韦伯作品集Ⅰ:学术与政治》,钱永祥等译,广西师范大学出版社2004年版,第250页。
② 参见甘阳:《走向"政治民族"》,载《读书》2003年第4期。
③ 〔德〕韦伯:《政治作为一种志业》,钱永祥译,载氏著:《韦伯作品集Ⅰ:学术与政治》,钱永祥等译,广西师范大学出版社2004年版,第250页。

例,越过了制度及国家或政党官僚,直接诉求于群众。比如,在近代大众民主及严密的官僚制之下,这种领袖利用民主的某些通道,直接向人民大众寻求支持,即构成"直接诉求民意认可的民主制"(plebiscitarian democtracy)。罗马皇帝恺撒、拿破仑一世和三世、俾斯麦等都是韦伯心中"直接诉求民意认可的统治者"。在韦伯看来,通过这种方式产生领袖,是西方理性化世界中政治的唯一希望[1]。在《帝国总统》这篇政论文中,韦伯从七个方面考察了实行"直接诉求民意认可"的方式产生帝国总统的理由。这些理由主要有:有利于政治权威的社会化;可以代替德国当前名门望族当道的过时体制;有利于克服地域主义和个殊主义倾向;因比例代表制的作用或影响而尤显迫切;等等[2]。

值得注意的是,韦伯对这种"直接诉求民意认可"的"领袖民主制"设计使他成为德国"魏玛宪法"的理论导师。在一定意义上可以说,正是由于以韦伯为首的政论家在魏玛宪法制定期间的舆论影响,国民议会于1919年7月31日通过的《魏玛宪法》第41条才明确规定:"联邦大总统,由全体德意志人民选举之。"[3]

最后,这种模式因卡尔·施米特的继承及其特殊身份而被贴上"决断论"的标签,并与纳粹暴政扯上了关联。韦伯的"领袖民主"模式被其追随者卡尔·施米特合乎逻辑地进一步发展为"决断论"模式,而施米特本人则因其"纳粹首席宪法学家"的身份而在二战后备受指责。根据邓肯·肯尼迪(Duncan Kennedy)的解读,韦伯法律社会学中的"施米特式的""决断论"要素在于这样的逻辑:在韦伯那里,"国家越来越化约为一种按照逻辑形式理性规则体系的官僚制,但是政治家们却忙于为权力而'斗争',并不得不使用一种内部自相

---

[1] 参见 Karl Loewenstein, *Max Weber's Political Ideas in the Perspective of Our Time* (Amherst, Mass.: University of Massachusetts Press, 1966), Ch. IV 和〔德〕韦伯:《政治作为一种志业》,钱永祥译,载〔德〕韦伯:《韦伯作品集Ⅰ:学术与政治》,钱永祥等译,广西师范大学出版社2004年版,第199页,注13等。

[2] See Max Weber, *Weber: Political Writings*, Peter Lassman & Ronald Speirs (eds.) (Cambridge: Cambridge University Press, 1994), pp.304 – 307.

[3] 参见钱永祥:《韦伯论帝国总统 译者导言》,载〔德〕韦伯:《韦伯作品集Ⅰ:学术与政治》,钱永祥等译,广西师范大学出版社2004年版,第308页。

矛盾的道德机制作出具有重大道德意涵的决断,因而常常使得他们不得不'做出决断'"①。施米特本人不仅全程聆听了韦伯《学术作为一种志业》和《政治作为一种志业》的演讲,而且是当时德国著名的"韦伯圈"的重要成员,一直把韦伯视为学问导师。他在韦伯所诊断出来的官僚制弊端的基础上,又进一步看到了"政治浪漫派"的非政治化倾向。

> 韦伯对政治的著名的(或臭名昭著的)呼唤(呼唤领袖,呼唤领袖魅力和精英)乃是对于合理化影响的反应,为此他已经在社会科学著作中进行了理论研究,并随后将之应用于在一战后的德国,施米特……最终观察到与韦伯所开的处方所要治疗的官僚制相对的浪漫派。②

为此,他从自由主义的霍布斯与绝对主义的霍布斯之间的张力出发,以"中立化和非政治化时代"为背景,最终找到一个以政治权力凌驾于法律之上、以全权国家取代法治国的政治方案,即所谓的"决断论"学说。在他看来,现代性的展开使得自由主义大获全胜,但自由主义意识形态锻造了一个"中立化和非政治化的时代",其最大的缺陷即是"非政治性"。因此,"为了去除自由主义制造的这层掩盖现实的烟幕,人们必须使政治露出本来面目,而且使之不容否认"③。他最终走向了"政治存在主义",即强调政治性(区分敌友)乃是人无法逃避的一种命运,属于人类生活的基本特性。

> 施米特对政治的分析有如海德格尔对"亲在"(*Dasein*)的分析,认为它本身毫无疑问受一个至高无上、无可超越的法庭

---

① 〔美〕邓肯·肯尼迪:《逻辑形式理性的"祛魅"或,韦伯关于西方法律思想现代模式系统的社会学研究》,载〔美〕查尔斯·卡米克等编:《马克斯·韦伯的〈经济与社会〉:评论指针》,王迪译,上海三联书店 2010 年版,第 341 页。此处译文根据英文原版对个别术语的翻译进行了调整。
② 〔美〕约翰·麦考米克:《施米特对自由主义的批判》,徐志跃译,华夏出版社 2005 年版,第 36—37 页。(为使行文统一起见,此处将"理性化"改为了"合理化")
③ 〔美〕施特劳斯:《〈政治的概念〉评注》,刘宗坤译,载刘小枫选编:《施米特与政治法学》,上海三联书店 2002 年版,第 3 页。

的保护,该法庭管辖的是我们的存在本身,也就是说,我们全部生活属于这样一个事实,即我们"确定无疑地在此"的"事实性"。①

尽管确如施特劳斯所言"一种观点,不能因为希特勒碰巧持有这种观点而被驳倒"②,但韦伯对卡理斯玛型统治的过于乐观却也是不争的事实。他对学术之文化政治担当的强调,使他将国家作为民族文化的保护人;他对形式主义官僚制之恶的担忧,又使他选择了"以恶治恶"(以领袖制之恶对抗官僚制之恶)的领袖民主模式。而韦伯对政治的理解,对政治性的强调,对现代社会合理化的分析,特别是其"领袖民主制"的设计都构成了施米特决断论学说的理论渊源③。

不难发现,由于强调法律、政治与道德完全分离,无论韦伯以学者身份对现代社会基于合法律性的合法性的分析,还是以群众性政治家身份对德国实行"领袖民主"的设计,都局限于经验性、描述性路径,都未能进入到合法性的规范性论域。即便是研究合法性这样的规范性论题,韦伯也秉承描述性的路径。在他看来,"如果规范意义上有效的东西成为经验研究的对象,那么,它作为对象就失去了规范的性质:它被当作'存在着的',而不是被当作'有效的'"④。因此,在领袖民主模式中,他所强调的是基于统治者视角自上而下的合法化过程,即"被当作'有效的'"合法化过程,而不是强调统治和法律本身的合道德性或道德上的"可接受性"(acceptability)。这样,合法化即完全蜕化为政治系统(甚至不是法律实证论所主张的法律系统)的内部事务,即成为统治者(领袖)综合运用马基雅维利所谓的"狮子"和"狐狸"手腕之政治谋略的一部分,进而与卢梭—康德式的公

---

① 〔德〕卡尔·洛维特:《施米特的政治决断论》,冯克利译,载刘小枫选编:《施米特与政治法学》,上海三联书店 2002 年版,第 43 页。
② 〔美〕施特劳斯:《自然权利与历史》,彭刚译,三联书店 2003 年版,第 45 页。
③ 参见刘小枫:《现代人及其敌人:公法学家施米特引论》,华夏出版社 2005 年版,第 106—132 页。
④ 〔德〕韦伯:《社会科学方法论》,李秋零译,中国人民大学出版社 1999 年版,第 117 页。

民"同意"①和亚里士多德—康德意义上的"实践理性"都毫不相关。因此,它所追求的只是法律的"被接受性",而非法律的"可接受性"。在其支持了"分离命题"的意义上,韦伯以这两种不同身份所呈现出来的合法化模式都具有实证论,乃至政治现实主义倾向,其实质性不同仅在于:领袖民主(卡理斯玛型统治)模式使法律远离道德却又臣服于政治(即领袖的政治决断),而基于合法律性的合法性(法制型统治)模式则使法律既远离道德又独立于政治——用哈贝马斯的话讲,前者更接近于霍布斯"法律命令说"版本的使"法律臣服于政治"的实证论,而后者则更接近于凯尔森式的纯粹法学②。但是,两者都强调了法律与道德的分离。就此而言,韦伯的确是一个"价值无涉"原则的忠实践履者,即一个无涉普遍主义价值的德国民族主义者。因为即便是他以群众性政治家身份设计德国"领袖民主"模式时所追求的价值也不过是基于马基雅维利式"国家理由"的价值,即是很大程度上局限于德意志民族利益的"文化政治"(或者哈贝马斯所谓的"伦理—政治")价值,而非康德意义上可普遍化的、适用于全人类成员的道德价值。借用理查德·沃林批评施米特的话讲:它完全消解了政治和法律的道德意蕴,使得"用来揭示西方政治哲学何以诞生的一整套政治问题:公正问题、有道德的公民问题,以及更一般地,'美好生活'的问题,都被抛弃了"③。

---

① 值得注意的是,在评价我们在上一章中谈及的卢梭—康德意义上的"同意模式"时,韦伯也主要从统治者视角将赢得公民"同意"看作是统治者的谋略:"即使是自愿同意形成的秩序,其效力亦非立足于完全一致的同意,在过去这被认为是真正的合法性所必备的条件,事实上这只是一种特定群体的秩序,所依赖的多是那些持有异议者的默认。另一方面也很普遍的便是:少数借由武力或更为激烈的方式来强制一种秩序,使得原先抗拒者逐渐承认其合法性。另外,如果是以投票来确立或更改秩序的合法手段,那么也经常发生少数意见取得形式上的多数,而使原先的多数来服从。"〔德〕韦伯:《韦伯作品集Ⅷ:社会学的基本概念》,顾忠华译,广西师范大学出版社 2005 年版,第 50 页(为使行文统一起见,此处将"正当性"改为了"合法性")。
② See J. Habermas, "Law and Morality", trans. Kenneth Baynes, in SM McMurrin (ed.) *The Tanner Lectures on Human Values*, Volume 8 (Salt Lake City: University of Utah Press, 1988), pp.268 ff.
③ 〔美〕理查德·沃林:《文化批评的观念:法兰克福学派、存在主义和后结构主义》,张国清译,商务印书馆 2000 年版,第 156 页。

四、"法律与道德互补论":哈贝马斯对韦伯式合法化理论的批判和重建

(一) 哈贝马斯对韦伯式实证论合法化理论的批判

从其整个理论体系来看,韦伯对哈贝马斯而言非常重要。在一定意义上,哈贝马斯就是要以马克思主义的人道主义来改造韦伯以现代性为中心论题的社会理论。事实上,正是在这个意义上,威廉·乌思怀特(William Outhwaite)说:"如果马克斯·韦伯已被视为资产阶级的马克思,那么哈贝马斯就可以总体上被标示为马克思主义化的马克斯·韦伯。"[①]就哈贝马斯的政治哲学和法哲学而言,也可以被理解为是对韦伯政治社会学的一个启蒙理想式的回应,即"对这种方式的一个回应:在其间,韦伯的法律与政治解释扮演着某种破坏法律秩序作为对抗纳粹式权力攫取之潜在壁垒的角色"[②]。

总体而言,哈贝马斯对韦伯式实证论合法化理论的批判主要表现在如下四个方面。

第一,哈贝马斯极力批判韦伯式实证论赖以为基的"价值无涉"方法论,认为"价值无涉"原则以科学哲学代替认识论(theory of knowledge),是一种无视"认识的构成性旨趣"(knowledge-constitutive interests)且具有保守主义倾向的客观主义方法论。以 1961 年杜宾根德国社会学会年会所引发的"实证主义论战"和 1964 年海德堡韦伯百年诞辰学术研讨会引发的论争为标志,主要以法兰克福学派[狄奥多·阿多诺(Theodor Wiesengrund Adorno,1903—1969)、马克斯·霍克海默(Max Horkheimer,1895—1973)、赫尔伯特·马尔库塞(Herbert Marcuse,1898—1979)和哈贝马斯等]为一方,以卡尔·波普尔(Karl Popper,1902—1994)和塔尔科特·帕森斯等为另一方,雷蒙·阿隆、莱

[①] William Outhwaite, *Habermas: A Critical Introduction* (2nd edition), (Cambridge: Polity Press, 2009), p.3.

[②] See David Dyzenhaus, "the Legitimacy of Legality", 46(1) *The University of Toronto Law Journal* (Win., 1996), pp.134–135.

因哈特·本迪克斯等著名韦伯研究专家广泛参与,国际社会科学界在1960年代围绕着实证科学价值无涉方法论展开了长达数年的争论①。这场争论对哈贝马斯的理论发展非常重要;因为他不仅作为当时崭露头角的学术新秀卷入其中,而且这些争论也促使他写成了《认识与人类旨趣》和《社会科学的逻辑》等社会科学方法论著作。在《认识与人类旨趣》一书中,哈贝马斯对实证论进行了较为集中的批判。他认为,实证论把科学对科学自身的信任教条化,使得认识不受认识论自我反思的影响。它"将科学虚构为以合乎规律的方式结构化的自在事实,从而掩盖了这些事实的先验构成"②,是一种客观主义的方法论。这种客观主义的方法论以科学哲学代替认识论,使得作为认识主体的人不再是认识的参照系。哈贝马斯借用胡塞尔的话将客观主义定义为:"把理论陈述和事实简单对应起来的态度。"在他看来,"客观主义把认识的前科学解释教条化为对现实的重现,把认识现实局限为通过方法论上的现实的对象化而由参照系所设定的纬度上。它禁止人们识别出这一参照系的先验要素,并禁止以任何方式怀疑该参照系对认识的垄断"③。哈贝马斯在主客体二分的认识框架中看到了主体间性的向度,即他经由劳动与互动的区分,看到了社会再生产的文化条件对认识的影响。他将这种文化条件称为"认识的旨趣"。在他看来,力主"事实反映论"的客观主义方法论将认识主体悬置起来,没有看到认识是受到认识主体先在之旨趣的影响的。"从人类层面上看,生活的再生产在文化上取决于劳动和互动。因此,'认识的构成性旨趣'不能仅仅从类的再生产和维持的生物学之参照框架来理解。不联系再生产的文化条件……社会生活的再生产绝对不能充分地得到说明。"④哈贝马斯对"认识的构成性旨趣"的引入事实上表明:实证论所赖

---

① 关于这场争论的介绍,可参见顾忠华:《韦伯学说》,广西师范大学出版社2004年版,第20—22页;相关论文结集出版于Otto Stammer (ed.), *Max Weber and Sociology Today* (Oxford: Blackwell, 1971)。
② J. Habermas, *Knowledge and Human Interests*, trans. Jeremy J. Shapiro (Boston: Beacon Press, 1971), p.69.
③ Ibid., p.89.
④ J. Habermas, *Knowledge and Human Interests*, trans. Jeremy J. Shapiro (Boston: Beacon Press, 1971), p.196.

以为基的"价值无涉"乃是一种虚妄,是不可能的,因为任何认识都是在"认识的构成性旨趣"的指导下进行的①。

不仅如此,他还从理论上建构了批判理论的认识论基础,并批判了实证论的保守主义倾向。哈贝马斯借用阐释学的理论对实证论无视阐释学前见的客观主义方法论进行了批判,但他并不满足于阐释学的"实践旨趣"。他从劳动和互动两个层面探讨了知识旨趣的三种经验构成:技术的旨趣、实践的旨趣与解放的旨趣,它们分别指向有关经验分析的劳动过程,符号互动关系中人与人的相互理解,取得自主性沟通和摆脱劳动之宰制和互动之扭曲的批判能力,并分别对应于经验分析科学、历史阐释科学和批判科学。在他看来,如果技术和实践旨趣脱离了理性的自我范式和批判,就容易把它们和经验分析科学、历史解释科学的自身研究等同起来,而陷入新的客观主义或心理主义的窠臼之中②。因此,"技术和实践的认识旨趣只有与理性反思的解放认识旨趣相联系,才能不模糊地理解为'认识的构成性旨趣'"③。而实证论不仅将劳动过程(自然科学领域)的技术旨趣误作为互动领域(社会科学领域)的认识旨趣(实践旨趣),而且这种社会科学领域的客观主义也无视实践中广泛存在的权力和意识形态对互动的扭曲,在政治上是一种保守主义。以实证论基于合法律性的合法性模式为例,一旦把法律理解为法律系统根据其内在机理进行系统整合的工具,法律的合法化就与公民的意志和任何实践理性要求无关,而完全成为法律系统自身的事情,即很大程度上统治阶层内部的事情。

---

① 值得注意的是,哈贝马斯所谓的"认识的构成性旨趣"与前文提到的、韦伯所谓的塑造认识对象的"价值关涉"有关,但含义更为丰富。在哈贝马斯那里,"旨趣"或"利益"(interest)并非指个人的特殊嗜好或某个群体利益的动机,而是指人类先在的普遍认知旨趣,或知识构成的背景要素。换言之,就像伽达默尔哲学诠释学所谓的"先见"一样,它也意味着认知活动与先于对问题处理的趋向和渴望相关联;具体地说,它是一种现实的经验,代表着人在社会生活中不同层次的认知形成的要素(参见曾庆豹:《哈伯玛斯》,生智文化事业有限公司1998年版,第116页)。显而易见,韦伯那里的"价值关涉"并没有上述丰富内涵。
② 参见曾庆豹:《哈伯玛斯》,生智文化事业有限公司1998年版,第117页。
③ J. Habermas, *Knowledge and Human Interests*, trans. Jeremy J. Shapiro (Boston: Beacon Press, 1971), p.198.

第二,哈贝马斯还进一步消解了实证论"价值无涉"方法论所预设的"真理符合论"(correspondence theory of truth)真理观,建构了"真理共识论"(consensus theory of truth)的真理观。在哈贝马斯看来,实证论"价值无涉"方法论预设了"真理符合论"的真理观,即将自然科学中流行的"真理符合论"直接用于社会科学的研究,并藉此确保社会科学研究的客观性。真理符合论可以溯源于亚里士多德。亚里士多德给真理所下的一个符合论定义是:"每一事物之真理与各事物之实是必相符合。"①后来,洛克、贝克莱和休谟等哲学家从经验论的角度,罗素、维特根斯坦等哲学家从语言哲学角度都对真理符合论做出了不同的阐释②。真理符合论的核心主张是:判断真理性的标准是所陈述内容与实在事物(事实)的相符性。哈贝马斯则立基于英国语言学家约翰·朗肖·奥斯丁(John Langshaw Austin,1911—1960)的言语行为理论,看到了言语行为本身对于真理判准之确定的重要意义。在美国哲学家皮尔斯(Peirce Charles Sanders,1839—1914)科学共同体观念的基础上,哈贝马斯进一步认定主体—主体向度所达致的关于真实性问题的共识其实是真理性认定的前提、甚或评判标准。在哈贝马斯看来,所谓真理不过是人际间以语言为媒介的互动中一种"有效性主张"的实现,因此,"当且仅当每一个能够同我对话的人都将某谓述(predicate)归结为同一对象时,我才能(正确地)将该谓述归结为该客体……陈述的真理性条件是所有其他人的潜在同意"③。也就是说,真理只是商谈主体通过

---

① 〔希腊〕亚里士多德:《形而上学》,吴寿彭译,商务印书馆1959年版,第33页。黑格尔在其《哲学史讲演录》中分析古希腊斯多葛学派和亚里士多德的理论贡献时明确指出:"关于真理的一般有名的定义'真理是对象和意识的一致'是被他们提出来","真理的通常定义是:'真理是观念和对象的符合。'"〔德〕黑格尔:《黑格尔哲学史讲演录》(第3卷),贺麟等译,商务印书馆1959年版,第23页;〔德〕黑格尔:《黑格尔哲学史讲演录》(第2卷),贺麟等译,商务印书馆1957年版,第301页〕
② 关于真理符合论的演化,可参见曾志:《真理符合论的历史与理论》,载《北京大学学报(哲学社会科学版)》2000年第6期。
③ J. Habermas, Wahrheitstheorien, in H. Fahrenbach (ed.), *Wirklichkeit und Reflexion: Festschrift für Walter Schulz* (Pfllingen, 1973), p.219. Cited in: Nicholas Rescher, The Problem of a Consensus Theory of Truth, in David M. Rasmussen & James Swindal (eds.), *Jürgen Habermas Vol. Ⅳ* (London: SAGE Publications, 2002), p.397.

语言沟通而达成的共识:"话语真实性的判断标准只能是它的主体间性。即是说,只有在话语主体的交往对话中,话语的真实性才能得到检验。当所有人都进入平等对话,并就同一话语对象进行理性的探讨与论证,最后达成共识时,该话语才可被看作是真实的。"[1]这就是著名的真理共识论[2]。

哈贝马斯的"真理共识论"本身较为复杂且引发了较多争议,其中争论最大的问题在于:共识在真理判定中究竟应当占据何种地位。或者说,它是真理的判准本身?是对真理含义的说明?抑或对真理认可的解释[3]?本书无意介入这些争论。在此,我想主要强调如下两点:首先,完整地看,哈贝马斯的"真理共识论"包括两方面的含义:其一,涉及客观世界(认知—工具领域)之真实性(即非规范性命题或描述性命题之真实性)的真理共识论;其二,涉及社会世界(道德—实践领域)之正当性的正当性共识论[4]。这里的关键在于:哈氏坚持康德式的道德认知主义路径,将道德—实践领域的正当性看作是同认知—工具领域的真实性(真理性)一样具有客观性和可认知性。用德国法哲学家罗伯特·阿列克西的话讲,"哈贝马斯主张:像命令和评价这样的规范性陈述可以在原则上利用与经验命题相同的方式来加以证立。在此,经验命题的真实性与规范性陈述的正当性是相吻合的"[5]。而且,哈贝马斯本人也谈到了实践问题的"真假性"问题,并经由商谈将理论问题与实践问题贯通起来。因此,我们仍可以将其涉及客观世界之真实性和涉及社会世界之正当性的共识论模式统称为"真理共识论"。其次,哈贝

---

[1] 章国锋:《哈贝马斯访谈录》,载《外国文学评论》2000 年第 1 期。
[2] 哈贝马斯的真理观并非铁板一块,而是经历了较多变化。关于其中的变化,可参见 Alessandro Ferrara, "A Critique of Habermas's Consensus Theory of Truth", in David M. Rasmussen & James, Swindal (eds.), *Jürgen Habermas Vol. IV* (London: SAGE Publications, 2002), pp.327-332。
[3] 关于这些争论,可以参见童世骏:《批判与实践:论哈贝马斯的批判理论》,三联书店 2007 年版,第 103—117 页。
[4] See J. Habermas, *Moral Consciousness and Communicative Action*, trans. Christian Lenhardt & Shierry Weber Nicholsen (Cambridge, Mass.: MIT Press, 1993), p.59.
[5] 〔德〕罗伯特·阿列克西:《法律论证理论》,舒国滢译,中国法制出版社 2002 年版,第 128 页(此处引证将德语"*Richtigkeit*"改译为"正当性")。

马斯如下这句话有助于我们解读其"真理共识论":"某个命题是真的,它就**永远**并且对**所有人**而不仅是对我们是真的。"①这事实上启示我们:不管我们如何认定共识之于真理的意义,但有一点是肯定的:它使真理的判定远离了意识哲学思维下的独白模式,而转向基于沟通理性的对话模式。而这种对话模式的真正意义则在于:一方面,由于对话主体的普遍性(即涉及"所有人"),它使得真理认定添加了民主向度;另一方面,由于共识的非终极性和非时间性(即永远向未来可能的挑战或质疑开放),它更使得真理的相对性与绝对性融为一体。

由此可见,在哈贝马斯的商谈理论中,作为实证论"价值无涉"方法论前设的"真理符合论"为"真理共识论"所取代,程序主义的、经沟通和商谈达致的"主体间性共识"(intersubjective consensus)则取代"客观性"(objectivity)填补了后除魅社会整全性意义体系的阙如,并成为认知—工具领域(客观世界)之真理性和道德—实践领域(社会世界)之正当性的评判标准。这种模式,不仅超越了"价值无涉"的方法论而为以解放为旨趣的批判理论开辟了通道,也经由程序主义理念的引入避免了包括决断论在内的各种理论模式对实质性价值的欲求②。

第三,哈贝马斯认为,基于合法律性的合法性不可能建立在道德无涉的形式合理性的基础之上,而只能以可容纳道德性论辩的程序合理性为基础。哈贝马斯并不一般性地否认韦伯式基于合法律性的合法性模式,但他强调必须将这种合法律性与实践理性法则相连接,亦即将其同法律规范,甚至整个法律系统之内容的可争辩性相联系。在他看来,

> 如果我们不参照行动主体是可理解的存在物(intelligible beings)这一事实——亦即他们必定总是在基于理性的合法化

---

① 〔德〕哈贝马斯:《对话伦理学与真理的问题》,沈清楷译,中国人民大学出版社 2005 年版,第 51 页(加重为引者所为)。
② 关于哈贝马斯对"价值无涉"的批判和超越,可参见阮新邦:《批判诠释与知识重建:哈伯玛斯视野下的社会研究》,社会科学文献出版社 1999 年版,第 25—37 页;林竞君:《中立或参与——哈贝马斯视野下的 M·韦伯科学价值观批判》,载《现代哲学》2001 年第 3 期;等等。

(legitimation through reason)之假设下行动:他们在被认定之自由(imputed freedom)的力量下行为,那么我们就不能分析经验行动之间的规则性。①

他所设想的是将这种基于合法律性的合法性模式与可以容纳道德性论辩(即前述"道德商谈")且体现道德性或前述"程序普遍性"的程序合理性——即程序性的商谈民主——相联系。首先,哈贝马斯逐一驳斥了前述韦伯式合法性模式单单基于形式合理性的合法律性而获得合法性的可能性:"资产阶级形式法的合法性并非源于其被宣称的'合理'特征,而至多源于那些借助于有关基本经济系统之结构和功能的进一步经验假设而可以从那些特征中引申出的特定道德含义。"②就"工具合理性"而言,法律的确定性保障了行动者对特定手段的可计算的运用,但是法律的确定性这一价值本身并不能自动获得证成,在与其他价值(如福利国家以牺牲法律确定性为代价实施某项政策时所追求的价值)冲突时,我们必须用何种价值可以在道德上普遍化的这一视角作出选择。也就是说,此时即使选择的是法律的确定性,但确定性要获得证成却仍需依赖道德视角。就"目的合理性"而言,法律的普遍性之所以可以提供法律的合法性"并非仅仅是因为它满足了私人自主和目的合理的方式追求个人利益所需要的特定功能型条件"③,而毋宁是因为其根据诸如平等者平等对待、不平等者不平等对待这些充满道德内容的原则才能被证成为理性的。就"科学合理性"而言,它也并非道德上中立的,而更接近于康德意义上的实践理性;现代法律"不能仅仅因为下述事实而获得合法性:其语言被表述精确,其概念是明确的,其自洽性是经过检验的,其原则是统一的";"仅仅当其有助于满足伴随着作为整体的法律成为实在法而出现的那种特殊的证成需要之时,学说性工作才

---

① J. Habermas, *On the Logics of the Social Sciences*, trans. Shierry Weber Nicholsen & Jerry A. Stark (Cambridge, Mass.: MIT Press, 1988), p.48.

② J. Habermas, "Law and Morality", trans. Kenneth Baynes, in SM McMurrin (ed.) *The Tanner Lectures on Human Values*, Volume 8 (Salt Lake City: University of Utah Press, 1988), p.225.

③ Ibid., pp.225-226.

能够为法律的合法化做出贡献"①。总之,"只有在特定社会条件下并且就它们是在某种道德—实践意义上为'合理的'而言,韦伯所研究的法律的形式属性才能够确保基于合法律性的合法性"②。其次,立基于上述论断,哈贝马斯进一步指出:将基于合法律性的合法性定位于道德实践领域,并不意味着法律和政治要从属于道德或实践理性法则——后者将意味着政治丧失立法能力,法律则失去实证性。现代法律的合法性必须仍以合法律性为中介,但是其规范性条件是:立法程序规定了基于"程序普遍性"(商谈参与主体的普遍性)的法律商谈("只有当法律规范创制和适用的程序也是合理产生的,即具有道德—实践意义上的程序合理性,以合法律性为中介的合法性才成为可能"③),而法律商谈本身又可容纳道德性论辩或商谈["基于合法律性的合法性归功于两种程序——即法律过程与遵循着自身的某种程序合理性的道德论证过程——之间的相互交错(interlocking)"④]。

第四,哈贝马斯特别强调了在德国传统中反思韦伯—施米特"决断论"学说之极权主义倾向的特殊必要性。哈贝马斯本人对纳粹暴政和"二战"有着特殊的情结,这种情结在很大程度上决定了对纳粹暴政的学理与制度反思常常在其著作中位居中心位置⑤。他后来(1961)回忆自己的这段思想历程时曾指出:

> 在十五六岁时,我坐在广播前,聆听并体验了在纽伦堡军事法庭上讨论的事情;当其他人没有由于纳粹的可怕而陷入令人吃惊的沉默之中,而是开始争论审判的正义性、程序问题和管辖权问题之时,令人震惊的第一次裂变(rupture)出现了。当然,这仅仅是因为我不能使自己无视这一事实:集体实现的非人道性成为大多

---

① J. Habermas, "Law and Morality", trans. Kenneth Baynes, in SM McMurrin (ed.) *The Tanner Lectures on Human Values*, Volume 8 (Salt Lake City: University of Utah Press, 1988), p.226.
② Ibid., p.227.
③ Ibid., p.230.
④ Ibid.
⑤ See J. Bernstein (ed.), *Habermas and Modernity* (Cambridge, Mass.: MIT Press, 1985), pp.1-2.

数比我年长的那代人的相同标准——对此,我仍很敏感且易于被冒犯。①

正因这种情结的存在,他一直强调韦伯—施米特决断论学说与纳粹暴政之间的学理关联。在为回应帕森斯于1964年海德堡韦伯百年诞辰学术研讨会提交的论文《价值无涉与客观性》而写就的《论价值无涉与客观性》(*Discussion on Value-freedom and Objectivity*)一文中,哈贝马斯指出:从德国立场来评价韦伯与美国所接受的对韦伯的"自由"诠释十分不同。在他看来,在德国,韦伯的政治社会学,尤其是其"决断论要素"(decisionist elements)在魏玛时期后果上具有一种"不同的历史":韦伯所设想的"领袖民主"招致了魏玛以后灾难性的行动后果,"如果我们此时此地要评判韦伯,我们不能忽视的事实是:卡尔·施米特是韦伯的一名'正统学生'(a 'legitimate pupil' of Weber's)"②。在其他场合,他也经常批判韦伯的实证论倾向,特别是其"领袖民主模式"。在《政治的科学化与公共意见》一文中,哈贝马斯将韦伯关于学术与政治关系的观点归于"决断论"模式,并在与"技术统治论"模式的对比中,主张一种商谈论的"实用主义模式"(pragmatistic model)。在他看来,在韦伯式的决断论模式下,"民主选择采取喝彩(acclamation)而不是公共讨论的形式,其原因在于这些选择只适用于享有决策权且占据官职的人们,而不适用于关于这些未来决断本身的方针。至多,决策者们会使这些方针在公众面前合法化。依据决断论的观点,决断本身基本上必须越过公众讨论"。这种理论"把民主的政治决策过程还原为对经过挑选被任命来行使权力的精英们的有条理的(regulated)喝彩过程"③。不仅如此,针对1970年代德国思想界的新保守主义倾向和英

---

① J. Habermas, "The German Idealism of the Jewish Philosophers", in J. Habermas, *Philosophical-Political Profiles*, trans. Frederick G. Lawrence (Cambridge, Mass.: MIT Press, 1983), p.41.
② J. Habermas, "Discussion on Value-freedom and Objectivity", in Otto Stammer (ed.), *Max Weber and Sociology Today* (Oxford: Blackwell, 1971), p.66.
③ See J. Habermas, "The Scientization of Politics and Public Opinion", in *Towards a Rational Society: Student Protest, Science and Politics*, trans. Jeremy J. Shapiro (Cambridge: Polity Press, 1987), pp.67-68.

美世界1980年代的施米特热,哈贝马斯出版了《新保守主义》一书;在该书收录的《自律的恐怖:英语世界的卡尔·施米特》一文中,他又专门撰文批判了施米特的决断论。他认为,施米特把民主从自由主义假定的抽象人性中分离出来,必然使民主附属于人民呼唤的专政者领导下的民族同一体,并最终把民主引向法西斯主义的领袖民主。

施米特想为下述工作打下概念根基:将民主的意志形成限定于伦理上同质化的基础(ethically homogeneous substratum)且化约为不成熟大众所进行的无涉论据(argument-free)的喝彩过程,并藉此将其同普遍参与的普遍主义预设分离开来。因此,人们只能想象出一种主权被嵌入其间的恺撒式的(caesaristic)、伦理上同质化的领袖民主(Führerdemokratie),即一种元首(Führer)统治下的民主。藉此,卡尔·施米特为其移居美国的同侪们附带提供了一种后来被用于其极权主义理论的民主观。①

在收录于《柏林共和国》一书中的《联邦共和国政治性知识分子史中的卡尔·施米特》(Carl Schmitt in the Political Intellectual History of the Federal Republic)中,哈贝马斯亦对施米特式的政治神学与当下政治世俗化情境的背道而驰进行了揭示。

对民主宪政国家的自我理解更具挑衅性的是施米特式的政治神学:它拒斥世俗化的政治概念以及相应的、作为合法法律之基础的民主程序,将那种被剥夺了其审议性内核的民主概念,糅合进仅仅涉及有教养大众之批准的参与中,将原生性民族的统一神话与社会多元主义对立起来,并将人权和人类道德的普遍主义贬斥为一种罪恶的欺骗。②

此外,只要我们稍加分析就不难发现:韦伯—施米特的"决断论"学说与法律思想史上霍布斯著名的"法律命令说"有着很强的亲缘关

---

① J. Habermas, *The New Conservation: Cultural Criticism and the Historians' Debate*, trans. Shierry Weber Nicholsen (Cambridge, Mass.: MIT Press, 1989), p.139.

② J. Habermas, *A Berlin Republic: Writings on Germany*, trans. Steven Rendall (Lincoln: University of Nebraska Press, 1997), p.112.

系,即它们都强调法律区别于道德但从属于政治,即法律成为政治的工具。哈贝马斯很早就敏锐地注意到这一点。在《自律的恐怖:英语世界的卡尔·施米特》一文中,他指出,施米特的政治神学在两方面受惠并改造于霍布斯:首先,施米特在1922年出版的《政治神学》一书中吸收了霍布斯的主权思想;而且,他还清空了霍布斯为私人信仰所遗留的空间。

> 霍布斯那里受制于实在法媒介的主权立法者的观念已经包含了卡尔·施米特视其为一种巨大灾难的宪政国家之发展的萌芽——他竭力将这种萌芽溯源于那种相对于私人宗教信仰权力(即韦伯所谓的"神与魔"之间的选择)的国家权力的中立化倾向。[1]

在这个意义上,哈贝马斯在《法律与道德》演讲中对霍布斯版本实证论的批判也可适用于韦伯—施米特"决断论"学说。在他看来,霍布斯版本的实证论在清空了法律的规范性色彩的同时,又使法律成为政治的工具,从而牺牲了实在法的"不可工具化性质",即"不可随意支配性":"即使在现代法律中,法律的不可随意支配性环节仍然构成了对抗法律作为媒介而被政治工具化的不可撤销的抗衡力量,它应当归功于政治与法律同道德之间的相互渗透";但是,"在法律实证论的一个变种版本中,法律整个被剥夺了其规范性特征,仅仅工具性地界定的法律规范被理解为是某个主权者的命令(奥斯丁)。这样一来,法律的不可随意支

---

[1] J. Habermas, *the New Conservation: Cultural Criticism and the Historians' Debate*, trans. Shierry Weber Nicholsen (Cambridge, Mass.: MIT Press, 1989), p.131.其他论者也看到了施米特与霍布斯的渊源,认为其是"20世纪的霍布斯"[See Renato Cristi, *Carl Schmitt and Authoritarian Liberalism: Strong State, Free Economy* (Cardiff: University of Wales Press,1998); Gershon Weiler, *From Absolutism to Totalitarianism: Carl Schmitt on Thomas Hobbs* (Colorado: Hollowbrook Pub.,1994)]。施米特本人也曾对霍布斯的国家学说有较多关注(参见〔德〕卡尔·施米特:《霍布斯国家学说中的利维坦》,应星、沈雁冰译,华东师范大学2008年版);值得注意的是,尽管自身学说充满矛盾的霍布斯常常被视为自然法学说的代表,但"霍布斯事实上可以被看作是近代实证主义之父,至少可以称为开创者"。(〔德〕奥特弗利德·赫费:《政治的正义性:法和国家的批判哲学之基础》,庞学铨等译,上海人民出版社2005年版,第80页)

配性环节被当作形而上学遗迹丢在一边"①。

(二)"法律与道德互补论":哈贝马斯对韦伯式"基于合法律性的合法性"模式的重建

上一节中(特别是第四点),我们事实上已经部分地看到了哈贝马斯为回应韦伯式实证论的合法化理论所作的理论建构。在此,我想论及哈贝马斯所提出的另一项直接回应韦伯的理论建构,即"法律与道德的互补论"。

在本书第一章中,我们已经简要提及哈贝马斯与韦伯对法律的不同定位:韦伯仅仅将法律定位于社会层面,将其理解为行政系统和经济系统的一种组织手段;而哈贝马斯则同时将法律定位于社会层面与文化层面,即认为法律是"行动系统"与"知识/符号系统"的统一。同时,哈贝马斯仅将现代道德("后习俗的道德")定位于个性和文化层面,认为其仅仅属于"知识/符号系统"。哈贝马斯的这种观点是与其回应实证论"分离命题"的"法律与道德的互补论"相伴而生的。我们可以从以下几个方面来解读他的这一论说。

首先,他吸收了韦伯社会合理化理论,总体上将法律与道德看作是相对独立的规范领域。如前所述,韦伯经由文化合理化而达致的社会合理化理论认为:在现代社会,随着世界的"除魅",不仅科学、道德和艺术等价值领域开始分化,而且道德—实践的法律与道德也分化为各自独立的领域,并遵循着不同的运行逻辑。哈贝马斯充分肯定了韦伯的这一论说。他说:"法律规则和道德规则是同时从传统的伦理生活中分化开来,并作为虽然不同但互补的行动规范并列出现的。"②对此我们在前文第一章中已作了较为详细的阐述,在此不再赘述。

其次,他恰当定位了现代社会法律在社会整合中所具有的媒介地位,并仍将法律的合法性建基于合法律性之上。在《法律与道德》一文

---

① J. Habermas, "Law and Morality", trans.Kenneth Baynes, in SM McMurrin (ed.) *The Tanner Lectures on Human Values*, Volume 8 (Salt Lake City: University of Utah Press, 1988), pp.264,263.

② J. Habermas, *Between Facts and Norms: Contributions to a Discourse Theory of Law and Democracy*, trans. Williiam Rehg (Cambridge, Mass.: MIT Press, 1996), p.105.

中,哈贝马斯立基于韦伯的相关论说进一步强调法律实证化的趋势和由"理性自然法"理念转向"法治国"理念的必要性。在考察中世纪后实践领域的发展后,哈贝马斯认为,中世纪法律具有三重结构:构成法律系统最高框架的是由神学家和法学家们阐释和执行的宗教法;构成法律系统核心的是由国王或皇帝根据宗教法颁布的官僚法;同时,还有不成文的、可以追溯至部落法传统来源的习惯法。但随着宗教世界观让位于私人化的诸神诸魔、随着习惯法为制定法所吸收,法律的神灵基础动摇了,法律的三重结构已经崩溃。现代法律主要以官僚法即实在法的形态出现,却又缺乏类似宗教法的元社会保障确保法律的合法性;同时,我们还必须确保实在法具有不可工具化性质,即不可随意支配性,因为这是履行官僚统治治理职能的必然要求。以霍布斯"法律命令说"(韦伯—施米特的"决断论")为代表的实证论,获得了法律的实证性却又牺牲了法律的不可随意支配性,使得法律(被政治)工具化;以康德为代表的理性自然法传统,尽管符合后习俗阶段的道德意识,但同样牺牲了法律的不可随意支配性,使得法律道德化。因此,我们必须另谋出路。哈贝马斯提供的出路,是从"理性法"观念转向"法治国观念"①。在他看来,相较于法律,后习俗的道德具有以下缺陷:(1)道德规范的证成和运用对人提出苛刻的要求,其原则导向的判断具有认知不确定性;(2)道德不具有约束行为动机的力量,具有动机的不确定性;(3)道德在规范履行上具有组织的不确定性。道德的缺陷不能靠传统的伦理来弥补,而只能靠其创制和实施具有事实性的法律来补充。较之于道德,法律(1)抽象掉了承受者约束其自由意志的能力,只考虑其自由选择;(2)抽象掉了生活世界的复杂性,只关注行动者之间的外在关系;(3)还抽象掉了服从规则的动机,只满足于对规则的服从。经由此种抽象,法律不仅仅是知识系统,而且成为具有实在强制力的行动系统②。

---

① See J. Habermas, "Law and Morality", trans. Kenneth Baynes, in SM McMurrin (ed.) *The Tanner Lectures on Human Values*, Volume 8 (Salt Lake City: University of Utah Press, 1988), pp.260–271.
② See J. Habermas, *Between Facts and Norms: Contributions to a Discourse Theory of Law and Democracy*, trans. Williiam Rehg (Cambrige, Mass.: MIT Press, 1996), p.112.

前已论及,哈贝马斯不满于马克思和早期法兰克福学派对法律在现代社会中之突出作用的忽视,力图以法律秩序为核心,建构以社会理论为基础并统合政治哲学和法哲学的综合性合法化理论。为此,哈贝马斯从社会整合视角对法律在现代社会之社会整合中的价值予以充分肯定。我们知道,哈贝马斯的社会理论建构了以"生活世界"为基础的"系统—生活世界的二元论"①。在其社会整合理论中,他借鉴了英国社会学家戴维·洛克伍德(David Lockwood,1929—)于1960年代所提出的"社会整合"与"系统整合"的区分②,但赋予了不同的含义:社会整合是由生活世界以语言为媒介达致的整合,而系统整合则是由系统以金钱和权力等导控媒介达致的整合;前者的整合机制是"共识形成机制",而后者则是"交换和权力机制"。评价这两种整合的判准也不同:"社会整合是根据自我认同和集体认同的内在稳定和持存之标准予以测度的,且这种自我认同和集体认同又是依赖于行动者所归于自身的东西;系统整合则是按照系统相对于其环境之边界的外在稳定和持存的判准来加以评价的。"③在哈贝马斯看来,经济系统和行政系统不仅有助于社会协作,而且使行动者免去了以沟通的方式协调生活所有方面的负担,是回应现代社会复杂性的必不可少的机制;然而,我们为此付出的代价是某种形式的阶级统治和民主赤字。若要回应这一问题,我们必须将系统锚定于生活世界的社会成分之中,将系统整合建立在社会整合的基础之上。正是以"生活世界"中通过价值、规范和理解过程进行的社会整合为基础,并与通过市场和行政力量进行的系统整合一道,使得整个社会在缺乏整全性意义体系的情形下可以得到整合。同时,他又强调法律在系

---

① 关于哈贝马斯的这一理论模式,详见后文论述,亦可进一步参见 Erik Oddvar Eriksen & Jarle Weigard, *Understanding Habermas: Communicative Action and Deliberative Democracy* (London: Continuum International Publishing Group, 2004), pp.86 – 108。
② 关于洛克伍德的这一概念,可以进一步参见 Nicos Mouzelis, "Social and System Integration: Habermas's View", 43(2) *The British Journal of Sociology* (Jun., 1992), pp. 267 – 268。
③ J. Habermas, "A Reply", in Axel Honneth & Hans Joas (eds.), *Communicative Actions: Essays on Jürgen Habermas's The Theory of Communicative Action*, trans. Jeremy Gaines and Doris L.Jones (Cambridge: Polity Press, 1991), p.252.

统整合与社会整合之间所起的媒介作用:一方面,法律作为"知识/符号系统"与生活世界的理解成就保持着关联;另一方面,法律作为"行动系统"亦是经济系统和行政系统的组织手段。正如 David Ingram 概括的那样:

> 法律关系不仅通过强制性媒介(以权力支持的制裁相威胁)导控行为。毋宁说,它们亦嵌入规范性的民主建制之中,而这些建制确保着人们对掌控社会合作的合法规则的自愿接受。法律作为一种规范性建制与日常沟通行动之间的密切关系在使得承认言论自由、出版自由和结社自由的诸权利和诸条件建制化的宪法中表现得尤为明显。然而,尽管宪法权利具有人为的法律地位(正如哈贝马斯理解的),它们在被法律建制化之前仍具有一种强制性的证成力量(a compelling justification);由于反映了某种普遍性的道德共识,它们仍牢牢地锚定在生活世界中承认沟通行动的团结性道德关系中。①

"由于法律不仅同生活世界的团结,而且同金钱和行政权力紧密相连,因此,法律自身的整合功能可以对不同来源的迫令予以吸纳。"②在这样的条件下,现代法律在社会整合中扮演着系统整合与社会整合的媒介作用,其合法化显然须以法律的"不可任意支配性"(合法律性)为前提。

第三,哈贝马斯立基于康德实践理性论说,强调法律与道德在现代社会的互补关系,进而又在规范性渊源上将法律的合法性溯源于道德—实践领域。哈氏的"法律道德互补论",不仅强调需要由实在法来补充"后习俗道德"的缺陷,同时强调作为整体的法律的合法性应当建基于实践理性法则之上:"只有不违背基本道德原则之时,法律秩序才具有合法性。"③早在《沟通行动理论》中,哈贝

---

① David Ingram, *Habermas: Introduction and Analysis* (Ithaca and London: Cornell University Press, 2010), p.274.
② J. Habermas, *Between Facts and Norms: Contributions to a Discourse Theory of Law and Democracy*, trans. Williiam Rehg (Cambrige, Mass.: MIT Press, 1996), p.40.
③ Ibid., p.106.

马斯就在法律合理化的语境中,批评了韦伯仅仅将法律局限为行政系统和经济系统的组织手段而使其脱离了道德—实践领域的实证主义倾向:

> 韦伯忽视了合理证成之需要的契机(moment)。他恰恰把合理证成从现代法的概念中清除出去,而这种合理证成的观念是在17世纪的现代自然法理论中出现的,而且自此后它就成为——如果不是所有个别法律规范,肯定是——作为一个整体的法律系统,特别是政治统治的公共法律基础的典型特征。正是以这种方式,韦伯将法律等同于以一种目的理性的方式予以运用的组织手段,并将法律的合理化与道德—实践性的合理性结构相分离,进而将其还原或化约为一种手段—目的关系的合理化。①

哈贝马斯指出:"在韦伯看来,不管其有多么地形式化,现代法律都应当在实证主义的意义上被理解为由政治决断予以制颁并完全与合理一致——即一般性的给出理据的理念(ideas of grounding)——不相关的规则(law)。"②正是由于将法律以实证主义的方式仅仅理解为由政治决断颁行的行政系统和经济系统的组织手段,韦伯最终将合法性化约为——且仅仅化约为——合法律性。在哈贝马斯看来,

> 这种概念策略所导致的问题严重的后果是:韦伯不得不把所有反对将现代法律淡化为同道德—实践性的证成情境相分离的纯粹组织手段的反向思潮(countermovements)都贬斥为"实质合理化"。在"现代法律发展的反形式趋向"的逻辑下,他(不加区分地)纳入的不仅有实际上威胁着法律的后传统地位而将法律基础再意识形态化(reideologizing)的趋向,而且还有进一步体

---

① J. Habermas, *The Theory of Communicative Action*, Vol. 1: *Reason and the Rationalization of Society*, trans. Thomas McCarthy (Boston: Beacon Press, 1984), p.262.
② Ibid., p.263.

现了后传统的道德意识结构而导向一种法律之伦理合理化的趋向。①

然而,"吁求对法制型支配予以证成的需要(也就是尝试着追溯法律的合理一致的合法性基础)"绝不意味着"对某些个殊性价值的欲求"②。而且,法律本身不仅具有认知—工具性维度,亦具有道德—实践性维度。前已论及,哈贝马斯在后来出版的《在事实与规范之间》中进一步指出,法律不仅是认知—工具领域的行动系统(即行政系统和经济系统的组织手段),亦是道德—实践领域的知识/符号系统。然而,由于严重地陷入法律实证主义的泥潭,"韦伯忽视了法律合理化的道德—实践性方面(证成的原则),而仅仅考虑了其认知—工具性方面(制颁的原则)。"③在哈贝马斯看来,法律作为一种知识/符号系统,分享着与"后习俗道德"同样的普遍主义的规范结构,并"接纳着(take up)日常沟通行动的不同有效性方面(真理性、正当性或真诚性)"④。因此,法律的合法性必须遵循实践理性法则,并在总体上要在生活世界的背景中(即在沟通行动中)获得证成。

前已论及,哈贝马斯区分了规范有效性与社会有效性(或事实有效性),并在根本上将合法性限定于遵循着道德—实践领域之证成逻辑的规范有效性。为此,他到康德那里寻求思想激励。正如本书第三章中指出的,康德区分了公共领域的法律或正当与私人领域的伦理(狭义的道德),同时又将两者都置于实践理性法则之下,从而在道德与法律之间设定了一种等级化的关系。哈贝马斯则通过"实践理性三分法"(实用理性、伦理理性与道德理性)的建构,在保持了法律与道德之间互补关系的同时,又消解了两者之间的等级关系。他以建基于"程序普遍

---

① J. Habermas, *The Theory of Communicative Action*, Vol. 1: *Reason and the Rationalization of Society*, trans. Thomas McCarthy (Boston: Beacon Press, 1984), p.269.
② Ibid., p.267.
③ Ibid., p.268.
④ See J. Habermas, *Between Facts and Norms: Contributions to a Discourse Theory of Law and Democracy*, trans. Williiam Rehg, (Cambridge, Mass.: MIT Press, 1996), p.360.

性"之上的商谈原则将实践理性的诸形式统合起来,并通过经由商谈原则到民主原则的转化,将实践理性的诸形式与法律商谈联系起来。经由上述理论步骤,哈贝马斯不仅继承了卢梭—康德式理性自然法契约论合法化论说的自我立法思想,而且也创造性地承继了康德"基于实践理性(合道德性)的合法性"的思想,并通过对"实践理性多态论"的建构消解了康德在道德与法律之间所设定的等级关系,同时通过从"语义普遍性"到"程序普遍性"的转换所达致的程序性道德普遍主义的建构而部分保留了合法性论说的规范性色彩。

五、本章小结

前文的分析表明:韦伯具有较强的民族主义情结,这种情结使他格外强调学术的"文化政治"担当,亦使其具有学者和群众性政治家双重身份。尽管韦伯明确强调学术研究的"价值无涉"原则,但其作为群众性政治家却具有明确的价值取向。作为学者,韦伯对现代社会"基于合法律性的合法性"(法理型统治)模式进行了详尽分析;但作为群众性政治家,他却又明确提出了"领袖民主"(卡理斯玛型统治)的合法化模式。无论是"基于合法律性的合法性"模式,还是"领袖民主"模式,韦伯都具有实证论倾向。因为他坚持了实证主义的"分离命题",拒绝普遍主义的道德对法律和政治的驯服,所不同的只是"基于合法律性的合法性"模式使法律既远离道德又远离了政治,而"领袖民主"模式则使法律远离了道德却又臣服于政治。韦伯提出的"领袖民主"模式因卡尔·施米特的继承及其特殊身份而被贴上"决断论"标签,并与纳粹暴政扯上了关联。

哈贝马斯对待韦伯式实证论合法化理论的态度是:一方面,他总体上拒绝了韦伯合法化模式的描述路径,并极力批判了韦伯的"领袖民主"模式;但另一方面,他也将其合法化论说建基于韦伯式基于合法律性的合法性模式之上,并做出了可以容纳道德性内容的理论重构。

为此,哈贝马斯通过"知识的构成性旨趣"概念的引入企图消解韦伯式实证论"价值无涉"的方法论,并通过"真理共识论"的建构来对抗韦伯式实证论"价值无涉"方法论关于"真理符合论"的真理观预设。同时,哈贝马斯极力批判了韦伯—施米特"决断论"的极权主义倾向,并特别强调了在德国传统中反思这种论说的必要性。

但哈贝马斯也肯定了韦伯关于法律与道德相对分离及基于合法律性的合法性命题,并通过"法律道德互补论"的建构,将韦伯建基于形式合理性之上的"基于合法律性的合法性"模式改造成建基于程序合理性之上的"基于合法律性的合法性":他遵循康德仍将法律定位于道德—实践领域,并用他自己所阐发的"实践理性多态论"代替康德那里等同于"合道德性"的实践理性观,用可以吸纳道德性论辩和实践理性诸形式的"程序合理性"代替了韦伯意义上的"形式合理性"。

由此可见,哈贝马斯的商谈合法化理论仍是一种"基于合法律性的合法性"模式。但是,由于他这种模式的基础建立在那种体现了"程序普遍性"这一合道德性标准且可以容纳道德性论辩的"程序合理性"之上,它一方面保留了合法化论说的规范性色彩(商谈主体因问题性质不同而具有最大限度的普遍性),另一方面又保持了合法化过程的开放性(商谈程序可以容纳包括道德性商谈在内的各种性质的商谈),从而使得合法性不再仅仅是法律系统或政治系统内部的事情而仍被嵌入道德—实践领域中公民的商谈性参与,并藉此避免了韦伯式实证论将合法性仅仅化约为形式化的合法律性或归结于政治(领袖)决断的弊端。

在《沟通行动理论》第二卷中,哈贝马斯曾从四个方面对韦伯的现代性社会理论进行了深入的分析和批判。他写道:

> 韦伯把与志业相关的新教伦理(the Protestant ethic of the calling)及相应的有条不紊—合理的生活品行(methodical-rational conduct of life)正确地描述为由原则导引的某种道德意识的表现;但由于那种自我中心的职业苦行主义基于优雅的个殊主义(particularism of grace)之上,只能将睦邻(neighborliness)的宗教伦理表征为极度不合理的体现,他未能给出一种系统的分析。
>
> 韦伯注意到了在某人的志业中关于工作的伦理性取向的衰微和工具性取向的扩展,但是他的如下推理是不令人信服

的:世俗化过程要对职业性伦理的解体负责。但基于原则的道德并不必然与个人救赎的兴趣相联系;它事实上已经在世俗化的形式中稳定下来——即使在开始时它只存在于特定社会阶层中。

韦伯看到了生活方式逐渐陷入专家与纵欲者的极化对立中;但在此,他的下述推理同样难以令人信服:这种对立是由那些具有其自己线性逻辑的文化价值领域的对立造成的。一般而言,当实质理性分裂为不同的理性环节时,理性只能在程序合理性的形式中才能获得其统一性。

最后,韦伯把形式合理性与实质合理性之间的那种系统对立视为现代法律发展的特有问题;但是,正如我们看到的那样,由于使自己陷入法律实证主义观点,他不能融贯地把那些——由那种以实证主义的方式掏空的法制性支配所导致的——合法化难题纳入现代社会的合理化模式之中。①

结合我们在前文中的相关讨论,不难发现哈贝马斯所诊断出的韦伯的上述缺陷在其合法化理论中都或多或少有所体现。以此看来,哈贝马斯基于"后习俗道德意识"的商谈合法化理论正是通过相应的努力超越韦伯式法律实证论合法化论说的上述缺陷:以道德意识发展的普遍主义视角(规范结构在人类社会的普遍发展),来消解韦伯现代性理论的情境主义、个殊主义预设和欧洲中心主义立场;以基于原则的"后习俗"道德意识对沟通行动、商谈的吁求,来弥合韦伯所诊断出来的世俗化进程中"价值合理性""赤字";以统一的、程序化的沟通合理性,来弥合韦伯所意识到的现代社会的理性分裂;以"生活世界合理化"所蕴含的沟通理性潜能,来回应现代社会的合法化难题。

---

① J. Habermas, *The Theory of Communicative Action*, Vol. 2: *System and Lifeworld*, trans. Thomas McCarthy (Boston: Beacon Press, 1987), p.304.

第五章　结语　商谈民主与法律合法化：商谈合法化理论的民主向度

> ……我从合法化的面向（aspects）来讨论民主理论。*
>
> ——哈贝马斯

在前文中，我们从哈贝马斯对当下道德意识与法律意识结构的时代诊断和社会理论建构出发，立基于他对后传统社会的道德哲学建构，分别以康德式理性自然法和韦伯式实证论合法化理论为参照，分析了哈贝马斯立基于社会理论和道德哲学的商谈论法律合法化理论及其相对于康德式理性自然法和韦伯式实证论合法化理论的"知识增量"。本书的研究表明：哈贝马斯通过对科尔伯格个体道德意识发展理论的社会进化论"改造"和对韦伯社会合理化理论的"阐发"，认为现代社会道德和法律结构是一种"后习俗"的规范结构。就道德意识结构而言，其形成了一种基于原则、普遍主义的道德意识；就法律结构而言，其具有实证性、法制主义和形式性等特征的同时，也需要从"后习俗"层次进行证成。哈贝马斯又通过对科尔伯格个体道德意识发展理论的沟通行动理论和商谈伦理学"改造"，以康德主义义务论伦理学为基点，主张回应"后习俗的道德意识与法律意识结构"的道德理论应当是一种坚持商谈原则和可普遍化原则的商谈伦理学，从而奠定了其商谈合法化理论的道德哲学基础。相对于康德式理性自然法基于合道德性（实践

---

* J. Habermas, *Between Facts and Norms: Contributions to a Discourse Theory of Law and Democracy*, trans. Williiam Rehg (Cambridge, Mass.: MIT Press, 1996), p. xl (preface).

理性)的合法化理论而言,哈贝马斯主要通过"实践理性的多态论"的建构,在将法律的合法性建基于合道德性(实践理性)之上的同时消解了康德在道德与法律之间设定的前现代等级化结构。相对于韦伯式实证论基于合法律性的合法性理论而言,哈贝马斯主要通过"法律道德互补论"的建构,在将法律的合法性建基于合法律性的同时,消解了韦伯将合法性等同于合法律性的纯形式化论说。可见,哈贝马斯最终走向了一种程序主义的商谈合法化理论。在这种理论中,由商谈原则(民主原则)统合起来的实践理性诸形式代替了建基于可普遍化原则之上的康德式实践理性,并且商谈主体的普遍性(程序的普遍性)代替了康德那里的实质性内容的可普遍性或合道德性(语义的普遍性);法律与道德互补关系(作为行动系统的法律补充后习俗道德的不足,同时法律的合法性又通过程序的普遍性建立起了同道德的关联),代替了韦伯那里仅仅着眼于法律之被接受的形式主义和工具主义的合法化论说。因此,它有可能在强调法律与道德相对分离的前提下,经由商谈程序的中介以把法律与道德连接起来,消解康德式理性自然法使法律从属于道德、韦伯式实证论特别是韦伯—施米特决断论使法律臣服于政治的弊端,从而在将法律的合法性定位于道德—实践领域的同时,保持实在法的"不可工具化",即"不可随意支配性"。

作为本书的结语,本章在对全文予以总结的同时,还将论及哈贝马斯商谈合法化理论的其他若干理论要点:哈贝马斯对法律的定位(一),哈贝马斯所谓的"围攻论"的"双轨模式"(二),及其法律合法化与其民主理论的关系(三)。其中,哈贝马斯对法律的定位,可以让我们更为清晰地看到其合法化理论何以能够避免(或试图避免)康德式理性自然法和韦伯式实证论合法化论说的缺憾;其"双轨模式",既可以让我们看到其法律哲学与其早期社会理论的关系,亦可以让我们更明确地分析其商谈合法化理论的主要理论构件;其法律合法化与其民主理论的关系则可以让我们看到他何以能够将法哲学中的法律合法化论题与政治理论中的民主理论融合为商谈民主理论,进而更为全面地理解哈贝马斯政治哲学与法哲学在西方相关理论脉络和学术传统中所处的位置。

一、法律:作为"系统"与"生活世界"之间的一种媒介

(一)哈贝马斯"系统—生活世界的二元论"

我们知道,为了突破社会理论中长期存在着的结构主义/系统理论传统与行动理论传统之间的二元对立,哈贝马斯继承了韦伯和帕森斯社会理论的二元化倾向[①],并立基于此提出了著名的"系统—生活世界的二元论"。

哈贝马斯借鉴帕森斯—卢曼系统理论对现代复杂社会的诊断与建构,承认"边界维持系统"(boundary-maintaining systems)(帕森斯)或"自创生系统"(autopoietic systems)(卢曼)可以不经行动者的沟通性参与、通过目的性行动(策略行动)的方式在超越多元化行动者的匿名化、非人格化层面上而得到整合(即前文论及的洛克伍德—哈贝马斯意义上的"系统整合"),从而减少复杂社会的"交涉成本",约减社会的复杂性。但是,不同于帕森斯 AGIL 图式的四系统论["适应"(adaptation)、"目标达成"(goal attainment)、"整合"(integration)和"潜在模式维持"(latent pattern-maintenance),分别大致对应着经济、政治、文化和个性等诸方面]和卢曼更为精致的十二系统论[②],哈贝马斯将韦伯那里基于目的合理性的资本主义经济和官僚制理解为两个主要的子系统,即经济系统和行政系统(对应于帕森斯那里的"适应"和"目标达成"子系统):"与系统范式最符合的是资本主义经济与专事计

[①] 关于韦伯与帕森斯理论中的"二元化"倾向,请参见 J. Habermas, *Between Facts and Norms: Contributions to a Discourse Theory of Law and Democracy*, trans. Williiam Rehg (Cambridge, Mass.: MIT Press, 1996), pp.66 ff.

[②] 关于帕森斯和卢曼的系统理论,可以参见高宣扬:《当代社会理论》(下册),中国人民大学出版社 2005 年版,第十二和十四章;Niklas Luhmann, *Social Systems*, trans. John Bednarz, Jr., with Dirk Baecker (California: Stanford University Press, 1995),等等。

划与福利的公共行政"①,因为"系统概念只有在金钱和权力导控媒介已经制度化的领域才具有相关性。只有在这些媒介形成的关系中,行动者在行为时才会采取客观化的态度"②。

同时,哈贝马斯以胡塞尔"生活世界"概念的主体间性和形式语用学"改造"③,来对接帕森斯 AGIL 图式中"整合"和"模式维持"子系统,从而形成了"系统—生活世界的二元论"。哈贝马斯认为,"系统"是以金钱或权力为导控媒介的"规范无涉的社会性"(norm-free sociality)领域,对应的行动类型是取向"成功"的策略行动(strategic action);而"生活世界"则是以语言为互动媒介的"权力无涉的沟通"(power-free communication)领域,对应的行动类型是取向"理解"或"共识"的沟通行动(communicative action)。在生活世界中,语言主要发挥三种功能:其一是使用语言就某一问题达致相互理解;其二是理解取向的沟通被用于行动协调,进而为社会整合和社会团结作出贡献;其三是个体的社会化以语言为媒介得以发生。因此,生活世界就包括三个结构性成分:文化、社会与个性;它们又分别对应着个体沟通行动所面对的三个世界:客观世界、社会世界与主观世界,并分别履行着文化再生产、社会整合和(个体)社会化的功能。

> 我使用文化指称知识的储存——当沟通中的参与者就世界的某事物达致理解之时,他们从这种知识贮存中为自己获得解释;我用社会指称具有合法性的秩序——通过这种秩序,参与者在社会群体中调节其成员资格,并藉此保障团结;我把个性理解为使得主体得以言说和行动的能力——亦即使他能够处于参与达致理解之

---

① J. Habermas, *Between Facts and Norms: Contributions to a Discourse Theory of Law and Democracy*, trans. Williiam Rehg (Cambridge, Mass.: MIT Press, 1996), p.353.
② Erik Oddvar Eriksen & Jarle Weigard, *Understanding Habermas: Communicative Action and Deliberative Democracy* (London: Continuum International Publishing Group, 2004), p.97.
③ 关于哈贝马斯对胡塞尔"生活世界"的"改造"以及两者的异同,可以参见 Ibid., pp.90 – 91。

过程的位置,并藉此主张自己的认同。①

因此,哈贝马斯所谓的"生活世界"大致对应着帕森斯 AGIL 图式中"整合"和"模式维持"子系统②。

但是,哈贝马斯强调,生活世界与系统并不是并立的,而是前者在功能上优位于后者,因为他寄望用生活世界中蕴含的沟通理性去重塑人们对现代性的自我理解。我们知道,韦伯将社会合理化的结果解释为"自由的丧失",这是因为资本主义经济和行政管理都遵循着目的合理性,进而使得目的合理性弥散,而"一个由工具效率和认知专门化做标准来支配的社会和文化,就有可能产生这样一种铁笼:人们的精神被推入其中而没有任何逃脱的希望"③。"哈贝马斯同意现代生活的基本扭曲可以追溯至合理化过程。但是,他也认同马克思的态度,并认为它们不是合理化本身所造成的,而是源于资本主义现代化的特殊性质。因此,他认为通过基本社会结构的转型是可以挽救的。"④他继承法兰克福学派的物化(reification)和异化(alienation)思想,将韦伯的上述悲观诊断阐发为"系统迫令对生活世界的殖民化"(colonisation of the lifeworld by system imperatives),即目的合理性态度开始渗透到生活世界,并通过社会生活的"司法主宰化"(juridification)⑤,使之成为社会系统的一个子系统。但他并不满足韦伯的悲观和宿命论调,而是寄望通过彰显生活世界所蕴含的沟通理性来影响或限制"系统"的运行。

---

① J. Habermas, *The Theory of Communicative Action*, Vol.2: *System and Lifeworld*, trans. Thomas McCarthy (Boston: Beacon Press, 1987), p.138.
② 关于哈贝马斯与帕森斯社会理论的承继关系,可以参见谢立中:《行动和系统的联结:哈贝马斯论帕森斯的理论失误》,载阮新邦等主编:《解读〈沟通行动论〉》,上海人民出版社 2003 年版,第 145—171 页。
③ 参见〔英〕尼格尔·多德:《社会理论与现代性》,陶传进译,社会科学文献出版社 2002 年版,第 44 页。
④ Thomas McCarthy, *Ideals and Illusions: On Reconstruction and Deconstruction in Contemporary Critical Theory* (Cambridge, Mass.: MIT Press, 1991), p.152.
⑤ "一般而言,司法主宰化的概念指涉形式法中按下列方式的一种增长(趋势):实在法的扩张,即更多的社会关系变得由法律来调整,以及法律的精细化(densification),即法律规章变得更为细密。"Mathieu Deflem, "Introduction: Law in Habermas's Theory of Communicative Action", in Mathieu Deflem (ed.), *Habermas, Modernity and Law* (London: SAGE Publications Ltd, 1996), p.7.

在他看来,生活世界中人们共享的文化知识、有效的社会规范和负责任的个性动机使得它们成为达致理解或共识之沟通行动的始源地,而生活世界基于价值、规范和共识等以沟通行动达致的社会整合对全社会的整合具有根本作用:它既可以保障生活世界本身不被扭曲,其所蕴含的民主潜能更可以影响或限制系统的运行。因此,

> 我们要保护那些在功能上依赖于经由价值、规范和共识形成达致社会整合的生活领域,以使它们远离那些依据自身机理成长起来的经济子系统和行政子系统之系统迫令的掠夺或侵蚀,并保护它们不被法律的导控媒介转化为一种社会化的原则,即对它们而言属不正常的原则。[1]

(二)法律:作为"系统"与"生活世界"之间的一种媒介

那么,在"系统—生活世界的二元论"中,法律栖身何处呢?按照哈贝马斯的理解,法律是"系统"与"生活世界"之间的一种媒介。

一方面,法律是经济系统和行政系统的组织手段。我们在前文第四章中已经讨论了韦伯关于现代形式法与资本主义经济与官僚制之关系的论说:现代法律与官僚制都是为回应资本主义经济的可计算性需求而出现的,而官僚制又为形式法的出现提供了基础,并使之成为现代行政系统的组织手段。同时,我们在第一章已经看到,哈贝马斯通过对后传统社会道德意识与法律意识结构的分析认为,现代社会道德与法律分离使得法律在社会层面成为经济系统与行政/政治系统的组织手段,而道德只体现为一种个性层面的私人道德。事实上,哈贝马斯是在功能分化或"系统与生活世界的去耦合化(uncoupling)"的语境中探讨这一问题的。前面提到,哈贝马斯立基于韦伯的社会合理化和系统理论的功能分化论说认为,经济系统与行政/政治系统是从生活世界中的"社会"中分化而来的(即他所谓的"系统与生活世界的去耦合化"过程),这一分化过程同时也是市民社会从经济与国家中剥离出来的过

---

[1] J. Habermas, *The Theory of Communicative Action*, Vol.2: *System and Lifeworld*, trans. Thomas McCarthy (Boston: Beacon Press, 1987), pp.372-373.

程。之所以可以完成这一分化过程,与道德相对分离的现代形式法起到了至关重要的作用:通过私法对经济系统的规制、公法对行政系统的调整,法律为在生活世界居于导控地位的金钱和权力媒介建构起了规范性的锚定(normative anchoring),进而使以金钱为媒介的经济系统与以权力为媒介的行政系统得以从生活世界中分化开来;"私法与公法建制(institutions)使得市场与政府机构成为可能,因为已经从生活世界分化而来的经济系统与行政系统是在法律的形式中运行的。"① 同时,由于法律的中介,经济系统与以权力为媒介的行政系统仍然根植于生活世界之中:"经由法律制度化的中介,这些系统仍然锚定在生活世界的社会成分中。"②

但另一方面,法律也是以生活世界为背景的道德—实践领域的一种表现。正如我们在本书第一章所看到的,哈贝马斯对后习俗法律意识结构的建构,不仅强调法律是经济系统和行政系统的组织手段,亦强调其是道德实践领域的一种表现。作为一种符号系统,法律和道德体现了同样的规范结构,即后习俗的(基于原则的、普遍主义的)规范结构。之所以能够如此,很大程度上是因为理性自然法学说所起的历史性贡献:经过理性自然法的洗礼,普遍主义的道德不仅进入到实在法中,而且也遗留在人们的道德意识中。这样,尽管单个法律规范无需一一诉诸普遍主义道德而获得证成,但作为整体的法律系统仍须获得普遍主义道德的证成才能获得合法性。

法律秩序实证化的特殊成效在于置换(displacing)了证成问题,即在于在很大程度上使得法律的技术性操作不再受证成问题的侵扰——但是,它并没有消除这一问题。正是后传统的法律意识结构加剧了证成问题,并使之成为一个原则性的问题;而这转移

---

① J. Habermas, *Between Facts and Norms: Contributions to a Discourse Theory of Law and Democracy*, trans. Williiam Rehg (Cambridge, Mass.: MIT Press, 1996), p.40.
② Ibid., p.354.当然,在哈贝马斯那里,法律不仅使系统与生活世界得以分化,而且社会生活的"司法主宰化"(juridification)也使得两者"再耦合"(recoupling)在一起,进而导致"系统对生活世界的殖民化"。See J. Habermas, *The Theory of Communicative Action, Vol.2: System and Lifeworld*, trans. Thomas McCarthy (Boston: Beacon Press, 1987), pp.153 ff.

了证成的基础,但并没有使之消失。①

因此,法律的合法性仍需定位于道德实践领域,即要从生活世界的个性,特别是文化部分(法律意识与道德意识)获得合法性渊源。这意味着:作为"符号/知识系统",法律仍与生活世界保持着密切的关联。

由此可见,在哈贝马斯那里,法律是系统和生活世界之间的一种媒介。这主要体现在:一方面,作为一种行动系统,法律是经济系统和行政/政治系统的组织手段;另一方面,作为一种知识/符号系统法律又与生活世界的文化层面和个性层面(后习俗的法律意识或法律意识)有着密切关联。正是因为法律与系统与生活世界都保持着密切的关联,它在系统整合与社会整合所构成的全社会整合中起着至关重要的媒介作用:"作为同分化的经济社会之功能性迫令相联系的国家活动的组织手段,现代法律仍是一种具有深刻模糊性的全社会整合的媒介。"②

正如我们在本书导言中提到的,法律的这种两重性与哈贝马斯所理解的现代法律所具有的"事实性"(facticity)与"有效性"(validity)之间的张力有着密切的关联。正是出于对法律的这种两重性的认识,哈贝马斯将观察者视角与参与者视角结合起来,强调法律是系统与生活世界(系统整合与社会整合)的媒介。也正因对法律采取了两重视角,我们可以在《沟通行动理论》中看到哈贝马斯对韦伯式实证论忽视法律作为道德实践领域之表现的批判,亦可以在《在事实与规范之间》一书中看到哈贝马斯对罗尔斯和卢曼分别对"有效性"与"事实性"之排他性关注的批判。

---

① J. Habermas, *The Theory of Communicative Action*, Vol. 1: *Reason and the Rationalization of Society*, trans. Thomas McCarthy (Boston: Beacon Press, 1984), p.261.
② J. Habermas, *Between Facts and Norms: Contributions to a Discourse Theory of Law and Democracy*, trans. Williiam Rehg (Cambridge, Mass.: MIT Press, 1996), p.40.

二、从"系统—生活世界的二元论"到"围攻论"的"双轨模式"

为了不使自己的"系统—生活世界的二元论"仅仅沦为一种与社会—政治实践情势不涉的规范性理论建构,哈贝马斯 1980 年代以来先后向道德哲学、政治与法哲学、国际政治学等领域推进自己的理论工作。在法哲学与政治哲学领域,哈贝马斯立基于"系统—生活世界的二元论",提出了"围攻论"的"双轨模式",即通过将"系统—生活世界的二元论"改造成非正式的政治公共领域的"意见形成"(opinion-formation)与正式决策机构的"意志形成"(will-formation)并使前者"围攻"(siege)或"包围"(surround)后者,形成了一种激进民主理论,这就是为我们所知的"商谈民主"或"审议民主"理论。

哈贝马斯不仅将生活世界在结构上分为文化、社会和个性三个部分,还从"建制化秩序"(institutional orders)角度将其划分为"私人领域"和"公共领域"①,进而将其同合法化问题联系起来。按照他的理解,现代社会的个体在生活世界中主要以"雇员"(empolyee)、"消费者"(consumer)、"委托人"(client)、"公民"(citezen)等四种不同身份,与经济系统和行政系统分别发生互动关系。在私人领域,以"雇员"身份向经济系统"输入"劳动力,而获得从经济系统中"输出"的劳动报酬;以"消费者"身份向经济系统"输入"消费需求,而获得从中"输出"的物品和服务。在公共领域,以"委托人"(纳税人)身份向行政系统"输入"税金,而获得从中"输出"的各种"组织化成就"(organisational accomplishments)(比如良好的公共设施和社会福利等);以"公民"身

---

① 在哈贝马斯的理论体系中,"生活世界"、"市民社会"和"公共领域"是三个密切相关但有各有侧重的概念。简言之,从其晚期的思想来看,市民社会和公共领域最终都根植于生活世界背景,对应于生活世界中相对于私人部分的公共部分,即剔除了"经济系统"等后的部分(在其早期,他曾将经济系统含括在市民社会概念之中),或者说是指位于行政系统与经济系统之间的领域;而市民社会则构成了公共领域的社会基础。在其政治与法律哲学中,他强调的主要是"政治公共领域"的作用。关于对三者关系,特别哈贝马斯市民社会概念变化的梳理,可参见李佃来:《公共领域与生活世界:哈贝马斯市民社会理论研究》,人民出版社 2006 年版,第 266 页以下。

份向行政系统"输入"大众忠诚,而获得从中"输出"的各种"政治决定"。可见,个体以"公民"身份与行政系统发生的互动,正体现了我们讨论的合法化问题的运行逻辑(见表5.1)。

表 5.1　生活世界、公共领域与系统的互动关系

生活世界的建制化秩序	互 动 关 系		媒介导控的系统
私人领域	(1)	P/劳动力　　　→ ←　　　M/雇佣收入	经济系统
	(2)	M/物品与服务　→ ←　　　M/消费需求	
公共领域	(1)	M/税金　　　　→ ←　　　P/组织化成就	行政系统
	(2)	P/政治决定　　→ ←　　　P/大众忠诚	

M= Money media(金钱媒介)
P= Power media(权力媒介)
表格来源: J. Habermas, *The Theory of Communicative Action*, Vol.2: *System and Lifeworld*, trans.Thomas McCarthy (Boston: Beacon Press, 1987), p.320.

另一方面,与早期在社会理论语境中主要谈到"行政系统"不同,在法律合法化语境中,哈贝马斯更多地谈到了"政治系统",甚至还存在着将两者混用的情形。但如果我们依循其理论逻辑并把他早期关于"合法化危机"的论说以及"系统与生活世界的二元论"同他后期的法律商谈理论贯通起来,我们仍可以将两者的关系大致予以分殊。早在《合法化危机》中,哈贝马斯即同时使用了"政治系统"和"行政系统"的概念。在该书中,哈贝马斯至少在下面这句话中透露出了两者的关系:"尽管这两种危机取向都产生于政治系统……"[1]根据上下文提示,此处所谓的"这两种危机取向"是指有关政治系统中大众忠诚"投入"的"合法化危机",以及关涉政治系统中合理行政决策"产出"的"合理性危机"。由此可见,哈贝马斯在很大程度上其实把"政治系统"按照"投入—产出"

---

[1] J. Habermas, *Legitimation Crisis*, trans.Thomas McCarthy (Boston: Beacon Press, 1975), p.46.

的功能区分为"合法化系统"(the legitimatiom system)和"行政系统",前者主要指通过选举制等民主建制而制度化地汲取"大众忠诚"的行动系统,后者则指主要回应"经济系统"的需要而产出合理的行政决策的行动系统。在后来的《在事实与规范之间》中,他亦大体上遵循了这一用法,将"政治系统"同行政、法院以及包括议会机关、政治选举和党派竞争在内的民主的意见和意志形成过程联系起来。因此,我们可以说,哈贝马斯那里的"政治系统",大体上包含广狭两种含义:狭义的"政治系统"是指与政党选举、议会立法等民主合法化建制相联系的政治合法性的"投入"系统,广义的"政治系统"还包括"产出"合理行政决策的"行政系统"。正是在其狭义上,麦卡锡曾指出,"只有当其讨论整体的合法化即福利国家民主的问题时,哈贝马斯才谈及'政治系统'。除了这些语境之外,他典型地谈到的是'行政系统'、'国家机器'和'政府管理'等等诸如此类"[1]。当然,依据哈贝马斯本人对"系统"的定义,"合法化系统"并不是严格意义上的"系统"(正如前文指出的,他明确认为,"与系统范式最符合的是资本主义经济与专事计划与福利的公共行政")[2]。按照我的理解,之所以会有上述微妙区分,则源于哈贝马斯对现代社会复杂性的深刻体认:由于社会的日益复杂化,我们仍需尊重行政系统的自主逻辑(行政系统);但由于民主合法化的需要,我们亦需为日益自主的行政系统进行合法化的驯服(合法化系统,即狭义政治系统)。

事实上,哈贝马斯"双轨模式"的起点正是现代复杂社会。在他看来,现代复杂社会是一个价值多元、功能分化的社会——在这样的社会中,与世界的除魅和"系统与生活世界的去耦合化"(功能分化)相适应的是一种"去中心化"(decentered)的社会结构。"民主的商谈理论所符合的是一种去中心化的社会观";在这种社会中,"政治系统既非社会的顶点,亦非其中心,甚至不是社会的结构性核心,而只是和其他系统

---

[1] Thomas McCarthy, *Ideals and Illusions: On Reconstruction and Deconstruction in Contemporary Critical Theory* (Cambridge, Mass.: MIT Press, 1991), p.160.
[2] 此外,哈贝马斯亦谈到了"法律系统"。但综观他使用的语境,本书认为,哈氏主要是在"系统理论"的语境中为了讨论的便利而使用了这一说法;正如我们已经指出的那样,从他对法律的定位看,法律是介入"系统"与"生活世界"之间的媒介,而不属于"系统",至少不专属于"系统"。

一样的一种行动系统而已"①。然而,"由于其为我们解决各种威胁到社会整合的问题提供了一种安全的机制,政治必须能够以法律为中介与所有其他合法性地组织起来的行动领域进行沟通——无论这些领域碰巧有着如何组织起来的以及是如何导控的"②。换言之,就像我们在前文"生活世界合理化"的语境中讨论的那样,与"系统与生活世界的去耦合化"相适应的"系统复杂性的增长"使得系统整合仍在全社会整合具有不可替代的地位,进而以法律为媒介使作为政治系统之一部分的"行政系统"遵循其目的合理性的行动逻辑仍是我们的必然选择。更具体地说,随着社会复杂性的日益增加,以去语言的、去沟通的、遵循目的合理性行动逻辑的行政系统及时处理各种社会问题是现代复杂社会无可推脱的历史宿命——事实上,这正是20世纪以来行政权力在全世界不断扩张的主要逻辑。然而,与行政系统的及时性、自主性、高效率相伴生的"合法化延搁"(deferment of legimation)的问题使得它又必须通过作为政治系统之另一部分——即"合法化系统"(也就是与政党政治、议会制度等民主合法化建制相联系、制度化地汲取"大众忠诚"的行动系统)——来汲取"大众忠诚",以弥合"合法化延搁"所带来的"合法化赤字",乃至"合法化危机"。正是出于对现代复杂社会的深刻认识及对行政系统自主逻辑的充分尊重,哈贝马斯主张通过政治公共领域所形成的"沟通权力"(communicative power)经由"合法化系统"的中介为行政系统源源不断地间接输入大众忠诚,进而解决现代复杂社会的"合法化赤字",甚至"合法化危机"。正是在这个意义上,哈贝马斯主张将"人民主权"程序化,进而形成了一种程序主义的民主观,即以政治公共领域"匿名化"、"无主体的"(*Subjektlos*, subjectless)沟通和商谈来确保公民的公共自主,进而将法律秩序的合法化溯源于此:"人民主权的原则确立了一种程序,由于其本身的民主特征,因此,这种程序可以证成合法结果的推论根据(presumption)。人民主权原则表现于沟通

---

① See J. Habermas, *Between Facts and Norms: Contributions to a Discourse Theory of Law and Democracy*, trans. Williiam Rehg (Cambridge, Mass.: MIT Press, 1996), pp. 301, 302.
② Ibid., p.302.

权力和参与权中,而这些权力则确保着那些在政治上被授予公民权的公民的公共自主。"①用威廉·雷格和詹姆斯·博曼的话讲,哈贝马斯企图用他所谓的"双轨模式"把"商谈"、"决策"和"公民"联系起来,形成以"公民""商谈"证成"决策"之正当性的合法化模式,进而在现代复杂社会中捍卫卢梭式激进民主传统②。

在双轨模式中,公共领域所形成的"意见"并不直接形成有约束力的"意志",而是形成一种"沟通权力",并经由制度化地汲取大众忠诚的"合法化系统"的制度化中介,对"行政权力"进行"围攻"或"包围"。在哈贝马斯所设计的较为复杂的权力传递机制中,"社会权力"、"沟通权力"、"行政权力"以"沟通权力"为中心,主要以"合法化系统"为中介构成了一个权力传递结构(如图 5.1 所示)。在哈贝马斯看来,同行政系统所具有的"行政权力"一样,人们在生活世界的私人领域(经济系统)中形成的"社会权力"并不具有自主且自足的合法性,而必须经公共领域形成的"沟通权力"的过滤才能赢得合法性。他将"社会权力"定义为"阻止其他个体或团体追求其利益的能力。通常,这种能力并非被均衡地予以分配。在这种情形下,一方当事人可以干预其他人(策略上有效的)利益追求,或当事人之一可以针对他人强施自己的利益"③。在他看来,这种权力是人们在生活世界的私人领域中形成的权力,它可以允许,亦可以阻止合法权力的形成,因此需要予以规制和引导;而国家与社会的分离可以阻止社会权力未经沟通权力的过滤而直接转化为行政权力,这就需要公共领域对由社会权力地位产生的权力潜力的不平等分配进行缓冲和中立化,以使社会权力对公民自主起到促

---

① J. Habermas, *The Postnational Constellation: Political Essays*, translated, edited and with an introduction by Max Pensky (Cambridge: MIT Press, 2001), p.115.

② See William Rehg & James Bohman, "Discourse and Demorcracy: The Formal and Informal Basesof Legitimacy", in *Between Facts and Norms*, in René von Schomberg & Kenneth Baynes (eds.) *Discourse and Democracy: Essays on Habermas's Between Facts and Norms* (State University of New York Press, 2002), pp.31, 36–37.

③ J. Habermas, "Theorie der Gesellschaft oder Sozialtechnologie?", in J. Habermas & N. Luhman, *Theorie der Gesellschaft oder Sozialtechnologie-Was Leistet die Systemforschung* (Frankfurt: Suhrkamp, 1971), p.254. Cited in: Erik Oddvar Eriksen & Jarle Weigard, *Understanding Habermas: Communicative Action and Deliberative Democracy* (London: Continuum International Publishing Group, 2004), p.172.

进作用。可见,哈贝马斯所谓的"社会权力"和"沟通权力"类似于卢梭那里的"众意"和"公意"。正如"公意"而非"众意"是合法性的来源一样,哈氏认为,只有"沟通权力(而非"社会权力")才能创造合法性。同时,"法律不仅对导控行政过程的权力代码具有构成性意义,而且它也表征着将沟通权力转化为行政权力的媒介"①;因此,只有以法律为媒介,并由公共领域的公民商谈所形成的沟通权力经由"合法化系统"(特别是立法机关的法律创制)之中介而间接制约着行政权力的运行,我们才能对行政权力进行合法化的驯服。也就是说,沟通权力对行政权力的影响是间接的:一方面,公共领域非正式的"无主体沟通"对政治系统中的"合法化系统"(特别是包括议会机关、政治选举和党派竞争在内的民主的意见和意志形成过程)施加影响;另一方面,在议会这种"对社会问题的察觉和论题化最具有开放性的"机构内部亦存在着广泛的审议,进而保证遵循议会意志而运行的行政权力尽可能体现沟通权力。用哈贝马斯的话讲,"只有当其(为了对行政权力进行安排和控制而)影响到行政权力而不意图取代或接管它们之时,在政治领域实现的意见的'影响'以及经由以公共领域为平台的民主程序形成的沟通权力才是有效的"②。

图 5.1 双轨模式的权力传递结构

图表来源:作者自制。

---

① J. Habermas, *Between Facts and Norms: Contributions to a Discourse Theory of Law and Democracy*, trans. Williiam Rehg (Cambridge, Mass.: MIT Press, 1996), p.169.
② J. Habermas, *A Berlin Republic: Writings on Germany*, trans. Steven Rendall (Lincoln: University of Nebraska Press, 1997), p.135.在《公共领域的结构转型》1990年版序言中,他亦指出:"商谈产生一种沟通权力,并不取代行政权力,只是对其施加影响……沟通权力不能取缔公共官僚体系的独特性,而是'以围攻的方式'对其施加影响。"〔〔德〕尤根·哈贝马斯:《公共领域的结构转型》,曹卫东等译,学林出版社1999年版,第28页(1990年版序言)。为使行文统一起见,此处引证分别将"话语"、"交往权力"、"管理权力"改为了"商谈"、"沟通权力"和"行政权力"。〕

值得注意的是,哈贝马斯在其双轨模式中,亦在阐发帕森斯"影响"概念的语境下,谈到了沟通权力不以"合法化系统"为中介而对行政权力和司法权施加影响的情形。他认为,"影响"作为一个符号性地产生的沟通形式,以信念(conviction)和说服(persuasion)促进互动的产生。它以相互理解的资源为基础,能够促进对那些未经即时检验之信念的信任。正是在这个意义上,他谈到了沟通权力对行政权力和司法权的"影响":

> 公共意见代表的是政治影响潜力,这种潜力可以被用来影响公民的投票行为或议会、行政机关和法院的意志形成过程。当然,只有当其影响到政治系统中被授权成员的信念和决定并决定着投票者、立法者和官员的行为时,由公共意见(舆论)支持的政治影响才能转化为政治权力,即转化为做出有约束力之决定的潜力。①

但综观其论述,哈贝马斯主要还是主张通过"合法化系统"(特别是其中的立法机关)的中介而使沟通权力对行政权力间接产生影响。他借鉴南茜·弗雷泽(Nancy Fraser)"弱公众"与"强公众"、伯恩哈德·彼得斯(Bernhard Peters)"中心"与"外围"之间的区分,强调处于"外围"的公共领域中的"弱公众"对处于"中心"的决策机构(即立法机关)中的"强公众"的"影响"与"包围",进而转化为具有合法性的行政权力:

> 公共领域不是仅仅被理解为议会机构的后院,而是被理解为包围政治中心并产生推动力的外围:它通过培育规范性理由影响着政治系统的各个部分,但并不想占领它。公共意见通过大选和各种形式的参与渠道被转化为那种对立法机关进行授权并使行政导控机构(regulatory agency)得以合法化的沟通权力。②

由此可见,哈贝马斯充分认识到了行政/政治系统在现代复杂社会中的价值,即它们始终是政治决策和法律决定得以产生的"中心";而所谓的

---

① J. Habermas, *Between Facts and Norms: Contributions to a Discourse Theory of Law and Democracy*, trans. Williiam Rehg (Cambridge, Mass.: MIT Press, 1996), p.363.
② Ibid., p.442.

"双轨模式"意在强调位于中心的行政/政治系统要受到表征着合法性渊源的沟通权力的间接制约:"审议政治沿着意见形成和意志形成的不同层次的两个轨道运行,即宪政性层次和其他非正式的层次。"[1]

从法律合法化的视角看,正因其"双轨模式"对行政/政治系统的充分尊重以及对政治与法律之构成性关系的认识,使得哈贝马斯始终将法律的合法性建基于合法律性。但正如前文指出的,由于其聚焦于先于法律和政治决定得以产生的商谈过程,加之商谈本身的普遍性和开放性,这种合法律性其实是与基于程序普遍性的合道德性联系在一起的。

综上所论,从"系统—生活世界的二元论"的社会理论建构到"围攻论""双轨模式"的政治和法哲学建构,哈贝马斯通过将"生活世界"转化为更具政治性的"公共领域",并通过将"沟通行动"转化为"沟通权力"以及将"行政系统"转化为视野更宏大、包含着"合法化系统"的"政治系统",不仅将其社会理论建构推进至法哲学与政治哲学领域,而且进一步挖掘了公共领域所具有的民主潜能,最终为我们建构了一种程序主义的商谈民主观:"从民主理论的视角看,公共领域……不仅辨认和识别出问题,而且还使人确信且富有影响地使之成为论题,为其提供解决方案,并造成声势,以使它们可以为议会结构接管并处理。"[2]接下来,我们就将探究哈贝马斯法律合法化理论的民主向度。

三、商谈民主与法律合法化

哈贝马斯在《在事实与规范之间》一书的前言中明确指出:"在第七章和第八章,我从合法化的面向(aspects)来讨论民主理论。"[3]这事实上启示我们:在《在事实与规范之间》一书中,哈贝马斯其实将法哲学的法律合法化论题与政治理论的民主论题融为一体了。从法律合法化的视角看,这表明哈贝马斯的法律合法化理论具有民主向度;换言之,

---

[1] J. Habermas, *Between Facts and Norms: Contributions to a Discourse Theory of Law and Democracy*, trans. Williiam Rehg (Cambridge, Mass.: MIT Press, 1996), p.314.
[2] Ibid., p.259.
[3] Ibid., p.xl(preface).

第五章 结语 商谈民主与法律合法化:商谈合法化理论的民主向度

他明确将法律的合法化与民主联系起来,在"民主合法化"的理论语境中探究现代复杂社会的合法化问题。在哈贝马斯那里,这就是他所谓的程序主义的"商谈民主"。

一般来讲,合法性主要可以从以下几种具体的渊源中获得:(1)习俗;(2)契约;(3)普遍性原则;(4)神圣性(sacredness);(5)专家性意见;(6)人民同意;(7)个人关系(personal ties)和(8)个人品质等[①]。从这一视角来看,商谈合法化理论其实综合了普遍性原则、专家性意见、人民同意和一定意义上的习俗等数种合法性渊源。首先,由于它以后习俗的、基于原则的道德意识为出发点,加之其本身遵循了程序普遍性(商谈主体的普遍性)原则且可容纳普遍主义的道德性商谈,它符合普遍性原则的判准。其次,由于哈贝马斯主张"实践理性的多态论"、法律商谈多样性及其对"妥协"的容纳,它也在很大程度上符合"习俗"(伦理性商谈)、"专家性意见"(实用性商谈)和"契约"(妥协)等判准。最后,由于其衔接了卢梭—康德的自我立法思想,它也符合"人民同意"的标准。由此可见,这一合法化模式几乎反映了所有现代社会的合法性渊源("个人关系",特别是"个人品质"和"神圣性"等,几乎都是前现代的合法性渊源,如韦伯那里的传统型统治和卡理斯玛型统治)。在这个意义上讲,它是一个较为完整的现代法律合法化模式。

在哈贝马斯所诉诸的上述数种合法化渊源中,"人民同意"具有根本性意义。这是因为正是他所谓的基于商谈原则(或民主原则)的公民"自我立法"("人民同意"),不仅使其将法律的合法化脱离了韦伯所依凭的上层"统治者"视角,亦使其法律合法化理论最终迈向了激进民主化的商谈民主模式。

一如前述,哈贝马斯在《在事实与规范之间》中,不仅从法律与道德之关系的视角,为我们建构了一种相对于康德式理性自然法和韦伯式

---

① See Craig Matheson, "Weber and the Classification of Forms of Legitimacy", 38(2) *The British Journal of Sociology* (Jun., 1987), pp.199–215.

实证论的法律合法化理论,而且亦主要从道德与伦理①(私人自主与公共自主)之关系的视角,为我们建构了一种相对于自由主义法治理论和共和主义民主理论的"康德式共和主义"的民主理论,而两者又融合为

---

① 哈贝马斯在休谟和韦伯等"事实"与"价值"区分的基础上,进一步区分了"规范"与"价值",亦即区分"道德"与"伦理"或者说"正当"(right)与"善"(good)。在以个殊主义的"伦理诉求"回应价值多元的同时,他仍然追求道德或规范的普遍主义立场,并强调了"正当"对"善"的优先性,即"正当优先于善"。哈氏认为,伴随着后习俗社会价值多元出现的是自我决定和自我实现之文化模式和社会期待的分裂,亦即道德评判与伦理认同的分离:"在社会分化或冲突性角色期待多样化的压力下,习俗性的认同形成破裂了;就此而言,道德与伦理维度[用心理学的语言来说,良知的驱动(agency of conscience)和自我理想]彼此分离开来。"[J. Habermas, *Postmetaphysical Thinking*, trans. William Mark Hohengarten (Cambridge, Mass.: MIT Press, 1992), p.183.]复杂社会中伦理诉求的存在源于对个体独特性和不可替代性的承认。在哈贝马斯看来,"道德"与"伦理"的区别在于:前者涉及的是"自我决定"的"规范"问题,即是道德上的评判问题;而后者涉及的是"自我实现"的"价值"问题,即是伦理上的认同问题。"规范"与"价值"的区别在于:首先,规范指向的是规则掌控的义务性行动,而价值则指向目的性行动。"规范告知的是人们应当做什么的决定,价值告知的则是何种行为是最可欲(desirable)的。被承认的规范为其受众强施了平等的义务和预期,而规范表达的是特定群体所努力追求的对善的偏好。可以在一般性的行为预期是否满足的意义上观察规范,而价值或善只有靠目的性行动才能实现或获取。"其次,规范的有效性主张代码(code)是二元的,而价值的有效性主张代码是层级化的(graduated)。"规范提出的是一种二元性的有效性主张,依据这种主张它要么是有效的,要么是无效的:就像断言性陈述一样,对待应然陈述,我们只能以'是'或'否'回应——或者干脆放弃评判。相反,价值指向的是偏好关系(relation of preference),它表明:特定的善比其他善更有吸引力,因此,我们或多或少总可以同意评价性的陈述。"再次,规范的约束力是绝对的,而价值的约束力则是相对的。"规范的约束力具有无条件和普遍性义务的绝对含义:人们应当做的事情是那些对所有人(即对所有受众)同等好的事情。价值的吸引力反映了对善的一种评价和转换性规制(transitive ordering),这种评价和规制在特定文化中形成或者为特定群体所采取——重要的评价性决定或较高阶偏好(high-order preference)表达的是:从总体上看,何者对我们(或对我)而言是好的。"最后,规范系统和价值系统各自所满足的融贯性(coherence)判准也各不相同。"当其在相同的受众领域内主张有效性时,不同的规范之间必须不能相互抵牾;它们相互之间必须保持融贯的关系——换言之,它们必定构成一个系统。相反,不同的价值则要竞争优先性;当其符合一个文化或一个团体的主体间认可时,它们构成了充满张力的变换性结构。"[See J. Habermas, *Between Facts and Norms: Contributions to a Discourse Theory of Law and Democracy*, trans. Williiam Rehg (Cambridge, Mass.: MIT Press, 1996), p.71; J. Habermas, *The Inclusion of the Other: Studies in Political Theory*, Ciaran Cronin & Pablo De Greiff (eds.) (Cambridge, Mass.: MIT Press, 1998), p.55.]

第五章 结语 商谈民主与法律合法化：商谈合法化理论的民主向度

他所谓的商谈民主或审议民主理论。就后者而言，哈贝马斯既不同意洛克式自由主义仅将政治与法律秩序的合法化建基于公民之私人自主（private autonomy）（即公民在私人领域的自主）的法治模式，亦不同意将卢梭式共和主义仅将政治与法律秩序的合法化建基于公民之公共自主（public autonomy）（即公民作为"自我立法者"在公共领域的自主）的民主模式，而是在主张私人自主与公共自主同根同源的基础上力图将法律秩序的合法化同时建基于两者：

> 只有当其同时保证了如下两个事物时，强制性法律才能够被认为具有合法性：一方面，由于其勘定了私人个体可以在其间随其所愿地践习其自由选择之领域的界限，法律必须保证个体追逐其个人成功和幸福的私人自主；另一方面，由于被制颁的法律必须是理性的个体总是能够合理地同意受其约束的法律，具有合法性的法律还必须保证那些服从法律之人的公共自主，以至于法律秩序可以被认为似乎来源于公民理性的自我立法。自由主义与共和主义这两种被广泛理解的路径，要么倾向于强调上述两种自主中的某种自主，要么倾向于将另一种自主作为合法性基础。[①]

在哈贝马斯那里，公民的私人自主是公共自主的前提；由于哈贝马斯的理论旨趣主要是要实现西方"民主法治国"的"未被兑现的诺言"，他将更多的注意力投向了公民在公共领域的"公共自主"（在很大程度上，这或许是因为在西方"民主法治国"，历经数百年现代性的洗礼，公民的私人自主似乎已经不是主要问题），即强调法律的合法化在根本上是由立基于卢梭式激进民主传统的商谈民主所确保的。与卢梭式的激进民主传统相比，商谈民主的出发点不再是卢梭所预设的同质性社会，而是价值多元、功能分化的现代复杂社会。立基于他本人对现代复杂社会的社会理论建构，哈贝马斯基于"实践理性的多态论"建构了法律商谈的复杂模型，这种模型已不再是共和主义将法律商谈所化约的"伦理性商谈"或对共享价值的实质性反映，更不是自由主义所还原的

[①] William Rehg, "Habermas's Discourse Theory of Law and Democracy: An Overview of the Argement", in David M. Rasmussen & James Swindal (eds.), *Jürgen Habermas*, Vol. Ⅱ (London: SAGE Publications, 2002), p.305.

"道德性商谈"①,而是形成了包含着"伦理性商谈"、"道德性商谈"、"实用性商谈"和"妥协"在内的复杂商谈结构。因此,从民主理论的视角来看,哈贝马斯法律合法化理论的抱负是要在复杂社会捍卫卢梭式的激进民主传统;"哈贝马斯的挑战就在于,他要表明:在复杂且多元的社会中,激进民主的核心理念——具有合法性的法律是由服从于这些法律的公民创造的——何以能够仍是可信的"?②

就像本书第三章所展现的,从法律与道德之关系的视角看,哈贝马斯法律合法化理论亦是要在后传统社会(现代复杂社会)捍卫康德式的道德普遍主义。因为他所谓的商谈原则在一定意义上仍符合道德的普遍性原则,只不过这里的"普遍性"已不是规范内容上的"可普遍化",而转向了规范证成主体的普遍性。换言之,哈贝马斯是用"程序的普遍性"代替了康德那里的"语义普遍性",而且其本身亦可以容纳普遍主义的道德论辩或商谈。

四、本书结论

综上所述,我们可以得出结论说:哈贝马斯的商谈合法化理论旨在在后传统社会(现代复杂社会)背景下基于韦伯的社会理论传统而同时捍卫康德式的道德普遍主义(实践哲学传统)和卢梭式的激进民主思想(公民共和主义传统)。当然,由于论题和篇幅所限,本书主要从法律与道德之关系的角度探讨了哈贝马斯的法律合法化理论,而对其民主理论着墨不多。

---

① See William Rehg & James Bohman, "Discourse and Demorcracy: The Formal and Informal Basesof Legitimacy", in *Between Facts and Norms*, in René von Schomberg & Kenneth Baynes (eds.), *Discourse and Democracy: Essays on Habermas's Between Facts and Norms* (New York: State University of New York Press, 2002), pp.33 - 34. 哈贝马斯本人也指出:"商谈理论赋予民主过程的规范性内涵要比自由主义模式中所发现的要强,但比共和主义模式中所发现的要弱。"[J. Habermas, *Between Facts and Norms: Contributions to a Discourse Theory of Law and Democracy*, trans. Williiam Rehg (Cambridge,Mass.: MIT Press, 1996), p.294.]这里的"规范性内涵"在很大程度上可以理解为对"伦理性商谈"的态度。

② Ibid., p.31.

第五章 结语 商谈民主与法律合法化:商谈合法化理论的民主向度

通过前文的考察,我们可以将哈贝马斯的法律合法化理论定位为一种程序性的、商谈论的、民主论的,且同时建基于合道德性与合法律性之上的合法化理论。其"程序性"体现在:它不再欲求具有合法性之法律的实质性内容(不同于康德式理性自然法论者),而"将找寻共同根据的任务留给了参与者本人"[①]。"毋宁说,具有赋予合法性力量的是一些程序,它们分配着证明的负担或责任(burdens of proof)、界定着证成的要求,并开辟了论辩性证明的道路。"[②]其"商谈论"体现在:不仅其合法化理论主要建基于其商谈伦理学的"商谈原则"之上,而且其所谓的"程序"并不是法律系统自我指涉的封闭法律程序(不同于卢曼的系统理论),而是指向公共领域的意见形成和正式国家机关的意志形成,可以争辩法律内容之合道德性的匿名化的、"无主体"的商谈程序。其"民主论"体现在:它仍秉承卢梭—康德的"自我立法"思想,在根本上将合法化建基于"同意"模式之上。其"合道德性"体现在:它仍遵循康德的理路将法律的合法性溯源于道德—实践领域,但通过程序化的道德普遍主义(程序性的普遍性或参与主体的普遍性)和"实践理性多态论"的建构,将包括道德性商谈在内的诸种商谈(实用性商谈、伦理性商谈和道德性商谈)或实践理性诸形态(实用理性、伦理理性和道德理性)都统合了起来。其"合法律性"体现在:它仍秉承韦伯的理路充分肯定了现代法律在社会整合中的媒介地位,进而主张:政治公共领域的"商谈"并不直接对遵循合法律性原则而运行的"行政系统"施加影响,但其影响力是经由制度化的法律权利体系形成的"沟通权力",并主要通过政治系统中"合法化系统"的中介"围攻""行政权力"而间接实现的,进而确保了法律的"不可随意支配性"环节。

[①] Thomas McCarthy, "Kantian Constructivism and Reconstructivism: Rawls and Habermas in Dialogue", 105(1) *Ethics* (Oct., 1994), p.61.
[②] J. Habermas, "Law and Morality", trans.Kenneth Baynes, in SM McMurrin (ed.) *The Tanner Lectures on Human Values*, Volume 8 (Salt Lake City: University of Utah Press, 1988), p.242.

第六章 余论 商谈合法化理论的限度：诸批判立场概览

> 哈贝马斯的论著招来了左右两方面的尖锐（甚至令人难堪）的批评，因为他的著述在学术或政治上都难以定位。*
>
> ——安东尼·吉登斯

毋庸置疑，如同任何理论一样，商谈合法化理论也有其自身的限度。作为严肃的学术研究，当我们试图探讨某一理论的限度时，最好着眼于其本身的问题意识，以探讨其是否解决了其本身所意欲回应的问题；因为唯有如此，我们才能合理地探究某一理论本身的限度，而不是去探究我们所建构或想象出来的所谓"限度"。就哈贝马斯的商谈合法化理论而言，正如本书已经指出的那样，它是哈贝马斯为了回应西方现代"民主法治国"（而不是非西方国家）的政治或法律合法化问题而提出的。因此，如果要探究其理论限度，那么我们或许更应该追问的是：它是否足以回应西方现代"民主法治国"（而不是非西方国家）的政治或法律合法化问题？而不应当是（至少不首先是）：它是否足以回应（包括中国在内的）非西方国家的政治或法律合法化问题？作为本书的"余论"，本章将立基于西方学者既有的批判立场，来初步展现哈贝马斯商谈合法化理论的限度问题。

---

* Anthony Giddens, Reason Without Revolution? Habermas's *Theorie des kommunikativen Handelns*, in J. Bernsteim (ed.), *Habermas and Modernity* (Cambridge, Mass.: MIT Press, 1985), p.95.

值得注意的是,无论是在学术上,还是在政治上,哈贝马斯都很难归于某一特定阵营。正如英国社会理论家安东尼·吉登斯指出的那样:

> 他的论著招来了左右两方面的尖锐(甚至令人难堪)的批评,因为哈贝马斯的著述在学术或政治上都难以定位。尽管哈贝马斯自我标榜其是在马克思主义的传统内进行研究的,但他的著作却如此地接近修正主义,以至于不能吸引那些自称为是"马克思主义者"的大多数人。然而,与法兰克福学派的联系却又使他成为保守主义者深切怀疑的对象。①

就哈贝马斯本人自《沟通行动理论》出版后所招致的批评来看,的确如此。有人批评哈贝马斯已经"右转",已经背叛了批判理论的精神传统:在哈贝马斯的沟通行动理论中,"在新马克思主义的意义上,批判理论已剩不多",其标志着"批判理论的终结"②。而有的论者则指责他的理论过于理想,如法国社会理论家皮埃尔·布迪厄(Pierre Bourdieu,1930—2002)就指责他是一种"乌托邦现实主义",德国社会理论家卢曼则认为其"与社会现实脱节"③。就其法哲学而言,哈贝马斯也面临着大致相同的命运。由于哈贝马斯似乎偏爱调和性和综合性的学术立

---

① Anthony Giddens, Reason Without Revolution ? Habermas's *Theorie des kommunikativen Handelns*, in J. Bernsteim (ed.), *Habermas and Modernity* (Cambridge, Mass.: MIT Press, 1985), p. 95.
② See Michael Power, "Habermas and the Counterfactual Imagination", in Michel Rosenfeld & Andrew Arato (eds.), *Habermas on Law and Democracy: Critial Exhange* (California: University of California Press, 1998), pp.210 - 211.
③ See J. Habermas, *Legitimation Crisis*, trans. Thomas McCarthy (Boston: Beacon Press, 1975), p.130. 哈贝马斯建基于沟通行动理论的法的商谈理论也常常获得类似的评价,如罗伯特·阿列克西(Robert Alxy)说:哈贝马斯的商谈理论是"一种完全的理想化"。[Robert Alxy, Basic Rights and Democracy in Jügen Habermas's Procedural Paradigm of Law, 1994(2)*Ratio Juris*, p.232.]亚历山大·佩岑尼克(Aleksander Peczenik)也说:"它几乎空洞无物。"[Aleksander Peczenik, *Legal Doctrine as Knowledge of Law and as a Source of Law* (Dordrecht: Springer, 2005), p.153.]

场，其法律合法化理论既招致了"激进左派"和"右派"①的批判，亦招致了其追随者的"家族内部"批判。

作为本书的"余论"，本章将分别以詹姆斯·L.马什、尼克拉斯·卢曼、威廉·雷格以及詹姆斯·博曼为代表述评"左派"、"右派"和"家族内部"的批判。本书之所以以这几个人物为代表是因为：詹姆斯·L.马什是我迄今所见到的、从"激进左派"批判哈贝马斯最为猛烈的学者，尼克拉斯·卢曼则是哈贝马斯从社会理论到法律哲学的长期论敌，而美国圣路易斯大学哲学系的威廉·雷格和詹姆斯·博曼教授均是世界著名的哈贝马斯政治和法哲学研究专家，属于哈氏"家族内部"成员。

---

① 值得注意的是，中西学界所谓的"左""右"之别并不能完全对应起来，相反，其政治立场的保守与激进很多时候恰恰是相对立的。大体而言，在西学语境中，左派更关注平等问题，右派更关注自由问题；或者说，左派主张"分钱"的平等，右派主张"赚钱"的自由。从历史上看，"左派与右派起初用来界定对 1789 年法国革命的政治原则所采取的支持态度或反对态度。19 世纪后半叶欧洲开始工业化之后，这两个词被用来表示支持或反对劳工利益或私人资本利益的不同态度"（[英]戴维·米勒等主编：《布莱克维尔政治学百科全书》，邓正来主译，中国政法大学出版社 2002 年版，第 443 页）。按照哈耶克的说法，"在任何时候，欲恰当地描述保守主义的立场，都要视现行发展趋势的方向而定"[[英]冯·哈耶克：《我为什么不是一个保守主义者》，载[英]哈耶克：《自由秩序原理》（下卷），邓正来译，三联书店 1997 年版，第 190 页]。依据哈耶克的这一原理（即"现行发展趋势的方向"），我们即可以看出中西左右派立场的不同：由于西方总的趋势一直是更有利于私人资本利益的自由主义趋向，因此，关注劳工平等问题的"左派"通常与"激进主义"立场相关联，而主张资本自由的"右派"通常与"保守主义"立场相关联。而当下中国的情形似乎正好相反，因为我们的现状是：在经济上挣脱经典马克思主义的计划经济模式而开始市场取向的改革；而在政治上由于意识形态的限制和国际国内形势的复杂仍大体上保留着威权主义模式。因此，那些以关注底层民众利益为借口而反思，甚至反对改革的"新左派"事实上常常是一股保守的力量，而那些主张保障自由，特别是推进宪政民主和政治体制改革的"自由主义者"常常是一股激进的力量。从另一方面看，保守主义常常是与"传统"相关联的；"保守主义相信已知的和结果考验的安排，并希望把构成公认的和客观的公共领域所必需的一切权威都赋予它们"（[英]吉登斯：《超越左与右——激进政治的未来》，李惠斌等译，社会科学文献出版社 2003 年版，第 28—29 页）。中国"新左派"之为"保守"常常是因为它们意欲维护或恢复已为当下中国实践中的现代化道路所超越的古典传统或社会主义新传统（或曰计划经济新传统）（关于"计划经济新传统"，可参见孙国东：《计划经济新传统与现代性：兼论中国法的现代性问题的四个共时性矛盾》，载《政法论坛》2007 年第 5 期）。但本书此处对"左""右"派的界定遵循西学语境及惯例。

一、詹姆斯·L·马什:"左派"的批判

尽管哈贝马斯常常以"激进左派"、"作为生活在联邦德国的左派"等标榜自己,但是其理论特别是1970年代以后的理论经常招致"左派"的批判。《在事实与规范之间》一书也未逃脱被左派指责的命运。

詹姆斯·L.马什的《非正义的合法律性:对哈贝马斯法哲学的一种批判》(Unjust Legality: A Critique of Habermas's Philosophy of Law)一书可能是英语世界第一部较为全面的、批判性研究哈贝马斯法哲学的专著。在该书中,作者从激进左派的立场批判了哈贝马斯对资本主义社会平等、正义诉求的忽视。"哈贝马斯和我的确不是生活在同样的社会世界。"我们的确需要民主,但"我们生活在一个种族主义、性别主义、异性恋主义(heterosexist)的资本主义社会,这一社会性质不仅与民主,而且同正义和人类的福祉(human well-being)在结构上相抵牾"①。在他看来,对此种社会现实的忽视,使得哈贝马斯的法哲学充满问题和矛盾。

> 《在事实与规范之间》的张力和矛盾至少存在于两个层面:规范性的和阐释性的。在规范即道德层面,哈贝马斯的意象(vision)与晚期资本主义社会的现实是矛盾的。在阐释层面,就哈贝马斯持续低估、掩饰并忽视资本主义民主的深重病态和非理性而言,他是不确切的。②

在具体的论述中,他分别从"事实性与有效性之间的张力"、"论私人自主与公共自主的协调:权利的起源"、"政府的起源"、"法律与法理学"、"审议政治与行政社会权力"、"公共领域、市民社会与资本统治"、"法律的不同范式及其所产生的差异"等方面对哈贝马斯的法哲学进行了全面的分析和批判,列出了哈贝马斯存在的十三大矛盾或问题。择其要者,这些矛盾有:

---

① James L.Marsh, *Unjust Legality: a Critique of Habermas's Philosophy of Law* (New York: Rowman & Littlefield Publishers, Inc., 2001), p.2.
② Ibid.

程序主义范式与资本主义现实的矛盾。在詹姆斯·L·马什看来,哈贝马斯对诸如社会正义、人类解放等实质性问题视而不见,而仅仅将目光着眼于商谈程序进而达致一种程序主义法律范式。

> 这一法律范式如何在资本主义社会兴盛、实现——这一社会还在像过去一样恶劣地成长,即像过去一样将人类变成逐利的工具?对程序主义范式而言,资本主义社会的物质基础——种族主义、性别主义、异性恋主义和阶级主义——似乎相当怪异。就像康德式的公设(postulate)一样,哈贝马斯的程序模式在与之不兼容的资本主义社会上空不安地盘旋。①

民主与资本主义的矛盾。"这种矛盾存在于哈贝马斯之表述的每个部分之中:权利的水平起源与垂直起源、宪政国家的立法;司法与行政机关的运行;公共领域以及程序主义范式的表述。"②在他看来,哈贝马斯的表述完全无视民主与资本主义之间在根本上的不相兼容。

《在事实与规范之间》与其早期作品(如《通向一个合理的社会》③和《合法化危机》)中关于合法化论说的矛盾。在其早期,哈贝马斯认为合法化危机根植于晚期资本主义之中,但现在他却认为在现代国家与经济不存在任何合法化危机的问题;他早期认为"技术统治"(technocracy)根植于资本主义之中,但现在他却认为"技术统治性"趋势可以改良;早期他坚持"激进的改良主义"(radical reformism),现在他秉承"改良的改良主义"(reformist reformism)。"这种矛盾或冲突,暗示了一种杂乱无章的即模糊的未来:作为哈贝马斯文本中最充分结果的激进未来与那种从福利范式中进一步后退,并转向更为残酷、更为无情和更为非理性的永远恶化的资本主义未来之间存在

---

① James L. Marsh, *Unjust Legality: a Critique of Habermas's Philosophy of Law* (New York: Rowman & Littlefield Publishers, Inc., 2001), p.3.
② Ibid., p.179.
③ J Habermas, *Towards a Rational Society: Student Protest, Science and Politics*, trans. Jeremy J. Shapiro (Cambridge: Polity Press, 1987);德文本: *Technik und Wissenschaft als "Ideologie"*(Frankfurt: Suhrkamp,1968);中译本为:《作为"意识形态"的技术与科学》(李黎等译,译林出版社 1999 年版)。

着紧张。"①

公共领域的完全民主要求与资本主义公共领域的现实性与可能性之间的矛盾。资本主义的公共领域与民主的命令在根本上是矛盾的：在公共领域，"成问题的不是系统复杂性本身，而是公共领域内外充斥着资本主义的阶级偏见和阶级权力。由于它是如此运行的，它必然会呈现出一种我们在有利面向上予以支持的非正义的即资本主义的体制，并呈现出我们在不利面向予以支持的正义的即民主的体制"②。在马什看来，哈贝马斯根本就无视资产阶级公共领域所存在的诸如此类的问题，而在不改变社会结构的条件下，将民主的前途寄望于本身就成问题的公共领域是没有出路的。

事实性与有效性之间的概念协调存在着矛盾。

> 晚期资本主义真正的社会事实性被如此简单地理论化，以至于它似乎是与沟通性互动的要求相兼容的。从有效性的方面看，哈贝马斯将"社会主义"和"激进民主"的含义，化约为仅仅具有形式性且大体上可以在晚期资本主义社会获取。这种包含着事实上矛盾着的事实性与有效性之间的张力被化约为两者之间的协调一致。同时，"现实存在着的"资本主义以其自身的方式同正当（right）和合法律性的命令之间存在着同样的矛盾。③

总之，马什认为，哈贝马斯的理论事实上变成了对晚期资本主义所有非正义方面进行现代主义的（modernist）、意识形态化的证成："每件事物在现实中大体上都是可行的；我们所能做的极限是：仅仅形式上的社会主义在原则上与晚期资本主义相兼容。在哈贝马斯那里，历史上作为意识形态批判而发轫的批判理论变成了一种形式的现代主义意识形态。"④

---

① James L. Marsh, *Unjust Legality: a Critique of Habermas's Philosophy of Law* (New York: Rowman & Littlefield Publishers, Inc., 2001), pp.179-180.
② Ibid., p.148.
③ Ibid., pp.182-183.
④ Ibid., p.183.

值得注意的是,马什是在肯定《在事实与规范之间》一书的历史贡献的前提下进行批判的。尽管他对其进行了猛烈的批判,但仍将该书同黑格尔的《法哲学原理》(Philosophy of Right[①])相提并论:"如同《法哲学原理》一样,《在事实与规范之间》一书是一部伟大的即异常综合性的、独创性的、开拓性的著作。它使法哲学建立在一种新的、更为精细,也更具整全性的基础之上。"[②]

二、尼克拉斯·卢曼:"右派"的批判

作为与哈贝马斯齐名的社会理论大师,尼克拉斯·卢曼堪称哈贝马斯学术生涯中最重要、亦最应引起我们重视的论敌之一。同为德国社会理论大师,两人不仅很早就有理论交锋,而且正如前文已经指出的,卢曼本人的理论,特别是系统理论亦对哈贝马斯的社会理论建构(特别是对现代复杂社会的认识)产生了很大影响。立基于不同的社会理论旨趣,两人也达致了完全不同的法律合法化理论。卢曼出于对现代社会不可避免的复杂性的认识,建构了一种被哈贝马斯称为"主体之终结"的系统理论,即建构了一种完全基于"去主体化的"系统视角的理论。与此种理论相适应,他亦建构了一种"通过程序的合法化"理论。鉴于卢曼本身的重要性,特别是中文学界对他缺乏必要的了解,我们有必要对其理论作一简述。在此基础上,我们再把视角转向卢曼晚近对哈贝马斯法律合法化理论的批判。

按照卢曼的理解,现代社会由政治、经济、法律、宗教等约12个自主的社会子系统构成。这些系统是自创生(autopoietic)、自我指涉的(self-referential),其本身又分别构成其他系统的"环境",而系统内的

---

① 此处直译应为"正当(权利)哲学",考虑到黑格尔原书名为"Grundlinien Der Philosophie Des Rechts",此处遵循中译惯例将其译为"法哲学原理"。正如本书正文第三章指出的那样,此处的关键在于"Rechts"含有"法律"、"正当"、"正义"、"权利"等丰富含义。本书中译本参见〔德〕黑格尔:《法哲学原理》,范扬等译,商务印书馆1982年版。
② James L. Marsh, *Unjust Legality: a Critique of Habermas's Philosophy of Law* (New York: Rowman & Littlefield Publishers, Inc., 2001), p.1.

意义性"沟通"则是简化系统与其环境关系以确保系统自主性的再生产机制。系统的"沟通"是经由每个系统特定的二元代码来实现的。比如，法律系统的二元代码是"合法／非法"。这些特定的二元代码使得每个系统对落入到该系统内的社会事件都按照自身所特有的代码来理解和处理，从而保证了系统的自主性[①]。在卢曼看来，在现代复杂社会背景下，法律系统和政治系统的自创生品质具有不可替代的减少社会复杂性的功能。法律系统是一种规范上闭合(normatively closed)但认知上开放(cognitively open)的系统。

> 法律系统是一个规范上闭合的系统。恰恰是在这些要素的帮助下借来的规范性品质，使得法律系统创造着自己的要素……同时，法律系统亦是一个认知上开放的系统。不管其闭合性——确切地说，因为其闭合性，法律系统适应着其环境……仅仅依靠自己的行动，法律系统就能够从要素到要素地转换着规范性效力；但恰恰这种自创生的闭合性创造了与环境相关的认知性安排的高需求。[②]

在卢曼那里，这种认知闭合是由系统内的意义性沟通创造的。也就是说，与哈贝马斯不同，卢曼所谓的沟通并不指向行动者或行动，而指向系统本身。也因此，尽管两人曾一道研究了"沟通"，但不同于哈贝马斯的行动理论，卢曼建构的是一种系统理论[③]。卢曼批评哈贝马斯说：

---

① 关于卢曼的理论，可参见高宣扬：《鲁曼社会系统理论与现代性》，中国人民大学出版社2005年版；〔德〕尼克拉斯·卢曼：《社会系统的自我再制》，汤志杰等译，载苏国勋、刘小枫主编：《二十世纪西方社会理论文选Ⅱ：社会理论的诸理论》，上海三联书店2005年版；〔德〕斯特芬·朗格、乌维·斯芒克：《复杂社会的政治社会学：尼克拉斯·卢曼》，载〔英〕凯特·纳什、阿兰·斯科特：《布莱克维尔政治社会学指南》，李雪等译，浙江人民出版社2007年版；Niklas Luhmann, *Social Systems*, trans. John Bednarz, Jr., with Dirk Baecker (California: Stanford University Press, 1995)，等等。
② Niklas Luhmann, *a Sociological Theory of Law*, trans. Elizabeth and Martin Albrow, Martin Albrow (ed.) (Beijing: China Social Science Publishing House & Chengcheng Books Ltd., 1999), p.283.
③ 也大概是因此之故，尽管卢曼和哈贝马斯都谈到了"communication"，但由于卢曼那里的"communication"并未指向"行动者"，国内学界几乎无一例外地将其译为"沟通"（汉语中的"交往"显然只能是人的"交往"）。

"沟通不是行动,因为它总是包含了比单一信息的告知或传递还远为丰富的含义。"①而"一旦某事物被当作是沟通,它就精确地达致了一种内在的社会过程"②。因此,"对一个自创生系统理论而言,只有'沟通'才是对社会系统的基本自我指涉的基本单位,即这个位置的严格的候选人。只有沟通才必然地,而且内在地是社会的。行动则不是"③。

基于"自创生理论"的逻辑,卢曼进一步认为,并不是沟通行动创造了法律的合法性,而是法律系统内部"自我指涉"的程序创造了法律的合法性。这就是他所谓的"通过程序的合法化"理论。他把"合法性"界定为"在某些可容忍的限度内接受实质上仍未确定之决定的一种一般化意愿"④。卢曼深信:"如果一个法律系统除了实在法以外还包含着其他的不需要实证的法,就会出现一种对抗实在法的反抗权,对此人们当然是惧怕——除了极端主义者以外。"⑤因此,"对法律来说不存在它自己不能解决的合法化问题","超越法律的价值关系意义上的'合法性'在法律中最终起不了作用"⑥。在他看来,如果一个法律系统以"自我指涉"的方式成功地组织了法律创制和适用程序从而使得所有有关人员确信他们都有平等机会看到其法律观点被接受或至少结果——即使是消极的结果——对其而言是可接受的,那么,这种一般化的意愿(即合法性)就将存在。在《社会的法律》一书中,他还在对哈贝马斯的商谈合法化理论进行批判的基础上引入了其"通过程序的合法化"理

---

① 〔德〕尼克拉斯·卢曼:《社会系统的自我再制》,汤志杰等译,载苏国勋等主编:《二十世纪西方社会理论文选Ⅱ:社会理论的诸理论》,上海三联书店 2005 年版,第 164 页。
② Niklas Luhmann, *a Sociological Theory of Law*, trans. Elizabeth and Martin Albrow, Martin Albrow (ed.) (Beijing: China Social Science Publishing House & Chengcheng Books Ltd., 1999), p.282.
③ 〔德〕尼克拉斯·卢曼:《社会系统的自我再制》,汤志杰等译,载苏国勋、刘小枫主编:《二十世纪西方社会理论文选Ⅱ:社会理论的诸理论》,上海三联书店 2005 年版,第 164 页。
④ N Luhmann, *Legitimation durch Verfahren* Luchterhand (Berlin, 1969), p.28.Cited in: Mark Van Hoecke, *Law as Communication* (Oxford-Portland Oregon: Hart Publishing, 2002), p.193.
⑤ 〔德〕尼克拉斯·卢曼:《社会中的法律》,郑伊倩译,人民出版社 2009 年版,第 19 页。
⑥ 参见〔德〕尼克拉斯·卢曼:《社会中的法律》,郑伊倩译,人民出版社 2009 年版,第 100、166 页。为行文统一起见,此处将"合法性确认"改为了"合法化"和"合法性"。

论。他写道:

> 哈贝马斯坚持要对法律效力(也许可以表述为:效力的有效性)做规范性的合格认定,认为只有这样才能使法律系统以及政治系统具有合法性。……哈贝马斯在这里引进了一种详细制定的"商谈伦理学"。其基本前提是:"有效的就是那些一切可能的相关人员作为理性商谈的参与者都会表示赞同的行动形式"。但是对这样一种区分有效/无效的标准,在法律上无法进行检验,无法进行法庭判决,它在法律系统本身内无法运行,只要简单看一下"生态方面"所报道的骇人听闻的事情,就足以让我们清楚这一点了。因此,它只起到法律虚构的作用。人们也许以为,只要遵守法治国家所通用的诉讼程序规定,这个要求就会得到实现。由此出发可以发展出一些诉讼程序规定方面的改进——而这一点是显而易见的,不管这些改进措施的实行/不实行是否对法律效力会有影响。整个系统对每个法律规定进行规范性的有效/无效检验,这显然不可能转化为可操作的程序。效力是通过一种把没有的东西理想化而确立的。①

哈贝马斯则将卢曼的合法化理论概括为,"……至少满足这样两个条件,一种统治才能说是具有合法性:(1)规范性的秩序必须通过实在法建立起来,以及(2)那些法律上联系起来的人们必须信任这一规范秩序的合法律性,即必须信任法律创制和适用的形式上正确的程序"②。在哈贝马斯看来,卢曼式的合法性信念最终完全退缩成为一种合法律性信念;换言之,自主法律系统的自我指涉性(合法律性)本身就可创造合法性。卢曼的合法化理论,是"一个完全一致地被贯彻的纯程序理论,丝毫不再容忍内容"③。因此,它不仅是一种"基于合法律性的

---

① 〔德〕尼克拉斯·卢曼:《社会中的法律》,郑伊倩译,人民出版社 2009 年版,第 50 页。为行文统一起见,此处将"理智协商"改为了"理性商谈"。
② J. Habermas, *Legitimation Crisis*, trans. Thomas McCarthy (Boston: Beacon Press, 1975), p.98.
③ 〔德〕阿图尔·考夫曼等主编:《当代法哲学和法律理论导论》,郑永流译,法律出版社 2002 年版,第 189 页。

合法性"模式,亦支持了一种极端的法律实证主义[①]。

从本书第四章对韦伯式实证论合法化理论的分析来看,哈贝马斯与卢曼的法律合法化理论显然是针锋相对的。在本书看来,这种对立最终源于其社会理论旨趣的对立:不同于哈贝马斯的"系统—生活世界二元论",卢曼将视角仅仅限于"系统",进而认为法律的合法性本身亦取决于由法律系统自我指涉的程序,而与哈贝马斯所强调的、根植于生活世界之公共领域的商谈无关。由于脱离了生活世界背景和公民/行动者的参与,卢曼式的合法化理论趋向保守立场。也正因此,哈贝马斯在评论卢曼的合法化理论时,将其同德国的新保守主义和施米特的决断论法律学说(decisionistic legal theory)相提并论,并认为:卢曼将自我指涉的主体置换为自我指涉的系统,完全无视"带有伤害性和压迫性的物化行为"[②],同施米特的决断论法律学说一样,其基本错误在于,"它认为法律规范的有效性可以基于决断,而且仅仅基于决断"[③]。

1992年9月,在卡多佐法学院(Benjamin N. Cardozo School of Law)举行的一场主题为"哈贝马斯论法律和民主:批判性交流"的关于哈贝马斯《在事实与规范之间》一书的专题研讨会上,卢曼在第三单元"法律的程序化:沟通模式、系统与秩序"中发表了《影响到每个人的事务》(Quod Omnes Tangit)一文,对哈贝马斯的法律合法化理论进行了批判。接下来本书将对该文的核心观点予以述评。

在该文中,卢曼聚焦于哈贝马斯商谈原则所诉诸的"自我立法"和商谈的普遍性参与原则。他首先从学理上考察了商谈原则在西方的原初理论渊源。

---

① 关于卢曼学说的实证性质,参见〔德〕奥特弗利德·赫费:《政治的正义性:法和国家的批判哲学之基础》,庞学铨等译,上海人民出版社2005年版,第118页;Mark Van Hoecke, *Law as Communication* (Oxford-Portland Oregon: Hart Publishing, 2002), p.193;〔德〕阿图尔·考夫曼:《法律哲学》,刘幸义等译,法律出版社2004年版,第44—45页。

② 〔德〕尤根·哈贝马斯:《现代性的哲学话语》,曹卫东等译,译林出版社2004年版,第397—418页。

③ J. Habermas, *Legitimation Crisis*, trans. Thomas McCarthy (Boston: Beacon Press, 1975), p.101.

> "*Quod Omnes Tangit, omnibus tractari et approbari debet*"
> (直译为"影响到每个人的事务应当得到所有受影响者的倾听和同意")中世纪的人在罗马法中发现这一规则。这条规则处理复数监护人共同监护同一个被监护人的情形。其典型的情形是：一个监护人的同意在法律交易中构成法律上的充分授权……就监护人之间的关系而言，所适用规则是：影响到每个人的事务[what concerned everyone(*Quod Omnes Tangit*)]要求获得所有受到影响的人的同意。①

这一规则在社团法(ausgebildetes, Körperschafsrecht)中又得到强化。

> 作为不同于独裁家庭组织的组织，社团是一种能够在法律上澄清各种纠纷的内部组织架构。这样，影响到每个人的事务成为社团法的一个准则，当社团中的社会名流成员想要宣布并实现他们的参与时，这一准则在那时总被那些出身更好的(*melior*)或者善于理性辩论的(*sanior*)当事方所引证。②

在卢曼看来，从罗马监护制度到中世纪社团法的飞跃，从现代代议制到哈贝马斯商谈理论的发展事实上都体现了这一准则。

卢曼认为，哈贝马斯的商谈论预设了三个前提：第一，所有思维主体之间并不存在任何先验的预先协同(fore-coordination)。哈贝马斯以此预设消解康德在先验与经验之间所做的区分。第二，商谈不再以自然法(natural law)的方式受原初出现的认知性条件或规范性条件的约束，而是在其自身的实质性前提基础上决定它自身。第三，商谈也不诉诸偶在道德原则(contingent moral principles)或某种伦理法则(a ethical law)。

> 这些假设为某个系统生产出自身的不确定性提供了一种选择。采取这个选择的所有人都切断了与过去的所有联系，并且将

---

① Niklas Luhmann, "Quod Omnes Tangit: Remarks on Jurgen Habermas's Legal Theory", trans. Mike Robert Horenstein, in Michael Rosenfeld & Andrew Arato (eds.), *Habermas on Law and Democracy: Critical Exchanges* (California: University of California Press, 1998), p.157.
② Ibid., p.158.

自己以及讨论中所有受影响的人都置于一种未知未来的支配之下。未来的不确定性是商谈理论中唯一真正不变的东西。与它们在法院过程或政治民主选举程序中所做的一样，所有程序性措施都用来支持上述前提。决定直到被做出之前必须被视为具有开放性；恰恰是由于这一点，商谈理论所接受的各种假设都源自受法律调整之程序的模式。①

要言之，卢曼对哈贝马斯商谈合法化理论的批判有以下四点。

第一，哈贝马斯将事实性与有效性的关系描述为一种紧张关系只不过是一种混乱的描述。卢曼将哈贝马斯倾向于等而视之的"事实"、"规范"与"事实性"、"有效性"区分开来：

> 哈贝马斯撇开在法律自身之中习惯使用的事实（facts）与规范（norms）的区分，而代之以他自己的事实性（facticity）和有效性（validity）的概念。但这两者是同一个区分么？不管怎么说，事实性和规范性之间的关系并不是像事实和规范之间那样是一种直接的对立关系（straight-forward opposition）。②

在卢曼看来，事实性与有效性之间的关系，既不是直接对立关系（其要求两者相互排斥），也不是辩证矛盾关系（a dialectical contradiction）（其要求两个概念都被这两个概念所最初排除的第三个概念排除掉），而只是一种紧张关系，但这种紧张关系其实不过是一种混乱的描述。

第二，在法律实践中，并不能实现商谈原则所要求的那种理想状态：影响到每个人的事务要求获得所有受到影响的人的一致同意。由于让所有受到影响者都参与到法律过程中是不可能的，哈贝马斯的商谈原则最终被表述为："如果一个理性商谈过程中的实际参与者都同意某些行动规范，那么所有可能受影响的人也可能（could）同意这些行动

---

① Niklas Luhmann, "Quod Omnes Tangit: Remarks on Jurgen Habermas's Legal Theory", trans. Mike Robert Horenstein, in Michael Rosenfeld & Andrew Arato (eds.), *Habermas on Law and Democracy: Critical Exchanges* (California: University of California Press, 1998), pp.159-160.

② Ibid., p.161.

规范,因此这些行动规范是有效的。"但是,在卢曼看来,这里的要害正在于哈贝马斯此处所使用的"可能"一词:"除了'可能'一词以外,这个准则中的每个概念都得到了仔细的解释,而哈贝马斯通过这个词遮蔽了问题。"①卢曼进一步质疑道:

> 可能这个词是一个情态性概念(modal concept),而且还是以起连接性作用的(conjunctive)方式予以表述的。自康德以降,人们都知道,在此类情形中必须给出可能性条件以详细阐明这种陈述。然而,哈贝马斯并没有给出这样的条件。支配者(the master)和看不见的手(invisible hand)不会被替换掉。然而,谁来确定可能达致合理的一致?他又如何确定?后形而上学时代的一切事务都赖以为基的这种决定性的运作过程又如何司法化?因此,仍然也不清楚的是:在论据(argument)的所有层面,这个连接(the conjunctive)如何变成一个陈述(indicative)?潜在可能如何变为一种实在?或者,比如说,从并不当然存在的、自由讨论的市民社会中又如何"涌现"权力?②

第三,哈贝马斯基于商谈民主的合法化理论过于重视立法过程,不符合当下通行观念。在卢曼看来,哈贝马斯沿着政治民主的外部化视角来处理合法律性/合法性的悖论,但却过于重视立法而忽视司法过程。

> 这导致了特别强调立法的传统倾向,并因之低估了司法造法(judicial law-making)的作用。对立法的这种强调使得哈贝马斯似乎成为梅克尔/凯尔森(Merkl/Kelsen)法律秩序梯级结构理论的新近追随者。在取向一致的正义之实施或司法(administration of justice)中,与法官相比,论证之目标(argument objetives)赋予立法者一种不做出决定的选择。没有达成一致,就没有决定。不像立法者,这条迂回路径(escape routine)并不适用于法官。法官

---

① Niklas Luhmann, "Quod Omnes Tangit: Remarks on Jurgen Habermas's Legal Theory", trans. Mike Robert Horenstein, in Michael Rosenfeld & Andrew Arato (eds.), *Habermas on Law and Democracy: Critical Exchanges* (California: University of California Press, 1998), p.164.

② Ibid., pp.164-165.

要遵循不得拒绝实现正义的禁令。在传统上,据法裁判的理念(the idea of being bound by the law)一直证成了这一点,而这种证成既约束了法官,又解救了法官。但是在今天,在普通法和欧洲大陆法律秩序中盛行的观念是:上述这种理念至多是一种部分真理。此外,在一个社会学家看来,值得注意的是,大多数法律上的不一致并不取决于规范解释问题上的分歧,而是取决于事实和证据问题上的不一致。[1]

第四,哈贝马斯对理性和合法化的规范性理解缺乏一种反讽(irony)观念,最好的选择还是系统理论的客观主义路径。在卢曼看来,哈贝马斯坚持对理性和合法化进行规范性的阐释。这种阐释以他所建构的商谈理想化条件为依凭对实践进行"内在的批判",但是这种批判缺乏反讽意识,是不充分的。

为了重述自由主义的经典观念,哈贝马斯在易于达成一致的意义上运用商谈理论。这是一个关于所有人自由且平等地参与各种过程的问题,这种过程如此地进行建构以至于它们能够体现一种合理的经验——无论这是一个一致同意,还是一个基于妥协的理解(再一次涉及自由和平等)。根本的改革和彻底的革命都不是目标。批判的因素仅仅源自一种关于迫切需要之物(desiderata)的理想化条件——正如哈贝马斯一再强调的那样,它们实际上仅仅总是近似地得以实现。这符合德国观念论理念,也符合浪漫主义诗歌的批判性观念。然而不幸的是,其缺乏反讽路向,以及与上述规划保持距离的努力。[2]

卢曼所钟情的,仍是一种被哈贝马斯称为客观主义的路径。在该文的结尾处,他事实上隐含地表明其所坚持的系统理论路径的优势。

---

[1] Niklas Luhmann, "Quod Omnes Tangit: Remarks on Jurgen Habermas's Legal Theory", trans. Mike Robert Horenstein, in Michael Rosenfeld & Andrew Arato (eds.), *Habermas on Law and Democracy: Critical Exchanges* (California: University of California Press, 1998), p.166.

[2] Ibid., p.169.

我并不肯定的是,由于二十世纪末期的世界状况,坚持对理性的规范性理解,不得不以这样一种不能令人满意的方式收场。但是,如果情形确实如此,那么将会有诸多理由来放弃这种观念,并代之以下述做法:秉承马克思的传统,研究社会实然状况和实际运行,以发现可能的各种变化——这种做法也许可能导致一个有着更少痛苦的世界。这是可能的!①

三、威廉·雷格和詹姆斯·博曼: "家族内部"的批判

美国圣路易斯大学哲学系的威廉·雷格和詹姆斯·博曼教授既是英语世界著名的哈贝马斯研究专家,亦是目前国际学术界审议民主理论的代表性论者;其中,威廉·雷格教授还是哈贝马斯法哲学代表作《在事实与规范之间》一书的英译者。詹姆斯·博曼所著的《公共审议:多元主义、复杂性与民主》(*Public Deliberation: Pluralism, Complexity and Democracy*)连同两人共同编辑的《审议民主:理性与政治论集》(*Deliberative Democracy: Essays on Reason and Politics*)②一道,已成为当下审议民主理论领域的代表性著作。在其理论工作中,两者多是以哈贝马斯理论的"批判性修正者"的姿态出现的。在此,本书拟就两人合著的《商谈与民主》一文对哈贝马斯商谈民主模式的批判性检视作一述评。

在《商谈与民主》一文中,两人首先花了较多篇幅重构了哈贝马斯

---

① Niklas Luhmann, "Quod Omnes Tangit: Remarks on Jurgen Habermas's Legal Theory", trans. Mike Robert Horenstein, in Michael Rosenfeld & Andrew Arato (eds.), *Habermas on Law and Democracy: Critical Exchanges* (California: University of California Press, 1998), p.172.

② See James Bohman, *Public Deliberation: Pluralism, Complexity and Democracy* (Cambridge, Mass: MIT Press, 1996); *Deliberative Democracy: Essays on Reason and Politics*, James Bohman & William Rehg (eds.) (Cambridge, Mass: MIT Press, 1997). 中译本分别为:〔美〕詹姆斯·博曼:《公共协商:多元主义、复杂性与民主》,中央编译出版社 2006 年版;〔美〕詹姆斯·博曼、威廉·雷吉:《协商民主:论理性与政治》,中央编译出版社 2006 年版。

"双轨模式"的商谈民主理论。在他们看来,这种模式的核心在于:"民主程序应当允许某种基础广泛即无主体的公共沟通在制度上成为通向社会影响力所支持的具体决定的通道。在商谈结构掌控着上述整个过程的意义上,过程本身是合理的(rational),并且其结果对所有公民而言是理性的(reasonable)。"①但是,在他们看来,哈贝马斯对全体一致的强调使得其这一模式带有强烈的认识论色彩,从而难以适应当下社会的多元性和复杂化情势。为此,他们提供了一种较弱版本的商谈民主理论。

在他们看来,哈贝马斯的"双轨模式"至少要做出如下三个关于论证(argumentation)的假设:第一,就全体一致在政治领域具有可能性而言,哈贝马斯必须假定:在不同类型的商谈之间,不存在任何棘手冲突。众所周知,无论是道德理论,还是法律理论,都讨论了现代复杂社会的价值多元和冲突问题。面对这些问题,哈贝马斯所采取的途径是:要么乐观地区分不同类型的那些具有"自我选择性"(self-selecting)的争议,要么建构某种(道德商谈在顶端,接下来是伦理商谈等)商谈等级。如果这些机制失败——正如哈贝马斯晚近已经承认的,人们只能依赖制度性的程序来决定问题。但是,这种程序不是建基于某种有权就不同类型商谈间的争议做出公断的元商谈或超商谈(meta-or superdiscourse)之上。在他们看来,尽管哈贝马斯建构了"实践理性的多态论",但这些难题仍为他带来了挑战。

> 因为它侵蚀了哈贝马斯政治共识观的根基,而这种政治共识观预设了人们有可能就不同类型商谈的选择和那些需要在公共领域进行审议之问题的评判标准取得全体一致。这个层面上的争议,不夸张地说就是没有着落的论据(arguments without a home)——不存在任何能够对这些论据用商谈的方式予以裁定的场所。如果它们被证明不只是例外情形,那么合法性的共识基础

---

① William Rehg & James Bohman, "Discourse and Democracy: The Formal and Informal Bases of Legitimacy", in *Between Facts and Norms*, in René von Schomberg & Kenneth Baynes (eds.), *Discourse and Democracy: Essays on Habermas's Between Facts and Norms* (New York: State University of New York Press, 2002), p.43.

就将会受到侵蚀。①

第二，哈贝马斯对民主的结果至少在原则上允许全体一致同意的强调表明：公民们总是能够将争议的合理商谈面向与其要求妥协的面向清楚地分开。在《在事实与规范之间》1994 年的"后记"中，哈贝马斯在回答其批评者时从不同类型之商谈的区分，转向了问题的"分析性面向"：政治问题常常是如此复杂，以至于其要求同时处理实用、伦理和道德面向。但尽管如此，在他们看来，哈贝马斯仍然预设了这一点：至少在原则上，每个公民所具有的、那种将问题的不同面向分开的能力，使得他们可以不向其最深处的价值观妥协，并避免诸价值之间的严重冲突。而这显然会侵蚀商谈理论处理当下多元主义问题的能力。

> 在亚文化的伦理价值（sub-cultural ethical values）和特定身份影响着对正义与公正之解释的情形下，共识似乎要求不同的团体首先解决那些位于其竞争性正义观背后的伦理性差异——即这是一项人们不必承担、但在原则上却具有可能性的任务。但即便抛开这个问题不论，人们亦可以质疑：期待公民将其道德认同视为哈贝马斯所谓的抽象性要求，是否具有可能性或合理性呢？②

第三，哈贝马斯强烈地假定存在着有关正确答案的理想化聚合——即使在不完全审议的情形下。哈贝马斯的商谈理论将参与者在商谈中可能或能够合理同意作为规范的有效性标准，在事实上要求公民多数能够在某一立场上聚合。但是，

> 在审议和信息不完全的欠理想条件下，根本就没有任何保障可以使公民的多数将聚合于此处的任何观点——如果存在这种观

---

① William Rehg & James Bohman, "Discourse and Democracy: The Formal and Informal Bases of Legitimacy", in *Between Facts and Norms*, in René von Schomberg & Kenneth Baynes (eds.), *Discourse and Democracy: Essays on Habermas's Between Facts and Norms* (New York: State University of New York Press, 2002), p.44.

② Ibid., p.45.

点,该观点是正确的观点——得以存在。甚至,在更进一步的反事实性假设——公共商谈是意识形态无涉的(ideology-free),即免于沟通中无法察觉的扭曲——的条件下,这种聚合亦并不能相伴而生。即使这些好论据是可资利用的,但单单这种不完全性本身就可能使得审议缺乏说服力。那么,人们可能会说,哈贝马斯所谓的真实的去中心性(decenteredness)与理想化的聚合之间的关系,要求苏格拉底式的假设:多数聚合于更好论据的可能性与审议的数量或时长(length)成比例。①

由于上述假设会削弱商谈民主理论回应现代复杂社会的能力,他们提供了一种较弱版本的理论,这一理论建立在如下三个较弱的假设之上:首先,在多元化的社会中,商谈类型之间的冲突、进而有关某个问题需要何种主张的争论是不可消除的;其次,民主的审议并不要求人们在如何区分问题的不同方面之区别的问题上达成一致;最后,只要其对所有的理由开放和包容,甚至不完全的审议也代表了一种基于较弱观点的认识论收益②。

威廉·雷格和詹姆斯·博曼强调:

> 一种较弱的解读的关键在于:要考虑到,某个政治决定的合法性不需要公民审议者(citizen-deliberators)做出如下这种强烈的假设——他们的审议过程更有可能使得审议结果是每个人将最终、理想化地聚合的那个结果。毋宁说,对他们而言,做出这样的假设就足矣:在给定的审议条件下,结果和决定允许同那些具有不同的、至少不是不理性之心智的他者进行某种不间断的合作。③

为此,商谈必须满足如下三个条件:第一,非正式与正式审议的商谈结

---

① William Rehg & James Bohman, "Discourse and Democracy: The Formal and Informal Bases of Legitimacy", in *Between Facts and Norms*, in René von Schomberg & Kenneth Baynes (eds.), *Discourse and Democracy: Essays on Habermas's Between Facts and Norms* (New York: State University of New York Press, 2002), pp.45-46.
② Ibid., pp.50-51.
③ Ibid., p.46.

构使得不合理的、站不住脚的论据较不可能决定着审议结果。第二,结构化的决策程序允许人们有可能修正论据、决定甚至程序,而这种修正要么具有被击败立场(defeated positions)的特征,要么提升了上述立场被倾听的机会。第三,审议性的决策程序具有广泛的包容性,以至于少数人可以理性地期待:他们能够在迄今仍不能具有影响力的很多方面影响着未来的结果。

第一个条件表明:关于商谈的那些不同建制和公众首先具有某种消极的、进而是批判性的功能。

> 这些不同的建制和公众意味着,通过如下方式,它们将辩论提升到一种市民化和公共化的层面:保证那些对偏见的简单和粗暴迎合能够公开地受到挑战和破坏,保证微妙的以及不是如此微妙的(not-so-subtle)强制将被暴露和质疑,并保证不合理的排除性机制(exclusionary mechanisms)将会被根除和矫正。在许多问题中,对这些措施的有力追逐便足以产生积极的共识。但是,这个条件不必产生共识,理性的分歧可能仍然会持续下去。然而,其要点在于:所有那些非理性的分歧以及非理性的一致都将被根除。①

第二个条件强调的是商谈过程的可修正性。民主的程序在很多不同方面都考虑到了可修正性这一点,诸如定期选举、法律上诉,法律审查和宪法修正,等等。但是,他们强调的是基于民主程序的规范内容的可修正性。

> 可修正性亦触及程序本身:为了使少数在面对可能破坏合作的偶存(contingent)社会事实和人口学事实(demographical facts)之时可以重新形成平等权利,人们可能会修正民主的程序。如果这些事实使得少数永远固定不变,那么民主的建制就不是约翰·

---

① William Rehg & James Bohman, "Discourse and Democracy: The Formal and Informal Bases of Legitimacy", in *Between Facts and Norms*, in René von Schomberg & Kenneth Baynes (eds.), *Discourse and Democracy: Essays on Habermas's Between Facts and Norms* (New York: State University of New York Press, 2002), pp.46-47.

罗尔斯(John Rawls)意义上的"良序的"(well-ordered);它们将不会为相互合作所必需的政治平等提供保证。①

第三个条件强调的是审议程序和决策程序的包容性。

> 更具包容性的审议程序和决策程序使得公民更有可能克服其辨识力缺乏症(myopia)和种族优越感(ethnocentrism)。由于他们已经知道为了维护公开性和平等性其决定必须被修正,公民们将会以一种包容性和未来取向的方式来评价其民主实践。他们亦将会把自己看作是可能占据少数立场的人;即使他们现在占据着多数立场,单凭这一点也并不能增添其论据必然就是更好论据的认识论力量。②

在他们看来,修正后的这一民主模式更能实现哈贝马斯的理论目标。他们满怀信心地写道:

> 根据我们修正后的观点,哈贝马斯审议民主的理想有助于我们理解为什么多数决规则必须总是要同那种我们在其间能够合作、但并不必然相互同意的自由、开放的公共领域联系起来。只要哈贝马斯修正其民主原则,并摒弃全体一致的强烈条件,他就能够解决他自己所提出的复杂性问题。只有到那时,公共资源(resources of public)即"无主体的"沟通才能为复杂且多元社会与激进民主理想的相关性提供一种可信的经验性证成。因此,我们所给出的这些较弱的论据不仅更具可证成性和一致性,而且它们亦更好地实现了哈贝马斯自己所设定的下述目标:颠覆其理论的理想化色彩,重构根植于当下民主建制的合理性潜能,并在当下的条件下为激进民主遗产辩护。③

---

① William Rehg & James Bohman, "Discourse and Democracy: The Formal and Informal Bases of Legitimacy", in *Between Facts and Norms*, in René von Schomberg & Kenneth Baynes (eds.), *Discourse and Democracy: Essays on Habermas's Between Facts and Norms* (New York: State University of New York Press, 2002), p.47.
② Ibid., p.48.
③ Ibid., pp.51-52.

四、几点评论

就詹姆斯·L.马什的批判立场来看,一方面,我们可以说:作者这种"激进左派"式的批判其实更多的是学术旨趣的不同使然,作者事实上缺乏对哈贝马斯的同情式理解。正如我们不能要求黑格尔必须像马克思那样关切穷人的利益一样,我们事实上也不能苛求哈贝马斯必须像福柯那样关注社会边缘人的现代感受。如果我们不是拘泥于某种先定的政治立场,而是代之以对当下社会—历史情势的具体分析,那么哈贝马斯的批判理论旨趣是显见的。正如 Steven Seidman 指出的:

> ……我们可以看到马克思与哈贝马斯之间的某种平行性。马克思的《资本论》旨在为劳工阶级澄清其承受着的社会压迫的各种条件,以及转变这些条件的可能性。哈贝马斯对批判理论的重述意在澄清那些使得各种社会运动成为可能的诸条件,并识别出当代社会危机和社会变迁所发生的主要场所。就此而言,哈贝马斯可以被正确地描述为马克思主义和批判理论传统的一名主要的继承人。[①]

但另一方面,也必须看到:作者事实上为常常以"左派"标榜自己的哈贝马斯提出了一个难题,即:在晚期资本主义社会,如果不对资本主义制度进行马克思意义上的"政治经济学批判"以期在根本上改变资本主义社会结构,单单一个程序主义的"沟通共同体"(*Kommunikationsgemeinschaft*, communicative community)何以才能真正保证政治与法律秩序的合法性,特别是其道德上的可接受性?

从前文的评述中,我们可以发现:从社会理论基础到法律合法化理论,卢曼与哈贝马斯几乎都是针锋相对的。按照德特勒夫·霍斯特(Detlef Horster)的总结,两者的区别主要体现在:

---

① Steven Seidman, "Introduction", in Steven Seidman (ed.), *Jürgen Habermas on Society and Politics: A Reader* (Boston: Beacon Press, 1989), p.25.

第一,哈贝马斯认为个人与社会统一于生活世界,卢曼认为社会与个人分道扬镳于系统中;第二,哈贝马斯认为行动的目标在于趋同性,卢曼猜测趋异性会保持下来;第三,哈贝马斯认为,规范的普世意义是他的社会理论的基础,卢曼用社会学眼光看待道德的功用。①

但是,他们之间的对立常常让我们忽视他们之间的一致性;依 Chris Thornhill 之见,他们之间其实也有着不可忽视的共同点。

位于哈贝马斯和卢曼著作中心的,是他们对法律、政治、理性与形而上学之间的关系和合法政治权力的法律渊源的明显对立分析。哈贝马斯和卢曼都将其理论阐发为对现代社会法律实证化与法律责任、平等以及标示民主合法性的宪政规则的冲突性解释。这两位理论家之著作的核心是主张:法律和权力是共同演化的;现代社会法律的实证化不可避免地型塑着权力的运用,并使其合理化;以及现代社会最具合法性的政府形式,是实在法统治下的法制政府(a legal state)。再者,这两位理论家之著作的中心关切,还试图以一种完全不同的方式,将合理的自由与政治合法性解释为自由生活的特征——不依赖于任何形而上学的观念。②

由此可见,无论是其出发点,还是其中心关切,哈贝马斯与卢曼都存在着共同点。其不同更多的是学术旨趣(批判理论 vs 保守立场)、理论视角(观察者与参与者协调起来的视角 vs 观察者视角)与研究路径(系统—生活世界的二元论 vs 系统理论)的不同。对其合法化理论而言,也是如此。大体而言,他们都承认现代复杂社会条件下,必须将合法性建基于合法律性之上,甚至还都强调"程序"的价值。但是不同于卢曼式的法律系统自我指涉的封闭法律程序,哈贝马斯所谓的"程序"是指向意见和意志形成、可以争辩法律内容之合道德性的"无主体"的商谈程序。因此,他们所理解的"合法律性"也完全不一样:在卢曼那里,仅

---

① 〔德〕特勒夫·霍斯特:《哈贝马斯》,中国人民大学出版社 2010 年版,第 44 页。
② Chris Thornhill, *German Political Philosophy: the Metaphysics of Law* (New York: Routledge, 2007), p.314.

仅是法律系统自我指涉的合法律性;而在哈贝马斯那里,则是体现并容纳了实践理性(合道德性)的合法律性。

但是,我们也应该看到:抛开卢曼和哈贝马斯学术旨趣、理论视角与研究路径的上述区别不论,卢曼的系统理论及其批判立场事实上为哈贝马斯的商谈合法化理论提出了一个难题,即:在复杂社会的背景下,将法律的合法性建基于容纳了实践理性(合道德性)的合法律性之上,究竟能在多大程度上确保卢曼式系统理论所强调的、对减弱现代社会的复杂性具有根本意义的法律系统的自主性?

事实上,也正是现代社会复杂且多元的现实,使得威廉·雷格和詹姆斯·博曼试图在民主合法化的规范主义路径与社会复杂化的现实之间寻求某种平衡。他们对哈贝马斯的批判其实延续了人们对哈氏理论的那种一贯的批判论调,即认为其具有"乌托邦色彩",不足以回应复杂社会的现实。但是,与其他论者的批判不同的是,他们的批判是建设性的,即他们是为了修正哈氏的理论,以完成其所设定的理论任务。他们对哈贝马斯商谈合法化理论和商谈民主模式的修正主要弱化了其强烈的认识论色彩,特别是对强烈共识或一致的要求。

不难发现,威廉·雷格和詹姆斯·博曼对哈贝马斯要求强烈共识或一致(人们在正确答案上理想化聚合)的批判,与托马斯·麦卡锡对哈贝马斯"存在着一个正确的答案"之预设的批判[1]有着密切的关联。就此而言,如果我们了解了哈贝马斯本人的回应之后可能更易理解他

---

[1] 麦卡锡指出:"哈贝马斯的程序主义将合法性与公正性(impartiality)相联系、进而与合理的商谈和公平的妥协相联系。由于不同类型的商谈(实用的、伦理的和道德的)在他看来都能就相关问题的正确解决达致某种形式的合理一致,基于程序的合法性就与基于合理的可接受性的合法性(legitimacy through rational acceptability)联系了起来;商谈程序形式上正确或正当的结果也获致了实质上合理可接受性这样一个假设。但是,如果伦理—政治性分歧大体上并不总是可以达致一个正确的答案,就像妥协一样,它们的程序化解决也将并不总是——甚至理想地说——对所有当事人都具有基于同样实质性理由的可接受性。它们有时对某些成员而言只具有间接的可接受性,即作为程序上正确或正当的结果而具有可接受性。" Thomas McCarthy, "Legitimacy of Diversity: Dialectical Reflections on Analytic Distinctions", in Michel Rosenfeld & Andrew Arato (eds.), *Habermas on Law and Democracy* (California: University of California Press, 1998), pp.146 – 147.

的理论意旨。在回应麦卡锡关于"存在着一个正确的答案"之预设的批判时,哈贝马斯借用罗尔斯关于"不完善但纯粹的程序主义"的说法指出:

> 民主过程承诺的是一种"不完善"但"纯粹"的程序合理性,这种程序合理性仅仅基于这样一个前提:参与者大体上认为他们有可能就正义问题正好获致一个正确答案……如果我们大体上不能作出下述假设,即我们相互都能就某个命题的真假性说服对方,我们就不会通过论证处理这些事实上的争议。①

我们知道,罗尔斯将程序正义区分为"完善的程序正义"、"不完善的程序正义"和"纯粹的程序正义";罗尔斯所谓"纯粹的程序正义"是指这样的情形:不存在正确结果的独立标准,但存在着正确或公平的程序,这种程序若被人们恰当地遵守,其结果也会是正确或公平的,无论它们可能会是怎样的结果②。可见,哈贝马斯将复杂社会(后形而上学时代)的民主程序定位为一种罗尔斯意义上的"纯粹的程序正义",它最终导向了以商谈或论辩的方式解决争议的商谈程序;换言之,在哈贝马斯看来,凡是遵循他所谓的"商谈原则"的程序所达致的结果都具有合理的可接受性,进而具有合法性。因此,在哈贝马斯那里,所谓的"共识"或"一个正确答案"只是一个范导性的理想和认识论的前提性假设,它引导着人们以商谈或论辩的方式来解决复杂社会的各种问题,而并不意味着对任何问题(特别是哈贝马斯意义上的"伦理—政治性"问题)都一定存在着"一个正确答案"。

但抛开复杂社会是否存在"一个正确答案"的问题不论,威廉·雷格和詹姆斯·博曼的上述批判其实还是为哈贝马斯的商谈合法化理论提出了一个挑战,即:商谈合法化理论如何将理论分析上的合理性转化为实践运作上的可行性?

---

① J. Habermas, "Reply to Symposium Participants, Benjamin N. Cardozo School of Law", trans. William Rehg, in Michel Rosenfeld & Andrew Arato (eds.), *Habermas on Law and Democracy* (California: University of California Press, 1998), p. 403.
② See John Rawls, *A Theory of Justice* (Beijing: China Social Sciences Publishing House, 1999), p.86

附录一

"交往",抑或"沟通":哈贝马斯理论中"Kommunikation"译名辨兼及"Law As Communication"的翻译[*]

孙国东

长期以来,哈贝马斯理论中的"*Kommunikation*"(communication)一词的翻译问题,一直没有引起学界的足够重视。在当下国内的哈贝马斯翻译与研究领域,童世骏和曹卫东无疑堪称执牛耳者;而他们都不约而同地将其译为"交往"。童世骏的简单解释是"*Kommunikation*"一词译为"交往"更符合现代汉语的通常用法[①]。曹卫东在移译哈氏代表作 *Theorie des Kommunikativen Handelns*(*The Theory of Communicative Action*)[②]时亦坚持把"*Kommunikation*"译为"交往",

---

[*] 本文原载〔比〕马克·范·胡克:《法律的沟通之维》,孙国东译,法律出版社2008年版,第346—361页。收入此书时又做了部分修订。

[①] 参见〔德〕哈贝马斯:《在事实与规范之间:关于法律与民主法治国的商谈理论》,童世骏译,三联书店2003年版,第1页(译者注①)。

[②] 根据童世骏的研究,在哈贝马斯做出的诸多概念区分中,"行动"(德语的 *Handeln* 和英语的 action)和"行为"(德语的 *Verhalten* 和英语的 behavior)的区别是最基本的一个。主要受英美分析哲学——尤其是后期维特根斯坦(Ludwig Wittgenstein)影响之下的日常语言哲学——规则理论的影响,哈氏认为,"行动"和"行为"之间的关键性区别,在于前者一定是意向性的,而后者可以是非意向性的——事实上他常常用后者表示非意向性的行为。简单地说,行动区别于行为之处在于行动是意向性的,行为则不是意向性的;而行动之所以是意向性的,是因为行动是受规则支配的。交往行动之为"行动"的根本特点正在于它是不能用"行为"主义方式加以研究的。就行动的规则支配性而言,"行为作为一种意向表达所具有的意义是无法仅仅依靠客观的观察来把握的,因为从观察者的视角出发,我们只能看到符号的'意义的持续性'(Konstanz der Bedeutungen),即在什么情况下出现了同样意义的行为;但这种意义的持续性不等于'意义的同一性'(Identitaet der Bedeutungen):重要的不是仅仅知道在哪些情况下出现了哪些同样的行为,而是知道哪些行动被(转下页)

并指出:

(接上页)当作是同样的行为——也就是具有相同意义的行为"。该书书名中,哈氏使用的是"Handeln",而不是"Verhalten",因此,将该书书名译为"交往行为理论"是一种误译。[参见童世骏:《没有"主体间性"就没有"规则":论哈贝马斯的规则观》,《复旦学报》2002 年第 5 期;[德]哈贝马斯:《在事实与规范之间:关于法律与民主法治国的商谈理论》,第 1 页(译者注①);童世骏:《批判与实践:论哈贝马斯的批判理论》,三联书店 2007 年版,第 119—120 页]。然而,童世骏没有指出的是,哈贝马斯的"行动理论"除了受维特根斯坦影响外,还更为直接地受到韦伯"行动理论"传统的影响[See J. Habermas, *On the Pragmatics of Communication*, Maeve Cooke (ed.) (Cambridge, Mass.: MIT Press, 1998), pp. 112 ff.]。因此,哈贝马斯那里的"Handeln"不仅具有"规则导向性",亦具有文化意蕴。在韦伯看来,人的"行动"区别于"行为"之处在于:前者是"行动个体将某种主观意义赋予了其行为之中",而后者仅是指可识别的身体动作。[关于"behavior"与"Verhalten"、"action"与"Handeln"的对应关系,可参见韦伯《经济与社会》英译者的解释: Max Weber, *Economy and Society: an Outline of Interpretive Sociology*, Guenther Roth & Claus Wittich (eds.) (Berkeley: University of California Press,1978), p.57;韦伯关于"行动"或"社会行动"的相关论说,请参见 Ibid., pp.4 - 24]。正是基于"行动"与"行为"的区分,韦伯的"理解社会学"将社会学研究的对象定位为"社会行动",并区分了"观察性的理解"(observational understanding)与"解释性的理解"(explantory understanding):前者对既有的行为及其表现出的主观意义做直观的、描述性的理解,后者则将其纳入其动机的"意义关联"(the complex of meaning)中进行解释。韦伯本人所举的例子是伐木的行为和拿枪对准人的行为:伐木者既可能是为了生机之需,也可能是一种消遣,甚至只是表达内心的愤怒;拿枪瞄准人的行为既可能是授命执行死刑,也可能是在对敌作战,或者为了泄私恨。只有将这些行为与其动机所属的"意义关联"结合起来,我们才可以真正把握其所指向的那个丰富的"意义世界"(参见 Ibid., pp.8 - 9)。如果我们采用美国文化人类学家吉尔茨(Clifford Geertz, 1926—2006)所举的例子,我们可以设想两位正在眨右眼的少年,一位是不带任何意图的眼皮痉挛,另一位是向朋友传达恶意的会意。在实证主义或行为主义看来,两者的行为对科学研究而言是完全一致的;但"行动理论"或吉尔茨"文化解释理论"则可能在两种同样的身体动作背后洞察到不同的行动意向或文化蕴含,而正是这些行动意向或文化蕴含与人们生活世界所内含的那个丰富的"意义世界"紧密相连——用哈贝马斯的话说,行为主义、实证主义方法论尽管有助于我们在知性上部分把握社会世界的经验现象,但它却"将科学虚构为以合乎规律的方式结构化的自在事实,从而掩盖了这些事实的先验构成"[J. Habermas, *Knowledge and Human Interests*, trans. Jeremy J. Shapiro (Boston: Beacon Press, 1971), p.69.]。这在根本上是因为:就行动的文化意蕴而言,文化乃是行动者"自己编织的意义之网","对文化的分析不是一种寻求规律的实验科学,而是一种探寻意义的解释科学"[See Clifford Geertz, *The Interpretation of Cultures* (New York: Basic Books, 1973), pp.5 - 7.]。而下文分析表明,曹卫东对"Kommunikation"译为"交往"的解释亦是站不住脚的,因此,将哈贝马斯的代表作 *Theorie des Kommunikativen Handelns*(*The Theory of Communicative Action*)译为"交往行为理论",在"Kommunikativen"和"Handelns"这两个关键术语上都有较为严重的理论错位。

把"Kommunikation"译成汉语的"交往"和"沟通",只是字面上的差别,而没有什么实质上的不同。这里之所以坚持选用"交往",主要是想强调哈贝马斯作为"后马克思主义者"的特征,强调这本书中所理解的"Kommunikation"概念与马克思在《德意志意识形态》以及《政治经济学批判》中所提出的"Kommunikation"概念之间的内在联系。①

童世骏一句"通常用法"阻塞了所有对其进行进一步研究的可能;而曹卫东的解释尽管道出了哈氏使用的"communication"与马克思的关联,但对他们究竟有何内在学术关联、是否在同一意义和语境上使用,甚至使用的是否是同一个词等更深入的问题,却避而不谈。

窃以为,"communication"究竟应当译为"交往"还是"沟通",并不取决于哈氏所谓的"communication"与马克思有无关联(按照马克思主义理论,万事万物都是联系着的),而毋宁在于他与马克思所使用的"communication"是否存在内在的学术关联性,以及他们是否在同一意义和语境上使用。如果说在1990年代中期以前将哈贝马斯局限为"西方马克思主义的代表人物",想当然地强调他与马克思知识上的承继关系而将其译为"交往"还可以理解,我们现在理解哈贝马斯更应回归其理论本身。这一翻译当然关涉童世骏所谓的"现代汉语的通常用法",但是我们首先要从语义学角度搞清何为两者的"通常用法",厘清"交往"和"沟通"大致含义指涉的不同,以及哪一语词更符合哈氏理论的意旨。

本文拟从语源学和语义学的角度探讨这一问题,并立基于此谈谈本书书名"Law As Communication"的翻译,以就教于诸位大方之家。

一、"Verkehr"vs"Kommunikation":一个想当然的误译

详细探讨哈氏理论与马克思学说的关联性,是本文的篇幅所不能

---

① 〔德〕哈贝马斯:《交往行为理论 第1卷:行为合理性与社会合理性》,上海人民出版社2003年版,译者前言第2页。

容纳的。在此,我拟借用其他学者的研究成果,并立基于两者的文本着重进行文本和语源学的考察。

据我初步考察,论者们所谓哈贝马斯"交往理论"与马克思之关系的论说[1]忽视了一个最重要的前提,亦即将两者人为捏合在一起的"交往"在马克思和哈贝马斯那里其实根本就不是同一语词。

马克思在 1846 年 12 月 28 日致安年柯夫的信中写道:

> 为了不致丧失已经取得的成果,为了不致失掉文明的果实,人们在他们的交往(commerce)方式不再适合于既得的生产力时,就不得不改变他们继承下来的一切社会形式。——我这里使用(commerce)一词是就它的最广泛的意义而言,就像在德文中使用(Verkehr)一词一样。[2]

就探讨马克思与哈贝马斯所谓"交往理论"的关系时,马克思的这一自我界定尤为关键。它启示我们:同属德国人的马克思和哈贝马斯所使用的并不是同一个词,而这种不同不仅仅是语义学上的;更为重要的是,他们可能完全代表着不同的理论旨趣,而所谓两者的关联因为缺乏文本或语源学支撑更可能只是一种想当然的臆想。事实上,在马克思集中探讨其"交往思想"的《德意志意识形态》一文中,通篇中所谓的"交往",其原文都是"*Verkehr*"而不是"*Kommunikation*"[3]。对此,中译者

---

[1] 相关论说可谓汗牛充栋,除了前引曹卫东文字外,还有:郑召利:《哈贝马斯的交往行动理论:兼论与马克思理论的相互关联》,复旦大学出版社 2002 年版;郑召利:《哈贝马斯和马克思交往范畴的意义域及其相互关系》,载《教学与研究》2000 年第 8 期;贺翠香、张冀星:《从交往观看哈贝马斯与马克思的全球化理路》,载《北京行政学院学报》2002 年第 1 期;徐震:《对马克思和哈贝马斯两种不同交往概念的简单考察》,载《宜宾学院学报》2005 年第 1 期;王宝玲:《生产、语言与交往——马克思与哈贝马斯关于交往理论的历史关联与差异》,载《西安建筑科技大学学报(社会科学版)》2004 年第 4 期;刘芬:《马克思与哈贝马斯交往观之比较》,载《中共杭州市委党校学报》2005 年第 2 期;刘怀玉:《马克思的交往实践观与哈贝马斯的交往理性观》,载《中州刊》1994 年第 4 期,等等。

[2] 《马克思恩格斯全集》第 27 卷,人民出版社 1985 年版,第 478 页。

[3] 事实上,曹卫东在其他场合注意到了马克思与哈贝马斯所用词语的不同,但是他却丝毫不顾两者自我界定的不同而强调了两者的一致性:"'交往'在西文中近义词有'互动'(*Interaction / Interaktion*)、'交通'(*traffic / Verkehr*)。"(曹卫东:《思想的他者》,北京大学出版社 2006 年版,第 101—104 页)

在文后的注释中进一步解释道:

> 在《德意志意识形态》中,"*Verkehr*"(交往)这个术语的含义很广。它包括个人、社会团体、许多国家的物质交往和精神交往。马克思和恩格斯在这部著作中指出:物质交往——首先上人们在生产过程中的交往,乃是任何另一种交往的基础。《德意志意识形态》中所使用的"Verkehrsform"、"Verkehrsweise"、"Verkehrsverhältnisse"("交往形式"、"交往方式"、"交往关系")这些术语,就是马克思和恩格斯在当时所形成的生产关系的概念。①

在相关的英译本之中,"*Verkehr*"(交往)都被译为了"intercourse",而非"communication"②。查阅相关词典,可以发现,正如中译者所解释的,无论是英语中的"intercourse",还是德语中的"*Verkehr*",都涵括了物质交易、观点交流、两性关系等丰富含义。正因此,马克思所谓的"交往"含义极为宽泛。其"交往理论"大致包括以下几个主要观点:其一,交往和生产是实践活动不可分割的两个方面,两者互为前提:人类的生产"是以个人彼此之间的交往为前提的",而交往形式又"是由生产决定的"。其二,交往的社会历史变化展示了人的发展的一般历史形态:与"人的依赖关系"、"以物的依赖性为基础的人的独立性"和"人的全面发展"三种交往历程相适应,社会历史展现出不同的形态即大致是前资本主义、资本主义和共产主义。其三,马克思区分了物质交往和精神交往,并认为前者决定后者。其四,马克思论证了"世界交往"在人类社会演进和社会结构变革中的重要意义③。可见,马克思所谓的"*Verkehr*"与哈贝马斯那里的"*Kommunikation*",显然是不能等同的。马克思所谓的"*Verkehr*"包括了物质交往,而且其核心亦是物质交往;而哈贝马斯那里的"*Kommunikation*",正如我们在下文将要看到的那

---

① 《马克思恩格斯选集》第1卷,人民出版社1972年版,第718页。
② See Karl Marx and Frederick Engels, *The German ideology*. Pt.I & III, ed. R. Pascal (NewYork: International Publishers, 1947), pp.43 ff.
③ 参见郑召利:《哈贝马斯的交往行动理论:兼论与马克思理论的相互关联》,复旦大学出版社2002年版,第155—169页。

样,不仅没有物质交往的空间,而且主要是指以语言为媒介、以达成理解或共识为目的的一种行动的理想类型(ideal-type)①。

从总体上看,哈贝马斯理论中的"communication"是与其"communicative paradigm"(沟通范式)相联系的,是其意欲取代始自柏拉图、止于康德、黑格尔的形而上学思维即意识哲学范式的一种努力。在哈贝马斯看来,意识哲学是形而上学的主要样态,又是一种主体哲学,而他正是通过将"主体性"(subjectivity)改造为"主体间性"(intersubjectivity),建构了一种"后形而上学"时代的哲学,其理论基础即是其"the theory of communicative action"。从其早期著作中看,哈贝马斯的"communicative action"(沟通行动)恰恰构成了对马克思"社会劳动"概念的一种批判。在他看来,马克思把劳动作为人类物质生产活动和精神发展过程的统一基础在本质上仍未脱离意识哲学的窠臼,它根植于主宰自然的主体主义雄心,缺乏主体间性的向度,也因之忽略了互动,特别是"communicative action"(沟通行动)的作用。他说:

> 马克思对相互作用和劳动的联系并没有作出真正的说明,而是在社会实践的一般标题下把相互作用归之劳动,即把交往活动归之为工具活动。生产活动调节着人类周围自然的物质变换,正如(黑格尔)耶拿时期的《精神哲学》中所说,工具的使用促使劳动着的主体与自然客体联系起来——这种工具活动,成了一切范畴

---

① 就我目前的理解,如果说哈贝马斯的"沟通行动理论"与马克思的"交往实践"理论有关联的话,就哈贝马斯而言,这种关联也主要是经由黑格尔在《精神哲学》中阐述的"劳动与互动(interaction)"的区分而联系起来的,即哈贝马斯最终从"互动"[大致相当于马克思那里的"交往"(interaction)]中将那种行动者以语言为媒介、达致理解或共识的互动行动理想类型化为"沟通行动"(communicative action)。用哈贝马斯本人的话说,"我把以符号为媒介的互动理解为沟通行动。互动是按照必须遵守的规范进行的,而必须遵守的规范规定着相互的行为期待,并且必须得到至少两个行动的主体[人]的理解和承认"([德]哈贝马斯:《作为"意识形态"的技术与科学》,李黎、郭官义译,学林出版社 1999 年版,第 49 页。引用分别将原文的"相互作用"和"交往活动"改成了"互动"和"沟通行动")。关于哈贝马斯的"沟通行动"与黑格尔和马克思的学术关联,参见同上,特别是第一章《劳动和相互作用——评黑格尔耶那时期的〈精神哲学〉》。

产生的范式；一切都溶化在生产的自我活动中。①

哈贝马斯将"劳动"或曰目的理性行动理解为工具性行动，或者合理的选择，或者两者的结合。工具行动按照技术规则进行，而技术规则又以经验知识为基础，这种合理的选择又是一种策略性行动②。这种行动正是其后来详细阐述的沟通行动的对立面，是与强调人的主体性的意识哲学相一致的。而"沟通范式"的诞生证明了"意识哲学的范式已经枯竭……枯竭的症状应消融于对相互理解范式的转换之中"③。在《后形而上学思想》等著作中，哈贝马斯对意识哲学展开了较为集中的批判，为其"沟通范式"的确立奠定了哲学基础。在他看来，始于柏拉图，止于康德、黑格尔的这种绵延延了两千多年的哲学传统尽管内部各不相同，但"一般都把存在者的存在问题作为出发点"，"追求的永远都是普遍性、永恒性和必然性"，因此在本质上是"一种本体论意义上的形而上学思想"④。这种意识哲学范式下的形而上学表现为：同一性思想、唯心论、作为意识哲学的第一哲学和强大的理论概念等，但是后黑格尔哲学已经从"形式(程序)合理性"、"理性的解先验化(情境化)"、"语言学转向"和"实践之于理论的优先性"等四个方面根本上动摇了形而上学⑤。在这样的背景下，"只有转向一种新的范式，即沟通范式，才能避免作出错误的抉择"⑥。

值得注意的是，在该书中，哈贝马斯还把马克思和恩格斯与费尔巴哈、克尔凯郭尔等并列为"黑格尔的第一代弟子"或"青年黑格尔派"，认

---

① 〔德〕哈贝马斯：《作为"意识形态"的技术与科学》，李黎、郭官义译，学林出版社1999年版，第33页。这里是直接采用原译者的翻译，应当注意的是，此处的"交往活动"和"工具活动"之"活动"实为"行动"的误译。正如我们将要看到的，"交往"实为"沟通"的误译。

② 同上书，第49页。原文中将"das strategische Handeln"译为"战略活动"，实应译为"策略行动"(strategic action)。这里也统一将译者翻译的"活动"改为"行动"。

③ A·J·曼特：《康德的先验主体的不可理解性——康德形而上学的绝境》，载周贵莲、丁冬红等编译：《国外康德哲学新论》，求实出版社1990年版，第146页。

④ 〔德〕哈贝马斯：《后形而上学思想》，曹卫东、付德银译，译林出版社2001年版，第13页。

⑤ 参见〔德〕哈贝马斯：《后形而上学思想》，曹卫东、付德银译，译林出版社2001年版，第29—50页。

⑥ 同上书，第41页。引用将"交往"改成了"沟通"。

为"整个青年黑格尔派都把自然、社会和历史的优先性物化为一种自在物,并因而有不由自主地倒退到前批判水平上去的危险";并认为"马克思也未深入思考过自在的自然、为我们的自然同社会之间的关系。恩格斯的自然辩证法把历史唯物主义扩展为辩证唯物主义,因而使回归前批判思想变得不证自明"①。换言之,在哈贝马斯看来,马克思的学说并没有能回应后黑格尔时代(后形而上学时代)的要求;唯一能符合这一要求的是由他本人提出的、作为意识哲学范式替代物的"沟通范式"。

从社会理论②的知识谱系上看,哈贝马斯的"沟通范式"中所谓的"沟通"在理论上主要受到米德的符号互动论,特别是帕森斯甚或卢曼"沟通理论"(communicative theory)的智识激励。米德的符号互动论揭示了语言、社会组织等"符号"对于个人与集体的互动、进而社会之构成的重要价值,将以符号为基础的互动看作是理解得以产生、社会得以形成的基础③。帕森斯的结构功能主义社会理论将秩序(order)、行动(action)和价值(values)作为社会学研究的三大核心问题。为了说明三大核心问题的关系,帕森斯率先引入"沟通"(communication)的概念,并由此说明"沟通"对于社会系统运作的重要意义。受帕森斯启发,作为帕森斯的学生卢曼则将帕森斯的"结构功能主义"改造成为"功能结构主义",着重研究社会系统的运作和构成问题,并将"沟通"看作是社会系统存在和运作的基本条件,形成了与哈贝马斯完成不同的沟通理论④。

---

① 〔德〕哈贝马斯:《后形而上学思想》,曹卫东、付德银译,译林出版社 2001 年版,第 38 页,及注①。
② 这里之所以强调"社会理论",是因为哈贝马斯的沟通行动理论既有社会理论渊源,也有哲学等其他学科的理论支撑,比如康德的道德普遍主义、语言哲学、实用主义哲学,等等。
③ 关于哈贝马斯的沟通行动理论与米德符号互动论的学术关联,参见 J. Habermas, *The Theory of Communicative Action: Vol. 2*, *Lifeword and System: A Critique of Functionalist Reason*. trans. Thomas McCarthy (Boston: Beacon Press, 1984), pp.1 – 40;Erik Oddvar Eriksen & Jarle Weigard, *Understanding Habermas: Communicative Action and Deliberative Democracy* (London: Continunum, 2001), pp.48 – 52。
④ 卢曼与哈贝马斯"沟通理论"的根本区别是:前者的"沟通"限于系统内部,并不指向行动(者),后者则是指一种"沟通行动",是指向行动者的以达致理解或共识为取向的行动类型。因此,同样是沟通理论,卢曼最终导向了强调社会系统性的"系统理论",而哈贝马斯最终导向了强调交互主体性的"行动理论"。关于卢曼对"沟通"的使用,可参见高宣扬:《鲁曼社会系统理论与现代性》,中国人民大学出版社 2005 年版,第 138—172 页。

而哈贝马斯以米德的符号互动论和帕森斯的结构功能主义为基础,通过对行动理论的语言哲学,特别是形式语用学改造,最终形成了自己的沟通行动理论。经由劳动与互动的区分,他在主客体二分的认识框架中看到了主体间性的向度,强调公共领域中以语言为媒介的主体间性理解和共识对于社会整合的意义,并将行动和社会的合理化,甚或人类的彻底解放都寄望于此。

由此可见,论者们所谓的哈贝马斯理论中的"交往"和马克思学说中的"交往"不仅不是同一语词("*Verkehr*" vs "*Kommunikation*"),而且也没有学术意义上的前后承继的关联性——相反,哈氏沟通行动理论是对马克思交往理论,甚或其整个理论的批判。在很大程度上,我们可以说:将哈贝马斯理论中的"kommunication"(沟通)译为"交往",并与马克思那里的"*Verkehr*"(交往)相等同是缺乏文本依据和学术脉络支撑的一种想当然,是用马克思理论先入为主地"标签"哈贝马斯的结果。也正因此,尽管郑召利在其博士论文中努力寻觅两者之间的学术关联,但还是不得不承认:"在哈贝马斯的著述中,他与马克思主义的关联,并不像通常人们所估计的那样清晰。"[①]也可能主要是这个原因,没有马克思主义传统的港台学界多将哈贝马斯理论中的"*Kommunikation*"(communication)译为"沟通";同时,内地学界则几乎无一例外地将与哈氏有密切关联、却与马克思主义无关的卢曼和帕森斯理论中的"*Kommunikation*"译为"沟通"。而下文对"沟通"词义和哈氏理论中的"*Kommunikation*"(communication)的分析亦表明:译为"沟通"既更符合"现代汉语的通常用法",亦更契合哈氏理论的要旨。

二、理解或共识:哈贝马斯沟通理论的要旨

从语义上看,汉语中"交往"(*Verkehr*, intercourse)和"沟通"(*Kommunikation*, communication)都可以指人际之间、以语言为媒介发生往来关系而产生的一种互动(*interaktion*, interaction)——这是

[①] 郑召利:《哈贝马斯的交往行动理论:兼论与马克思理论的相互关联》,复旦大学出版社2002年版,第154页。

两者内涵的共同之处,亦是人们将两者等同的根源所在。但是,从"现代汉语的通常用法"看,两者的内涵和外延都有细微差别。

从内涵和外延看,"沟通"与"交往"的内涵大致是一种反变关系。大体而言,前者比后者的内涵更深,但外延更窄。"沟通"不仅包含了互动意义上的"交往",还具有"通过商谈以消除分歧,达成理解甚或共识"的意境,有强调理解、一致、同意、通达等丰富意涵。换言之,"沟通"和"交往"是种属关系,"沟通"是一种"交往",但"交往"未必都是一种"沟通"。事实上,同"*Verkehr*"一样,汉语中的"交往"含义亦十分丰富,可以泛指所有人际之间,甚或所有行动主体之间的来往关系,如商业来往、感情与观点交流、国际关系等;在中国台湾地区,它甚至还可以特指男女之间的"恋爱关系"(比如,中国台湾年轻人一般所谓的"我们在交往",一般是指说话者和他指称的人正处于恋爱中)。但它一般不具有"沟通"所具有的"达致理解甚或共识"的意指或意境。而"沟通"一词所具有的"理解"甚或"共识"等意境,却几乎反映在我们使用"沟通"的所有语境中。比如,由其组成的词组"沟通技巧"、"感情沟通"、"加强沟通"等,都是如此。也就是说,汉语中的"交往"一般是对行动主体之间往来关系的一种近乎"价值无涉"的描述,至于这种往来关系之目的及意义为何,该词一般不过问;而"沟通"一般是指以理解甚或共识为导向的人际互动。

尤为关键的是,哈氏理论中,"communicative action"正是强调了汉语中"沟通"所具有的理解甚或共识这一意旨。无论是在早期的著作,还是在其专门阐述"communicative action"的 *The Theory of Communicative Action*(《沟通行动理论》)等书中莫不如此。在早期的《作为"意识形态"的技术与科学》中,他认为,"communicative action"是以符号为媒介的互动,这种互动是按照必须遵守的规范进行,而必须遵守的规范规定着相互的行为期待,并且必须得到至少两个行动主体的理解和承认[①]。在后来专门阐述"communicative action"的著作中,他将"communicative action"与"规范调节行动"(normatively regulated

---

[①] 参见〔德〕哈贝马斯:《作为"意识形态"的技术与科学》,李黎、郭官义译,学林出版社1999年版,第49页。

action)和"剧场化行动"(dramaturgical action)对立起来,特别是主要与"目的(策略)行动"[teleological(strategic)action]对立起来,更明确地指出了这一点。在他看来,"communicative action"是以"理解"为导向的,而"目的(策略)行动"则是以"成功"为导向的。"communicative action"是指"至少两个有言说能力和行动能力的主体之间的互动,这些主体(使用语言或语言以外的手段)建立人际关系。为了以一致(agreement)的方式协调其行动,这些行动者寻求达致一种有关行动情境及其行动计划的理解(understanding)"①。"communicative action"区别于"目的(策略)行动"之处,在于有效的行动协调不是建立在个体行动计划的目的理性之上,而是建立在沟通行动的理性力量之上;这种沟通理性表现在沟通共识的前提当中②。结合前文我们对"交往"的语义考察,我们会发现,作为对行动主体之间往来关系的一种近乎"价值无涉"的描述,"交往"对其目的及意义并不关切,它可能是达致"理解"甚或"共识",即哈贝马斯这里的"communicative action",但也可能恰恰是哈贝马斯那里作为"communicative action"对立面的"目的(策略)行动"[teleological(strategic)action],其目的是各种各样的"成功",如经济上的盈利、政治上的结盟,甚至社会生活中的感情期待等。这一不问目的之"交往",显然不符合哈贝马斯对"communicative action"的界定,而汉语"沟通"中所包含的"理解"甚或"共识"意境,则恰好契合了哈氏那里的"communicative action"。由前文我们对哈贝马斯关于"*Handeln*"("action")的理论脉络的梳理可知,哈贝马斯所皈依的韦伯式行动理论传统强调"*Handeln*"("action")的意向性,即它不仅具有规则导向性,而且亦不是对行为及其表现出的主观意义做直观的、描述性的理解,而是将其纳入其动机的"意义关联"中进行解释。"communicative action"对主体间性"理解"和"共识"的诉求不仅体现了"*Handeln*"("action")的"规则导向性",而且也正是其所纳入的"意义关联"所在——由于"规则或规范不像事件那样发生,而是根据一种主

---

① Habermas, *The Theory of Communicative Action: Vol. 1*, *Reason and the Rationalization of Society* (tran Thomas McCarthy, Beacon Press, Boston,1984.), p.86.
② 参见〔德〕哈贝马斯:《后形而上学思想》,曹卫东、付德银译,译林出版社 2001 年版,第 60 页。

体间承认的意义(*Bedeutung*)而有效的"[1],"communicative action"对主体间性"理解"和"共识"的诉求正是对"主体间承认的意义"的确认。

从哈贝马斯的整个理论体系看,他之所以强调以"理解"或"共识"为目的的"沟通",亦是与其"共识真理论"相一致的。遵循其后形而上学思想,他极力反对那种认为"话语所陈述的内容与实在事物相符"的"真理符合论",而认为,"话语真实性的判断标准只能是它的主体间性。……当所有人都平等进行对话,并就同一话语对象进行理性的探讨和论证,最后达成共识时,该话语才可被看作是真实的"[2]。

综而论之,我们大体上可以得出结论说:无论是从哈贝马斯与马克思是否存在前后承继的学术关联看,还是从"现代汉语的通常用法"看,特别是从哈氏理论意旨与"现代汉语的通常用法"的关系来看,较之"交往",将哈氏理论中的"*Kommunikation*"(communication)译为"沟通",更符合哈氏"*the theory of communicative action*"(《沟通行动理论》)的理论特色,即强调"communicative action"的"理解"导向和"共识"意旨。

三、关于"*Law As Communication*"的翻译

如果说将哈贝马斯理论中的"communication"译为"沟通"也许还有人争辩的话,那么,在比利时法学家马克·范·胡克(Mark Van Hoecke)*Law As Communication*一书中,将"communication"译为"交往",其缺憾甚至尴尬就更加明显了;因为作者更加明确强调的恰恰是哈贝马斯"communicative action"的"理解"或"共识"意旨,而且主要是以哈贝马斯"共识真理论"为理论背景的。

范·胡克明确指出:

没有什么能像"客观真理"(objective truth)对哈贝马斯更为

---

[1] J. Habermas, *Vorstudien und Ergaenzungen zur Theorie des kommunikativen Handelns*, Suhrkamp, 1995, p.12.转引自童世骏:《批判与实践:论哈贝马斯的批判理论》,三联书店2007年版,第119页。

[2] 章国锋:《哈贝马斯访谈录》,载《外国文学评论》2000年第1期,第30页。

根本的了;从"客观真理"中,我们可以采用演绎或归纳方法推断出结论。在他看来,合理性不是给定之物,而是通过与他人的持续沟通而获致的。存在、也必须存在一个不断寻求最佳可能答案的过程;原则上,这一过程需经由与所有其他人的持续对话而实现。实践理性不能再从历史的目的论(teleology of history)中找寻(如同马克思主义所做的),不能再从人种的构造(the constitution of human species)中获得[哈贝马斯谈到了马克斯·舍勒(Max Scheler)或阿诺德·盖伦(Arnold Gehlen)的哲学人类学],也不能再从某种传统的延续中简单地找到。哈贝马斯正确地拒绝相对主义和理性否定论的简单替代,他用"沟通理性"代替了"实践理性"。①

如同我在译者导言中指出的,本书的核心观点即是强调"沟通是法律合法化来源"。而这一观点是作者对哈贝马斯主要理论观点(沟通理性、"共识真理论"等)的接受为前提的,即作者提出的沟通主义法律观,正是以"客观真理(真实性)"在法律领域的日渐式微为背景的。在此背景下,作者强调法律的含义和合法性等都不再是给定的,而是通过规范的供给者(norm-giver)与规范的接受者(norm-receiver)、立法者与司法者、司法者与当事人以及社会之间的广泛持续的沟通而获致的。作者认为:

> 法律本身在本质上也是基于沟通:立法者与公民之间的沟通,法庭与诉讼当事人之间的沟通,立法者与司法者之间的沟通,契约当事人之间的沟通,某一审判中的沟通。更显著的是,这一沟通方面现在被认为是处于法律合法化的架构之中:法律人(lawyers)之间的一种合乎理性的对话,是"正确"地解释和适用法律的最终保证。②

如果我们将上述"沟通"置换为"交往",不仅不能体现出作者强调

---

① Mark. Van Hoecke, *Law as Communication* (Oxford- Portland Oregon: Hart Publishing, 2002), p.9.

② Ibid., p.7.

"理解"或"共识"为导向的沟通理性之意旨,反而容易产生歧义。比如,"立法者与公民之间的交往,法庭与诉讼当事人之间的交往,立法者与司法者之间的交往,契约当事人之间的交往,某一审判中的交往",特别是其中的"法庭与诉讼当事人之间的交往"不仅体现不出作者愿意,更让人想起中国司法实践领域中时有发生的法官与诉讼当事人之间"狼狈为奸"式的"交往"①。从这里,我们也深刻地看到了用含义颇为宽泛的"交往"来对译强调理解或共识的"communication"所遭遇的尴尬局面。

"communication"一词的移译解决了,按照字面意思,该书书名似乎应该译为"作为沟通的法律"。而我之所以最终放弃了鲁迅先生所主张的那种"硬译",而将其转译为"法律的沟通之维",主要是基于以下考虑。

首先是中文表达的流畅。"作为沟通的法律"之表达作为中文而言,不仅稍嫌别扭,而且会给人如坠云雾之感。加之,没有副标题做进一步的限定,作为独立的标题而言,显然是欠妥的。因此,译好该标题需要对作者观点的准确把握和通盘考虑。

从语义学的角度看,标题中的"as"取"in the condition of"(在……条件下)、"when considered as being"(当被认为是……时)之意。因此,我们大体上可以把它看作是中文"作为"的对译。概而言之,汉语中"作为沟通的法律"之表达可以包括两层含义:其一是强调"法律作为沟通"的"一面",即"法律的沟通之维";其二也含有"沟通是法律的存在方式"之意蕴。表面上看,"法律的沟通之维",似乎不能含括后者,即前者强调的是一种认识论意义上的法律视角,后者则指向一种法律本体论。的确,"沟通是法律的存在方式"是作者的一个隐而不显的主张。作者强调的是,在"客观真理"式微的后形而上时代,法律文本的意义(meaning),不再是"规范发出者—规范接受者"这样一个线性图式,而是一个沟通的三角关系,即"规范发出者—表达—规范接受者"。这的确在一定意义上已经将法律的存在方式,从法律文本转向了围绕法律进行的沟通,进而支持了"沟通是法律的存在方式"这一主张。

但是,现代哲学的发展表明,认识论和本体论并不能完全分开,因

---

① 这一观点受到陈昉的启发,特致谢忱。

为"本体论"不等于"本体"本身,它必定是在一定的认识论指导下获得有关某一本体的"认识"。在这个意义上,认识论决定着本体论;套用哈贝马斯的话说,任何认识都是在"认识的构成性旨趣"指导下进行的。而且,通过对作者观点的通盘考察,正如上述认识论和本体论的关系一样,我们会发现"沟通是法律的存在方式"这一潜隐主张,事实上的确是服从于作者所谓的"沟通视角"(communicational perspective),在很大程度上也可以纳至"法律的沟通之维"之中。

首先,"法律的沟通之维",即强调"法律作为沟通"的"一面"或法律的沟通性,更符合作者的那种接近于视角主义的反"全景式视角"(overall view)的法理学主张。在本书导言中,作者明确反对"全景式视角",而主张一种受制于时间与文化的视角(time-and culture-bound perspective)。在他看来,前者只能提供一个相当混乱的图景;而为了获得至少某种有关法律现象的洞见,作出选择是必要的,即选择一个受制于时间与文化的视角,或选择那些基于受制于时间、文化与理论之理由(time-, culture- and theory-bound reasons)而都必不可少的法律的一些特征。其沟通视角正是基于受制于时间与文化的视角,结合当下的法律现实背景而提出来。他认为,"提供一种更好的洞见"(offering a better insight)是法律人或其他有关人等的主观需要。这些需要不可避免地与一些特定的历史、地理和社会现实联系在一起。他明确指出:

> 本书亦将提供一个关于法律的受制于时间与文化的视角,而不旨在探求"什么是法律"这一问题的"确定"回答。它是时代的产儿,因为它建基于现有理论和著作之上,并遵循其理路(lines of reasoning)。正如其他的理论路径一样,本书着重于法律的某一具体特征;该特征值得强调,但直到现在,在法理学文献中仍付之阙如,即法律的沟通性(law as communication)……本书将试图从"沟通视角"(communicational perspective)来建构法律理论中的一些传统论题。这仅仅是阅读即描述法理学之传统问题的另一种方法,希望这一新视角能获致一些关于法律现象的新洞见。[①]

[①] Mark. Van Hoecke, *Law as Communication* (Oxford-Portland Oregon: Hart Publishing, 2002), p.7.

在本书的结语部分,作者也承认了沟通视角的可能缺陷。他认为,尽管法律的沟通路径并不能解决所有的问题,但问题不在于一种法律的沟通路径是否是完美的,而在于它是否优于其他路径,或至少提供了一些其他理论所欠缺的附加有益要素①。换言之,作者对这种近乎视角主义的法理学研究路径(沟通路径)而彰显的法律的沟通之维的可能不足是有足够准备的,而且他本身也不欲求那种"全景式的视角"。

其次,"沟通是法律的存在方式"是作者的潜隐主张,是有条件的(事实上其条件主要是哈贝马斯所谓的"后形而上学时代"),而且是服从于作者"受制于时间与文化的视角"这一视角的。作者事实上认为,在"客观真理(真实性)"式微的"后形而上学时代",在单向度的合理性(one-dimensional rationality)范式内,我们不再能正确地理解法律。用作者的话说:

> 法律的创制不能被视为一个单向的(one-way),即"公民—选举—议会立法—司法适用"的过程。法律和社会复杂性的显著加剧已经使得这一图式成为陈词滥调。法官作用的加强,特别是宪法法院和超国家法院的建立,相对于政府和行政机关优势地位的议会作用的减弱,不仅仅是"错误的发展",而必须得以正当化(corrected)以使传统的理论适应于现实的发展。②

可见,"沟通是法律的存在方式"的潜隐主张正是作者为了适应其采用"受制于时间与文化的视角"而洞察到的这些背景而提出来的。

---

① Mark. Van Hoecke, *Law as Communication* (Oxford-Portland Oregon: Hart Publishing, 2002), pp.214–215.
② Ibid., p.10.

附录二

《哈贝马斯与现代性》导言[*]

[美] 理查德 J. 伯恩斯坦[**]

孙国东 译

一

1969年,欧洲文化生活最具见解的评论家之一乔治·里希特海姆(George Lichtheim)写下了如下有关尤根·哈贝马斯(Jürgen Habermas)的评论:

> 对于经由马克思、黑格尔和欧洲形而上学传统的更深奥渊源,并在从科学逻辑到知识社会学的领域里纵横捭阖的一名学者的著作,我们不能放在一起轻易做出评价……[在]其大多数同侪在某个领域的一个角落艰辛耕耘的时代,他却使自己无论是深度,还是广度上,都成为整个领域的主人。其中,没有任何投机取巧(corner-cutting),亦不存在任何驾轻就熟地回避难题,或欺骗性地阐述未经研究而得出的结论:无论是对波普尔(Popper)的反驳,对查尔斯·皮尔斯(Charles Peirce)实用主义的剖析,对谢林(Schelling)形而上学中世纪先驱的探究,抑或对马克思主义社会学的更新,他都同样出神入化地掌握材料,并以其令人羡慕的才华

---

[*] 本文译自 Richard J. Bernstein (ed.), *Habermas and Modernity* (Cambridge, MA: MIT Press, 1985), pp.1-31. 译者感谢邹益民对译文初稿提出的修改意见。本文原载邓正来主编:《中国社会科学辑刊》2010年秋季卷,收入本书时对译文稍做修改。

[**] 理查德 J. 伯恩斯坦(Richard Bernstein),美国当代著名哲学家、美国社会科学研究新校研究生院院长兼哲学系主任,曾担任美国哲学家协会东部分会会长及以南斯拉夫"实践派"为背景的左翼刊物《实践国际》杂志的两主编之一。他的论著已经被译成多国文字,译成中文的包括已经出版的《超越客观主义和相对主义》和《社会政治理论的重构》等。

阐明其中复杂的逻辑疑难。他似乎天生就具有一种将最困难的资料融会贯通，并使之重新成为有序整体的能力。①

当其 40 岁时，哈贝马斯已经被公认为战后德国最重要的年轻社会理论家。为了鉴赏哈贝马斯智识事业(project)——甚至在其最具理论性的维度——的威力，人们需要回忆并重现紧随纳粹德国崩溃时期的德国年轻知识分子们的情势和心境。二战结束时，正值束发之年的哈贝马斯，被人们对纳粹体制之恐怖的发现惊呆了。这段经历对他有着持续性的影响，并常常位居其著作的中心位置。

在十五六岁时，我坐在广播前，聆听并体验了在纽伦堡军事法庭上讨论的事情；当其他人没有由于纳粹的可怕而陷入令人吃惊的沉默之中，而是开始争论审判的正义性、程序问题和管辖权问题之时，令人震惊的第一次裂变(rupture)出现了。当然，这仅仅是因为我不能使自己无视这一事实：集体实现的非人道性成为大多数比我年长的那代人的相同标准——对此，我仍很敏感且易于被冒犯。②

在其学生时代，这种"裂变"和向即刻的过去决裂(break)，是哈贝马斯最令人迷惑的经历。怎么能解释：为什么一个催生了从康德到马克思传统，并且批判之解放理性和自由之具体实现**的主题**如此占优势的文化，却为希特勒和纳粹提供了如此沃土？德国人为什么没有更有力地抵抗这种凶暴的病态？哈贝马斯愈发关切对陷入困境中的德国思想传统的反思和调用(appropriating)。理性、自由和正义，不仅仅是有待探究的理论问题，更是有待实现的实践任务，即需要充满激情之担当的实践任务。

哈贝马斯告诉我们：作为一个学生，他"在理论上"生活在 1920 年代。他对卢卡奇的《历史与阶级意识》(*History and Class Consciousness*)

---

① George Lichtheim, "From Historicism to Marxist Humanism,"in *From Marx to Hegel* (New York, 1971), p.175.
② Jürgen Habermas,"The German Idealism of the Jewish Philosophers,"in *Philosophical-Political Profiles* (Cambridge, MA, 1983), p.41.

"既着迷但也遗憾它属于过去。"①他的研究将他带回到马克思、青年黑格尔学派、黑格尔、谢林、费希特和康德。为了重新形成连续性的脉络（thread of continuity）——即为了保证基础牢靠、定位准确，纳粹时期所带来的精神创伤，似乎要求我们对19世纪和20世纪早期的德国经典作家进行深入反思（reimmersion）。

甚至在哈贝马斯完全明白1930年代（从欧洲流亡时写就）的批判理论之前，他就重新创造了由霍克海默、阿多诺和马尔库塞及"法兰克福学派"的其他成员所开创的经验和道路。在回忆其智识形成的这段岁月时，哈贝马斯写道："在回忆中，我有时产生的印象是：如果一个学生沿着从康德到黑格尔，包括谢林，进行系统化的工作，并经由卢卡奇来理解马克思，他就能够重新创造1930年代批判理论的断面。"②

哈贝马斯作为学生所体验的裂变感，有着更深远的剧烈影响。这使他猛烈地遭遇到其他智识传统和智识运动。德国文化生活的隔绝状态，甚至是褊狭习性（provincialism）被打破了。哈贝马斯深受美国实用主义思想家，特别是皮尔斯、米德和杜威的影响。他对激进参与性民主的实用主义意象（vision）和理解，具有强烈的共鸣。在易谬性批判共同体（fallibilistic critical community）观念之核心处，在对主体间性的机理进行探究时，他讨论了他后来称之为"沟通行动"——即趋向于相互理解的行动——的内核。后来，他热心地阅读了包括维特根斯坦、奥斯丁和约翰·塞尔（John Searle）在内的分析哲学家的著述。任何与社会理论重构有关的知识领域，都没有逃离他的掌握之外——包括由乔姆斯基的贡献所激发的"新的"语言学，弗洛伊德、皮亚杰和科尔伯格详细阐述的心理学理论和道德发展理论。正如里希特海姆指出的，他总是展现着"将最困难的资料融会贯通，并使之重新成为有序整体"的神奇能力。

他不仅力图从当代哲学的主要思潮中获益，而且紧紧抓住社会学

---

① Jürgen Habermas, "The Dialectics of Rationalization: An Interview with Jürgen Habermas," *Telos*, 49(Fall, 1981), p.7. 这从下列文章中翻译而来：*Dialektik der Rationalisierung*. Jürgen Habermas im Gespräch mit Axel Honneth, Eberhard Knödler-Bonte und Arno Widmann, Äesthetik und Kommunikation, 45/46(1981)。

② "The Dialectics of Rationalization", p.6.

和社会科学的社会学传统与其他不同领域。他一再返回到对马克思、韦伯、涂尔干、米德和帕森斯的批判性阅读中。他探究了结构功能主义、系统理论与常人方法学(ethnomethodology)的复杂性,亦考察了阐释学和现象学社会科学的多样性。

哈贝马斯理解人类求知范围和复杂性之路径的最显著特征,是这样的一种方法——即无论分析何事,他总是将其构造成一个融贯之整体的方法。在其著作中,存在着某种意象的统一(unity of vision)。在其最早的著作中,系统性的激励显而易见。经由他所遵循的不同路向(pathways),他力图阐发出对社会现代性和文化现代性的一种有力的、综合性且批判性的理解——这种理解能够澄清历史和当下视域与未来愿景。

对哈贝马斯理论发展的一个促进因素,是社会研究所在二战后重新回到法兰克福。无限激励哈贝马斯想象力的批判传统,与社会研究所有着切实可循的关联。甚至在他于 1956 年成为阿多诺——一个对哈贝马斯具有最深刻影响的导师[不管、甚或由于他与阿多诺的脾性和旨趣有诸多(明显)不同]——的助手之前,哈贝马斯就已经阅读过霍克海默和阿多诺的《启蒙辩证法》(*Dialectic of Enlightenment*)。

> 该书激励我系统地、而不是像历史上存在的那种简单化地阅读马克思。那时,批判理论,即法兰克福学派,不存在这样的事情。对阿多诺的阅读,使我有勇气开始系统地关注卢卡奇和科尔施(Korsch)曾经阐述过的理论:作为一种马克斯·韦伯意义上合理化理论的物化理论。在那时,我的问题就已经是一种现代性理论,即一种从历史上理性实现——扭曲的实现——的视角出发的现代性病理学理论。①

以上所述,浓缩了位居哈贝马斯智识事业中心的诸问题。一种"合理化理论"要求:不仅要详细阐述对合理性的特征和不同模式(modes)进行系统检验的范畴和概念,更要解释这些范畴和概念在社会生活和文化生活中是如何具体表现出来的。这样一种理论,必须既是共时性

---

① "The Dialectics of Rationalization", p.7.

的(synchronic),亦是历时性的(diachronic)。在谈及"现代性的病理学"和"历史上理性的扭曲实现"时,哈贝马斯预设了一种用以判断何为病理和扭曲的规范性标准。在我们的时代,我们还能为普遍的规范性标准提供一种合乎理性的辩护吗?或者,我们面临着认为终极规范是专断的且超越了合理之可确证性(warrantability)的相对主义、决断主义或情感主义吗?对哈贝马斯而言,这些都是基本的问题。这一结果——对具有促进人类解放之实践意图的一种社会批判理论而言,这的确亦是其可能性——端赖于对第一个问题给予肯定回答,而对第二个问题给予否定性回答。

尽管人们可以在其早期著作中探知到哈贝马斯的系统化意图,但在其发展过程中,这种意图是变得愈发集中和外显的。在《认识与人类旨趣》(*Knowledge and Human Interests*)(1968年出版,1971年译为英文)序言中,哈贝马斯宣布:

> 我通过系统分析认识与人类旨趣的关联来重构现代实证主义的史前史(prehistory),是着眼于一种历史性定向的尝试。在追寻认识论的消解过程——它使科学哲学留在了认识论的位置——中,人们看到了被遗弃的反思阶段。从回到出发点的这一视角来重新审视这一路径(path),可能会助益于我们重现被遗忘的反思经历。使我们否认反思的,**就是**实证主义。①

到1968年,发端于19世纪并被逻辑实证主义者复兴和提炼的实证主义传统,已然遭到猛烈抨击。但是,人们不能低估遍及并主导智识生活和文化生活的实证主义**趋向**(temper)的范围。在这个语境中,哈贝马斯是以一种包罗广泛的方式论及"实证主义"的。他想辨识出许多独立的运动已经为此指出贡献的这一趋向,即实证主义窄化并限制了合理性(rationality)的范围。从这一视角看,理性(reason)能够使我们科学地解释自然世界,甚至社会世界。理性能够识别出合乎律则的惯常性(nomological regularities),预言并把握不同行动过程的经验后果。它能够评价合乎理性的决断程序,并估量达致具体目的(ends)

---

① Jürgen Habermas, *Knowledge and Human Intersets*(Boston, 1971), p.Vii.

的相互竞争之手段(means)的成本。但是,证成(justify)目的或确证(warrant)普遍性规范,却超越了理性的范围。如果承认理性的这一特性,我们就会否认那种批判性反思的存在——在批判性反思中,通过对社会过程的深入解释和理解,我们能够从宰制(domination)和压制(repression)的隐性形式出发来促进人类解放。

挑战哈贝马斯的论调(stance),是由韦伯最剧烈且最具悲剧性地加以阐述的。就韦伯的理性主义倾向而言,他感到失望的,是为引导我们生活的终极规范奠定理性基础的可能性;我们必须**选择**我们**决定**追逐的"**神或魔**"(gods or demons)。破坏传统世界观基础之不可避免的现代化过程带来了世界的除魅(disenchantment of the world),与之相伴生的是,我们被置于空无(void)之中。韦伯遗留给我们的,是未被解决的张力和**绝境**(*aporias*)。哈贝马斯清楚地看到:韦伯式变动不居的决断(unstable resolutions)之逻辑,致使相对主义和决断主义大行其道,并成为我们时代的特征。从哈贝马斯最早的著作到其最近的著作,这正是他与之斗争的趋向。

在此,首要的问题,不仅仅是哲学的和理论性的。韦伯方法论怀疑主义本身是他社会学分析的回波和表达。韦伯争辩说:启蒙思想家的期望和预期是一种痛苦且反讽性的幻想。他们认为,科学的发展、合理性与普遍性的人类自由之间,有着强烈的关联性。但是,当被揭露和理解时,人们发现:启蒙的遗产却是**目的合理性**(*Zweckrationalität*)——目的—工具合理性(purposive-instrumental rationality)——的胜利。这种形式的合理性,影响和传染了包括经济结构、法律、官僚行政甚至艺术在内的整个社会生活和文化生活。**目的合理性**的增长,并未带来普遍自由的具体实现,而是创造了任何事物都无法从中逃脱的官僚合理性的"铁笼"。韦伯令人战栗而又如醍醐灌顶的警告仍然萦绕着我们,它们可能恰恰是现代性的墓志铭(epigraph of modernity)。

> 没人知道将来谁将生活在这个铁笼之中;没人知道在这惊人的大发展的终点会不会又出现新的先知;没人知道会不会存在老观念和旧理想的再生;如果都不会,会不会在某种骤发的妄自尊大情绪的掩饰下产生一种机械化的麻木僵化呢,也没人知道。就这

种文化发展的最后阶段而言,这么评价也许是恰当而真实的:"专家没有灵魂,纵欲者没有心肝;这个废物幻想着它已经达到了一种前所未有的文明高度。"①

具有讽刺意味的是,尽管明显处于韦伯有关目的合理性胜利命题的明显对立面,卢卡奇、霍克海默和阿多诺不仅借用和提炼了它,而且亦概括了它。韦伯的命题与马克思对异化(alienation)的分析和卢卡奇的黑格尔—马克思式的物化理论交织在一起。这种形式的合理化的"隐性"逻辑,是一种被增强的宰制和压制的逻辑。对自然的宰制转化为人类中一部分人对其他人的宰制,最终转化为自我宰制的梦魇。在其他历史可能性中,韦伯仍建议我们注意其他形式的合理化过程。韦伯从来没有使自己相信存在着历史的**必然性**,但是,霍克海默和阿多诺在其晚期著作中已非常接近于主张这种历史的不可避免性。他们争辩说:目的合理性获胜的后果已经包含在西方合理性的起源——即包含在他们称之为的"认同逻辑"(identity logic)——之中了。在此,另一种反讽亦出现了:霍克海默,特别是阿多诺是海德格尔的坚定论敌。但他们对西方合理性之命运的分析,却具有显著的亲缘性。只有一条纤细的线条能够把霍克海默和阿多诺对工具合理性的分析,同海德格尔对计算性思维(calculative thinking)即**阱架**[Gestell(Enfrming)]——他用以指称西方形而上学之隐藏本质的"技术性本质"——的分析,区分开来。

用黑格尔称之为 Vernunft(**理性**)的一种动态且具有解放性的大写理性(dynamic emancipatory Reason)观念,来反对工具合理性(即使当他们,特别是阿多诺重构黑格尔的理性观之时),是老一代法兰克福学派的特征。但是,他们对 Vernunft(**理性**)的呼吁,即经由历史动态化地实现理性本身而对大写理性的呼吁,愈来愈变得较少令人信服地依凭20世纪的灾难性事件。在其晚期著作中,阿多诺困扰于一种令人绝望的、使得具有解放意图的批判理论不再具有真实之历史可能性的文化悲观主义与一种仍然是某种新的妥协美学(aesthetics of reconciliation)的希望之间——Vernunft(**理性**)最终残留在一个彻底"合理化的"世界

---

① Max Weber, *The Protestant Ethic and the Spirit of Capitalism*, trans. by T. Parsons (New York, 1958), p.182.

之中。

哈贝马斯敏锐地意识到了将霍克海默和阿多诺同韦伯联系起来的方式——在这种方式中,霍克海默和阿多诺的"结论"可以被解释为深化了世界除魅、**目的合理性**获胜和作为一个铁笼的当下时代之特征的韦伯式命题。为了挽救《启蒙辩证法》的**绝境**(*aporias*),即为了应对韦伯的挑战、辩护具有可行性的社会批判理论的可能性,不啻于要求我们要重新思考合理性和合理化过程的问题。

还有一个与老一代法兰克福思想家极其相关的特征,困扰着哈贝马斯。批判理论将自己标识为要继承马克思主义的遗产。作为哲学与实证主义科学之间的中间路线(*via media*)的批判理念,恰恰可以将自己追溯自马克思主义的起源。马克思力图锻造一种新的、哲学与社会之科学理解的辩证综合。这表现在他本人从对宗教和哲学的批判,到对19世纪资本主义的政治经济和具体科学批判的发展之中。在法兰克福社会研究所创立初期,马克思的遗产得到重申。社会研究所的事业呼唤着一种新的、对理论和经验性科学研究的整合。但从1920年代到1960年代,批判理论的变迁沿着极不同于马克思发展的方向而变化。愈来愈少地进行实质性的政治经济批判,而诉诸一种更一般化的工具理性批判——其终极表现,即是阿多诺的"否定辩证法"。之所以产生这种局面,部分是因为人们愈发怀疑任何与马克思所预想的无产阶级革命相类似之活动的历史可能性、法西斯主义的兴起、20世纪资本主义的激进转型所带来的复兴,以及马克思主义在苏联的歪曲。从哈贝马斯的视角看,从发展一种批判性的**社会科学**转向一种"否定辩证法",威胁到了批判理论的解释—诊断(explanatory-diagnostic)功能。批判理论使其本身区别于传统社会理论之处在于:它具有将在特定历史情势中能够促进人类解放,并克服宰制和压制的真实潜能具体化的某种能力。如果满足了这一诺言,那么,人们不可避免的任务即是对当下社会的机理进行科学的理解。在这个方面,哈贝马斯清楚地看到了返回到马克思所极力达致之**精神**——即社会研究所创立初期所重申的事业——的必要性。人们必须诚实而又无情地看到马克思主义遗产中的过失,并表明为什么马克思对19世纪资本主义的分析,不再适于对20世纪工业社会的解释。从霍克海默和阿多诺对工具理性的一般化批判视角看,社会科学的特征和宿命是扮演现代性"问题"的部件(part),而不是为"解决"这个问题提供某种出路。但是,对哈贝马斯来说,批判理论的任务,是借用社会科学中最具前途的发展,并将其整合进一种批判的社会理论之中。一种没有经验内容的批判理论,极容易退化为一种空洞而又矫情自饰的姿态。批判理论的一种真正的危险是:它可能"退回"到马克思从青年黑格尔学派转向更具经验性地解释政治经济之时,曾猛烈抨击的那种"批判的批判主义"(critical criticism)。

二

在《认识与人类旨趣》中,哈贝马斯所进行的**首次**系统化综合开始变得清晰。在法兰克福大学的就职演说中,他对这些主要论题进行了简短的概括(发表于该书的附录中)。他区分了三种不可化约的准先验认知旨趣:技术的、实践的和解放的。这些知识的构成性旨趣构成了三种不同形式知识和不同种类学科的基础,每一种旨趣都具有自己所特有的方法论路径、对象域(object domain)和目标。每一种认知旨趣本身,都根植于人类社会存在的某个维度之中:劳动(work)、符号互动和权力。"经验分析科学路径对应于一种**技术性**认知旨趣,历史—阐释科学路径对应于一种**实践性**旨趣,批判倾向的科学路径则对应于**解放**的认知旨趣。"①

哈贝马斯对技术认知旨趣的使用,并**不**意味着他认为经验分析科学将被理解为技术应用学科。毋宁说,他强调这些探求**形式**:将客体和事件(的构成)离析为依赖性和独立性变量,并探究合乎律则的惯常性。这种探求以如下这种消极的反馈模式为基础:在这种模式中,预言扮演着中心角色,并且存在着服务于经验假设与理论确证和证伪的确定程序。正是因为经验科学具有这种形式,它才有助于强有力的技术应用。在这个意义上,经验科学的追求可以是纯粹的和无旨趣的(disinterest)。但是,纯粹科学研究的这种无旨趣特征,取决于一种"准先验"的技术性认知旨趣。这是分析传统中的逻辑实证主义者、逻辑经

---

① *Knowledge and Human Interests*, p.308.

验主义者和科学哲学家们,首先有兴趣分析的一种科学知识类型。哈贝马斯并没有贬低或批判这种形式的知识。他的要点是:这仅仅是**一种**知识类型,它并不能被当作是所有知识形式的规范标准(canonical standard)。这就是为什么哈贝马斯挑战那些心智上实证主义化的科学哲学家们的原因之所在——这些哲学家明示或默示地预设:经验分析科学为所有具有合法性的知识提供了模式,并将所有其他对知识的主张贬为伪知识(pseudo-knowledge)。这也是为什么哈贝马斯如此同情受**精神科学**(*Geisteswissenschaften*)阐释学传统影响的哲学家(诸如伽达默尔)和社会科学家的原因之所在——这些哲学家和社会科学家们揭示了此类人等虚妄的"客观主义"和"科学主义":他们认为,经验分析科学是所有具有合法性之科学探求的恰当尺度和标准。

促进理解[*Verstehen*(**理解**)]的实践性旨趣,掌控着历史—阐释学科。

> 历史—阐释科学以不同的方法论框架获取知识。在此,命题之有效性的意义,不是在技术控制的参照框架中形成的……对意义的理解提供了对事实的接近……经验科学中类律假设(lawlike hypotheses)的确证,对应着对文本的解释。因此,阐释规则决定着文化科学陈述有效性的可能意义。①

在用"技术性"和"实践性"说法识别前两种认知旨趣时,哈贝马斯有意识地采用了当下人们对亚里士多德区分技术(*techne*)与**实践**(*praxis*)的借用(就像在伽达默尔和阿伦特的著作中一样)。**技术**是指展现于制造(making)或制作(fabricating)[*poesis*(**制作**)]之中的目的行动类型,而**实践**——对亚里士多德而言,其与**言说**[*lexis*(speech)]有着紧密的关联性——是指展现于主体间性沟通之中的人类互动的独特形式。

尽管哈贝马斯借用了阐释学传统的洞见(特别是就阐明理解、解释和沟通性符号互动的独特特征而言),但他仍猛烈地批判了其隐而不显的历史主义倾向:其自身所具有的那种隐性形式的实证主义。当被误

---

① *Knowledge and Human Interests*, p.307.

解地宣称我们能够理解和解释诸生活形式,并能将这些生活形式之批判的合理性评价**悬置**起来时,社会现象阐释和解释路径中的隐性实证主义,就变得明显了。哈贝马斯最基本、最具挑战性的主张之一是:如果我们不能理性评价参与者在这些生活形式中提出的有效性主张(validity claims),我们甚至不能理解意义、理解和解释的概念。我们必须区别对待参与者自己视为其行动之不同理由(reasons)的事物,这就要求对我们的角色采取施为(performative)态度——在这种态度中,我们参照"我们的"合理性标准,来评价"他们"所当作的行动好理由的理由(参见托马斯·麦卡锡在本书中对这一"强烈"命题的讨论)。我们总是处在种族中心主义(ethnocentric)的危险之中,但我们从未能逃脱合理性的视域。那种认为我们能够超越这一视域,并将参与者在某种生活形式中提出的有效性主张的所有判断悬置起来的论调,是一种虚构。

因此,当哈贝马斯认为实证主义倾向的科学哲学家使我们把握住了经验分析科学的重要特征,阐释倾向的思想家阐明了历史—阐释学科的方法论框架时,这两个阵营都具有虚假的普遍主义之缺陷。他们明示或默示地力图固定某种独特形式的知识——似乎它就是**唯一**的知识或知识的最基本类型。

一种批判性的社会科学,是经验分析科学和历史—阐释学科的一种辩证综合。它将合乎律则的惯常性研究,与对符号互动之意义的解释熔为一炉。但同时,它超越这两者所具有的片面路径。当他诉诸第三种认知旨趣即解放旨趣时,哈贝马斯的综合就显得清晰了。这种旨趣既是派生性(derivative)的认知旨趣,亦是最基本的认知旨趣。如果在技术和实践旨趣的导引下反思知识和学科的诸形式,我们会发现:它们包含着对开放、自由和非强制性沟通的内在需要。经验分析科学和历史—阐释学科中的知识主张的有效性,总是允许进一步的检验、挑战和理性的再评估。这是包含在波普尔所呼唤的持续且有警醒作用的批判主义之中的"真理",它与伽达默尔的下述主张相类似:正在进行的对话从未达致**最后**的闭合。我们可以从技术和实践旨趣的预设中"引申"出解放的旨趣。但是,在下述意义上解放的旨趣是基本的:理性的旨趣是促进理性完全发展的条件,因此,对非扭曲之沟通(nondistorted communication)的需要成为理所当然。而且,我们能够把握由解放旨趣所掌控之诸学科的实践性意蕴。如果我们不明白并调查相互沟通所需要的实质性社会条件,非扭曲的即互惠的沟通就不会存在。

正如经验分析科学一样,兼具经验性科学和解释性科学特征的一种批判性社会科学,亦具有它的目标,即发现合乎律则的知识。然而,

> 一种批判性的社会科学不能停留于此。其关切要超越这一目标,它要确定:理论陈述何时把握住了社会行动本身的不变惯常性,它们何时表现了能够在原则上被转换的、意识形态上被冻结的依赖关系……因此,作为这些法则(laws)固有条件之一的(非反思性)意识水平能够被转换。当然,为了这个目的,以批判为媒介的法则知识(critically mediated knowledge of laws),不能单单通过反思(reflection)而使法则本身不起作用,但却能使该法则不具适用性。

自我反思的概念,形成了确定这一范畴的批判性命题之有效性意义的方法论框架。自我反思使主体摆脱了对实体化权力(hypostatized power)的依赖,而它又取决于一种解放的认知旨趣。[①]

三

当《认识与人类旨趣》出版后,它立即吸引了大量的批判性关注。哈贝马斯简要论及了先前的思想家们在不同领域讨论过的基本问题。他推进了对包括康德、费希特、黑格尔、马克思、狄尔泰、皮尔斯、尼采、孔德和弗洛伊德在内的思想运动的激励性解释。他把叙述性解释与对基本认知旨趣及其所掌控的不同知识形式的系统化解释融合在一起;他在社会存在和社会行动的维度上,探究了这些认知旨趣的关系。不同于实证主义者和历史主义者,他力主一种力图挽救"被遗忘的"解放性自我反思体验的批判性社会科学。哈贝马斯的著作之所以能够吸引如此多人的注意,原因之一是他不仅力主当下时代的相关性和德国观

---

① *Knowledge and Human Interests*, p.310.

念论传统之主要命题的有效性,而且力图维护和复兴在西方哲学中亦位居中心的一个命题。苏格拉底的柏拉图主义特征(Platonic portrait of Socrates),是这一命题的一个例证。在其言行中,苏格拉底表现出了一个基本的确信:存在着一种自我反思,它能使我们远离暴政和虚假观点[doxa(**套语**)]的束缚。哈贝马斯亦在苏格拉底传统中,将自我反思与对话连接在一起。因为恰恰只有在对话中,并经由对话,人们始能获致自我理解。如果对话不是一种空洞的虚幻理想,那么,将对话性沟通(dialogical communication)所嵌入的社会制度和社会实践进行转换和重构,就是一种实践命令(practical imperative)。

然而,哈贝马斯很快就意识到:《认识与人类旨趣》一书中的系统性谋划,有着严重的缺陷。我想指出四个缺陷和不足,并指出哈贝马斯在过去15年的著述中——《沟通行动理论》(The Theory of Communicative Action)①是其顶峰——是如何应对的。在该书及作为先导的其他著述中,人们可以识别出一种新的系统化综合——它保留了哈贝马斯较早的洞见,修正了其不足,并指出了新的研究方向。

几乎在刚刚完成《认识与人类旨趣》时,哈贝马斯本人就承认的、最显著缺陷指向了其分析路径的核心。哈贝马斯在反思和自我反思的基本概念中,存在着根本的含糊不清。至少有两种逻辑上迥异的反思概念,需要我们仔细甄别,(而哈贝马斯则将其融合在一起)。第一种导源于康德意义上的、理性对其使用条件的自我反思。这是康德自己理解**批判**的核心——在这里,理性能够自我反思地把握理论知识、实践理性与目的性判断、美学判断之可能性的普遍、必然条件。但第二种自我反思概念,则旨在使主体脱离对具体化权力的依赖——它们是"原则上能够被转换的、意识形态上被冻结的依赖形式"。这是强烈解放意义上的自我反思。在康德那里,特别是在其对"何为启蒙"的理解中,我们亦可以发现这一概念。在黑格尔和马克思那里,解放性的自我反思概念被微妙转换。尽管这两个自我反思概念具有不同的逻辑,它们亦具有密

---

① 哈贝马斯的《沟通行动理论》一书在德国首次出版的是两卷本(Frankfurt,1981)。第一卷的英译本为:*The Theory of Communicative Action 1: Reason and the Rationalization of Society*(Boston, 1984)。在不久的将来,第二卷就将以英语出版。本书中的引证同时参考了德文版和英文版。

切的关联。解放性的自我反思,要依赖于对理性之普遍条件的合理重构。用康德来类比,我们可以说:只有当我们理解了理论理性和实践理性的性质和限度时,解放性的自我反思始能被理解为对下列事物的详细说明:为了获得自主(autonomy)和启蒙,我们必须做什么。

在《认识与人类旨趣》一书中,哈贝马斯不仅未能阐明这一关键性区别,而且从一个极端滑向另一个极端。因此,当他说马克思对意识形态的批判、弗洛伊德的治疗性精神分析(therapeutic psychoanalysis)是建立在自我反思基础之上的批判科学的模式时,他强调的是第二种意义上的解放性自我反思——但却没有完全解释其规范性基础,亦未能充分阐明这些规范性基础所预设之沟通合理性的对话性特征。

第二个缺陷与第一个紧密相关。当哈贝马斯将知识构成之旨趣界分为"准先验"之时,他确实辨识出了一个混乱的问题,但却未能提供一种解决方案。这些认知旨趣,不仅仅具有附随性和偶然性,它们亦是基本的和不可避免的,根植于我们作为人类所具有的特性之中。因此,它们的地位近似于认识论上的先验(transcendental)主张。但是,就康德及其所促发的先验哲学传统而言,先验主张是**先天的**(*a priori*),且必须区别于**后天**(*a posteriori*)和经验的(empirical)。在康德看来,如果我们不"纯化"其经验内容,我们就不能够辩护**先天**综合判断(synthetic *a priori* judgment)的普遍性和必然性。

哈贝马斯总是对下列观念表示赞同:我们能够识别出理性和沟通行动所预设的基本结构、基本规则和基本范畴。但是,他亦极度怀疑纯粹先验哲学能够实现这种探求。能够发展出真正科学的经验假设的批判性社会科学,需要同先验哲学的这种遗产决裂。但是,在《认识与人类旨趣》一书中,哈贝马斯未能向我们表明,我们如何能同时证明这种主张的合理性:存在着不可避免的、必然的沟通行动和合理性的普遍条件;但他却认为,这些能够以一种科学的方式发现和确证。

在此,我们可以从一种稍稍不同的视角,来理解这一基本问题。在哈贝马斯对其批评者的回答中(见本书),其起笔就为我们描绘了对现代激进多元主义经验的两种极端回应:纯粹历史主义的与纯粹先验主义的(transcendentalism)。他指出了这两种极端的难题——它们如何使我们"进退维谷"(double bind)。在《认识与人类旨趣》中,他已经意识到了这种"进退维谷",而且他明显力图避免这一点。但是,他没有充分地表明,这是如何完成的。由于没有为我们展现"第三条出路",其哲学与社会科学之间综合性互动(interplay)的设想,具有失败的危险。

第三个缺陷使得前两个激进化。在哈贝马斯看来,这是他第一次系统化综合的最不完善之处。这对理解他所谓的"语言学转向"而言,是关键的——这种"转向"不是由于当代的时尚,而是为辩护其最基本的直觉所必需。认识论关切定位着《认识与人类旨趣》一书的方法论路径。但是,认识论倾向本身依赖于哈贝马斯现在所谓的"意识哲学"(the philosophy of consciousness)和"主体性哲学"(the philosophy of subject)。这种哲学的现代根源在于:笛卡尔式的对主体性的诉求。在德国观念论和胡塞尔现象学中,"意识"和"主体"仍占据首要地位。哈贝马斯开始意识到,甚至在其《认识与人类旨趣》一书中亦变相存在的这种倾向,模糊、甚至阻碍了把握沟通行动的内在主体间性特征和对话特征的方式。甚至"主体间性"的说法,在主张下列观点的意义上亦带有主体哲学的意味:主要的问题是理解自足的主体如何相互关联的,而不是将关注点聚焦于他们的社会互动中,并经由其社会互动主体如何构成和形成。哈贝马斯敏锐地看到:即使在黑格尔和马克思那里(以及他自己早期的著述中),亦存在着一种未被解决的张力:意识哲学和主体性哲学,同完全适当地处理沟通行动——其总是涉及真正**多样化**的行动者——主体间性的完整性(integrity)之间的一种张力。

《认识与人类旨趣》中的第四个缺陷,可被看作是一种仍未被兑现的"期票"(promissory note)。当哈贝马斯勾画批判性社会科学的面相(physiognomy)时,他将其注意力首先关注于这一科学的(康德意义上的)观念或可能性,而不是其**实质性**发展。他对马克思意识形态批判的运用、对弗洛伊德心理分析的解释,突出了批判性社会科学的方法论特征。考虑到当时的智识环境,我们能够同情地理解他这种强调的良苦用心。当时,不仅实证主义和历史主义的遗产催生了批判性社会科学的可能性问题,而且正如我们前面提到的,老一代批判理论家亦对批评性社会科学的现实历史可能性表示怀疑。面对这多方面的挑战,为了展示其概念上的可能性,人们需要全新努力,为批评性社会科学打下基础。在此,同康德进行形式上的类比也许是有助益的。当康德开始其批判谋划、继续形而上学的问题时,他知道人们首先会问:这种"科学"是否可能,以及如何可能。所以,哈贝马斯的首要任务,是展现批评性社会科学的可行性。但是,他承诺的比这更多。即使人们被说服这种研究计划是切实可行的,人们仍然可以对其实质性实现存有疑虑。哈贝马斯暗示了这种研究计划可能是如何被发展起来的,但他仍未能在其系统化阐述中获得大的进展。《认识与人类旨趣》是未来人们对社会进行批判性科学分析的一个形而上学导论(prolegomena)。

四

哈贝马斯的自我批判,是一个真正的思辨思想家的标志。当其批评者指出其难题时,或者当他开始察觉到其分析的缺陷时,他直接地面对之。在这样做时,他是在这种精神的指导下进行的:**抛弃**经不起推敲的,**保留**他仍认为是有效的,将较早的表述**提升**至新的前沿。这就是为什么人们能够甄别出其整个智识旅程之连续性和非连续性的原因之所在。从解决我前文勾画出的哈贝马斯第一次系统化综合的四个缺陷的视角出发,我们能够评价他过去 15 年的著述。《沟通行动理论》一书,将他的思想碎珠一起整合到一个新的、更详细亦更令人信服的系统化整体之中。通过展示他如何回应我在前文中勾画的难题,我想指出他当下立场的某些主要方面。这将使读者能够理解哈贝马斯当下讨论现代性和后现代性的语境。

由于前两个问题是如此缠夹不清,我将把它们放在一起讨论。在区分自我反思的两个不同概念时,(一如哈贝马斯本人一样,)我指出:解放性自我反思依赖于对理性之普遍性条件的合理重构。哈贝马斯争辩说,康德先验哲学谋划中的合理遗产,将在他现在所谓的"重构性科学"(reconstructive sciences)中找到。重构科学是阐明"前理论"知识(pre-theoretical knowledge)的深层语法(the depth grammar)和规则的科学。重构性科学必须谨慎地区别于以当代自然科学为代表的经验分析科学。乔姆斯基的生成性语法(generative grammar)、皮亚杰的认知发展理论和科尔伯格的道德发展理论,均是重构性科学的例证。在这每一个例证中——使用赖尔"知道如何"(knowing-how)与"知道是什么"(knowing-that)之间的区分,其目标都是为默示的前理论"技术诀窍"(knowing-how)提供明示的理论性"知识"(知道是什么)。重构性科学研究的,是符号性结构化的社会现实。重构性科学所促进的合理性重构,使得普遍性类能力(species competence)(比如,言说能力和理解语言的能力)得以外显。如同所有科学学科一样,其所主张的假说是可错的(fallible)。这种重构性科学的假说品质,与发现为实施相关能力所预设和要求之普遍性条件的目的,是不相兼容的。但是,最重要的方法论要点是重构性科学是**经验性**的(而不是先验哲学的伪装形式)。它们本身服从于确证和证伪的恰当规则。它们的成功,将由在下述主张实体化中的经验性成功来评价:识别类能力,且解释这些能力所预设的规则和条件。不像将"前理论知识"置换为更科学地解释世界的经验分析科学,重构性科学解释并阐明我们"前理论知识"的基本语法和规则。沟通行动与合理性理论是一种重构性科学。但是,它比语言学和当下心理学理论和道德发展理论具有更普遍的威力。它力图离析、识别并阐明人类沟通所要求的条件。被哈贝马斯别称为"普遍语用学"(universal pragmatics)的重构科学,使我们看到了具有更严格适用范围的重构科学的贡献和限度。人类所有的符号性能力,都预设了普遍的类沟通能力。

现在,我们能够看到:对重构性科学之特征的新分析,是如何展现前文描述的前两个缺陷的。哈贝马斯确实想保留他在康德先验哲学谋划——即理性反思的对象是其实现所要求的普遍条件的谋划——中所找到的合理方面。但是,他亦想同**先验**探求概念决裂。这种探求具有假定性、可错性和经验性——简言之,它是科学性的,须满足接受和拒绝科学假设的程序。普遍语用学的重构性科学,使我们能够理解解放性批判(第二种含义的自我反思)的基础或理据。因为它表明:解放性批判不是依赖于我们所"选择"的专断规范;毋宁说,主体间沟通能力的结构恰恰构成了其理据。哈贝马斯的许多批评者、甚至是同情性批评者之所以都为其"语言学转向"所困扰,一个原因是:在过去 15 年,较之对解放性批判实践的关注,哈贝马斯更加关切对其雄心勃勃的沟通行动理论或普遍语用学研究计划之细节的阐述、证成和设计。但是,现在这种强调的用心应当是显而易见的了。如果要避免专断和相对主义,解放性批判的可理解性(intelligibility)要求对其规范性基础进行澄清和辩护。这一规范性基础,正是《沟通行动理论》一书所力图建立的。

哈贝马斯不再提及"准先验的"认知旨趣,这使人们以为他已经简单地放弃了他在《认识与人类旨趣》中的主要系统性命题。诚然,他力图清理意识哲学和主体哲学的残迹。但是,其包含在人类旨趣原初三分法中的洞见,被概念化地转换到这一沟通行动理论语境中新的说法中。技术旨趣与实践旨趣、解放旨趣本身的区别,建立在目的合理性行动(purposive-rational action)与沟通(符号)合理性[communicative (symbolic) action]的范畴区别之上。在哈贝马斯的普遍语用学中,他并未放弃这一区别。相反,与其早期著作相比,他更为细致地提炼和阐发了这一区别。而且,从沟通行动理论的视角看,我们能够更清楚地理解哈贝马斯所谓的实践旨趣和解放旨趣的概念空间和基础。

我已经期待着哈贝马斯如何回应第三个难题。沟通行动理论不再陷于意识哲学和自足的主体哲学之中。语言哲学,特别是(哈贝马斯加以重要修正和提炼的)言语行为理论,是其灵感的主要来源。哈贝马斯完全意识到沟通性互动的范围,要比默示的言语行为要宽。但是,通过从言语的视角来把握沟通,我们就能够理解沟通的不同特征。"语言学转向"的一个基本原因(也许是最主要的原因),是它使我们不再陷于主体哲学的**独白**视角。沟通行动内在地是**对话性**的。言语语用学(pragmatics of speech)分析的出发点,是趋向**双向**互惠理解之说者**和**听者的态度——当某一有效性主张受到挑战时,说者和听者有能力采取肯定或否定立场。

尽管哈贝马斯沟通行动理论的细节微妙、复杂而又充满矛盾,但我们仍能勾勒出其主导性的观念。(本书中的大多数论文,略微论及了这一问题的不同方面)。沟通行动是社会互动的一种独特类型——趋向于相互理解的行动类型。必须把趋向成功、即趋向目的之有效达致的其他类型社会行动,与同样趋向的非社会行动区分开来。当我们以恰当的方式力图达致目的或目标时,非社会行动的行动类型以目的合理性行动的形式展现出来。

但"达致理解[(*Vertändibung*)**理解**]的目标,会带来某种一致(agreement)[(*Einverständis*)**一致**]——这种一致在互惠理解、共享知识、相互信任和互相协调的主体间性相互关系(intersubjective mutuality)中终结。一致建立在对可理解性(comprehensibility)、真理性(truth)、真诚性(truthfulness)和正当性(rightness)之相应有效性主张的承认基础之上。"①沟通行动在共识(consensus)的背景下发生。但是,沟通语境下的某个参与者,可以中断并挑战这种共识。哈贝马斯争辩说:在实施言语行动中,以沟通方式行为的任何人都**须**提出有效性主张,并假设这些主张能够得到证成和兑现(redeem)。正如上述引证所显示的,存在着四种类型的有效性主张:可理解性、真理性、真诚性[真挚性(sincerity)]和规范正当性。它们并非总是论题性的(thematic),但是都隐而不显地存在于每一种言语行为之中。在大多数经验情势中,我们采用种种策略和技术来解决我们的冲突和分歧。但是,为了解决沟通中的中断(breakdown),我们能够移向**商谈**(*discourse*)和论辩(argumentation)层次——在商谈和论辩中,我们明显力图确证那些引发问题的有效性主张。理想地看,在这种商谈中,唯一应当起作用的力量是"更佳论据的力量"(force of the better argument)。当然,哈贝马斯知道他在描述一种"理想类型"(ideal type),这即是说他知道:在许多经验语境中,我们并不能在这种非强制的论辩中行动。我们抛开沟通,或者力图采用策略操纵他人。但是,他的要点是:无论我们事实上如何解决沟通中的争执和中断,普遍性的有效性主张都"处于可能沟通的一般结构之中",即"处于社会再生产的主体间性结构之中。"无论是我们日常的"前理论"沟通性互动,还是我们的理论商谈、实践商谈和审美商谈(aesthetic discourse),概莫能外。

在科学商谈/话语领域,哈贝马斯所致力于的这一要点一直得到人们的承认。当竞争性的科学理论与假说、研究计划或范式之间出现严重的冲突时,我们有责任通过非操控性、非强制性的论辩来解决这些冲突。正如他在解释科学哲学中的晚近著述时指出的,他并不认为这会对上述理想构成重要挑战。毋宁说,这教会我们:也许并不存在解决科学争论的任何运算规则(algorithms),即甚至构成"更佳论据"的事

---

① Jürgen Habermas, "What is Universal Pragmatics?" in *Communicative and the Evolution of Society* (Boston, 1979), p.3.

物本身,对理性的争论亦是开放的。其沟通行动理论的新奇特征在于:他认为,同样是求助通过适当类型的论辩而兑现有效性主张,在实践性的(道德和法律)争论和有关审美判断的争论中,都是隐而不显的。在这个意义上,哈贝马斯捍卫的是一种强烈的"认知主义"(cognitivist)命题。任何有关有效性主张的争论,都没有超越有关参与者所进行的合理论辩。但是,对哈贝马斯而言最基本的是(也是他试图系统阐发的基本直觉):这种非强制性、非扭曲之论辩的预期和预设"根植于"我们日常的前理论的沟通性互动之中。

存在的一个危险是:对其思想错综复杂如哈贝马斯的一个社会理论家来说,当我们揪住细节不放之时,我们会丢失其整体性意象。在展现其细节性分析的意象中,哈贝马斯已雄辩有力地表明了这一点。谈到实践性商谈(practical discourse)时,他告诉我们:

> 在实践性的商谈中,我们使某个潜隐于言语之下、并作为其**有效性基础**的某个有效性主张论题化。在理解取向的行动中,人们'总是已然'默示地提出有效性主张。这些(要求符号表达具有可理解性、命题内容具有真实性、意图表达具有真诚性,以及有关既存规范和价值的言语行为具有正当性的)普遍性主张,处于可能沟通的一般结构之中。在这些有效性主张中,沟通理论能够为我们找到一种不易察觉但很执拗的理性主张,即一种尽管很少被兑现但却从不沉默的理性主张,一种无论何时何地出现共识性行动(consensual action)都须被事实性地予以承认的主张。①

本着类似的精神,他写道:

> 尽管(理性)主张一再沉默,但在幻想和行为中,它发展出一种顽强的超越性权力(transcending power),因为每一种非强制性理解的行为,即每一个团结地生活在一起的时刻,每一个成功的个体化时刻,以及每一个挽救解放的时刻,都使其得到更新。②

---

① Jürgen Habermas," Historical Materialism and the Development of Normative Structure,"in *Communication and Evolution of Society* (Boston,1979),p.97
② Jürgen Habermas,"A Reply to my Critics,"in *Habermas:Critical Debate*, ed. John B. Thompson and David Held (London,1982), p.221.

这些段落,指出了我早先称之为沟通合理性的历时性维度的问题。到目前为止,我已经集中关注了沟通行动和合理性理论的共时性维度,即关注了沟通中的所预设和预期的事物、在这种类型的互动中"总已然是"默示的事物。但是,如果我们不能把握不同类型的行动和合理性是如何嵌入到历史性的社会建制(institutions)和社会实践中的(即如果不能把握它们在历史长河中是如何变迁和发展的),这种理论在根本上就是不完整的。这就是哈贝马斯称为"合理化"(rationalization)的过程。用英语来表达"合理化"会产生误导,因为我们常常将"合理化"理解为被伪装或隐藏为潜隐动机和意图的一种活动。"怀疑阐释学"(hermeneutics of suspicion)的遗产,影响着"合理化"的通常用法。但是,哈贝马斯的"合理化"是指一种形式的社会行动之合理性或理性(reasonableness)的增长。但目的合理性行动和沟通行动之合理化的意义,在范畴上截然不同。

> 可以从两个不同的方面,来看待**目的合理行动**——技术手段的经验性实效和合适手段选择的一致性。行动和行动体系在上述两个方面,都可以得到合理化。手段的合理性(rationality of means),在技术上要求可以利用的经验知识。决定的合理性(rationality of decisions),则要求价值体系、决策准则,以及选择行为之正确推导的解释和内在一致性。①

这些合理化过程,近似于韦伯所谓的**目的合理性**——他用以指称现代化要素的合理化过程的形式。在 20 世纪,经验分析科学的发展、决策和博弈论的爆炸式发展,已经促进了我们对这种形式的合理化的理解。

但是,沟通行动的合理化在根本上和范畴上都与此不同。

> 在此,合理化意味着要消除这样的暴力关系:它们在沟通结构中隐蔽地建立起来,并通过交互心理性(interpsychic)手段和人际沟通手段,阻挠冲突的有意识解决和共识性调整。合理化意味着要克服这种系统化扭曲的沟通——在这种扭曲的沟通中,涉及

---

① Jürgen Habermas,"Historical Materialism,"p.117.

相互间提出有效性主张并由行动支撑（action-supporting）的共识（特别是涉及意图表达之真诚性和潜隐规则之正当性的共识），只能在表面上（即反事实地）得到维护。①

当我们把握了哈贝马斯沟通行动理论的意义（import），特别是把握了他在范畴上区分两种不同类型合理化过程的方式后，我们就能够看到他是如何修正第四个缺陷的，即他是如何从实体上发展了一种批评性社会科学的研究计划的。在此，拘泥于细节太过复杂，但我想简要指出他将其交织在一起的某些主要的思想要素。

在最基本的层次上，哈贝马斯争辩说：沟通行动理论与能够解释社会过程机理的充分的社会学理论，不是两个相互独立的智识努力。它们在概念上相互关联，不可分割。《沟通行动理论》一书的主要目标之一，就是解释和说明这一点。当下哲学家们非常关切的"合理性之争"，使我们发展出了一种能够区别不同形式合理化过程的社会学理论。哈贝马斯一再地、但以一种更细致且更深入的方式，反对如下偏见：未经明示或默示地评价社会行动和社会系统的合理性，我们就能够"轻易地"描绘、解释和理解社会生活形式。

这种辩证的协调，反映了哈贝马斯一直以来的确信：批判理论必须将哲学维度的分析与科学——经验维度的分析熔为一炉。在《沟通行动理论》一书中，他支持了这一基本命题，其途径是向我们展示：马克思、韦伯、涂尔干、米德、卢卡奇、霍克海默、阿多诺和帕森斯等，如何能够被看作一种综合性社会学理论做出了贡献（或者它们如何忽视了一种综合性社会学理论的某些方面），而这种综合性社会学理论根植于对合理性和合理化过程的充分理解之中。

以这一路径为前提，哈贝马斯探究了系统和生活世界的概念。回顾过去，我们可以看到有多少社会学传统被引向这两个竞争性的倾向。总有一些社会科学家认为，社会研究的恰当方式是将社会作为一个复杂的系统——在这一系统中，存在着潜隐的互动结构、系统迫令，以及有关系统整合（systemic integration）和/或系统解组（breakdown）的动

---

① Jürgen Habermas, "Historical Materialism," pp.119–120.

态形式。在其极端的形式中,系统理论路径削弱了社会行动者作用的重要性。行动者被看作是一个整体化系统的"占位符"(place-holder)。但是,社会学分析中的另一个极端,却赋予如下事物以优位性:社会行动者的创造性作用,社会行动者建构、协商和重构其世界之社会意义的方式。在其极端形式中,这种倾向的鼓吹者认为,系统和结构的概念是伪造的虚构之物。

在《沟通行动理论》一书中,哈贝马斯提出了一种对这些"竞争性"倾向的辩证综合。他想恰当对待社会世界和社会系统的完整性,并展示它们是如何互为条件的。如果不能理解型塑它的社会系统,我们就不能理解生活世界的特征;如果看不到系统是如何导源于社会施动者(agents)之活动的,我们就不能理解系统。将系统与生活世界的定位综合起来,是与哈贝马斯对不同形式合理性和合理化的描绘融为一体的:系统合理性是一种目的合理的合理性,而生活世界合理性则是沟通合理性。而且,哈贝马斯对晚近工业社会历史中之主导趋势的诊断,使得他能够以一种新的方式来表述韦尔默(Wellmer)所谓的"合理化的吊诡"。正如韦尔默简要指出的:

> 合理化的**吊诡**[在于]:生活世界的合理化[是]系统合理化和系统分化之过程的**前提**和**出发点**,但相对于包含在生活世界中的规范性约束,系统合理化和系统分化这一过程却[变得]愈来愈自主,直到最后,系统迫令开始使生活世界工具化,并具有破坏它的危险。(参见第56页)

用哈贝马斯的说法,我们今天面临着系统合理化过程对"生活世界的殖民化"的危险。

这使我们看到了哈贝马斯谨慎且详细重构一种根植于合理性理论的社会学倾向的真正"成功"。严格地说,"合理化的吊诡"并**不是**一种吊诡。没有任何逻辑上、概念上或历史上的**必然性**,使得我们可以说:系统迫令**必须**破坏生活世界。启蒙的辩证法**确实**强调了当下工业社会的特征为何——它们对生活世界沟通完整性所造成的真正威胁。在现代社会已经发生的(并继续以令人震惊的速度发生的)是:合理化是一种**选择性的**过程——在这一过程中,目的合理的合理化大行其道,侵蚀

并扭曲了日常生活世界。正如韦尔默告诉我们的:

> 不同于韦伯和霍克海默/阿多诺……哈贝马斯反对以下说法:合理化的这一吊诡,**没有**表达现代合理化过程的内在**逻辑**(或辩证法);如果我们在其后传统概念的广义上使用合理性(正如哈贝马斯所言,我们须将其替换为韦伯那里受限定的合理性概念),这就不是一种**合理化**的吊诡。但如果从韦伯意义上的一种行动理论的视角看,这既不是合理化的吊诡,亦不是一种启蒙辩证法;说它是合理化的'选择性'过程,毋宁更为充分一些——在这里,这一过程的选择性特征,也许可以由资本主义生产过程的边界性条件和机理所施加于沟通性合理化的特殊限制来解释。(参见第56页)

有关合理化过程之**选择性**的这一命题,是哈贝马斯最重要的实质性社会学主张。说到"选择性",必然意味着存在着二选一的可能性。哈贝马斯反思现代性的所有线路都导向了,且有意阐明和支持这一命题。我们可以重新评价哈贝马斯将沟通行动和合理化理论同有关现代性的社会学视角熔为一炉了。只有当我们把握了不同形式的行动和合理性,我们始能阐明和证成如下主张:合理化过程可以采取种种不同的历史性形式。我们也可以看透并批判性地评价这种主张:存在着一种**不可避免的**现代化逻辑。而且,通过分析系统合理化和系统分化的原因和机理,我们也可以解释为什么存在着某种"生活世界的殖民化"。我们不仅可以解释,而且能够诊断"现代性的病理学"。但最紧要的是,哈贝马斯理论视角的这种"解释—诊断"功能,亦有助于照亮我们的未来前景——不是在预言未来的意义上,而毋宁是通过在概念上强调促进生活世界沟通合理性的需要,并通过系统合理化的合法需要与生活世界沟通合理化的恰当平衡,使得我们的未来前景更加光明。

从沟通理论视角出发,我们甚至能够理解人们对新的社会运动的研究——诸如生态运动、反核运动、妇女运动和自由化运动等运动,甚至是当下大行其道的新保守主义运动。它们可以被看作(即使当被误导时)是对抗系统合理化过程所施加的侵蚀和扭曲、保存生活世界沟通结构之完整性的防御性反应。

哈贝马斯确实认为,韦伯(建基于康德的洞见之上)的下述观点是正确的:将文化领域的**分化**三分为科学、道德(包括法律)和艺术。他极度怀疑那些浪漫主义和新浪漫主义的倾向;这些倾向使我们相信:我们仍然可能设想一种"新"的有机整体——在其中,所有分化都可以克服,即人类不仅与他者互相协调一致,而且同自然和谐共处。他亦力图铲除这种偏见:文化的分化**必然**不可避免地导致不能解决的异化和物化。在下述意义上,存在着一种社会进化的逻辑:一旦完成社会学习过程,我们就不会忘记它们——除非我们有意无意地压制。在哈贝马斯看来,这是现代性将文化领域分化为科学世界、道德和艺术的成就。但是,我们能够接受这种分化,并且仍能寻求将我们的日常生活整合起来、协调起来的新方式。我们可以设法重建社会系统的合法需要与生活世界之间的恰当平衡。促进我们日常生活世界之沟通合理化的前景,仍具有真实的历史可能性。

哈贝马斯在范畴上拒绝这样一种乌托邦主义——它诱导我们认为存在着必然达致"良善社会"的辩证必然性。他也拒绝了上述观念的映射物(mirror image)——它呼唤与历史完全决裂,或者将乌托邦式的抱负"置于"一个虚幻的永无岛(Never Never Land)之上。他转换了马克思主义和批判理论的乌托邦理想。理性的根据点燃着社会希望之火。这与关涉未来前景的乐观主义或悲观主义都无关。不存在任何保证使得可能的都将会是现实的。但是,不同于所有种类的、使我们陷入绝望和失败主义的"总体性批判",哈贝马斯认真地对待了哲学家作为"理性守护神"(guardian of reason)的作用。他用一种强有力的声音提醒我们:在我们日常社会实践中包含并培养沟通合理性的实践性需要,具有"一种顽强的超越性权力,因为每一种非强制性理解的行为,即每一个团结地生活在一起的时刻,每一个成功的个体化时刻,以及每一个挽救解放的时刻,都使其得到更新。"正如他告诉我们的,"沟通理性作为一种复仇之力(a avenging force)在历史长河中运行。"[①]

[①] "A Reply to my Critics," *loc.cit.*, p.227.

五

哈贝马斯是这样的一个思想家：他对抗着我们时代的许多思潮和自我意象，同时又召唤着我们最深刻的抱负和希望。因为我们生活在这样的一个时代：人们怀疑理性，怀疑普遍有效性主张可以通过论据获得证成的观念。人们疯狂地反对人文主义和启蒙运动的遗产。我们听说了"后现代性""后工业主义"和"后结构主义"等等，但似乎没有人能够填充这些"后"的内容。我们从四面八方听到"哲学的终结""个体的终结"，甚至"西方文明的终结"，但是人们不仅对这些"终结"之意义众说纷纭，而且对这些"终结"之后应当发生的事情亦莫衷一是。任何对现代性及其不满的综合性理解的尝试，立即会被指责为是一种"元叙事"（metanarrative）。因此，后现代性假定要避开所有的元叙事。我们时代的精神是解构，而不是重构。即使怀疑阐释学也被彻底清算。我们成为怀疑"怀疑阐释学"的主人。哈贝马斯意识到了当下的这种心态。没有人能够指责他天真。他持续不断地反对那种抛弃西方合理性遗产的熟练（且老到）尝试。哈贝马斯的著作之所以能够获得如此多的批判性关注，一个原因是他置当下思想时尚于不顾，全力以赴地使如此多的人仍然相信或想要相信：我们有可能诚实地面对挑战、批判和幻想的破灭；有可能完成这些工作，并仍然负责任地重构一种对现代性及其病理学的博闻广识的综合性视角。如果我们承认哈贝马斯智识事业的广博范围和勃勃雄心，它则会邀请——也确实需要——严肃的批判。在其沟通理论倾向中，哈贝马斯不仅赋予论辩以优先性，而且这亦是他自己的**实践**。本书中收录的论文，便例证了哈贝马斯著作的博大精深和具有挑战性的品质。在回答批评者提出的问题和反对意见时，哈贝马斯试图应对这些反对意见，并澄清自己的主张、精炼自己的分析。读者可以依据自己的兴趣，采取任何顺序来阅读这些论文。但是，我想指出贯穿这些论文的若干论题。

在勾勒哈贝马斯的智识发展历程（从最早的到最新的著述）时，我已经表明：他是如何批判性地调用他自己所标识的那些传统。但是，我们有必要退后一步，追问哈贝马斯与这些传统的连续性和非连续性：

他已正确地辨识出了这种传统的缺陷和不足吗？其修正和对策经得起细致入微的审查吗？这不仅涉及哈贝马斯的历史地位问题，毋宁说，它亦是我们精确理解哈贝马斯系统性贡献的一种方式。因为我们想知道：在哈贝马斯已经发展出的批判性社会理论倾向中，其收获（也可能是失败）为何。

韦尔默的开篇论文，是对哈贝马斯与黑格尔、马克思、韦伯和批判理论之间关系的一个出色概览。他勾画出了他所以为的马克思主义和批判理论的核心缺陷：不能建立起其对现代社会即合理性的分析与其理论的乌托邦视域之间的关联。他将这种失败归结为：其所承诺的范畴框架没有考虑到用必然的分化（differentiations）来解释现代合理化过程的矛盾性和模糊性特征。韦尔默争辩说：哈贝马斯的伟大功绩在于，他在批判理论之内提出了"有可能避免马克思主义和批判理论之理论困境"的概念性修正。哈贝马斯在范畴上区分目的合理性与沟通合理性的概念策略，使得他能够兑现马克思主义和批判理论的乌托邦承诺，其所采取的途径，是向我们展现"沟通合理性在新的社会和政治**建制**中被充分'对象化'（objectification）"的核心需要——即"其所诉诸的建制是：一方面它代表着系统对生活世界的规范性锚定，另一方面它亦保护生活世界本身的沟通结构，并保障生活世界对系统的合理性和民主化控制。"（参见第58页）因此，韦尔默的论文使我们清楚地看到了哈贝马斯沟通理论倾向的重要性和基本原理。

杰伊（Jay）和怀特布克（Whitebook）亦采取了这种方式来理解哈贝马斯——首先找出批判理论的张力，接着追问哈贝马斯是否充分地解决或调和了它们。他们的论文是对韦尔默论文的补充——尽管他们聚焦于哈贝马斯有关艺术和审美体验（杰伊）以及弗洛伊德和心理分析（怀特布克）等具体主张。无论是理解哈贝马斯的方式，还是首要关切（这亦是困扰许多哈贝马斯的同情批判者的一个问题），他们之间都存在着某种亲缘性。杰伊的论文一开始就指出了法兰克福学派著作中存在的，"作为一种前象征密码（prefigurative cipher）的审美体验，与作为努力获致这种乌托邦状态中的一种批判性工具的合理性自我反思"之间的一种基本——尽管具有隐蔽性的——张力（参见第125页）。这种张力，类似于怀特布克对弗洛伊德的驱力理论（theory of drives）在阿多诺和马尔库塞中的作用,以及在哈贝马斯对无中介本能性生活(unmediate instinctual life)观念的弱化中之作用的分析。他们所关切的,都是哈贝马斯强调合理的自我反思和沟通的合理化过程是否弱化、甚至压制了批判理论激进的即"爆发式的"革命性主旨;哈贝马斯对批判理论的"概念修正",是否会导致温和的改良主义(bland reformism)——就那类对批判理论如此至关紧要的拯救性经验(redemptive experience)和"幸福承诺"而言,这种改良主义在批判理论中已不再具有合法性地位。这亦反映在吉登斯的问题上:哈贝马斯的理论视角是否会导致**没有革命性的理性**(Reason *without* Revolution)。而且,杰伊和怀特布克都质疑哈贝马斯所提出的那种新的社会整合(social integration)形式的意义;他们想知道:系统分化和系统合理化过程,如何与生活世界的沟通合理化相"平衡",以及科学、道德和艺术在这一过程中扮演着何种角色。

表面上出现在本书所包含的大多数论文中的一个命题,是哈贝马斯对艺术和审美体验的理解。这有几个原因。对批判理论而言,艺术和审美体验常常具有中心地位;在阿多诺和马尔库塞的晚期著述中,它更具有主导性。在洛温塔尔(Lowenthal)和本杰明(Benjamin)的著作中,它亦处于核心地位。阿多诺和马尔库塞愈发相信:只有在艺术中,批判理论的激进乌托邦式推动力始能找到其在一个完全"合理化"社会中的表现形式。而且,在哈贝马斯力图发展一种对现代性之综合性理解的意义上,他亦不能避免对"文化现代性"的把握。现代性与后现代性讨论中的一个基本语境,是对当代文化的分析,以及对艺术在日常生活中之作用的分析。但初看起来,哈贝马斯似乎忽视了理解当代文化中艺术和审美体验之相关论争的复杂性。由于哈贝马斯从其沟通理论倾向中谈到了"审美合理性"和涉及艺术体验的学习过程,这些问题变得更为严重,亦更为复杂。但这确切地意味着什么呢?哈贝马斯将现代生活的文化领域三分为:科学、道德和艺术。对前两个领域,他讲了很多;但第三个"文化"领域,却讲得较少。但如果新的、生活世界之沟通基础的整合观念是可行的,那么,我们就需要精确地理解艺术和审美体验的贡献。简言之,领会和评价哈贝马斯对艺术和审美体验的理解,是检验和评价其现代性和后现代性一般性主张的一个手段。

杰伊向我们展示了哈贝马斯是如何处理这些有关问题的,但是,他也处于许多重要的未被解决的张力之中。这些张力是由韦尔默、麦卡锡和罗蒂进一步探究的。在哈贝马斯对其批评者的回应中,我们发现了他现在理解艺术和审美体验的最清晰、亦最简洁的陈述,特别是如何从其沟通理论的视角看待它们,以及它们在生活世界整合中所起的作用为何。他坦率地承认了仍需细致考察的难点和问题。

我已经指出:《沟通行动理论》一书代表着一种新的系统化综合。尽管是在1981年出版,但它已经被公认为我们时代社会学的一种主要——也许是最主要——发展。考虑到其雄心、复杂性和细致分析,它需要谨慎的考察——这一过程已经开始,尽管目前只有第一卷被译成英语。安东尼·吉登斯本人从非常不同的倾向,论述过许多对哈贝马斯而言位居中心的问题。他亦为我们提供了有关此书的一个总体性评价。他提出了许多关键问题——如果我们恰当地评价哈贝马斯的主要主张,这些问题都有必要提出来。

托马斯·麦卡锡进一步提出了一些问题,但是他集中关注了我已将其视为哈贝马斯现代性分析的首要的、实质性问题——涉及现代合理化过程具有**选择性**的命题。这一命题,不仅预设了哈贝马斯对不同类型合理性(及其相互关联的方式)的分析具有充分性,而且亦预设了其有关现代化和合理化过程的社会学主张的正确性。在回答麦卡锡有关合理性和合理化过程的问题时,哈贝马斯澄清了《认识与人类旨趣》一书中的某些核心的系统性主张。

哈贝马斯本人对本书的贡献,让读者见证了他对待其他思想家和思想运动的方式。他有关马尔库塞的论文(该论文最初是在加利福尼亚大学圣地亚哥分校为纪念马尔库塞而举办的讨论会上发表的一个非正式讲话),同展现了他对其本人的看法一样,揭示了他不得不做出的对马尔库塞(和老一代法兰克福思想家)的评价。这在哈贝马斯评价马尔库塞的下列方式中,尤为如此:他解释马尔库塞思想的"积极性特征"(affirmative feature),并挑选出马尔库塞意义上的"给出理论性解释进而将行动建基于理性之上的义务。"

在其对社会现代性与文化现代性的分析中,哈贝马斯坚持主张要看到分化的重要成就。他经受住了他认为是诱惑性企图的下述做法:模糊关键区别,并寻求这些区别被模糊的总体性。这不仅是其理论工作的主要原则,亦是他本人所实践的一个原则。有关哈贝马斯的一个混乱的渊源是:未能恰当评价哈贝马斯将他自己的活动区分为理论家、教师与社会和政治运动的评论家的方式。在我前面引证的有关其智识发展的访谈中,哈贝马斯断言:"让我困扰不已的是……那些没有看到我不同角色的人们的攻击性。"[1]实用主义地看,哈贝马斯的意思是:他想为社会理论作出贡献的努力,必须用恰当的**理论**话语的有效性规则来评判。理论不能与具体的政治干预或所从事的解放性批判相混同。但是,**分化**与**整合**是兼容的。这不仅对理解和评价哈贝马斯许多不同的理论性活动和实践性活动是重要的,而且对评鉴其有关新保守主义的论文亦是重要的。他告诉我们:他在 1977 年开始写作《沟通行动理论》一书的起因和动机,是"理解如何能以一种方式重新表述人们对物化的批评,即对合理化的批评——这种方式可以为我们提供一种对下述问题的理论解释:福利国家式妥协的崩溃,以及在没有放弃现代性事业或者没有坠入后现代主义或反现代主义、'顽固'新保守主义或'野性'青年保守主义(wild young conservatism)的新运动中,对增长进行批判的可能性。"[2]

在哈贝马斯看来,新保守主义是对我们时代最有害且最危险的智识运动。在不同的文化背景中,新保守主义采取了不同的形式。在德国,新保守主义频频宣称:左派知识分子对现代社会的病态负有首要责任。对新保守主义的负责任批判,要求我们从理论上理解这种运动——准确确定其内在矛盾,并表明它如何混淆了症状与原因。

在罗蒂的论文中,在现代性与后现代性讨论中澄清何者利害攸关时出现的许多问题得到明显地缓解。尽管他将自己展现为要协调利奥塔与哈贝马斯之间的矛盾——即在他们之间"区分差别",他在其论文(也在其其他著述中)仍然提出了对哈贝马斯整个理论路径的某些最具怀疑性的批判。罗蒂不仅认为哈贝马斯对现代性(特别是科学、道德和艺术等文化领域的范畴区分的重要作用)的解释是错误的,而且质疑我们需要一种沟通行动**理论**。这亦是为什么哈贝马斯以直接应对和回答

---

[1] Jürgen Habermas,"The Dialetics of Rationalization,"p.29.
[2] Ibid., p.15.

罗蒂挑战的方式,开始其回应的原因之所在。

在形成其系统性立场时,哈贝马斯与其批评者"争斗",并被迫与之论辩。通过他所参加的公共辩论的种类,我们甚至可以标识出其理论发展的阶段。在1960年代初期,有以波普尔与阿多诺之争为中心的著名"实证主义论战"。在1960年代后期,以哈贝马斯对伽达默尔《真理与方法》一书的批判性评论为开端,批判理论与阐释学之间的一场论战开始了(其进行了诸多回合,并仍在持续)。后来,哈贝马斯与尼克拉斯·卢曼又争论了社会学系统理论的优点与限度。最近形成的争论,是哈贝马斯同起源于巴黎并已在美国文艺理论家中大行其道的那种后结构主义和解构主义之间的论战。在《后现代状况》一书中,让-弗朗索瓦·利奥塔直接抨击哈贝马斯。他认为,哈贝马斯仍然在标识着现代性特征的默示假设框架内运行,因此为我们提供的只是另一种"元叙事"。从利奥塔的视角看,哈贝马斯未能意识到后现代性已经向现代性所展示的那种认识论的决裂:对所有元叙事的一种质疑和怀疑态度。在罗蒂所讨论的哈贝马斯的那场巴黎讲演(哈贝马斯将把其收录到有关现代性与后现代性的一本书中)中,通过将其思想渊源追溯自黑格尔和尼采,并探求其在海德格尔、德里达、德勒兹、巴塔耶和福柯中的变迁,哈贝马斯评论了现代性与后现代性的所有问题。由于认为法国后结构主义者(他们中的许多认为自己是激进分子)对现代性的抨击与某些种类的对启蒙遗产的保守主义拒斥之间有着隐蔽的亲缘性,哈贝马斯已然受到了抨击。

在这场遭遇战中,许多事物都利害攸关。人们也许会将哈贝马斯的整个智识事业与基本姿态概略为书写一部**新的**启蒙辩证法——真实反映启蒙遗产的阴暗面,解释其原因并兑现和证成仍然顽强展示给我们的自由、正义和幸福的希望。现代性的事业——即启蒙思想家的希望——不是一种痛苦的虚幻之物,即不是一种变成了暴力和恐怖的天真意识形态,而是一种仍未实现、但仍能够定位和导引我们行动的实践性任务。

六

本书中的所有论文都已经发表在《实践国际》(*Praxis International*)

杂志。在这一结论性部分,我想简要指出哈贝马斯与南斯拉夫**实践**派(Yugoslav *Praxis* group)的关系。南斯拉夫**实践**派由哲学家和社会科学家组成,他们中的一些是游击队员和南斯拉夫革命的领导者。第二次世界大战以后,他们成为马克思主义人文主义与民主社会主义的最主要代言人。他们强烈地反对东欧斯大林主义和斯大林主义倾向。1964年,他们创办了《实践》杂志,并出版了国际版。他们也在科尔库拉岛开办了暑期学校。从这里开始,**实践**派就具有国际倾向。《实践》杂志和科尔库拉暑期学校,变成了东欧、西欧以及说英语国家激进左派知识分子和学生的一个集会场所。布洛赫、马尔库塞和哈贝马斯积极地参与到科尔库拉的讨论中,并在《实践》上积极发表文章。

实践派把自己当作是忠诚和坚定地继承马克思主义人文主义传统的南斯拉夫社会成员。他们强烈地主张在所有的社会层面实现自我管理和参与性民主原则。他们亦受到了当局和"强硬派"的抨击。1975年,《实践》杂志不再允许出版,科尔库拉暑期学校被关闭,位于塞尔维亚的贝尔格莱德大学的八名实践派教授亦被停职。

在1970年代初期,一个新的国际性机构——大学间研究生中心(the Inter-University Postgraduate Centre)在杜布罗夫尼克(Dubrovnik)成立了。它由世界各地的成员大学和研究机构正式建立。由于彼得洛维奇(Gajo Petrovic)——萨格勒布(Zagreb)实践派最重要的成员(萨格勒布的教授们在政府当局的打压中受到攻击,但并未被停职)——的倡导,大学间研究生中心开办了一门新的课程:"哲学和社会科学"。彼得洛维奇邀请哈贝马斯加入,并让其担任该课程的联合主任(co-director)。该课程被期望能在一种新的、十分不同的历史环境下,延续科尔库拉暑期课程的精神。以此为起点,那些被解除教职的贝尔格莱德实践派成员们被邀请参与到这一课程中。因此,从1976年到1980年,贝尔格莱德实践派成员在贝尔格莱德大学一个新的研究中心被部分恢复教职,他们在南斯拉夫唯一能够正式地教学并参加与同事的开放性讨论的地方,就是位于杜布罗夫尼克的大学间中心。

在这些活跃的会议中,人们开始讨论成立一个新的继承《实践》并具有一个国际编委会的杂志。哈贝马斯是这些讨论的最主要的参与者,亦已是《实践国际》杂志编委会的积极成员。由米哈伊洛·马尔科维奇(Mihailo Markovic)和理查德 J. 伯恩斯坦主编、巴兹尔·布莱克维尔出版社(Basil Blackwell)出版的《实践国际》第一卷,已于 1981 年 4 月面世。开篇评论宣布了《实践国际》杂志的双重任务:"它将举刊物之力,保护智识工作的完整性和尊严性,并发展作为一种国际努力的一种批判性意识。它将使自己致力于促进那种作为有意义、有说服力且具有想象力实践之必要条件的理论理解。"哈贝马斯是《实践国际》杂志上述理念的代表。因此,该杂志成为表达、批判其观点的一个媒介。本着国际团结的精神,本书要献给我们南斯拉夫实践派的同仁们——他们在以其言行锻造民主社会主义理念中,表现的是如此无所畏惧。他们是这样一种理性宣称的生动证明:发展一种"顽强的超越性权力,因为每一种非强制性理解的行为"和"每一个团结地生活在一起的时刻,都使其得到更新……"。

附录三

哈贝马斯法与民主的商谈理论：
对其论辩的一个概述[*]

[美]威廉·雷格[**]
孙国东 译

如今,法律理论和民主理论都处在一个十字路口。在后工业西方社会长期的民主政制下,社会复杂性、多元主义和福利国家所产生的问题,已经使历史悠久的宪政框架处于巨大的压力之下。随着全球民主动力的扩展,这些挑战得到强化而扩展到诸多地区——在这些地区,民主的文化条件和基础性条件以及法治都必须有意识地予以建构。在这一

---

[*] 本文在某种程度上是对尤根·哈贝马斯(Jürgen Habermas)《在事实与规范之间：对一种法与民主的商谈理论的贡献》(*Between Facts and Norms: Contributions to a Discourse Theory of Law and Democracy*, trans. William Rehg, Cambridge, Mass.: MIT Press, 1996)译者导言的一个修正和简化版本。我要感谢麻省理工学院出版社允许我在这个辑录中重刊此文。我也要感谢那些愿意对本文的较早版本进行阅读并做出评论的下列同仁：托马斯·麦卡锡、詹姆斯·博曼、尤根·哈贝马斯、拉里·梅(Larry May)、迈克·罗森菲尔德(Michel Rosenfeld)、兰德尔·雷尼(R. Randall Rainey)、约翰·格里斯巴赫(John Griesbach)、Pauline Kleingeld、威廉·欧奈尔(William O'Neil)马克·伯克(Mark Burke)和蒂莫西·克兰西(Timothy Clancy)。
　　本文首发于邓正来主编：《西方法律哲学家研究年刊》总第4卷,北京大学出版社2011年版,第18—39页。本文原文载于：David M. Rasmussen ed., *Handbook of Critical Theory*, Oxford: Blackwell, 1996, pp.166-189,但译者是依据下列文献译出的：William Rehg, Habermas's Discourse Theory of Law and Democracy: An Overview of the Argement, in David M. Rasmussen & James Swindal eds., *Jürgen Habermas* Vol. II, SAGE Publications, 2002, pp.293-315.译者要特别感谢雷格教授授权移译此文——译者注。

[**] 威廉·雷格(William Rehg),美国圣路易斯大学哲学系教授,哈贝马斯《在事实与规范之间》一书英译者,主要研究领域为：社会—政治哲学、当代德国哲学,以及论证理论和审议民主理论。

语境下,较富有成果且较乐观的理论发展,是与"审议民主"(deliberative democracy)的诸观念相联系的。这些观念反映了这样一种关切:民主过程中的公民参与具有合理性的(rational)特征——比如,选举不应当仅仅是要聚合(aggregate)给定的偏好,而毋宁是要遵循一种"审慎思考的互动和意见形成"过程;在这一过程中,公民开始知晓更好的论据和更具一般性的利益①。尤根·哈贝马斯《在事实与规范性之间》一书,强调了公共商谈(public discourse)在民主中的作用,当然是对这一智识趋向的一大贡献。但是,如果只是将其视为对审议民主的另一个论辩(argument)那就错了。在许多方面,它是哈贝马斯于 1962 年出版《公共领域的结构转型》(*strukurwandel der Öffentlichkeit*)②时,首次宣布的智识事业的终极性努力。《在事实与规范之间》一书,既为我们提供了全面的即在社会学上富有洞识的、一种对法与基本权利的概念化,亦为我们提供了对法治和宪政国家的一种规范性解释,还为我们提供了一种架起民主的规范性路径与民主的经验性路径之间桥梁的尝试,以及对民主所要求的社会情境的一种说明。最后,它大胆地提出了一种新的法律范式——这一范式超越了从一开始就困扰着现代政治理论,并仍然构成当下所谓的"自由主义者"与"公民共和主义者"间争论之基础的二元对立,从而借此将这些论据组织、涵括起来。

哈贝马斯的视野将 30 年来的反思和跨学科研究放在了一起,同时参与到德国与美国的争论之中,并在许多不同的层面来回穿梭,其如此

---

① James S. Fishkin, *Democracy and Deliberation: New Directions for Democratic Reform*, New Haven: Yale University Press, 1991, p. 4;另请参见,比如说,Joshua Cohen, "Deliberation and Democratic Legitmacy," in *The Good Policy*, ed. Alan Hamin and Philip Pettit, Oxford: Blackwell, 1989, pp. 17 - 34; Cass R. Sunstein, "Interest Groups in American Publc Law," 38 (1985) *Stanford Law Review*: pp. 29 - 87; John S. Dryzek, *Discursive Democracy: Polictis, Policy, and Political Science*, Cambridge: Cambridge University Press, 1990;也可比较 Benjamin Barber, *Strong Democracy: Participatory Politics for a New Age*, Berkeley: University of California Press, 1984。

② *Strukurwandel der Öffentlichkeit: Untersuchungen zu einer Kategorie der brgerlichen Gesellschaft*, Darmstadt: Luchterhand, 1962;其英译本直到晚近才出现: *The Structural Transformation of the Public Sphere: An Inquiry into a Category of Boourfeois Society*, trans. Thomas Burger with the assistance of Frederick Lawrence, Cambridge, Mass.: MIT Press, 1989。

大范围的视野将值得考虑的需要都摆在其读者目前。本文的主要目标,是减轻这一负担。为了这个目标,我将分三个部分来检视该书的论辩。在第一部分,我将在较宏大的考量中表明下述要素:哈贝马斯的法律路径是旨在彰显法律的规范性维度与事实性维度之间的张力;哈贝马斯的基本概念框架;以及在哈贝马斯那里对现代法律具有决定性意义的现代性特征。有了这个背景,我将继续在第二部分阐发权利与宪政国家的核心哲学阐释——其构成了该书的第三章和第四章。最后,在最后一部分,我至少将提供哈贝马斯从第五章到第九章的进一步论辩——其在法理学和社会学诸争论的背景下验证了法的商谈理论之优势——的一个粗略纲要。

一

英美关于法律的哲学论著,常常从对法律概念本身的定义开始。在《在事实与规范之间》一书中,作为一个权利体系的法律的基本概念,直到第三章才完全展现出来。哈贝马斯所从事的雄心勃勃的事业,需要有相当多的准备工作,因此前两章作了相当精心的安排——这一安排既标示了他自己的概念结构体系,同时亦标明了与该书主题有关之辩论的周边景观。该书所使用的概念工具,已经在他两卷本的《沟通行动理论》(*Theory of Communicative Action*)中得到最充分的说明[①],人们也许会把《在事实与规范之间》一书解读为:是从他较早著作的法律、政治和制度性意蕴中抽取出来的。在本节中,我想将读者引入到哈贝马斯较宏大的概念工具中去,并分析这些概念工具相对于现代法律和民主之分析的适当性。哈贝马斯从现代法律吊诡的二重性开篇,而

[①] *The Theory of Communicative Action*, trans. Thomas McCarthy, 2 vols, Boston: Beacon, 1984, 1987;下文引用简写为 *TCA*。德语版本最初出版于 1981 年。其重要限定(qualifications),参见哈贝马斯"A Reply," in Axel Honneth and Hans Joas eds., *Communicative Actions: Essays on Jürgen Habermas's "The Theory of Communicative Action*,"trans. Jeremy Gaines and Doris L.Jones, Cambridge: Policy, 1991, pp.214 - 264.一个导言,参见 Maeve Cooke, *Language and Reason: A Study of Habermas's Pragmatics*, Cambridge. Mass.: MIT Press, 1994。

我则将以讨论我对此疑难的若干看法开始本文的论述。然后,我们就能够将沟通行动理论理解为:其特别适用于承认这种张力,并能建设性地处理这一问题。

(一) 现代法律的两重性

用"在事实与规范之间"——或者更严格地翻译该书的德文标题,即"在事实性与有效性之间(between facticity and validity)"——的张力,来分析现代法律的路径不会令人感到多么惊奇。一直以来,理论家们都依据这种两重性来标识法律领域。正如我们将看到的,这种张力在几个层面都存在;但在每一个层面上,我们在一边能找到某种社会现实,在另一边又可发现某种理性的主张(其有时是被现实所遮蔽)。比如,我们可以用制裁所支持的强制性法律来说明这一问题。一方面,这些法律以法律供给者(lawgiver)之意志的面目而出现,而该法律供给者有权惩罚那些没有遵守法律的人;在这些法律事实上被实施和遵守的意义上,它们在某种程度上就像社会事实一样存在着。但另一方面,强制性法律不仅仅是由威胁所支持的命令,它还体现了一种合法性要求。奥利弗·温德尔·霍姆斯(Oliver Wendell Holmes)的坚定主张(即我们必须从"坏人"的角度来理解法律;也就是说,仅仅依据违法被抓住后所产生的可能消极后果来理解法律),并没有揭示出法律的整个面目。事实上,许多公民并不总是这种意义上的"坏人";而且,如果每个人都总是对法律采取这种外在路径,法律系统是否能持存下去也是令人怀疑的。至少特定比例的人口(事实上是大多数人),必须把法律规则看成是每个人都**应当**遵守的标准,不管是因为它们反映了先辈们的生活方式、宇宙结构或上帝的意志,还是因为它们已被以民主方式予以通过,或仅仅只是根据已形成的先例而制颁。H. L. A. 哈特(Hart)所谓的法律的"内在方面",与法律的合法性或社会承认(social recognition)有着密切关系[①]。当然,法律的合法性应当如何准确地加

[①] 在 *The Concept of Law* (Oxford: Clarendon, 1961)中 H. L. A. 哈特为我们提供了对法律两重性的一个良好论述。法律"坏人"观的著名比喻来自奥利弗·温德尔·霍姆斯,"The Path of the Law", in Holmes, *Collected Legal Papers*, New York: P. Smith, 1952, pp.167-202,此处参见 p.171。

以解释是进一步的问题。重要的一点在于：法律是一个由强制性规则和非人格化的程序所构成的系统，而这一系统亦要诉诸那些所有公民应当——至少是理想地——认为具有可接受性的理由。

哈贝马斯深受伊曼纽尔·康德(Immannuel Kant)合法性观念的影响，而这一观念又具体地带来了法律之中的张力。比如，我们可以看看诸如财产权和缔结合同权这样关涉个体自由的平等权。康德将这些权利的合法性建基于法律的普遍性原则中[*Rechtsprizip* 常译为"principle of right"(正当原则)]之上，而这一原则可被解释为：它概括了所有这样一些条件，也即是对一个道德取向的主体来说，他就策略取向个体的外在行为所施加的强制性限制予以普遍化具有可能性的诸条件。依康德之见，法律的"道德观念"是"某个人的自由选择[free choice (*Willkür*)]能够依据自由的普遍法则(law)与他人的自由选择共存之条件的总和。"①这种权利(rights)分析一般带来了存在于法律中的事实性与有效性之间的**内在张力**：由于这些权利具有可诉性和可实施性，它们(和一般性的法律规范)表征着勘定(在其间以成功为取向的个体能够按照自己的意愿选择和行为的)诸领域的社会事实；而又由于这些权利是与某种可普遍化的自由相联系的，它们应当得到道德主体的尊重，并因而带来某种合法性要求。

然而，(正如哈贝马斯所解读的，)康德关于合法性的解释，最终使得法律从属于道德。康德亦依赖于一个现在不再具有合理性的形而上学框架：根据他的解释，普遍的合理可接受性之可能，依赖于一种超越经验世界的、预先设定的理性之和谐(a preestablished harmony of reason)。将法律从属于道德，使得合法性的合理基础过于简单化了，而对一种超验且统一之理性的诉诸，则假定了先于事实上的公众商谈

---

① Immanuel Kant, *The Metaphysical Elements of Justice*, trans. John Ladd, New York: Macmillan, 1965, p.34；另见 p.35(译文略有改动)；另请参见"On the Proverb: That May Be True in Theory, But Is of No Practical Use,"in *Kant, Perpetual Peace and Other Essays*, trans. Ted Humphrey, Indianapolis: Hackett, 1983 特别是 p.77 以下。康德的法律原则与其道德原则之间的关系并不十分清晰；参见 Kenneth Baynes, *The Normatives Grounds of Social Criticism: Kant, Rawls, and Habermas*, Albany: SUNY Press, 1992 第一章的讨论。

而产生的共识。但是,康德把合理性共识视为一种范导性理想(regulative ideal)的策略,则捕捉到了法律中之张力的一个重要部分。如果法律在根本上是由事实性与有效性之间的张力构成的——也即是由以社会建制(social institution)中法律事实上的产生、执行和实施为一方,以法律应当得到普遍承认的要求为另一方,这两者之间的张力构成的,那么,一种将有效性主张的理想化特征置于具体的社会情境之中的理论,就要求自己对法律进行分析。这正是沟通行动理论所允许的——无须我们在康德理论中所看到的形而上学主张和唯道德性的过分简化(moralistic oversimplification)。

(二) 一种后形而上学的理性理论

沟通行动理论首先是一种理性理论,即一种意欲拯救曾在那些包罗万象的形而上学体系[比如,托马斯·阿奎那(Thomas Aquinas)的理论体系]、历史哲学[比如,G. W. F. 黑格尔(Hegel)]和意识哲学(比如,康德)中予以推进的理性之要求的尝试。在哈贝马斯看来,经验科学的增长、世界观的多元化及其他发展,已然使得这种宏大的哲学路径变得普遍不可靠——并且,在这一过程中,还产生了仅仅从工具视角看待理性的贫乏理性观。因此,如果谁要是想在今天拯救整全性的理性观,他必须采用"后形而上学"的路径。正如哈贝马斯所使用的,"后形而上学"这一术语(其不应当同"后现代"这一术语相混淆),包括了许多不同的哲学理论。人们可能会把约翰·罗尔斯(John Rawls)的"政治的、而非形而上学的"正义理论和罗纳德·德沃金(Ronald Dworkin)"作为整体的法律"(law as integrity)理论,作为几个特殊的事例[①]。无

---

① 参见 John Rawls, "Justice as Fairness: Political not Metaphysical," 14 (1985) *Philosophy and Public Affairs*, pp.223 – 251 及其晚近的 *Political Liberalism* (New York: Columbia University Press,1993); Ronald Dworkin, *Law's Empire*, Cambridge: Mass.: Harvard University Press, 1986.某些晚近的尝试拟复兴法哲学中的形而上学路径,但他们是否能达到同古代和中世纪的体系那样的高度是一个更进一步的问题;可以比较,比如, John Finnis, *Natural Law and Natural Rights*, New York: Oxford University Press, 1980;一个批判性的评价,参见 Raymound A. Belliotti, *Justifying Law: The Debate over Foudations, Goals, and Methods*, Philadelphia: Temple University Press, 1992, chap.1.

论如何,对哈贝马斯而言,只有当哲学(在与不同种类的经验探寻进行跨学科合作中)能够表明语言的使用和一般性的社会互动何以必然依赖于诸如真实性/真理性(truth)、规范正当性(normative rightness)、真诚性(sincerity)和本真性(authenticity)这样的有效性概念之时,我们始有可能对理性进行后形而上学的辩护[1]。这不仅使我们有必要对沟通进行哲学分析,亦使我们有必要关注诸学科内的争论。

因此,后形而上学哲学不必放弃其自身的雄心。在对有效性的关注中,这一点已是不言而喻的。因为在哈贝马斯看来,有效性主张涉及一个关涉无条件性的理想化环节(an idealizing moment of unconditionality),而这一环节使这些主张超越了其被提出时的瞬时性背景。当特定类型的真实性/真理性要求被人们普遍理解之时,这是最清楚不过的了。比如,当我们今天断言地球(近似于)是一个球体时,我们不仅仅意味着"地球是球形的"这一主张"对我们来说具有真实性/真理性";毋宁说,我们亦是在说:相信其他主张的每个人都是错误的——不管是哪一代人,或者属于何种文化。当然,即使在自然科学的哲学中,对真实性/真理性的普遍主义理解亦已受到了抨击;因此,在实践领域即道德、政治和法律领域,捍卫规范有效性之普遍主义观念的哲学家,要面临排山倒海的困难就不足为奇了。这一挑战的核心在于:要建设性地维护强烈理想化的[即超越情境的(contexttranscending)]理性要求,与总是受到限制的、人的理性须往返于其间的情境之间的张力。因此,我们就可以理解为什么"事实与规范之间"的张力,应当处于哈贝马斯理论尝试——即试图将其沟通行动理论运用于对法与民主之既存建制的分析——的中心。立基于沟通行动理论的法律—政治理论,并不能避免这一张力——正如哈贝马斯在第一章努力显示的,这种张力实际上出现在其分析的每一个层面上:内在于语言使用本身之中、内在于现代法律之中,以及存在于法律与社会现实之

---

[1] 关于哈贝马斯对此问题的阐述,参见其 *Postmetaphysical Thinking*, trans. William Mark Hohengarten, Cambridge, Mass.: MIT Press, 1992 与 *Moral Consciousness and Communicative Action*, trans. Christian Lenhardt and Shierry Weber Nicholsen, Cambridge, Mass.: MIT Press, 1990,特别是前两篇论文和标题与书名相同的论文。这种跨学科合作的最初事例是道德发展心理学中出现的晚近著述。

间。现在,我转向哈贝马斯沟通行动理论的运用问题:首先,我想谈谈一般性的社会协调(social coordination)问题;接着,我想讨论现代法律的问题。

(三) 社会协调的沟通结构

该书第一章可以被读解为:哈贝马斯自己对法律的吊诡性特征和现代社会法律的特殊作用的高度理论化重构。这种重构由许多相互交织的线索构成:不仅仅包括抽象的有效性理论,亦包括一种雄心勃勃的现代性理论——它试图用法律的双重结构来重构现代法律的兴起。我不打算一步步地勾画出这些错综复杂的缠结,而拟在下文中阐明对理解哈贝马斯的解释具有必要性的基本范畴。

人们首先应当看到:沟通行动理论涉及关于下述问题的一个特殊观点,即:语言是如何影响社会协调的。哈贝马斯从美国实用主义和J. L. 奥斯丁和约翰·瑟尔的言语行为理论中吸收了若干洞见,他把关涉语言的一种"形式语用性"(formal-pragmatic)路径看作是最适合社会理论的。这种路径,超越了对意义和语法的语义和句法分析,并得以检验那些使得有言说能力之人能够事实上进行成功互动(这种互动不仅仅涉及知道如何构成合乎语法的句子)的一般性结构①。更确切地说,有言说能力之人知道如何将其互动建立在其听众会接受,或者如果必要可以用充分的理由予以兑现的有效性主张之上。正如前文已经提及的,在下述意义上,这涉及事实性与有效性之间的张力:在此时此地提出并且可能根据在地化标准得到证成的一种有效性主张,最终超越了某个特殊的共同体。真实性/真理性主张和道德性主张至少是如此。正如互动和商谈中的参与者所理解的,真实性/真理性主张是关于人类所共享之客观世界的主张;道德性主张则与人际关系规范有

---

① 参见 Habermas, "What Is Universal Pragmatics?" in Habermas, *Commutication and the Evolution of Society*, trans. Thomas McCarthy, Boston: Beacon, 1979, pp.1 - 68; 另见 TCA 1: 273 - 337; the Christian Gauss Lectures, "Vorlesungen zu einer sprachtheoretischen nnnn Grundlegung der Soziologie," in Habermas, *Vorstudien und Ergänzungen zur Theorie der Kommmunikativen Handelns*, 2nd edn, Frankfurt: Suhrkamp, 1986, pp.11 - 126; 英译本即将出现, MIT Press。

关,而这种规范是任何自主(autonomous)的成年人从正义和尊重人的角度出发都应当可以合理接受的。如果这些主张是有效的,那么在适当的条件下,任何善意的、有言说能力之人,都能够基于充分的理由予以接受。而如果某种主张遭受了争议(事实上造成的结果是:这种合理的接受要求行动者进入到在其间行动的压力大体上被中立化了的**商谈**之中),那么行动者就可以仅仅基于论据来搁置和检验该有争议的主张①。

当然,并非所有的主张都会得到普遍受众的一致同意。在这一问题上,商谈类型之间的差异是非常重要的。比如,关于对某个特定群体(或个人)而言何为善的主张,或者关于某个特定群体之本真性自我理解(authentic self-understanding)的主张,可能只能针对有关的个体和那些非常了解它们的人提出来。这种商谈(哈贝马斯将其称为"伦理性"的商谈),在主题和受众的范围方面都不同于涉及普遍性正义规范的"道德性"商谈②。但是,即使这些更受限制的伦理主张,亦预设了一种相互理解的取向——对哈贝马斯而言,这种相互理解取向就构成了沟通行动的基础。由于就有效性主张达成理解的取向,立基于共享预期(expectations)和共享的情势解释方式(ways of interpreting situations)等之上,这就为社会整合(social integration)提供了一种机制。

为了进一步阐明哈贝马斯的路径,我们可以设想这样一种情形:在某个群体内部中产生了争议,并且其成员希望基于有效性主张以共识方式予以解决。依哈贝马斯之见,以基于理由的一致(reasoned agreement)来解决冲突,至少涉及三个理想化的假设:成员们须假定同样的语词或短语表达相同的意义;他们须把自己当作是具有合理的

---

① 对哈贝马斯商谈概念的更充分解释,参见 Thomas McCarthy, *The Critical Theory of Jürgen Habermas*, Cambridge: Mass.: MIT Press, 1978 第四章;关于道德商谈,参见 William Rehg, *Insight and Solidarity*, Berkeley: University of Califorma Press, 1994。

② 关于道德商谈和伦理商谈的最重要区别,参见 Jürgen Habermas, "On the Pragmatic, the Ethical, and the Moral Employments of Practical Research," in Jürgen Habermas, *Jutification and Application: Remarks on Discourse Ethics*, trans. Ciaran P. Cronin, Cambridge, Mass.: MIT Press, 1993, pp.1-18;另见 *Between Facts and Norms*, 第三章附论和第四章第二部分。

责任感的(accountable);并且他们还须假设,当他们确实达成了一个彼此都可接受的解决方案时,支撑性的论据足以证成这种(可废除的)信念(confidence)——即相信任何构成共识之基础的真实性/真理性和正义等等主张,不会在后来被证明是虚假或错误的。任何在地化的即时空上有限的(spatiotemporally finite)共识,都不能够完全实现这些理想化要求;但如果它们后来应当被证明是虚假的——如果人们发现某个关键的术语有两种不同的理解方式,或者发现他们自己被严重地自我蒙蔽(self-conceived)了,或者发现误解了特定事实或规范——那么,人们就有理由质疑原初的一致,并重新开启讨论。这即是说,这些理想化条件包含了一种群体共识事实性(de facto)的社会接受(soziale Geltung)与其理想化的有效性(Gültigkeit)——即如果成员们将其视为具有合理性而予以接受,这种共识必须自证其有效性——之间的一种张力。以沟通方式获致的一致,大体上总是向挑战开放,因此,这种一致至多是一种社会整合的不稳定渊源。如果某个共同体要想成为一个稳定的共同体,那么,这就要求:不能仅仅把明确的一致作为社会整合的基础。

群体成员愈是将其商谈努力限定于一些成问题的有效性主张上,解决冲突的方案愈容易提出来。比如,如果他们对如何最好地处理某种特定的环境威胁存在分歧(人们可以设想一个市议会就如何处理即将到来的洪灾而发生争执),且如果他们又仅仅是必须解决一个关于两种竞争性策略之效果(effectiveness)的经验问题,而无须就公平的评判标准或成功结果的标准而争执,他们就会有更多的机会达成一致。简言之,以沟通的方式达成一致,要求人们就某些问题达成一种大背景下的共识(a large background consensus),而这些问题对群体成员而言,是不成问题的。

只有当其使得大量的假设免受挑战(似乎它将有效性与给定文化背景的事实性融合在了一起)时,由**生活世界**(lifeworld)背景所表征的那种隐而不显的一致,始能使一个以沟通方式予以整合的群体得以保持稳定。这是因为,生活世界背景不仅为其成员提供了解决冲突的共享资源;而且,作为共享认同的一种资源,它亦减少了在任何给定的时间内可能会引发争议之问题的数量,以至于社会互动的大部分领域都依赖于未受质疑的共识这一稳定基础①。

如果成员们不能就如何解决某个特殊的冲突(比如,前文提到的如何处理迫在眉睫的洪水问题)达成一致的话,他们会尝试妥协。正如哈贝马斯所理解的这种冲突解决方式一样,妥协涉及冲突各方的视角从沟通行动到**策略行动**的某种特定转换。不是要试图使彼此确信某个有关本质上更好之策略的有效性主张,而是各方开始就洪水的威胁和希望协商,以期诱导他人就追求某种给定的防洪政策进行合作。用更具一般性的术语来讲,采取策略性态度的某个行动者(或团体)主要关切的是:在包括其他行动者(或团体)在内的某种社会环境下,个体(或团体)如何成功。在许多情境下,那些认为此种态度合适的人都能理解这种做法。事实上,对现代法律的需要部分地产生于此,这是因为:伴随着资本主义市场经济的发展,由策略行动所支配的情境对社会协调而言,变得愈发重要了。

(四) 对实在法的需要

为了在哈贝马斯沟通行动理论所提供的构架内来理解现代法律,我们需要引入一些复杂的要素——为清晰起见,前文的阐述暂时把它们撇在了一旁。首先,由于现代社会是一个多元化的社会,冲突的解决须穿过许多次群体,而每一个次群体都具有某种略微不同的自我理解和一套共享的背景性假设。其次,现代社会的多元化产生了一个被马克斯·韦伯称为的"世界之除魅"的过程。就本文论旨而言,这涉及的是"神圣帷幕"(sacred canopy)的消失,即这一事实:多元化已然侵蚀了共同的宗教权威和世界观(或至少使其碎片化了)②。第三,现代社会已发展成为一个复杂的、功能分化的诸领域,而这些领域是由社会再

---

① 关于哈贝马斯生活世界的概念,参见 TCA 2: 119-152。尽管对成员自己来说,生活世界背景很大程度上未成为论题(unthematized),理论家仍可以将其渊源区分为三个宽泛的成分:对那些不受质疑的确信和观念的储存("文化");保障团体聚合(cohesion)或团结的规范、忠诚和建制等等("社会");以及成员本身固有的能力和技能("个性")。经由观念的文化传播、社会整合形式和成员的社会化等途径,一个可行的生活世界得以再生产。

② 参见 Peter L. Berger, *The Sacred Canopy: Elements of a Sociological Theory of Religion*, Garden City, NY: Anchor-Doubleday, 1969。

生产的特定任务(经济、教育系统和政治等等)所界定的。

多元化和除魅侵蚀了共同体可据以稳定其(使特定问题和假设免受质疑的)共享背景和共享权威的途径。在现代社会,群体和亚文化的类别与日俱增,而每一个群体和亚文化都拥有自己的传统、价值观和世界观。因此,越来越多的冲突必须通过下述途径予以解决:在达成明确一致的共享基础正在弱化的条件下,就较大范围内的可争议问题达致此种一致。事实性和有效性曾溶合在一起的生活领域,开始经受着与日俱增的批判性审查(似乎可以说,事实性与有效性正不断地分裂开来),并使社会合理化过程处于变动之中。这即是说,人们愈发被迫将有效性的不同领域区分开来,比如,将科学问题与信仰问题区分开来、将正义问题和道德问题同审美判断区分开来等等,这即是韦伯试图用其"价值领域"的分化这一概念而把握的一种发展。

在生活世界层面上,沟通理性与日俱增的分化运用,是与前文提到的现代性的第三个方面,即半独立子系统的功能性分化相联系的——而在这些半独立的子系统中,策略行动对社会协调愈发起着更为重要的作用[1]。就此而言,资本主义经济或许是最显见的例子。买卖双方是"以策略性的方式",而非沟通性的方式行动,因为他们是根据自己的利益和外在市场条件来做出决定的。社会协调是通过那种由——很大程度上具有非意图性之后果的缠结所创造出来的——匿名化市场机制而获致的,它不是经由就有效性主张达成一致而获得的,而是通过"站在行动者背后"(behind the actor's backs)获得。用功能主义的话来讲,经济表征了一种通过金钱这一"非语言导控之媒介"(nonlinguistic steering medium)而产生的社会整合水平。这种媒介使得市场参与者无须达成实质性的共识就能够(至少在理论上)追求自己的个人利益,并且能够信赖市场平等、有效地分配商品和服务的整体聚

---

[1] 关于系统的发展,参见 Habermas, *TCA* 2: 153–197. 对哈贝马斯社会合理化之解释的有用总结,参见 Jane Braaten, *Habermas's Critical Theory of Society*, Albany: SUNY Press, 1991, chap.5;以及 Stephen K. White, *The Recent Work of Jürgen Habermas: Reason, Justice, and Morality*, Cambridge: Cambridge University Press, 1988, chap.5。

合效果①。

除了金钱及其导控的经济再生产外,"系统整合"(system integration)亦受到官方建构组织之权力媒介的影响。比如,在科层化的行政管理中,上级所拥有的那种等级化、分层化的权力,影响着集体目标的协调性实现。下达有约束力命令的权威意味着:上级不需要使下级相信分派给他们的任务是明智的,因此,这就弱化了人们对明确共识的需要。尽管这绝不是科层化组织实际运行方式的全部②,但它的确亦表明:官僚化组织至少减轻了在达成明确一致时所承受的**某些**负担。

现代法律应当解决在上述条件下所产生的社会协调问题——这些条件也就是这样一些条件:一方面,整个社会的多元化(societal pluralization)已使得人们的共享认同支离破碎,并且致使达成共识的实质性生活世界资源受到侵蚀;另一方面,物质再生产的功能性要求呼唤着那些个体可以根据目的合理性的指示自由追逐自身目标的领域与日俱增。而解决方案则把达成一致的需要,局限在那些勘定并调整自由选择领域的一般性规范上。因此,法律的两重性特征表现在:一方面,法律权利和制定法必须为人们提供一种类似于稳定的社会环境的事物——而正是在这种社会环境里,人们才可以形成自己作为不同传统之成员的认同,并能够以策略行动的方式追求自己作为个体的利益;另一方面,这些法律还须从某种商谈过程中产生,而正是这种商谈过程才使得这些法律对那些倾向基于有效性主张达致理解的人们而言具有合理的可接受性。

---

① 通过对塔尔科特·帕森斯的批判性袭取,哈贝马斯阐发了其媒介概念;参见 TCA 2: 199 - 299;此处参见 256—270 及以下。关于帕森斯的解释,参见"On the Concept of Political Power," in Parsons, *Sociological Theory and Modern Society*, New York: Free Press, 1967, pp.297 - 354.在此,人们应当注意:正如哈贝马斯对系统迫令(imperatives)侵入生活世界的关切所表明的那样,他并没有简单地、无批判性地接受关于金钱和权力系统的这种阐发;关于"殖民化"(colonization)的概念,参见 TCA 2: 232 - 273。但是,他对这种理想(utopias)也持怀疑态度,即建议人们抹杀系统整合在复杂社会中之贡献的理想。

② 关于复杂性,参见 Thomas McCarthy, "Complexity and Democracy: The Seducements of Systems Theory," in MaCarthy, *Ideals and Illusions: On Reconstruction and Deconstruction in Contemporary Critical Theory*, Cambridge, Mass.: MIT Press, 1991, pp.152 - 180;另请参见哈贝马斯在"Reply"中的限定,pp.250 - 263。

现在,我们就可以看到哈贝马斯的现代法律概念具有下列一些基本要素:(1)对现代社会特定特征的一种说明;(2)沟通行动与策略行动之间的一种区分;以及(3)依据那些必须在不同类型的商谈中得到证成的有效性主张,对沟通行动的一种说明。值得注意的是:上述最后一个特征超越了康德的那种最终将法律从属于道德的论述。康德将可普遍化的道德有效性作为具有合法性之法律的模式,而哈贝马斯则主张用一套更为复杂的商谈,作为具有合法性之立法的基础。事实上,这种商谈路径对哈贝马斯关于民主与法治具有内在相关性的主张(argument)而言至关重要。

在下一节将要讨论上述主张之前,我们应当注意的是:在事实性与有效性之间还存在着一种**外在的张力**,具体而言,即宪政—民主法律秩序的要求与社会权力(social power)诸形式实际上扰乱和侵蚀合法立法诸条件的方式之间的一种张力。对哈贝马斯这样具有社会学意识的理论家而言,任何合理的现代法律概念都不能忽视事实与规范这种外在的张力;并且,正是由于不能正确地评价这种张力,才致使许多当代的政治理论具有某种特定的片面性。通过指出一些主要替代性方案失败的原因,哈贝马斯在第二章中为我们提供了他自己的做法。为了结束这一节的讨论,接下来我将简要地指出哈贝马斯位于两种主要替代性方案之间的路径。

(五)在罗尔斯与卢曼之间

许多英美读者已经熟悉了这其中之一的替代性方案,即罗尔斯的正义理论[①]。尽管在很大程度上同意罗尔斯,但哈贝马斯仍然发现:高度规范性的正义理论并不足以正确对待对宪政理想构成挑战的社会事实性问题。毋庸置疑,罗尔斯对重叠共识(overlapping consensus)及其正义观的社会稳定性(social stability of his conception of justice)的关切,的确试图表明:其正义观何以能够在某一特定的**文化**背景中得到

---

① 参见 John Rawls, *A Theory of Justice*, Cambridge, Mass.: MIT Press, 1971 与 *Political Liberalism*。另请参见罗尔斯与哈贝马斯之间的对话:92(3) *Journal of Philosophy* (March 1995), pp.109 – 180。

承认。罗尔斯的理论,合理地诉诸这一事实:在特定政治传统和公平观念被广泛共享的社会中,宪政民主已然蓬勃发展起来。但这种理论仍忽视了这一问题:法律**建制**何以能够在那些由强势利益和复杂的功能性要求所型塑的情境中,实现这些理想?并且,从许多社会学观察者对民主所持有的悲观立场来看,单单诉诸文化理想并不能回应那些由福利主义、官僚化、强势团体利益、冷漠的公民等等所引发的问题。

英语读者可能对另一种主要的替代性方案即尼克拉斯·卢曼(Niklas Luhmann)的系统理论,就没那么熟悉了。事实上,(同哈贝马斯本人一道,)卢曼亦是当今德国最有影响的社会理论家之一;并且,从其著作的英语翻译情况来看,英语受众也并非对他一无所知[①]。尽管如此,我们仍有必要从某种历史背景开始对其理论路径做一个较长篇幅的引介。

在可以追溯于托马斯·霍布斯的社会契约理论(哈贝马斯亦是在"理性"自然法或"现代"自然法的背景下谈到了契约论[②])中,立基于个人权利的社会之法律构成(the legal constitution of society),是按照掌控着资本主义经济的契约关系的合理延伸而呈现出来的。契约和所有权的经济建制,需要我们树立一种作为自由和平等之人的法权人(legal person as free and equal)的观点,进而需要我们树立一种作为平等权利之持有者的法权人的观点。卡尔·马克思对资本主义的批判,推翻了这种规范性直觉。马克思把经济视为一种匿名关系的系统——这种匿名化的关系不是以1789年《人权宣言》所宣布的自由和平等为取向的,而是倾向于一种以人的异化为标志的资本自我再生产。在马克思

[①] 比如说,参见 Niklas Luhmnn, *The Differentiation of Society*, trans. Stephen Holmes and Charles Larmore, New York: Columbia University Press, 1982; *A Sociological Theory of Law*, trans. Elizabeth King and Martin Albrow, ed.Martin Albrow, London: Routledge, 1985; *Essays on Self-Reference*, New York: Columbia University Press, 1990; *Political Theory in the Welfare State*, trans.John Bedarz Jr., Berlin/New York: de Gruyter, 1990;晚近对卢曼路径的一个概述,参见 Niklas Luhmnn, *Ecological Communication*, trans. John Bednarz Jr., Chicago: University of Chicago Press, 1975。

[②] 关于"现代自然法"与社会契约之间的关联,参见 A P.d'Entrèves, *Natural Law: An Historical Survey*, New York: Harper, 1965, chap.3;关于对此种版本的自然法的一个有影响的批判,参见 G. W. F. Hegel, *Natural Law*, trnas. T. M. Knox (Philadelphia: University of Pennsylvania Press, 1975)。

那里,法律(或更一般地说,在法律背后人们有意识地予以接受的规范和理想),不再被视为社会协调中的必要要素;社会分析的焦点,亦转移到了其整合成就在参与者背后发生的、去人格化的经济系统。由于源自政治经济学传统(亚当·斯密,大卫·李加图和约翰·密尔等),这种理论路径要求人们采用一种外在的观察者视角,或者哈贝马斯所谓的关于社会关系问题的"客观化视角"。带着某种怀疑,参与者本身的"施为性视角"(performative perspective)倾向于被认为是一种虚幻;并且,参与者本身甚至可能被弃之为不具相关性。在马克思看来,在我们认识到资本主义整合的系统机制具有某种批判性即革命性力量的意义上,参与者视角(the participant perspective)仍具有理论相关性——即使在其依赖于某种观察者视角时,马克思亦对认真对待资产阶级自由和平等规范的参与者进行了理论分析。然而,当下的系统理论整个地抛弃了这种规范性关涉(normative involvement),而对社会采取一种完全客观化的即技术统治论(technocratic)的路径。由于其严格限定于观察者视角,系统理论采取了一种正好与罗尔斯相对的路径——罗尔斯的理论担当是对宪政性民主进行规范性的自我理解。

广义地看,系统理论具有某种特定的吸引力,这乃是因为其能够使复杂社会组织的诸形式概念化,而这些社会组织形式更多地在匿名化的宏观层次上实现,而不是经由个体化参与者的直接意图而受到影响。我在前文中已简要地描述了这两种组织形式,即市场经济与科层化组织。作为一个"系统",社会(或它的子系统,比如政治系统或经济系统)不是个体信仰和决定的总和,而是由一套功能上相互依赖、其协调化运作维持了整个系统或子系统的要素构成的。选择何种要素、如何理解这些被选择要素的运行,随着系统理论的特定版本的不同而各异,但机械均衡模式(mechanistic equilibrium models)和生物调节模式(biological homeostasis models),为早期的系统理论提供了两种较具影响的隐喻[1]。尽管其极大地受惠于塔尔科特·帕森斯,但卢曼通过

---

[1] 一个有助益的导论,参见 Walter Buckley, *Sociology and Modern Systems Theory*, Englewood Cliffs, NJ: Prentice-Hall, 1967.巴克利(Buckley)也区分出了一种"过程"模式;这种模式避免了与均衡和生物调节相关的静态化意涵。

引入最初用来意指活的有机体的"自创生"(autopoiesis)概念,却使系统理论激进化了[1]。系统在下述意义上是"自创生的":"系统的状态仅仅取决于它自身的运行。环境最终能破坏系统,但其对系统的运行和其结构却均未做出贡献。系统自身的运行使得系统的结构得以凝固并确定下来,而结构调适(structural mediation)反过来又递归性地(recursively)再产生出系统的运行。"[2]这表明:系统是"运行闭合的"。人们不应该将其同那种相对于外部世界的因果独立(causal independence)情形相混淆。比如,如果没有法官、律师、代理人等等的心理学系统的存在,法律系统就不能存在。毋宁说,系统是在下述意义上是运行闭合的:系统内的意义性沟通(meaning communication),仅仅依据系统自身的语言予以确定。因此,只有在其凝固被"翻译成"自身的语言时,系统始能够记录外在于自身的事件。比如,只有当财产的交换被(诸如某种行为或有效的意志这样的)一个适当的法律机制所调适之时,它始能够被法律系统"观察到"。相反,法律诉讼(legal action)(比如,对侵犯财产的行为提起诉讼)只有侵入到货币交易领域时始在经济系统中具有意义。由于系统的语言或"代码和程式"(code and programming)决定着外在事件被观察到的内容和方式,因此,一个系统不仅再生产了其自身,亦再生产了其环境。相反,就我们对作为一个整体的社会的认识而言,不存在任何中心化的、支配一切的视角,而只存在与不同子系统相对应的多种视角。用卢曼的系统路径来讲,社会是"多中心化的"(polycentric)。

但是,如果我们考察法律的系统语言的结构,我们就可以看到:这种闭合性是与那种"认知的开放性"相兼容的。程式和代码是系统据以解决其基本问题的手段,即在具有复杂性和偶然性的环境中据以具有

---

[1] Humberto R. Maturana 和他人为自组织或"自创生"理论贡献了原生性观念;参见 Milan Zeleny ed., *Autopoiesis: A Theory of Living Organization*, New York: North Holland, 1981. 在法律中运用,参见 Gunther Teubner ed., *Autopoietic Law: A New Approach to Law and Society*, Berlin: de Gruyter, 1988.

[2] Niklas Luhmann, "Operational Closure and Structural Coupling: The Difference of the Legal System" 13 (1992) *Cardozo Law Review*, pp.1419 - 1441; 此处引证在 p.1424.

选择可能性的手段①。凭借合法 vs. 非法这一二元代码(非法是指广义上的,其包括了"不具有法律上的约束力"这一意义),法律选择特定行为还是忽视这一行为,在法律共同体中是可预期的。因此,行动者能够做出这样的预期:其他人将期待他们在 X 类型的情势下做行动 A,或在 Y 类型的情势下不会做出行动 B,等等②。为了防止这些预期落空,法律对违反这些预期的行为会做出制裁。因此,规范性的预期具有这样的特性:预期的落空不会导致"学习"过程的产生,即在认知预期落空的情形下(比如,关于自然界如何运行的预期),人们无须调整自己的预期。毋宁说,人们惩罚违反者的目的,是为了强化初始的预期。"学习"或法律中的发展是依据法律的"程式"而发生的,而这种程式允许法律系统通过发展出新的"程序"(programs)(即通过创设新的规范)来适应新的情势。这样,法律对其环境就是"认知开放的"。

但是,由于环境是系统本身一种内在构造(construct),认知开放性并没有破坏社会子系统在运行上的自我闭合。因而,对自创生的诉诸,迫使系统理论家们寻找系统间影响(intersystemic effect)的解释方式③。这一问题亦出现在贡塔·托依布纳(Gunther Teubner)对系统理论的修正中;而在哈贝马斯看来,托依布纳的这种修正,要么是经验上是站不住脚的,要么恰恰默会地预设了系统理论必须排除的那种沟通行动。哈贝马斯争辩说:如果理论不对那种支配着语言之日常使用

---

① 一个更进一步的说明,参见 Luhmann, *Sociological Theory of Law*. 值得注意的是:该书使卢曼转向了自创生理论,但他仍然采用了运行闭合和认知开放的区分;比如说,参见 "Operative Closure," p. 1427;另见 "Author's Preface to the Second Edition", in *Sociological Theory of Law*, pp. xii-xiii.

② 更具体地说,卢曼指出:法律从三个维度来稳定人们的行为预期——在时间上,使它们历经时间的流逝仍能恒定不变;在社会上,所有团体成员保有同样的预期;在实体上,使法律规范包含着抽象的含义;参见 *Sociological Theory of Law*, pp. 41–82.

③ 这是卢曼"结构耦合"(structural coupling)概念的要点。自创生为规制法(regulatory law)的系统分析带来的难题为——比如——托依布纳所讨论(*Law as an Autopoietic System*, trans. Ann Bankowska and Ruth Adler, ed. Zenon Bankowski, Oxford: Blackwell, 1993, chap.5)。关于哈贝马斯早期对系统理论的批判,参见其 *On the Logic of the Social Science*, trans. Shierry Weber Nicholsen and Jerry A. Stark, Cambridge, Mass.: MIT Press, 1988, chap. 5 及 *Legitimation Crisis*, trans. Thomas MacCarthy, Boston: Beacon, 1975, chap.1.

的参与者视角开放,这些问题就不能得到解决。正因从沟通行动中所采取的参与者视角出发,并经由日常语言所提供的灵活性的作用,法律"沟通"始能在功能化的子系统和生活世界之间做出协调。

从罗尔斯和卢曼那里,哈贝马斯得到了这样的教训:对现代法的某种解释,如果想在社会学上避免空洞,在规范性上远离盲目,那么,它必须采取一种双重视角。法律理论家既不能忽视参与者自己对其法律系统的规范性理解,亦不能忽视那些易被社会学观察者所理解的外在机制和过程。对这种双重性视角的需要,解释了为什么哈贝马斯要继续尊重诸如韦伯和帕森斯这样尝试在其分析中调和内在视角和外在视角的思想家。当然,这两个思想家都未能一贯地坚持这两种视角。但是,他们的失败至少是具有启发意义的;并且,事实上,这些失败亦构成了哈贝马斯自己的分析具有复杂性和视角多元等特征的理由。更确切地说:为了恰当对待法律的两重性,哈贝马斯认为,要从规范性视角和经验性视角来理解法律——法律作为"知识系统"(或一套公共性规范)的一面和作为"行动系统"(或一套制度)的一面,都是深嵌入到某种社会情境中的。从第三章到第六章,哈贝马斯讨论的是宪政民主的规范性自我理解;而在第七章和第八章,他则讨论了与经验社会学相关联的论争:民主的规范性模式,是怎样同民主的经验性探究相关联的?民主的规范性模式,何以必须被置于同社会权力过程相关的事物中予以考量?接下来的第九章为理解法治与民主提供一个新的范式,并借此结束了整个探索。

二

由于在第一章中已经阐明了现代法律的基本要素,在第二章中已经指出了各种理论缺陷,在第三章和第四章中,哈贝马斯准备重建对现代法治的规范性理解。在对作为权利体系的现代法律进行分析时,第三章为该书的中心论题提供了基础:法治或宪政国家与审议民主具有内在相关性[1]。

---

[1] 关于对本书中心论点的一个总结,参见本书附录;在此,也可参阅其"On the Internal Relation between the Rule of Law and Democracy," 3 (1995) *European Journal of Philosophy*, pp.12 – 20。

由于政治理论和法律理论中一些最重要的争论,都源于在法治与宪政这两个概念之间徘徊,因此,表明它们何以具有内在关联性则预示着:哈贝马斯要为我们展现一种相当可观的理论推进。为了探究哈贝马斯所做的推进工作,把他的论题放在两种对立的观点中是有助益的——尽管这两种观点对陈述的目的来说稍显程式化了。

这两种对立的立场中,一边是经典"自由主义"的观点。这种路径导源于像约翰·洛克这样的思想家,它强调法治的非人格化特征,以及对个人自由的保护;民主过程要受到个人权利的限制,并为其服务,而这些个人权利则保障了个体追求自己目标和幸福的自由①。另一边则是"公民共和主义";其导源于柏拉图和亚里士多德,并为后来的——除了他人之外——让-雅克·卢梭加以重塑。这种路径首先强调的,是作为集体审议的民主过程——这一民主过程(至少理想化地)引导公民就共同善的问题达成一致。依据这种观点,人之自由的完美状态(summit)不是在追求私性偏好中达致,而是经由政治参与在自治中获得②。因此,共和主义的观点倾向于将法律和政策的合法性建基于"人民主权"概念之上,而自由主义的观点则倾向于同个人自由(常常具体表现为人权)的保护相联系,来限定具有合法性的政府。

如果人们回忆一下前文第一节中所提到的现代法律的特征,这种分裂并不足为怪。现代法律规范仅仅要求外在的服从,而不过问个人

---

① 一个简短的导言,参见 John Gray, Liberalism, Minneapolis: University of Minnesota Press,1986;对 20 世纪自由主义的经典阐述,参见 F. A. Hayek, *The Constitution of Liberty*, Chicago: University of Chicago Press, 1960;对不同路径的"法治"概念的一个概述,参见 Geoffrey de Q. Waker, *The Rule of Law: Foundation of Constitutional Democracy*, Carlton: Melbourne University Press, 1988, chap.1;关于自由主义法治观的有影响表述,参见 F. A. Hayek, *The Road to Serfdom*, Chicago: University of Chicago Press, 1944, chap.6;另见 Joseph Raz, "The Rule of Law and Its Virtue," in Raz, *The Authority of Law*, Oxford: Clarendon, 1979, pp.210-229.
② Frank I. Michelman, "The Supreme Court 1985 Term-Foreword: Traces of Self-Governmentary," 100 (1986) *Harvard Law Review*, pp.4-77;另见其"Political Truth and the Rule of Law," 8(1988) *Tel Aviv University Studies in Law*, pp.281-291;以及 Sunstein, "Interest Groups."

的动机；但它们同时也应当具有某种合理的基础——这种基础使人们有可能认为其具有合法性，并因之值得接受。对这种合法性的要求是尖锐的，因为法律规范须以实证的方式予以制颁而无须诉诸更高级的证成渊源，比如共享的宗教世界观。由于法律的这种两重性，只有当其同时保证了如下两个方面时，强制性法律始能够被认为具有合法性：一方面，由于其勘定了私人个体可以在随其所愿地践习其自由选择之领域的界限，法律须保证个体追逐其个人成功和幸福的**私人自主**；另一方面，由于被制颁的法律须是理性的个体总是能够合理地同意受其约束的法律，具有合法性的法律还须保证那些服从法律之人的**公共自主**，以至于法律秩序可以被认为似乎来源自公民理性的自我立法。自由主义和共和主义这两种被广泛理解的路径，倾向于将上述两种自主的一种或另一种作为合法性基础。

在主张私人自主与公共自主的"内在联系"时，哈贝马斯想恰当地对待两者——也就是说，他想提供一种这样关于合法之法的解释：人权和人民主权在其中均起着独特的即不可化约的作用。在讨论哈贝马斯的这种解释之前，我们注意到他想要避免的这两个局限性是有助益的：人们须谨慎地将法律的合法性置于到恰当的层面上，既不能使法律从属于道德，亦不能将其同某个共同体所共享的、关于善生活之价值观和传统的确信相混同。这并不是要否认对实质性价值的道德考量和"伦理"反思与法律具有相关性——法律以某种类似于道德规范的方式来调整人际关系，但法律仅仅是在某个拥有特定历史的特定共同体内才这么做（尽管极可能该共同体至少在对共同善的某种共享理解上，亦已多元化了）。再者，正义问题与政策、集体目标的确定问题，构成了法律和政治的重要部分。因此，通过诉诸一种或另一种类型的商谈，并较多地强调私人自主或公共自主对合法性进行解释，则就不足为奇了。

在包括康德在内的现代自然法理论中，哈贝马斯看到了一种普遍趋势：用过于道德化方式将基本自由仅仅理解为相互尊重的法律表现，即人们应当互相表明是道德上自主的施动者（agent）。与之形成对照的，是卢梭式的公民共和主义的解释——通过强调共享传统、公民美德和在共同善的一致的重要性，这种解释冒着将审议民主化约为到伦理商谈(即某个特定共同体为了在某个给定的社会情势下确定何种做法为善而反思其基本价值和传统的商谈)的风险。但是,在复杂且多元化的社会中,道德上的尊重与伦理上的反思,都不能单独解释法律的合法性问题。

为了处理这些问题,哈贝马斯将其合法性解释聚焦在可以处于不同层面的商谈原则"D"上,而不是集中于道德商谈和伦理商谈之间的区别上。作为一个规范之公正辩护或证成的一般性原则,"D"原则亦构成了道德和法律的基础:"只有所有受到影响的人能够在合理的商谈中作为参与者同意的规范,始具有有效性。"[①]通过将法律的合法性确定在这个在概念上优先于法律与道德之区别的商谈原则上,哈贝马斯希望避免对法律做唯道德化的解释,进而在人权形式中主张私人自主。同时,商谈原则指向了一种消解自由主义—共和主义之争的合法化模式。具有合法性的法律,须能够通过某种商谈性的检验,而这种商谈性检验潜在地包括了所有不同类型的商谈。其不仅包括道德商谈性和伦理性商谈,亦包括那种对达致给定目标的不同策略进行评估的"实用性"商谈;此外,在争议涉及不能达成共识的特定冲突性利益和价值时,一个具有合法性的、关于这一问题法律调整,必定还涉及公平的妥协。

由于恰当处理了上述框架,哈贝马斯能够争辩说:私人自主与公共自主之间的内在关系,要求一套抽象的权利,即:如果公民们想要同具有合法性的法律一道来调整其生活,他们须认可的一套抽象权利。这一"权利体系",是每个特定的民主政体都须恰当且明确地说明的权利体系,其为法律与政治中的制度化民主商谈过程,描绘了一些一般性的必要条件。总之,这些权利可以归入五大类。前三种,是同成员资格权利和正当程序权利相并列的消极自由;它们保证了个体的选择自由,并因之保证了私人自主。第四种权利,即政治参与权,保证了公共自主。哈贝马斯争辩说:每一种类的权利都是不可或缺的,亦不能简单

[①] *Between Facts and Norms*, p.107;哈贝马斯对"D"原则的解释修正了其早期的观点;他早期将"D"原则仅仅等同为一项道德原则;参见其"Discourse Ethics: Notes on a Program of Philosophical Justification," in *Moral Consciousness and Communicative Action*, pp.43–115, esp. pp.66, 93。

地将一种权利化约为另一种权利——如果没有前三种权利,就没有私人自主(因而,也不存在任何自由、平等的法律主体);而如果没有第四种权利,保证私人自主的法律与权利就只能是家长主义的强加,而不是自治的表现。这即是说,政治参与权能够使公民自己型塑,并进一步限定他们作为私人自主而享有的权利,进而成为"他们作为承受者(addresses)所服从之法律的创制者(author)"。最后,第五种权利是社会福利权;在公民权利和政治权利的有效践习依赖于特定社会条件和物质条件(比如,公民能够满足他们自己的基本物质需要)的意义上,这种权利是必要的。

正如我们目前所理解的,权利体系调整的只是平等公民之间的互动;仅仅在第四章中,哈贝马斯才引入了国家权威(state authority)的作用——国家权威制定政策的权力(police power)对实施和稳定权利体系是必要的。这就为我们引入了商谈制度化中的一个更进一步的步骤;有了这个步骤,我们就可以看到一个更深刻维度的、内在于法治中的事实性与有效性之间的张力——即国家权力与具有合法性的法律之间的张力。要理解这一张力,人们须同时看到下述这两个方面。一方面,法律与政治权力相互之间都满足了特定的系统功能性要求:法律授权某些权力的使用,并禁止其他权力的运行,还首先提供了界定各种政府权力和权限的程序和形式;而同时政府权力亦提供了制裁威胁,并借此使得法律具有社会有效性。另一方面,国家在各种不同的职位和活动中所运用的法律本身,须能够经由公民及其代表所参与的更广泛商谈而获得合法性。因此,与卢曼不同的是,对科层化权力和法律程序的功能主义分析不能依靠自身来维系,而须将其维系于对公共理性(public reason)的解释上。在哈贝马斯看来,这后一种解释,最终指向了公共领域中"意见形成和意志形成"(opinion-and will-formation)这一民主过程。作为一种意见形成和意志形成过程,公共商谈不仅仅是一种认知性的练习(a cognitive excise),而且亦能使那些依赖于公民利益、价值和认同的理由与论据动员起来。因此,政治商谈为公民带来了其实际上的动机与意志源泉。进而,它产生了对——那种代表着政治"意志"之最终制度化表达的——正式决策和行动具有真正影响的"沟通权力"(communicative power)。

接着,在其对法律的进一步分析中,哈贝马斯关切的是:怎样将民主的非正式的商谈性源泉与——复杂社会中法律规则之有效所需要的——正式的决策制度联系起来。宪政国家代表着一套决定性的法律制度和法律机制的存在,而这套制度和机制又掌控着如何将公民的沟通权力,转化为具有实效和合法性的行政活动:法律"表征的是……将沟通权力转变为行政权力的媒介。"[1]正是从这一视角出发,人们须说明宪政国家的各种原则、任务和制度——比如,权力的分立,多数决规则和对行政管理的法律控制等等。

三

在该书的其他部分,哈贝马斯试图在与那些——对理解特定法律系统的实施运行具有相关性的——更具体、更具经验性的理论考量的对抗中,来验证其对法律的抽象解释。因此,在第三章和第四章勾勒出一种法哲学(a philosophy of law)后,他在第五章和第六章转向了严格意义上的法理学(jurisprudence proper)或法律理论(legal theory)。法理学和宪法学学者们应当对这些章节具有特殊的兴趣。在这些章节中,哈贝马斯在同那些在两个特定法律系统具有(或一直具有)影响力的特定法律理论(即美国和德国的法律理论)的对抗中,验证了其前两章的哲学分析。其论证呈现的是指向法律实践的更进一步步骤,因为其现在讨论的是两个既存法律秩序的自我理解。事实性与有效性间之内在张力的更深刻维度,一再地组织着现在聚焦于司法决策和最高法院(在德国,是联邦宪法法院)之作用的这些论述。在第五章中,他主要关切的,是下述两者之间的法理张力,即:一方面,人们对司法裁决符合既存制定法和先例的要求;另一方面,人们又要求这些裁决依据道德标准、社会福利等等具有正当性或正义性。正如像罗斯科·庞德这样的理论家对"机械法理学"(mechanical jurisprudence)的早期批判所显示的,这种张力一直遗留在美国法理学中,并在哈特具有影响力的著作

---

[1] *Between Facts and Norms*, p.169.

《法律的概念》一书中得到界定①。在阐发他自己关于此问题的立场时，哈贝马斯不仅考察了法律现实主义、法律阐释学(legal hermeneutics)和实证主义的观点，还把相当多的注意力放在了罗纳德·德沃金的司法决策理论(theory of judicial decision-making)上。

第六章讨论的，是有关权力分立和宪法法院之作用的问题。具体来说，哈贝马斯考察了福利国家中立法机关和司法机关之间的显见竞争；亦考察了德国高级法院(倾向于消解集体利益与宪法权利之间区别)的"价值法学"(value jurisprudence)；他还论述了美国关于违宪审查(constitutional review)之本质的争论。在讨论关于违宪审查之本质的争论时，哈贝马斯论述了约翰·哈特·伊利(John Hart Ely)的程序主义(proceduralism)、弗兰克·米歇尔曼(Frank Michelman)和卡斯·森斯坦(Cass Sunstein)的公民共和主义主张，以及布鲁斯·埃克曼(Bruce Ackerman)关于"常态政治"(normal politics)与"高级"宪法制定之间的区别②。在哈贝马斯于第五章和第六章对这些问题的论述中，一种新的、对法与民主的程序主义理解的各种特征开始显现出来。除了其他之外，这些特征是：司法中法律论辩(legal argumentation)的主体间性即对话性特征；与其他价值相对的、基本权利之解释的义务论(deontological)特征；在保障立法决策(legislative decision-making)的商谈性品质时，对最高法院作用的一种非家长主义(nonpaterbalistic)

---

① 参见 Roscoe Pound, "The Need of a Sociological Jurisprudence," 19 (1907) *The Green Bag*, pp.607–615.及其 "Mechanical Jurisprudence," 8 (1908) *Columbia Law Review*, pp.605–610.在庞德之后、哈特之前，这个问题在法律现实主义运动中得到相当多的关注；一个历史性的概述，参见 William Twining, *Karl Llewellyn and Realist Movement*, London: Weidenfeld and Nicoson, 1973.自哈特以降，该问题成为涉及批判法律研究运动(Critical Legal Studies movement)之争论的焦点；参见 Andrew Altman, *Critical Legal Studies: A Liberal Critique*, Priceton: Priceton University Press, 1990。

② Michelman, "Law's Republic," *Yale Law Journal* 97 (1988): 1493–1537；另见 Michelman, "Law's Republic," 97(1988)*Yale Law Journal*, pp.1493–1537; Cass R. Sunstein, "Interest Groups in American Public Law," *Stanford Law Review* 38 (1985): 29–87; R.Sunstein, *After the Rights Revolution*, Cambridge: Harvard University Press, 1990; John Hart Ely, *Democracy and Distrust: A Theory of Judicial Review*, Cambridge, Mass.: Harvard University Press, 1980; 以及 Bruce Ackerman, *We the People*, vol.1,Cambridge, Mass.: Harvard University Press, 1991.

理解。最后的结果,是达致了一种程序主义观,而这种程序主义观既吸收了前文提到的理论家的洞见,亦对其予以批判并试图超越他们。

在更充分地阐述这种程序主义法律观之前,哈贝马斯在接下来的两章中转移了视角。从特征上看,哈贝马斯对法与民主的解释,一直具有规范性特征。但是,只有在其能够经受社会权力和整个社会的复杂性(societal complexity)所提出的挑战之时,这种解释在经验上才是合理的。因此,在第三到第六章论述完内在于宪政民主中的事实性与有效性之间的张力后,哈贝马斯在第七章和第八章便论述了同社会事实与法律之间的张力有关的问题。其中心问题是:基于对社会权力和复杂性所进行的那种颇让人沮丧的经验性研究,人们是否还能够有意义地谈及宪政民主?法与政治的社会学理论,将其注意力放在了各种社会利益和强势组织试图据以为了策略性目的而使得政治过程工具化的各种方式上;或者,它们指出:当代社会功能性的复杂性何以不再允许直接的民主控制,而毋宁需要那种由专家知识所导引的间接行政措施。在上述两种情形下,一个自组织(self-organizing)社会将法律和政治作为某种无所不包的社会整合之场域的规范性理想,只能是不可企及的奢望。

正如我们从第二章中可以期待的,哈贝马斯的回应是采取一种双重视角。具体来说,其新的"程序主义的民主观"承认:宪政国家服从于社会强力(social forces),对社会学观察者而言是最明显的;同时,其坚持认为:公民自己作为从事商谈的参与者所接受的审议民主理想,具有经验上的相关性。这种双重视角因而可以使人们发现片面的经验主义观念之不足。此外,它亦为我们提供了一种可据以对那种民主参与的过于狭隘解释(比如,正如在理性选择理论中那样)予以批判的立场。

哈贝马斯的程序主义观,亦是基于对两种可以(再一次)被程式化为"自由主义"和"公民共和主义"的对立观念的拒斥。在这种语境下,重要的问题是:人们应当如何理解政治行动中国家和社会的作用。一方面,政治须涉及功能多于自由主义极简政府(minimal government)的政府——政治首先是国家依靠法治来保护市场经济,以使其不受障碍地发展;另一方面,其集体行动还须少于一个同质性政治社会(即古典共和主义所预想的共同体)的集体行动。自由主义观点忽视了民主建制公共性,即审议性的一面,而共和主义则暗含了一种过于统一化的、内在于作为显见主体的公民之中的"大众意志"(popular will)。在程序主义观看来,作为被授予决策权力的一个政治系统,只有政府可以"行动"(act)。但是,只有当宪政国家中的正式决策程序具有审议性特征之时,政府的行动才具有合法性;而在复杂社会条件下,正是这种审议性特征保障了合法性在全部公众中的民主渊源。

在第七章中,为了以宽泛的方式勾勒出应对全社会性复杂性(societal complexity)的程序主义路径的特征,哈贝马斯既吸收了社会学民主理论的优点,又对其进行了批判。接着,在第八章中,哈贝马斯继续考察了社会权力和系统复杂性所带来的挑战。那些试图单单依据合理的自我利益或功能性系统来解释民主政治的失败尝试表明:经验上可行的民主理论,并不能扼杀合法性的沟通渊源。因此,哈贝马斯程序主义解释须表明:尽管作为众多功能性系统之一种,但政治系统何以仍然能够被确定在较广泛的、遍布整个社会的(具有民主化即合法化品质的)沟通过程之中。

更确切地说,在这种关于民主法律创制的"双轨"(two-track)观中,正式制度化的审议和决定必须对非正式的公共领域开放。这意味着:政治系统(特别是行政)不必成为一种仅仅根据其自身的效率标准、不过问公民的关切而运行的**独立**系统;亦不必对那些可以经由越过民主过程的非官方影响路径而接近行政权力的特定利益过于迎奉。相反,公共领域不必"为权力所破坏"——无论是大型组织的权力,还是大众传媒的权力。哈贝马斯的双轨模式,将民主的那种重要的规范性责任置于那些公民可以有效地表达其关切的公共论坛、非正式协会和社会运动之中。第八章对公共论坛可以实现其民主功能的各种条件进行了分析。这些条件包括:将公共领域同公民首先构想并识别出社会论争的、健全的市民社会连接起来的沟通渠道;范围广泛的非正式协会;负责任的大众传媒;以及使得较广泛的社会关切可以获得政治系统正式考量的议程设置通道。

在最后一章中,哈贝马斯以其对前面章节所预示的那种程序主义范式的更丰富解释强化了其理论。其论证也因此转向了更深刻的层面,即转向了"法与民主的竞争性范式"层面。在此,"范式"涉及的是关于社会的基本假设,而这些假设显示了其实现宪政—民主理想的努力。正是因为这种努力必须想尽办法解决真实社会情境问题,它们预设了在历史上具有特定性的社会事实性的某种观念——尽管只是一种默示的观念。不仅是法官、律师和立法者,而且公民们一般都倾向于分享着关于下述问题的广泛背景性假设:关于其社会、社会的挑战与机遇,以及法律应当对此做出怎样的回应等问题。接着,在第九章中,哈贝马斯赞同程序主义范式相对于(其对立已经使当下许多讨论陷于僵局的)两个被流传下来的范式的优先性。在19世纪占支配地位的、"资产阶级形式法"的自由主义范式,将下述内容置于优先地位:极简政府旗号下的个体自由、法律面前的形式平等和法律确定性。但同时,社会不平等和那些同复杂性、未受到限制的资本主义相联系的其他问题,已经激发人们试图将法律作为实现社会功利(social utility)之实质目标的工具(特别是在20世纪)。在这些尝试的背后,人们可以识别出一种"实质法"的社会福利范式——给予这样的称谓,实是因为其强调实现实质性的社会目标和价值[比如,福利规定、社会保障和商业规制(regulation of commerce),等等]。由这种范式所引发的那些问题[比如,未受制衡的行政自由裁量权(discretion)和侵犯性的福利官僚作风(intrusive welfare bureaucracies)],亦与目前的问题颇为类似[1]。

女性为了平等而进行的斗争,很好地说明了这些典范性的(paradigmatic)问题。对投票权平等的呼吁、对受教育平等的要求等等,依赖于自由主义范式所强调的形式平等观。与之形成对照的是,为使特定利益授予妇女所进行的努力,比如,产假规定、对育儿妇女给予特殊救助、儿童保育服务等等类似情形,则体现了社会福利范式的要

---

[1] 在美国法学理学传统中,人们可以在对"社会学法理学"的呼吁中发现同欧洲"实质法"相类似的主张;参见 Roscoe Pound, "The Need of a Sociological Jurisprudence," 19 (1907) *The Green Bag*, pp.607 – 615.及其"Mechanical Jurisprudence," 8 (1908)*Columbia Law Review*, pp.605 – 610.反对福利国家的经典自由主义论说,是哈耶克的《通往奴役之路》(*Road to Serfdom*);对此的一个回应,参见 Harry W. Jones, "The Rule of Law and Welfare State,"in *Essays on Jurisprudence from the Columbia Law Review*, New York: Columbia University Press, 1963, pp.403 – 413.

求。正如女性主义批评家们已经指出的,仅仅依据形式法律平等所进行的某种关切,忽视了由偶然性社会条件和性别差异导致的实际不平等,而政府救助项目不仅常常不恰当地界定了这种差异,还滋长了福利依赖和过于具有侵犯性的官僚作风。在程序主义路径看来,对这些问题的合法调整,需要女性本身参与到公共讨论中去——而正是这种公共讨论确定着何种性别差异与平等的定义具有相关性。这样,程序主义范式就使平等权观念充满了活力。

哈贝马斯的程序主义路径亦表明:其对其他问题的解决也是有助益的,比如,对工作场所和劳工政策的规制。但是,我们从中得出的一般性的教训是这样的:程序主义范式使人们看到了第三章首先提出的、私人自主与公共自主之间(进而,平等个体自由与政治自我决定之间)内在关系的更深刻意蕴。人们可以借此获得一种关于平等对待这一棘手概念的更好办法。此外,人们还可以发现行政机关在不侵蚀宪政民主的条件下,满足复杂性和社会福利需要的办法。在此,哈贝马斯超越了其早期对福利国家的批判,[1]并认为程序主义的路径需要我们提供一种新的、考量权力分立的方式——即,比如说,需要一种更为民主的参与性行政形式。

《在事实与规范之间》一书的论证悠长而又复杂。而且,哲学性的元素洒落在每一个非常抽象的层面上[2]。然而,正是这些特征,构成了本书对社会批判理论有助益的方面。也就是说,哈贝马斯分析之复杂、

---

[1] 其早期的批判更多地依赖于生活世界这一概念,并将其作为对抗官僚性侵犯或"殖民化"的资源;参见 TCA, vol. 2, chap. 8;关于这一点,还可以比较 Dryzek, *Discursive Democracy*, p.20; Amy Bartholomew, "Democratic Citizenship, Social Rights and the 'Reflexive Contiunation' of the Welfare State," 42 (1993) *Studies in Political Economy*, pp.141 – 156。

[2] 哈贝马斯对某次关于本书的讨论会参与者的长篇回应,进一步阐释了其中心论点和假设;参见 *Cardozo Law Review* 17 (1995).关于本书的更简略概述,参见——比如——David M. Rasmussen, "How Is Valid Law Possible?" 20 (1994) *Philosophy and Social Criticism*, pp.21 – 44; Kenneth Baynes, "Democracy and the *Rechtsstaat*: Habermas's *Faktizität und Geltung*," in Stephen K. White ed., *The Cambridge Companion to Habermas*, Cambridge: Cambridge Unibersity Press, 1995, pp.201 – 232;以及 James Bohman, "Complexity, Pluralism, and the Constitutional State: On Habermas's *Faktizität und Geltung*," 28 (1994) *Law and Society Review*, pp.894 – 930。

分析范围之广、分析之精致[其将各种理论路径(规范性的和经验性的)予以吸收,并将其洞见加以综合的努力],使得本书为我们进行社会批判和反思当下宪政民主所面临的问题,提供了一种丰富而又富有启发性的资源。在政治话语(discourse)倾向于为过于简单化的假设所颠覆,并为竞争性的诸意识形态所分裂的时代,《在事实与规范之间》一书一方面为我们提供了一种对那些过于简单化的二元对立的批判,另一方面亦为我们提供了一种新鲜的理论视角。因此,它有可能推进我们对民主的理解,并借此提升公民商谈和政治决策之品质。

附录四

商谈与民主：
《在事实与规范之间》中合法性的
正式与非正式基础*

[美]威廉·雷格、詹姆斯·博曼**
孙国东 译

尤根·哈贝马斯的《在事实与规范之间》一书，是一部复杂且多面相的论著。在该书中，哈贝马斯不仅为我们提供了一种法哲学，而且亦展示了一种针对复杂社会的审议政治理论。按照审议政治拥护者的理解，只有其遵循了某种公共讨论和辩论——在这种讨论和辩论中，公民或其代表者超越其自我利益和被限定的观点而考虑着公共利益或公共善——时，政治决策始具有合法性[①]。然而，哈贝马斯怀疑这种卢梭式

---

* 作者想要对 R. Randall Rainey、Larry May、William O'Neill、Timothy Clancy、Mark Burke 和 Thomas McCarthy 对本文较早版本的评论表示感谢。

  本文首发于邓正来主编：《西方法哲学研究》，中国政法大学出版社 2013 年版，第 33—66 页。本文原载 *Journal of Political Philosophy* 4 (1996)：pp. 79 - 99. 录于 *Discourse and Democracy: Essays on Habermas's Between Facts and Norms*, eds. René von Schomberg and Kenneth Baynes, State University of New York Press, 2002, pp. 29 - 60. 译者要特别感谢威廉姆·雷格和詹姆斯·博曼授权移译此文并在移译中的释疑解惑——译者注。

** 威廉·雷格(William Rehg)，美国圣路易斯大学哲学系教授，哈贝马斯《在事实与规范之间》一书英译者，主要研究领域为：社会—政治哲学、当代德国哲学，以及论证理论和审议民主理论。詹姆斯·博曼(James Bohman)，美国圣路易斯大学哲学系教授，审议民主理论的主要理论家之一，主要研究领域为：社会—政治哲学。

① 比如，参见 Joshua Cohen, "Deliberation and Democratic Legitimacy," in *The Good Polity*, eds. A Hamlin and P. Pettit (New York: Oxford University, 1989), pp. 17 - 34; James S. Fishkin, *Democracy and Deliberation: New Directions for Democratic Reform* (New Haven, 1991); John S. Dryzek, *Discursive Democracy: Politics, Policy,*（转下页）

"公民共和主义"的民主理论的变种。审议民主的这些解释表明:政治决定表达了一个同质性政治共同体或"公意"(general will)的实质性价值与传统①。在当代多元化的民主中,这些主旨并不易于接受;而且在某些情形下,实现这些主旨的尝试完全是灾难性的,并会败坏激进民主理想的名声②。因此,哈贝马斯的挑战就在于,他要表明:在复杂且多元的社会中,激进民主的核心理念——具有合法性的法律是由服从于这些法律的公民创造的——何以能够仍然可信?

"无主体沟通"(subjectless communication)这一反直觉的概念,是哈贝马斯试图在不诉诸统一的人民意志的条件下,维护一种对理想化的民主审议之阐释的关键所在。在本文中,我们的目的是:将审议概念进一步解释并阐发为维护激进民主之核心理念的一种方式。首先,通过详细阐述商谈理论(the theory of discourse)(这一理论为哈贝马

(接上页)*and Political Science* (Cambridge: Cambridge University Press, 1990);关于审议与代表的关系,参见 Cass R. Sunstein, "Interest Groups in American Public Law," *Stanford Law Review* 38 (1985): 29 - 87;关于对议会中之审议的一个细密研究,参见 Joseph M. Bessette, *The Mild Voice of Reason: Deliberative Democracy and American National Government* (Chicago: University of Chicago Press, 1994).关于对复杂且多元社会中审议民主的解释,参见 James Bohman, *Public Deliberation* (Cambridge: Massachusetts Iinstitute of Technology Press, 1996)。

① 卢梭在其《社会契约论》(*Contrat Social*)中对"公意"的说明有时被我们用此种方式加以解释。关于哈贝马斯的批评,参见 *BFN*, 100 - 104.关于哈贝马斯早期对卢梭的批评,参见 Haberms, "Legitimation Problem of the Modern State," in *Communication and the Evolutions of Society* (Boston: Beacon, 1979), p.186.关于共和主义及其影响的历史概览,参见 Frank Michelman, "The Supreme Court 1985 Team-Forward: Traces of Self-Government," *Harvard Law Review* 100 (1986): 4 - 77 和 "Political Truth and the Rule of Law," *Tel Aviv University Studies in Law* 8(1988): 281 - 291.哈贝马斯把本杰明·巴伯(Benjamin R. Barber)、米歇尔曼(Michelman)、迈克尔·桑德尔(Michael Sandel)和查尔斯·泰勒(Charles Taylor)都包括进"公民共和主义",而大多数社群主义者(communitarians)亦可以包括在内。

② 在晚近的事例中,较为典型的是南斯拉夫;在那里,新建立的国家已经以种族为依据界定了公共善,并基于种族性(ethnicity)而制颁了宪法。当然,许多公民共和主义的论者并不要求同质性达到如此压制性的程度;比如说米歇尔曼(Michelman)在《法律的共和》["Law's Republic,"*Yale Law Journal* 97 (1988): 1493 - 1537]中,努力形成一种多元性即包容性的公民共和主义;也可以比较 Taylor, "The Politics of Recognition," in Multiculturalism, ed. Amry Gutman (Princeton: Princeton University, 1994), pp.25 - 73。

斯提供了一种较之公民共和主义更为复杂的对审议的解释),我们拟对上述问题进行情境化的讨论。这样,人们就可以将"无主体沟通"这一概念理解为:在民主审议和决策过程中,其引入了社会复杂性的更深层次维度。然后,我们将争辩说:哈贝马斯对这种模式的强烈认知性解释(epistemic interpretation),在处理当代价值多元主义之时带来了困难;这些困难激发了一种较弱的审议民主的认识论观念,而这一观念为不断出现的分歧与妥协提供了更大空间。较之于哈贝马斯自己为现代社会"不可避免的复杂性"提供的那种强烈的共识性理想策略,修正这些民主的认识论理想本身,似乎更为合理一些。在结论部分,我们将论述一种较弱版本的民主原则,并表明其对当下情势之经验分析的益处。我们认为:这种较弱版本的民主的一致理想(democratic ideal of agreement)仍一以贯之地属于认知主义(cognitivist)路向;同时,我们将为批评现实中民主安排的失败,以促进公共审议这一学术努力提供一种更好的工具。

一

作为对审议式民主的一种解释,哈贝马斯的《在事实与规范之间》一书,在面对功能分化即多元化社会的内在复杂性之时,试图为合法性提供一种强烈的规范性解释[①]。在其意欲超越集体决策之合理性(rationality)的功利主义解释及其政治工具观的意义上,民主合法性的审议模式具有强烈的规范性色彩。比如,社会选择理论(social choice theories)典型地将合理的公共选择(rational public choices)理解为个体偏好的聚合;困扰这一路径的那些悖论——特别是当其运用于大范

[①] 哈贝马斯批判性地袭取了尼克拉斯·卢曼(Niklas Luhman)的社会复杂性观念。对民主同功能分化的特殊问题和复杂性之关系的一个清晰陈述,参见 Danillo Zolo, *Democracy and Complexity* (University Park: Pennsylvania State University Press, 1992),特别是第三章;关于对哈贝马斯现代社会"不可避免的复杂性"之主张的批评,参见 Bohman, *Public Deliberation*, 第四章。关于对那种位于民主怀疑论背后的宏观社会学(macrosociology)的批评,参见 Bohman, *New Philosophy of Social Science: Problems of Indeterminacy*(Cambridge: Massachusetts Institute of Technology Press, 1991),第四章。

围选举之时——是人所共知的①。依据审议政治观,公民(及其代表者)在先于决定的公共论坛中检验其利益和理由(reasons)是至关重要的。审议过程迫使公民通过如下方式来证成其关于最好结果的观点:诉诸共同利益,或者依据公共辩论中"所有人都接受"的理由进行争辩。仅仅将某个给定的偏好表述为自己的偏好,并不能——仅仅通过这一偏好本身——使他人倒向自己②。因此,对集体决定的确保,在某种意义上应当反映对公共善的某种解释;而这种公共善是由公共理由——即一般性地确保每个人参与到审议过程中的那些理由——加以证成的。在给定的时间、知识范围内,并且在被认为"理性的"(reasonable)安排下,如果公民自己参与到审议中,或者如果其代表者做出了所有公民**将**会同意的决定,那么结果将被视为民主的③。

在这个方面,审议政治观预设了对下述问题的一种阐释:公共审议何以使得某种结果更具有合理性?答案是:所给出的理由必须满足公共性的条件;也就是说,这些理由必须让每个人都确信④。如果这种解释在某种意义上是"认知性的"(在下述意义上,即审议帮助决策者形

---

① 这些问题主要与人们对投票结果的解释有关。关于对进一步阅读文献的简要介绍,参见 Ian Mclean, "Forms of Representation and System of Voting," in *Political Theory Today*, ed. David Held (Stanford: Stanford University Press, 1999), pp.172-196;更详尽的即入门性的导引,参见 William H. Riker, *Liberalism Against Populism: A Confrontation Between the Theory of Democracy and the Theory of Social Choice* (Prospect Heights, III. Waveland,1982).关于社会选择的观念与审议模式的争论,不仅可以参阅 Riker,还可以参阅 Joshua Cohen, "An Epistemic Conception of Democracy," *Ethics* 97 (1986): 26-38; Russell Haudin 的 "Public Choice versus Democracy" 和 Thomas Christiano 的回答 "Social Choice and Democracy", 均载 *The Idea of Democracy*, eds. David Copp, Jean Hampton, and John E. Roemer (Cambridge: Cambridge University Press, 1993), pp.157-172 and 173-195;以及 Jack Knight and James Johnson, "Aggregation and Deliberation: On the Possibility of Democratic Legitimacy,"*Political Theory* 22(1994): 277-296。
② 参见 Cohen,"*Deliberation and Democractic Legitimacy*,"pp.24-25。
③ 关于美国宪法中的代表理论,参见 Bessette, *Mild Voice*,第二章;关于对复杂社会中代表角色的一个解释,参见 Robert Dahl, *Democracy and its Critics* (New Haven: Yale University Press, 1989),311-341。
④ 关于对那些使公共理由获得确信之机制的一个更详尽解释,参见 Bohman, *Public Deliberation*, 第一章。

成了所有那些为手边事情所影响而不能参与决策之人都能接受的、对公共善的某种解释,审议提升了结果的合理性),人们不应当大惊小怪。依据其是否恰当地反映了这种公共善,我们就可以对决定做出"正确"与否的评价——至少在一种宽泛的认知意义上。根据一种"认知性"的民主观,某种具有合法性的政治系统应当依据那种锻造了审议,并增长了达致正确(或有效、真实)决定之机会的程序来运行。① 人们不必假定存在着先验的发现程序,而把正确决定看作是"就在那里"(out there)的一种真理。事实上,审议理论家们通常证成的一个观点是:是程序性理想,而不是结果,构成了正确性的决定性因素。② 人们亦不应当过于实质性地看待这种公共善,似乎审议首先涉及对已然共享之价值或政治理想的一种真实据有。虽然这种据有可能是(作为政治文化必要背景的)那幅图景的一部分,但是以此来捕捉诸如议会机构中的立法程序等当下建制(institutions)下审议的复杂性,一般都过于简单化了。

在这一语境下,哈贝马斯的"商谈民主理论",可以被看作是一种程序性和复杂性的认知性解释,因为它依据理由说明程序(reason-giving procedures)的复杂性来解释审议的合理性。这种解释从这一观念出发:只有在其可以由好理由公开支持之时,信仰和行动才具有合理性的特征。更准确地说,合理观点和决定的形成,必须依赖于真实性、正当性等有效性主张——这些有效性主张能够,或者至少能够,在所有拥有有力

---

① 除了 Cohen 的"Epistemic Conception"以外,还可以参见 David Estlund, "Making Truth Safe for Democracy," in *Idea of Democracy*, eds. Copp, Hampton, and Roemer, pp.71 – 100. Estlund 争辩说,认识论的解释不一定就是威权主义或精英主义的。关于对哈贝马斯于《在事实与规范之间》一书之前依民主的认识论观念而形成的有关民主之著述的一个解释,参见 Bohman, "Participating in Enlightenment: Habermas's Cognitivist Interpretation of Democracy," in *Knowledge and Politics*, eds. M. Dascal and O. Gruengard (Boulder, Colo.: Westview Press, 1988), 264 – 289.关于哈贝马斯对 Cohen 观点的一般性的积极评价,参见 *BFN*, 304ff.
② 参见科恩(Cohen)的"Deliberation and Democracy",以及"Epistemic Conception," p.32;在此,科恩依据"审议的一种理想程序"界定了正确性的标准。Barber 也界定了一种政治知识的过程观, *Strong Democracy: Participatory Politics for a New Age* (Berkeley: University of California Press, 1984), pp.167 – 198.

理由且具有沟通资质的人面前获得证成①。理由的交流因而就把人们推向了**商谈**——而在商谈中,参与者力图仅仅依据更好的论据而达致一致。这种商谈的合理性激发特征,依赖于这样的一些理想化的程序性条件:它们把"好理由"和"更好的论据",限定为那些历经了那种免于强制且向所有有言说能力之人都开放的论证过程而保留下来的理由和论据②。

正如我们将要看到的,哈贝马斯的解释具有内在复杂性,因为不同类型的主张必须在不同类型的商谈中兑现。然而,在探究这些问题之前,值得我们注意的是:这种合理商谈的概念,如何在事实上以强烈认知主义且共识性的方式来界定有效的结果。大体而言,哈贝马斯的商谈概念,似乎暗含着如下观点:一旦满足理想条件,对类似正确答案之事物的完全共识,就具有可能性。在其道德性商谈——其属于正义的诸规范,即根据人们之间的相互尊重来调整人际关系——的概念中,这种认知主义的维度最为强烈。当且仅当每个服从这些规范的主体基于其在某种理想且不受限制的商谈——在这种商谈中,参与者真正努力取得某种合理的一致——中所获致的公正判断都能同意之时,这些规范始能获得证成。他所提出的、那种在此适用的对话性的洞见(insight)概念,不能被限定为个体的头目(head):其头目确信就等同于其他人亦确信③。每个个体的确信,仍然是规范有效性或正确性的一个必要条件。当然,这必然是在任何现实的商谈中都无法实现的一种规范性理想。正如我们随后将要争辩的,在现实的政治商谈与辩论中,就现实中的同意或不同意的情形而言,这种理想状态会带来问题。

依哈贝马斯之见,政治的合法性既不能被化约为道德商谈,亦不能被化约为对共享价值的实质性反映。政治决定的有效性及其所必需的

---

① 参见 Habermas, *The Theory of Communicative Action*, 2 vols., trans. Thomas McCarthy (Boston: Beacon, 1984; 1987), 1: 1-42, and 273-337.
② 关于对这些程序性理想化的一种概述,参见 Robert Alexy, "A Theory of Practical Discourse," in *The Communicative Ethics Controversy*, eds. Seyla Benhabib and Fred Dallmayr (Cambridge: Massachusetts Institute of Technology Press, 1990), pp.151-199.
③ 对这一点的更深入讨论,参见 William Rehg, *Insight and Solidarity: A Study in the Discourse Ethics of Jürgen Habermas* (Berkeley: University of California Press, 1993),第一部分。

合法性主张,要比古典自然法模式所提供的更为复杂:其不仅要依赖于道德性的理由,亦依赖于哈贝马斯所谓的"技术—实用性"理由与"伦理—政治性"理由,甚至是协商与妥协①。毋庸置疑,这种精确的混合,将依赖于处于讨论中的特定问题的复杂性。

为了阐明这种**合理商谈的内在复杂性**,我们不妨把下面的事例作为一种各种商谈在其间缠夹不清的理想化的思想实验。设想一个社会正在考虑采取一种整全性的健康保健计划。首先,让我们看看某个特定次群体(subgroup)的公共审议。我们假定:在历经一番**道德性商谈**之后,该群体的每个人都同意,健康保健制度的某种修订在道德上是符合要求的——当下的健康保健制度不符合许多公民的最低限需要,而且其代表着一种不正义,即违反了对每个人的基本尊重。(更确切地说,我们可以假定:他们同意,每个人健康保健的需要为那些家境富裕的人们施加了某种待完成的仁爱义务)。让我们假定:他们亦同意,一种中央管理的制度即单一承付人制度(single-payer system),符合其自我理解及其所在特定社会的价值观,比如,(与依赖于私人组织的福利形成对比的)公共福利供应的广为共享价值。他们上述一致中的那个将共享或重叠的文化价值与认同聚合起来的方面,即是哈贝马斯所谓的**伦理—政治性商谈**的主题。这也许最接近于哈贝马斯所假定的那种实质性公意或价值同质性(homogeneity of values)概念。由于其只不过是一种事实上的价值重叠共识(overlapping consensus),这一概念是无伤大雅的。最后,我们假定:该群体自己的专家已经在某种**技术—实用性商谈**中,就实现政府管理的健康保健计划的最佳政策与策略达成一致。他们每个人都同意:这种单一承付人制度是实现使健康保健计划具有普遍性和充分覆盖面这一道德目的的最有效手段。为了简化这一过程中的问题,我们假定:该次群体在个体的特定利益、需求和偏好层面上没有巨大的差异。因此,在每种类型的商谈中,该次群体的成员都能够就每人都合理确信的某种解决方案达致完全的共识。这种一致的强烈认知主义特征,在于这一事实:"同样的理由能够""以同样的方式"使每个人"确信"所给出的解决方案是正确的(339)。换言之,在

---

① 关于对商谈和协商的下列描述,参见 *BFN*,151-168。

某个问题可以由商谈加以解决的意义上,它应当——至少原则上——赢得一致的同意,而且其可以持续的修正,直到达成这种一致。

现在,让我们拓宽我们的思想试验,引入更为复杂的情形。让我们假定:存在着不同的次群体,其特定的利益和价值观,使得他们(在正义和较广的共享认同和价值所设定的要求内)支持稍微不同的道德、伦理和技术解决方案。即使我们假定在这一设想的社会中的每个人都具有善意(即都寻求公共善且以理性的方式行事),亦可能会存在诸多差异,而这些差异则会阻碍我们达致诸如我们在同质性次群体中所勾画的那样的一种强烈共识。在这个意义上,为了寻求公平的妥协,不同群体之间必须相互**议价**(bargain)。在每个群体都有机会影响结果的意义上,这种妥协将是公平的(确切地说,这种平等的具体展现方式是一个难题)。值得注意的是:只要其诸次群体之间穿梭,并在诸次群体内部存续,这些具有较强认知性色彩的商谈性一致,就为妥协设定了某些特定限制;也就是说,妥协必须不能违反正义的要求或不能破坏所有群体共享的伦理价值,而且应当在技术上具有可行性。只要符合这样的条件,最终结果就应当在道德上是正义的、在伦理上是本真的、在技术上是合算的(expedient),而且对所有人是公平的。

人们顺便可能会注意到哈贝马斯的另一种复杂性:这种结果应当在法律上与预先存在的立法法令、司法先例和行政惯例保持一致,即要符合这样的要求——这种结果必须在**法律商谈**中产生。这种重要的一般性要点在于:即使这些进一步的复杂性,亦似乎没有改变这种全体一致的反事实性(counterfactual)理想(除非法律商谈可能属于例外情形)。只要其建基于所有人都认为公平的诸条件之上,妥协就应当赢得所有有关人员的同意——即使他们同意的理由各异。尽管这些妥协属于最低形式的一致,但是在下述意义上,它们亦是民主的:其符合那种掌控着所有公共审议的相互关联之商谈(interconnected discourses)的一般性原则。尽管参与某种妥协的诸当事人不是由于**同样的理由**而同意,但他们**都**同意那些同样的政策。这样,我们也许不必对哈贝马斯的"民主原则"依据全体一致来界定某种具有合法性之结果的方式大惊小怪:只有那些得到已经在法律上组织起来的、商谈性法律制定过程中的所有公民同意的法律始能声称具有合法性(110)。

哈贝马斯对全体一致的诉诸表明：尽管其具有内在复杂性,但这种商谈理论的分析仍要诉诸某种抽象且单一的理想化集合。这些理想化要素,不能在经验上实现。但是,恰恰是由于它们界定了合理性,它们必须总是以某种方式对公共审议的真正过程产生某种经验性影响——如果这种商谈是合理的,并因之符合合法性的预期。比如,根据哈贝马斯的民主原则,如果某种结果的形成过程将某个受结果影响的群体排除在外,那么这一结果表面上就是值得怀疑的。但是,这种商谈合理性概念的强烈共识性和理想化特征,产生了这样一个问题：在一般而言排除了共识的复杂和多元的情势下,人们何以能够保有理性的这种强烈理想？与其民主决策的"双轨模式"(two-track model)一道,哈贝马斯的无主体沟通概念,意味着要完成这样一种看似不可能的任务。根据这种双轨模式,在复杂和多元社会中,如果制度化的决策程序遵循了"双轨模式",法律决定和政治决定就能够在某种审议民主的意义上具有合理性,并因之具有——作为法律决定和政治决定之承受者的公民所理性赋予的——合法性。这些法律决定和政治决定必须：(1)对某种非正式的、活跃的公共领域开放,并(2)恰当形成,以支持相关类型之商谈的合理性,且确保这些商谈有效实施。也就是说,诸建制中的政治决策,必须对不受约束的公共领域开放,而且要以诸如及时、有效(和融贯)这样的方式形成。在接下来的一节中,我们会更为细致地解释这种模式,并说明为什么哈贝马斯将其作为应对社会复杂性问题与公共参与难题的一个答案。

二

哈贝马斯对商谈的区分解释,不仅将合理性置于一套历史与文化实践之中,而且亦为其提供了处于理性本身之中的某种内在复杂性。但是,如果这种理想化的解释,可以服务于审议和决策的真实程序,它亦必须满足**社会**复杂性的需要。接下来的讨论,我们将首先集中于形成**立法性决策**的审议,因为这是审议民主主张必须首先证明自己的地方。但是,无论是由某个立法机关,还是由人民投票所做出的有关法律的决定,都几乎从未获得普遍性的共识,或者哈贝马斯之理想所谋划的直接参与。在此,复杂社会中的参与问题,是一个更为基本的问题。在现代社会的任何论坛或特定机构中,公民都不能真正作为一个整体来到一起审议(170)。商谈过程本身不可避免地会分化为不同的论坛;这些论坛包括:家庭或工作中的面对面互动;各种各样的非正式社团或市民社会不同层面组织中的较大会议[俱乐部、职业协会、工会和问题导向的运动(issues-centered movement)等等];经由公共媒体产生的信息与论据的散发;以及政府机构、专业行政机构和决策机构的复杂网络(参见第 359 页以下)。在处理异议难题(the problem of dissent)之前,一种可信的合理审议概念,必须以某种方式妥善处理在当下社会条件下真实商谈的复杂和分裂现实。

在应对这种复杂性之时,审议民主观必须以某种特定的张力,把三个术语结合在一起——这即是说,它必须把审议、决策与公民(citizenry)关联起来。社会的庞大规模和复杂性,使得人们将审议如此多地委托给了代表者,以至于很难说这种解释是"民主的"。一个相反的错误,可能会低估社会的复杂性,并把审议主要定位于公共领域。在此,人们没有充分考虑到这种审议的制度性要求——这些制度性要求对有效决定的形成而言是必要的①。而第三种错误则会高估官僚控制的可能性,进而侵蚀人民主权与决定之公共控制的根基。复杂性的事实,似乎为审议民主呈现了一种韦伯式的困境:**要么**决策机构以民主审议为代价而获得有效性,**要么**它们以有效决策为代价而保有民主。在上述情形中,公民资格(citizenship)、审议和决策都未能关联起来,从而使得公共领域变得软弱无力,或者使得政治机构的权力变得物化。

哈贝马斯以一种"双轨模式"解决这种三变量难题(three-variable problem)——根据这种模式,议会(Parliament)和国会(Congress)为弥散于公共领域,且涉及所有公民的、较广泛即去中心化的"无主体"沟通,提供了一种制度化的中心。按照这种观点,制度化的决策端赖于某种审议的广泛和复杂过程。也就是说,审议不只是那些信息更为丰富的代表者的任务,亦不只是那些仅仅将意志权力(power of will)委托

---

① 在汉娜·阿伦特(Hannah Arendt)共和主义中,哈贝马斯看到了这种错误的趋向,*BFN*, 146-152;另请参见其"Hannah Arendt: On the Concept of Power," in Habermas, *Philosophical-Political Profiles*, trans. F. Lawrence (Cambridge: 1985), pp.173-189. 关于对宪法中审议与民主之张力的一种解释,参见 Bessette, *Mild Voice*, 第 1—2 章。

给代表者作为其代理人的积极公民(active citizens)的任务①。正如我们将要看到的,这种审议的"无主体"或"匿名化"特征,源于社会复杂性的本质。在此,我们要注意的是:哈贝马斯希望为现代政治模式呈现的,是一种同时具有民主性、审议性和有效性的模式。

为了搞清哈贝马斯的模式在回应社会复杂性的挑战之时,是如何解决这一问题的,区分三种类型的多元主义是有助益的:程序性角色(procedural roles)的多元性、商谈视角(discursive perspective)的多元性,以及实质观点和论据的多元性。哈贝马斯的模式,至少在某种程度上明确承认了这三种形式的复杂性,并将其表述为:要为每种类型的制度性困境——这些困境既威胁到了民主程序的公共性,亦威胁到了公民的主权者地位——提供一种解决方案。

程序性角色的多元性涉及那种类似于贯穿审议和决定诸层面的劳动分工的事物。"所有成员必须都能够参与商谈,即使不必然以同样的方式参与"(182)。在某一给定的商谈中,人们如何清楚说明这些不同的角色,不仅依赖于问题和某个特定政治系统的结构方式,亦依赖于理论性的视角。也许,最明显且最重要的区分是"弱公众"与"强公众"[使用南茜·弗雷泽(Nancy Fraser)的术语]之间的区分。这与哈贝马斯模式的两个主要部分——即非正式的公共领域与正式的决策机构——相对应。也就是说,弱公众是指其"审议实践仅仅在于意见形成,不包括决策"的那些人;而诸如议会这样的强公众,则可以达致有约束力的决定,而且是被制度化地组织起来如此行事②。由于公民间或

---

① 参见 BFN, 170 – 186.关于对美国双轨制度系统的解释,参见 Bruce Ackerman, "Neo-Federalism?" in *Constitutionalism and Democracy*, eds. J. Elster and R. Slagstad (Cambridge: Cambridge University Press,1988), pp.153 – 192.另请参见 Ackerman, *We the People*, vol. I(Cambridge: Harvard University Press,1991).关于以有别于合同法的本人—代理人之用法将代表理解为委托(delegation)的一种形式,参见 Bernhard Peters, *Integration moderner Gesellschaften* (Frankfurt, Germany: Suhrkamp, 1993), pp.284ff。

② 参见 Nancy Fraser, "Rethking the Public Sphere: A Contribution to the Critique of Actually Existing Democracy," in *Habermas and the Public Sphere*, ed. Craig Calhoun (Cambridge: Massachusettes Institute of Technology Press, 1992), pp.109 – 142;此处是在 p.134.哈贝马斯在 BFN ,373 借用了弗雷泽的分析。

亦通过投票来决定事务,这种区别并非不容变通(hard-and-fast);而且,官员的一般性选举亦是一种决策,其常常与问题的审议相联系①。

通过吸收伯恩哈德·彼得斯(Bernhard Peters)晚近著作中的思想,哈贝马斯用"中心"与"外围"之间的区分,为诸公众之间的关系引入了一种更为细密的分析。他根据行动者或建制接近政治机器之"中心",进而接近在建制中形成的决策权力之顶点的方式,将制度性角色加以区分(第355页以下)。处在中心的,是与政府的其他分支一道具有执行权力的那些建制,处在外围的,则是包括各种各样的非政府组织和团体在内的意见形成公众。在某种类似的框架中,人们可以根据其**决定权**与**对审议之影响力**的大小,来进一步区分诸地位(positions)②。而政治权力——即做出有约束力决定,并执行政府行动的能力——主要位于中心,即其影响整个社会。在该书中,影响力指涉的是支配选民、说服国会成员等等的能力。受敬重的公众人物、院外游说者、政府监察员,以及像妇女选民联盟(League of Women Voters)这样的组织,是具有不同寻常影响力之地位的例证。由于其为没有时间研究问题和候选人的选民们提供了信息捷径,它们较引人注目的地位,实际上是为公共审议服务的。在某种意义上讲,通过为信息较为闭塞的选民获得信息提供便利,他们使得商谈过程中的更广泛参与成为可能。③ 成本的这种降低,并不是没有带来某种限制公共沟通的特定危险。当诸如企业法人(corporation)这样的"私人政府"为了自己的目的,而试图提出并利用与信息成本有关的问题之时,对信息之民主共享的威胁可以产生于外围;或者,当官僚机构仅仅允许那些——巴克拉克(Bachrach)和巴拉兹(Baratz)意义上的——产生"非决策性事务"的信息公开之

---

① Samuel L. Popkin, *The Reasoning Voter: Communication and Persuasion in Presidential Campaigns*(Chiago: University of Chicago Press, 1991)提供了一种标示投票者在总统选举中的推理之特征的"低信息"合理性("low-information" rationality)的详尽解释。
② 在 *BFN*, 363 - 364 中,哈贝马斯似乎暗示了这种区别。
③ Popkin, *Reasoning Voter*, pp.47 - 49.关于基于信息分散角度对民主的各种分析,参见 *Information and Democratic Processes*, eds. John Ferejohn and James Kuklinski (Urbana: University of Illinois Press,1990)。

时,这些威胁亦可能出自中心①。

由于与不同社会地位相联系,**商谈视角的多元性**反映的是现实商谈的内在分化。也就是说,人们可以期待处于不同社会地位的人和团体,不仅强调特定的竞争性利益,而且亦强调有些不同的价值观和给定问题的不同方面,甚至是不同类型的有效性。如果合理的实践审议意味着某一问题的所有相关方面和视角都要在达致某个决定之前予以考虑,那么,我们在此必须处理与前文提到的劳动分工有些不同的劳动分工;也就是说,人们要达致较之于程序角色的公平分配更为密切的、信息的协同共用②。这不只是对那些特定利益的某种区别。比如,就健康保健的改革而言,人们会期待保险公司(及其华盛顿的院外游说者)强调与改革有关的财政问题,而医生应当按照医疗问题和职业自主的精神做出其公开的贡献。换言之,把这些一并考虑的话,利益中的差异可以激发人们更宽泛地去寻求那些与某一问题有关的相关信息和更好论据。

这种形式的多元主义并非完美无缺。在每一个特定的视角中,利益都可以以扭曲审议过程的某种方式而隐蔽起来。这样,诸公共利益团体就可以质疑这些"专家性"解释(expert account),其所采取的方式是:通过考察信息真相是否根据其现时利益被遮蔽起来,而质疑这些信息联合的类别。一旦这些信息可为公众接近并共用,较之于这种被主张的专家意见(expertise)所具有的能够经受公众审查之品质,人们对这些信息的信赖更少地来自这些程序角色和劳动分工。尽管如此,亦并不是每个审议者都能够从每个方面来判断这些争辩的好处——这总比他们决定自己医疗诊断之正确性的能力要求更高。在上述这些情形下,制度性安排在如下范围内是民主的——这些安排把有关"专家意见"的证明负担定位为:要依据其被完好确证的知识宣称(well-warranted knowledge claims),而不是其专业性权威来形成有说服力的公共论据。

就这种多元主义产生了冲突性论据而言,它亦引发了第三种形式

---

① 关于对"非决策性事务"在公共沟通中何以能以限制的方式加以解释的一个说明,参见 Bohman, "communication, Idology, and Democractic Theory," *American Political Science Review* 84, no.1(1990): 93–104.

② 关于信息共享(information pooling)的概念,参见 *Information Pooling and Group Decision Making*, eds. B. Grofman and G. Owen (Westport, Conn.: JAI Press, 1983).

的多元主义。但目前我们感兴趣的,是与信息的共用相类似的某种合作的可能性。如果这种合作的观念是合理的,那么它就暗含着对非正式公共领域中的无主体沟通的某种有趣解释。我们可以认为,信息和视角的公共分配,包含着某种沟通(或商谈)合理性,但这种合理性不是下述理想化意义上的:要求每个公民都做出完全理解。公共领域的复杂性,暗含着大量联系松散且碎片化的商谈——在这些商谈中,各种各样的个体之团体,通过讨论获得了关于某些争议的公正洞见。但是,这些团体可以不完全理解另一个团体的观点。因此,他们对公共善不会具有一种完全和决定性的洞见。无主体沟通的观念因而表明:公共理性(public reason)是发散的商谈网络的一个突显特征。更具体地说,如果人们做出如下假定,即对任何给定的问题或争议而言,都存在着(与不同的有效性领域、不同的利益立场和价值观相适应的)许多不同考虑,那么,就会"存在着"个体以不同方式、在不同程度上加以运用的某种公开性的"理由潜势"(potential of reasons),并且会存在着强调效率的某些考虑,以及其他道德性的考虑等等。就沟通渠道向这些不同的公众开放而言,人们可以设想:这些理由是"人为流动起来的",并且经由将其相互陈述的个体和团体而"互动"起来。这暗含着一种以审议的方式缠结起来的"聚合"观念。也就是说,人们可以把非正式的"公共意见"理解为一种理由的"聚合"——这种聚合伴随着人们对某个争议的逐渐认识而发展起来①。在这种沟通结束之时所获得的某种民意测验也就具有了某种特定的理性特质:在公共领域具有开放性和活跃性的意义上,这种聚合应当更有可能反映那些更重要,即更合理的理由;人们不需做出如下假定:每个人、甚或任何单个个体都拥有某种——建基于正如商谈理想本身所要求的那样,对所有相关考虑事项都加以

---

① 如果"聚合"的此种用法听起来新奇,这也并不是没有先例;参见 David Estlund, "Democracy without Prefernce," *Philosophical Review* 99 (1990): 394–423.在该文中,作者争辩说,聚合的机制不一定与基于公共利益的审议对立;这也是约翰森(Johnson)和乃特(Knight)《聚合与审议》(Aggregation and Delibration)一文之论据的主要点。晚近关于信息聚合和孔多塞陪审团定律的著作亦具有类似的特色。参见 *Information Pooling and Group Decision Making*, eds. B. Grofman and G. Owen (Westport, Conn.: JAI Press, 1983)等。

把握之上的——洞见①。因此,哈贝马斯把这种公共意见称为"匿名性的",因为它不是被置于任何个体或任何个体的团体之中。对沟通网络本身而言,它是"去中心化的",即其暗含着与商谈性一致的极度理想化形态不同且更弱的一种公共性观念。

在视角多元主义的条件下,政治生活通常可能并不像这种信息共用景象所表明的那样具有如此的合作精神。相反,更为常见的是,人们将不同的社会地位与另一种进一步的多元主义——即**实质观点与论据的多元主义**——相联系。确切地说,正是这种"多元主义的事实",使得多数决原则对事实上的审议的结束具有必要性。正如我们将要看到的,这就产生了比哈贝马斯似乎意识到的问题更多的问题。但是,单单这一问题,并不必然会侵蚀哈贝马斯对商谈的强烈共识性解释。如果更好的论据——是指在理想条件下将最终达致完全共识的论据——更有可能是支配多数的那些论据,多数主义的决策就与理想的共识相兼容。这听起来是与我们正好阐发过的无主体沟通概念是兼容的。在此,以认知性的方式加总的孔多塞陪审团定律(Condorect' Jury Theorem),也许提供了一种或然性的类比②。但是,如果严重违反了

---

① 在 *BFN*,362-363 中,哈贝马斯对此作了谨慎的评论;另请参见 p.341:"实践理性在多大程度上根植于沟通形式与制度化程序,它就在多大程度上不需要仅仅甚或主要体现于个体或个体行动者之头目的活动中。"理性公共意见的可能性在学术文献中产生了争论:Bessette, *Mild Voice*, pp.21-218 对此持相当怀疑的态度,而巴伯(Barber)的《强民主》(*Strong Democracy*)则持非常乐观的态度,特别是参阅第十章;另请参阅其 *Democracy and Deliberation*, pp.1-13 and 81-104.一种规范性的公共审议理论并不必然采取反怀疑论(anti-skeptical)的观点。

② 根据孔多塞对投票的数学分析,如果某团体中普通个体投票者有超过 50% 的可能性对某个问题做出"正确的"投票,那么随着团体规模的扩大,多数做出正确投票的可能性会马上趋近于 100%(certainty)。对孔多塞投票之可能性的一个检讨分析,参见 Duncan Black, *The Theory of Committees and Elections* (Cambridge: Cambridge University Press, 1958), pp.159-180.关于将孔多塞定律运用于审议民主观的可能性,参见 Bernard Grofman and Scott Feld, "Rousseau's General Will: A Condorcetian Perspective," *American Political Science Review* 82 (1988): 567-576;David Estund, Jeremy Waldrom, Bernard Grofman, and Scott Feld, "Democratic Theory and the Public Interest: Condorect and Rousseau Revisited," *American Political Science Review* 83 (1989): 1317-1340;关于孔多塞式分析与意见领袖(opinion leaders)的兼容性,参见 Estund, "Opilion Leader, Independence, and Condorcet's Jury Theorem," *Theory and Decision* 36 (1994): 131-162.

非扭曲商谈的那些条件,多数甚至也不是理性共识的可能指示器。因此,竞争性论据、价值和利益的多元化事,实上是一种重要保证,因为它使得多数带来某种虚假共识的可能性更低。在存在着竞争性的对抗公众(competing counterpublics)——或者用弗雷泽的话说,**从属性的对抗公众**(*subaltern counterpublics*)——的意义上,下述情形发生的可能性就更低一些:那些虚假论据和将某些团体排除在外的尝试畅行无阻。除了这种批判性的功能外,多样化的公众甚至在平等主义和文化多元主义的社会中,亦扮演着某种重要角色,因为它们帮助公民们形成自己的认同,并为其需要找到恰当的表现形式①。

现在,我们可以更为精确地阐明,本文已经详细论述过的商谈性理想化何以能够被纳入与真实公共审议的关系中。泛而论之,恰恰是"商谈结构"的存在,为相当混乱的角色混合、地位混合和论据混合,赋予了某种认知性特征,以至于通过假定所形成之政治决定的合理性,可以使它们得到证成。哈贝马斯所谓的这种"结构主义路径",不是将公共理性置于某种公意——其必须由经验性的多数加以表征,或者由代表机关加以识别——之中,而是将其置于那种将公众与立法机关关联起来的**商谈结构**之中②。就哈贝马斯模式中的两个主

---

① Fraser, "Rethinking the Public Sphere," pp.122 – 128.在此,由于同样的理由即市民社会具有不充分性,"对抗公众"也是不充分的。乔舒亚·科恩和乔尔·罗格(Joel Roger)["Secondary Associationa and Democratic Goverance,"*Politics and Society* 20 (1992): 393 – 472.]所忽视的一点是:只有其存在于一个开放的市民社会中,公众的多样化才是民主的。我们不仅要区分"强"公众和"弱"公众,而且要区分专业化的公共领域和"市民化的"公共领域。审议政治端赖于一个较大的亦即将所有公民联合起来的公民化公众(civic public)的存在。

② "商谈论模式将**结构主义的进路**带入到下列方式中:在这种方式中,制度化的意见形成和意志形成同在文化上动员起来的公共领域中的非正式意见形成关联起来。这种联系之可能,既不是因为人民的同质性和人民意志的同一性,也不是因为理性——被假定能够简单地**发现**某种潜隐的同质性普遍利益的理性——的同一性……如果在沟通中流动起来的此种公民主权在公共商谈的力量中发挥作用,而这种公共商谈又源自主的公共领域但在**程序上民主、政治上负责**的立法机构的决定中形成的话,那么信仰和利益的多元化就不是受到压制,相反不仅在可修正的多数意见中,而且也在妥协中得到了释放和认可。这样的话,一种完全程序化的理性的统一性就退回到公共沟通的商谈结构之中了。"*BFN*, 186, 另请参见 184 – 186。

要部分——即非正式的公共利益与正式的决策——而言,这具有稍稍不同的意蕴。但在上述两种情形中,基本观念都是要培育下述意义上的沟通过程,并谋划下述意义上的制度性程序:至少使政治决定更有可能建基于那些在某种对所有人都开放且免于强制的商谈中所出现的理由之上①。

让我们以公共领域开始我们的讨论。依哈贝马斯之见,为了使民主运行良好,一种活跃的公共领域必须"不仅发现和识别问题,而且也要令人信服、**富有影响地**使其成为讨论议题,为其提供解决方案,并且造成一定声势,使议会组织接手这些问题并加以处理。"(359)这种描述,为民主的公共领域提出了四种大体上可以实现的功能性要求。(1) 公共领域必须像公民们在其日常生活中接受的那样广泛接受相关的问题。(364—366)(2) 为了具有接受性,公共领域必须根植于某种健全的市民社会和某种开放即多元化的文化之中。正如在该书中的用法一样,"市民社会"指涉的是为个体提供他们可以在其面前清楚表达自己经验、需要和认同之受众的、各种各样的非正式的自愿性社团②。上述两个条件确保每个人都有可能被吸纳进公共商谈之中;也就是说,保证每个人都具有某些启动通道来表达他或她的关切与建议。(3) 这些不同的社团所形成的各种各样的非正式公众,必须至少部分地对彼此开放,以使论据和观点的交流能够在公共领域发生:"原则上讲,在普遍性的、由其与政治系统之关联所界定的那种公共领域之内的边界具

---

① "政治统治的实施是由法律导向并合法化的,而这些法律是公民自己在商谈地构成的意见形成和意志形成过程中制定的……遵循(民主)程序而获得的这些结果总是要具有合理的可接受性,乃是因为其导源于形成网络并被制度化的沟通形式……而这些沟通形式确保所有相关的问题、主题和贡献(contributions)都被提出来,并基于可最佳地获得的信息和论据在商谈和协商中进行处理。"(*BFN*, 170)

② "市民社会是由那些大体上自发形成的社团、组织和运动所构成的,而这些社团、组织和运动感受并调和着在私人生活领域产生共鸣的全社会问题(societal problems),对这些问题进行提炼,并以放大的形式将这些生活领域的这些反应传达给公共领域。社团组织网络使得那些旨在解决涉及普遍利益的商谈在组织化的公共领域的框架内制度化,而正是这些社团网络构成了市民社会的核心。"(*BFN*, 336,另请参见 367—373)关于市民社会的概念,请特别参见 Jean Cohen and Andrew Arati, *Civil Society and Practical Theory* (Cambridge: Massachusetts Institute of Technology Press, 1992)。在该引证中,哈贝马斯根据他们的识见区分了公共领域。

有渗透性。"①这些条件表明:如果没有某种统一的公共领域,单单市民社会对审议民主而言是不够的。如果没有某种包罗万象的公共领域将这些"偏私的社团"(partial societies)联合起来并避免"宗派危害",那种丰富的社团生活并不会促进审议②。唯有凭借这种方式,论据始会受到那些相反论据和那些变换性公民之观点(transform citizens' views)的质疑。(4)最后,公共领域必须相对地免于沟通中的严重扭曲和障碍的影响。这至少意味着:在关键时刻,公共领域必须有可能动员自己,并将争议提上议事日程。这亦意味着:在论据和信息的传播中扮演中心角色的大众传媒,不能轻易为强劲的社会利益所控制、限制或扭曲③。

因此,通过各种各样表达关切、提出论据和建议的非正式的组织化通道,活跃的公共领域确保公共商谈没有将任何公民及其观点排除在外。如果公共领域带头将审议吸纳进去,那么,正式的立法机关就会聚焦于这种为了决策的审议。这种聚焦有两个方面。首先,在某个运行良好的系统中,所有相关的信息、论据和观点都应当(在研究人员、政府统计部门和院外游说者等的帮助下)汇集于立法机关。其次,与从事其他职业的公民相比,议员们应当能够更为集中、更为细致地考虑这些相关的论据④。在运行中,公共领域中所包括的**公民**参与因之被转换为议

---

① BFN,373,另请参阅下列文字:"在复杂社会,公共领域……代表着一种高度复杂的网络,而这一网络又分成了大量相互重叠的领域:国际的,国内的,地区的,地方性的,以及亚文化的……而且,根据沟通的密度、组织的复杂性和所涉范围之不同,公共领域又可以区分为不同的层面……尽管存在着许多种类的分化,但所有这些由日常语言所构成的局部公众(partial publics)之间是相互渗透的。"(BFN,373-374)
② 沿着这些思路对公共领域理论家的一个批评,参见 Bohman,*Public Deliberation*,第二章。
③ "大众传媒应当把自己看作是某个开明公众的受托人——大众传媒同时既预设、也要求并强化了该公众的学习愿望和批判能力;像司法机关一样,它们应当独立于政治因素和社会因素;它们应当公平地对待公众的关切和建议,并……将合法化和更为激烈之批判的要求带给政治过程。"(BFN,338;关于大众传媒,另请参见 368 和 376-380)关于公共领域、社会运动和议程设置(agenda-setting)的动员,参见 380-384。
④ 参见 Bessette,*Mild Voice*,第八章;但是,正如贝塞特所言,即使议会的个体成员也为影响立法之信息和论据的复杂性和数量困扰而不堪重负,参见 p.156.在这个意义上讲,议会审议和决策并没有完全脱离去中心化的无主体沟通的条件,参见 BFN,184.值得注意的是,哈贝马斯是根据发现和辩护的不同来阐述这种聚焦功能的:强公众中的那些制度化的民主程序的意义"更多地在于处理它们,而不是发现和识别它们——其更多的是为问题的挑选和竞争性解决建议的选择提供辩护,而不是敏感于看待问题的新方式。"(BFN,307)

会和其他审议机关中对**论据**的包容①。我们不妨将其进一步表述为大致同某个运行良好即活跃的公共领域之条件相平行的四个条件：(1) 对那些更为广泛分布的公共商谈而言，立法机关必须是开放或"通透的"。社会批评家们进而可以履行这样的任务：将新的论题和解释引入到立法性公众的商谈之中。(2) 为了确保观点和利益具有充分代表性，这种开放性为立法机关的构成设置了某些特定的技术性条件。这些条件将确保：公共意见恰当地引导着决策。(3) 立法人员之间必须以审议的方式行事，存在着真正的论据交流，以使得将较弱的论据淘汰出局，而较好的论据胜出并支配多数（比如，参见 307 和 340）。(4) 最后，重要的是：要设置一些抵除私利和权力之扭曲性影响的程序性机制，以使较有力的论据在决策时事实上居优的可能性增大②。

三

现在，我们大致知道了哈贝马斯审议民主的基本模式：民主程序应当允许某种基础广泛即无主体的公共沟通，在制度上成为通向社会影响力所支持的具体决定的通道；在商谈结构掌控着上述整个过程的意义上，过程本身是合理的(rational)，并且其结果对所有公民而言是理性的(reasonable)。

然而，存在着两种对这种理性品质(reasonability)的解释方式。一种解释是强调审议程序本身。但是，一如前述，达致一种趋向全体一致之民主原则的商谈理论所强调的是：把**结果**视为所有公民在理想上都会聚合到一起的那种结果。尽管这种结果是被建构的，而不是被发现

---

① 哈贝马斯将这一点看作是与伦理商谈和道德商谈大体上明显有关："只有当其对流动于商谈性地构成的公共领域中的建议、论题和贡献以及信息和论据保持开放、敏感，并能接纳它们之时，代议性商谈(discourses conducted by representative)才能够满足所有成员(亦即公民)平等参与这一条件。"(BFN, 182)；"代表仅仅意味着：在进行议会代表选举之时，人们被期待要基于对边缘群体之自我理解和世界观的包容，提供尽可能宽的诠释视角。"(BFN, 183)
② 哈贝马斯将这最后一个条件称之为"逆导控的"(countersteering)；参见 BFN, 327 - 327。"导控"是由"系统"权力、因之是非沟通性权力所实施的；"逆导控"源于沟通性地产生的权力。这种权力被假定能够越过系统权力所施加给商谈、进而最终是审议结果的限制。

的,它亦相当于一种类似于"正确答案"的事物,或者至少暗含着某种公共理性的单一性概念①。从这一观点看,恰恰是在追求关于正确答案的共识中,商谈过程方始具有意义。即使我们拒绝政治问题具有某种**单一**正确答案的观念,哈贝马斯的解释至少亦要求:审议应当勘定符合那些可接受的道德、伦理和实用性条件之解决方案的范围。如果恰当安排这些一般性的限制,解决妥协或让步所带来的任何进一步分歧,就具有了可能。(在健康保健的争论中,商谈范围的普遍性要求所担当的正是对公共妥协的某种限制。)这样,沟通结构与程序性设计,对政治就具有一种合理化的影响,因为它们帮助选民或其代表人至少开始在认知上具有说服力的结果上聚合起来。尽管哈贝马斯的模式对事实的即情境化的审议所面临的复杂性与多元性做出了相当多的让步,但它**在理想层面上**却毫不妥协。去中心的即"无主体的"公共审议的合理特征,仍然依赖于同样的商谈理想化——即带来了同多元性和复杂性事实间张力的那种理想化,比如,即使在道德争议上都有妥协的需要。换言之,事实中的多元性被"变型"(transsubstantiated)为理想化的全体一致,并借此被合理化②。这种分歧的转型似乎要求做出三种非常强烈的关于论辩的假设——当适用于政治审议时,每一种假设都向严肃的质疑开放③。

---

① 参见 Bohman, "Public Reason and Cultural Pluralism: Political Liberalism and the Problem of Moral Conflict," *Political Theory* 23 (1995);具有"单一性"的公共理性的名称来自约翰·罗尔斯的《政治自由主义》[John Rawls, *Political Liberalism* (New York: Columbia University Press, 1993), p.220.]在该书中,罗尔斯争辩说,只存在着一种公共理性。
② 这种转变招致了对共识理论的普遍批评,参见 Bernard Manin, "On Legitimacy and Political Deliberation," trans. Elly Stein and Jane Mansbridge, *Political Theory* 15 (1987), p.342。
③ 对其所遵循之假设的批评,参见 Thomas MacCarthy, "Pratical Discourse: On the Relation of Morality to Politics," in *Ideals and Illusions: On Reconstruction and Deconstruction in Contemporary Critical Theory* (Cambiridge: MIT Press, 1991), pp. 181-199; David Ingram, "The Limits and Possibilities of Communicative Ethics for Democratic Theory," *Political Theory* 21 (1993): 294-321; MacCarthy, "Legitimacy and Diversity: Dialectical Reflections on Analytic Distinctions," *Habermas on Law and Democracy*, eds. Michel Rosenfeld and Andrew Arato (Berkeley: University of California Press, 1998)和 Bohman, "Public Reason and Cultural Pluralism."

首先,就全体一致在政治场域具有可能性而言,哈贝马斯必须假定:在不同类型的商谈之间,不存在任何棘手冲突。由不同政治视角之价值观间的冲突所造成的这些问题,已经是晚近相当多哲学关切的焦点。举例来说,道德理论家已经考察了在公正道德、幸福欲求和人际联系需求之间(比如,朋友之间)棘手冲突产生的可能性。在法律理论与政治理论中,人们考虑了个体权利与集体利益之间或自由与平等之间产生冲突的可能性①。在政治语境中,哈贝马斯的商谈理论处理这些冲突的途径是:要么乐观地区分不同类型的那些具有"自我选择性"(self-selecting)的争议,要么建构某种(道德商谈在顶端,接下来是伦理商谈等等的)商谈等级②。正如哈贝马斯晚近已经承认的,如果这些机制失败,人们必须只能依赖制度性的程序来决定问题③。但是,这种程序不是建基于某种有权就不同类型商谈间的争议做出公断的元商谈或超商谈(meta-or superdiscourse)之上。这种超商谈将呼唤今天已不再可能的、具有统一性的实践理性;正如哈贝马斯所言,我们"不能单一地谈论实践理性。"④虽然实践理性的多元化观点,在当下道德理论和政治理论中普遍存在,⑤但它似乎仍为哈贝马斯提出了一个特定的难

---

① 比如说,参见 Ronald Dworkin, *Taking Rights Seriously* (Cambridge: Harvard University Press, 1978);在道德理论中的论述,参见 Stuart Hampshire, *Morality and Conflict* (Cambridge: Harvard University Press, 1983),以及大量有关"关怀伦理学"(ethics of care)的文献。
② 参见 *BFN*, 1555, 159f., and 167;另请参阅 Habermas, "Reply to Participants in a Symposium", in *Habermas on Law and Democracy*, pp.428 – 430。
③ Habermas, "Reply to Participants in a Symposium", pp.429 – 430.
④ 参见同上, pp. 428 – 430;另请参阅 "On the Employments of Practical Reason," in *Justification and Application*, trans. C. Cronin (Cambridge: Massachusetts Istitute of Technology Press, 1993),特别是第 16 页以下。在后一本著作中,哈贝马斯争辩说:"不存在我们为了辩护不同论辩形式之间的选择可以求助的任何元商谈(meta-discourse)。" (p.16.)但是,哈贝马斯并没有根据某种逻辑性的自我选择来解决这一问题,他为此提供了一种对这些问题的实在论解释:"这些问题把自己推给了我们;它们具有某种限定权力的地位……" (p.17.)
⑤ 在其《答讨论会参与者》一文中,哈贝马斯特别回应了贡塔·托伊布纳(Gunther Teubner)的立场。但是,关于"不可调和的诸价值"间冲突,当下存在着许多哲学讨论,除了罕布夏(Hampshire)的《道德与冲突》(*Morality and Conflict*)以外,比如说参见 Bernard Williams, *Moral Luck* (New York: Cambridge University Press, 1981); Michael(转下页)

题;因为它侵蚀了哈贝马斯政治共识观的根基,而这种政治共识观预设了人们有可能就不同类型商谈的选择和那些需要在公共领域进行审议之问题的评判标准取得全体一致。不夸张地说,这个层面上的争议,就是没有着落的论据(arguments without a home)——不存在任何能够以商谈的方式对这些论据加以裁定的场所。如果它们被证明不只是例外情形,那么合法性的共识基础就将会受到侵蚀。

第二个假设与第一个有关。哈贝马斯所秉持的民主之结果至少在原则上允许全体一致之同意的观念表明:公民们总是能够将争议的合理商谈方面,与其要求妥协的方面清楚地分开。在《在事实与规范之间》1994年的"后记"中,哈贝马斯在回答其批评者时从不同类型之商谈的区分转向了问题的"分析性方面":"政治问题常常是如此复杂,以至于其要求同时处理实用、伦理和道德**方面**。"①正是因为道德和伦理争议仍可以由商谈中的适格参与者——至少在分析上——分开,冲突才可以避免。公民并非必须在其道德操守(moral integrity)或其作为某个给定国家之成员的自我理解上妥协(135—138,182)。而且,如果技术—实用方面是由专家处理的,专家们大可不必向其职业操守妥协。在最坏的情况下,更具个性的价值观和认同方面,或者某人特定的利益,可能不得不屈从于道德和伦理—政治考量。至少在原则上,每个公民所具有的那种将问题的不同方面分开的能力,使得他们可以不向其最深处的价值观妥协,并避免诸价值之间的严重冲突。

上述第二个假设,可能会侵蚀商谈理论处理当下多元主义问题的

(接上页)Walzer, *Spheres of Justice* (New York: Basic, 1983); Thomas Nagel, *The View from Nowhere* (New York: Oxford University Press, 1986); Nagel, *Equality and Partiality* (New York: Oxford University Press, 1991)以及 Joseph Raz, *The Morality of Freedom* (Oxford: Oxford University Press, 1986),特别是第十三章。为了在此论证我们的观点,我们无须为价值不可通约性(value incommensurability)的强式论题辩护;价值多元论仅仅要求:存在着互不兼容的诸价值,并且文化多元论强调了这些价值之间的冲突。关于"不可通约的"价值与"不相兼容的"价值之间的区别,参见 Steven Lukes, "Understanding Moral Conflict," in *Liberalism and the Moral Life*, ed. N. Rosenblum (Cambridge: Harvard University Press, 1989), pp.133ff.价值的不可通约性排除妥协(妥协要求有可能创造某种共同的通用之物),而不兼容性则不然。

① Habermas, "Postcript," in *BFN*, p.452.

能力。而且,它甚至会低估哈贝马斯商谈理论本身所暗含的分歧潜势。因为哈贝马斯认为,道德观点内在地与需要之解释(need-interpretation),并因之与"伦理"价值有关。更确切地说,道德规范所调整的是所有涉及利益平等的情势,以及与几乎所有下列可信观点有关的情势:将每个个体利益中之平等事项的确定与个体理解和评价那些利益的方式分开是困难的。但是,正如哈贝马斯主张的,如果人们不能总是期待在实质价值和认同问题上达成全体一致——特别是当这些价值不是由整个团体所共享之时,这就为**道德性**商谈中那些抵制论辩性解决方案之分歧的出现,打开了大门。这表明:在有关正义的某些争议上,公民们发现自己处于不可调和、但却**合理的**分歧之中①。现在,依哈贝马斯之见,在下述两种意义上,参与者能够克服这些冲突:他们能够离析出冲突的个殊主义渊源,并达致某种公平的妥协;或者,他们能够将争议构想在更为抽象的层面上,以使源于公正性或中立性观点的解决方案具有可能性。诚然,正是法律的合法性要求公民假定这些解决方案至少在原则上具有可能性②。但是,在亚文化的伦理价值(sub-cultural ethical values)和特定认同影响着对正义与公正之解释的情形下,共识似乎要求不同的团体首先解决那些位于其竞争性正义观背后的伦理性差异——即这是一项人们不必承担、但在原则上却具有可能性的任务。但即便抛开这个问题不论,人们亦可以质疑:期待公民将其道德认同视为哈贝马斯所谓的抽象性要求是否具有可能性或合理性呢?

第三,哈贝马斯强烈地假定存在着有关正确答案的理想化聚合——即使在不完全审议的情形下。甚至在非理想的即事实的认知条

---

① 参见 McCarthy, "Practical Discourse", pp.182 – 192;在《合法性与多样性》(Legitimacy and Diversity)一文中,麦卡锡(McCarthy)沿着这一思路对哈贝马斯展开了更为猛烈的批评;一种更乐观的观点,参见 Rehg, *Insight and Solidarity*, 第四章;对哈贝马斯而言,参见 *Theory of Communicative Action*, vol. I, p. 20. 和 "Wahrheitstheorien", in *Vorstudien und Ergänzungen zur Theirie des kommunikativen Handelns* (Frankfurt, Germany: Suhrkamp Verlag, 1986), pp.166 – 174。

② 参见 Habermas, "Reply to Participants in a Symposium", pp.390 – 404. 抽象的事例比如说:某个社会通过将属于所有团体的某种非人身权利(impersonal right)认可为宗教自由的方式来解决不同宗教实践之间的冲突。在《答讨论会参与者》一文中,我们读到的是:此种抽象的公正标准是"共存的不同团体的平等权利。"

件下,公共意见的聚合似乎亦是需要的。如果立法机关内的审议和投票者之间的审议,是为了提高多数决之结果正确的概率,那么,人们似乎必须非常强烈地做出如下假定:某个团体内的不完全审议影响着多数意见围绕着正确观点摇摆。经过一段时间的辩论,投票者——甚至是议会中的投票者——可能仍只能不完全地把握相关信息和论据。即使这种不完全的审议具有开放性和包容性,它亦并不必然能提高更好的论据居优的概率。在审议和信息不完全的欠理想条件下,根本就没有任何保障可以使公民的多数将聚合于此处的任何观点——如果存在这种观点,该观点是正确的观点——得以存在。甚至,在更进一步的反事实性假设——公共商谈是意识形态无涉的(ideology-free),即免于沟通中无法察觉的扭曲——条件下,这种聚合亦不能相伴而生。即使这些好论据是可资利用的,但单单这种不完全性本身,就可能使得审议缺乏说服力。那么,人们可能会说,哈贝马斯所谓的真实的去中心性与理想化的聚合之间的关系,要求苏格拉底式的假设:多数聚合于更好论据的可能性,与审议的数量或时长成正比[①]。

四

如果前述的诸假设在许多要点和不同层面上应当被证明是困难的(特别是考虑到当下文化多元性的多元主义),那么,人们有充分的理由为认知性的审议(epistemic deliberation),提供一种较之哈贝马斯更弱的解释。这种较弱的解读,并不否认这一点:公共理性在某些方面和特定问题上,具有独特价值——事实上,它预设了这一点,以至于公民仍然能够在一个公民性的公共领域(a civic public sphere)内进行审议。但是,仅仅在某个共同的公共领域一起审议,并不预设着理想化的聚合——即使是在原则上。因而,较之那种较强的全体一致解释,这种较弱的解读为包括道德多元论在内的多元主义,提供了更大的空间。

一种较弱的解读的关键在于:要考虑到,某个政治决定的合法性

[①] 如果某人想诉诸审议(并且不仅仅根据制度化的设计)来解决不稳定性问题的话,也需要此种强烈假设;参见 Knight and Johnson, "Aggregation and Deliberation," pp.278–285。

不需要公民审议者(citizen-deliberators)做出如下这种强烈假设——他们的审议过程更有可能使得审议结果是每个人将最终、理想化地**聚合**的那个结果。毋宁说,对他们而言,做出这样的假设即足矣:在给定的审议条件下,结果和决定允许**同那些具有**不同心智(其心智至少**不是不理性的**)**的他者进行某种不间断的合作**。实际上,如果审议过程满足了至少下述三个密切相关的条件,公民们就有充足的理由做出这种具有可修正性的假设。首先,非正式与正式审议的商谈结构,使得下述事情的发生较不可能:不合理的、站不住脚的论据决定着审议结果。其次,结构化的决策程序,允许人们有可能修正论据、决定甚至程序,而这种修正要么具有被击败立场(defeated positions)的特征,要么提升了这种被击败立场被倾听的机会。第三,审议性的决策程序具有广泛的包容性,以至于少数人可以理性地期待:他们能够在迄今仍不能具有影响力的很多方面,影响着未来的结果。当然,上述条件,并不是合理合作的一种完好解释——因为为了解释合理的合作,人们还必须引入不合作的代价和基本权利的保障。但是,正如我们将争辩的,它的确拓宽了人们对下述合法性的规范性解释,即:认可那些不仅仅建基于策略性算计(strategic calculations)之上的诸妥协形式的合法性。

无论如何,上述第一个条件表明:本文所略述的那些不同建制和公众,首先具有某种**消极的**、进而批判性的功能。这即是说,这些不同的建制和公众意味着,通过如下方式,它们将辩论提升到一种公民化和公共化的层面:确保那些对偏见的简单和粗暴迎合能够公开地受到挑战和破坏,保证微妙的及不是如此微妙的(not-so-subtle)强制将被暴露与质疑,并确保不合理的排除性机制(exclusionary mechanisms)将会被根除与矫正。在许多问题中,对这些措施的有力追逐,便足以产生积极的共识。但是,这个条件不必产生共识,理性的分歧可能仍然会持续下去。然而,其要点在于:所有那些**非**理性的分歧以及非理性的**一致**,都将被根除。

通过根除那些对恐惧、偏见和无知的非理性迎合,许多公民可能转换其偏好和信仰,并采取实质上不同的立场。但是,这依赖于很多经验性因素,并不必然总是这种情形。相反,它可能亦是这种情形:人们仍然保留其原初的观点,只是现在为更好的,因之更为理性的、仅仅加剧既有冲突的那些论据所支持。换言之,商谈结构在根本上提升了辩论的层次——即使它们并没有产生一致。就活跃的公共领域包含着将非反思性观点交付批评的各种各样的论坛和公众而言,就制度化的控制甄别着那些反对就事实和不同要素的代表性包容进行仔细、公开审查的论据而言,以及就大众传媒并不缺乏辨识力而言,建议和候选人要想基于空洞的矫言饰行(rhetoric)而获胜应当更为困难。借用罗伯特·古丁(Robert Goodin)的话讲,使理由公开可能会"洗涤"(launder)这些理由,即通过公共测试来"滤清"关于冲突之公共审议的"输入"[1]。

第二个条件,即可修正性,呈现出许多不同形式,其中之一已经内含于第一个条件中了。正是由于对诸理由和诸结果的公共测试实际上"洗涤"了多数观点,其使得少数有可能影响那些为结果提供证成的整套理由(the set of reasons)。因此,合理审议由公共性导引这一事实,可以造成对**实体论据**的某种修正;即使这种修正不会在共识中终止,它亦能使诸立场更为聚合,以至于某种道德上的妥协成为可能。我们即刻会阐明这一点。然而,人们常常将这种可修正性简单地同较早结果的改变——其改变的途径是经由程序的反复(或者经由取而代之的另一个程序进程的引入)——联系起来。民主的程序典型地在很多不同方面都考虑到了可修正性这一点,诸如定期选举、法律上诉,法律审查和宪法修正等[2]。最后,可修正性亦触及程序本身:为了使少数在面对可能破坏合作的偶存社会事实和人口学事实之时,可以重新形成平等权利,人们可能会修正民主的程序。如果这些事实使得少数永远固定不变,那么民主的建制就不是约翰·罗尔斯意义上的"良序的"(wellordered);它们将不会为相互合作所必需的政治平等提供保证。在这

---

[1] Robert Goodin, "Laundering Preferences," in Foundations of Social Choice Theory, eds. J. Elster and A. Hylland (Cambridge: Cambridge University Press, 1986), pp.75–102. 针对偏好公开的效果而进行的此种"净化"(cleansing)或滤清不可过高估计,它只限于可为参与者识别出来的坏理由和坏论据;然而,许多偏见和虚假的意识形态性信仰也可能仅仅通过被公开的方式而广泛地通过这种滤清。而且,这种滤清可能仅仅强化了那些被广泛分享的偏好和那些被公开接受的虚假信仰。此类现象以及其他在沟通中存在的、共同体范围内(community-range)的潜伏约束要求社会批评家和社会运动将它们作为公共商谈的一部分。

[2] 在《回答讨论会参与者》一文(p.395)中,哈贝马斯也以一种一般性的方式承认了这一点。

些形式的每一个中,可修正性都具有这样的效果:"迫使多数要考虑少数,至少是在一定的程度上。"①比如,罗斯福新政中的平等保护条款的外延,就包括了有助于救济那些破坏政治程序中平等参与之社会不平衡的诸经济权利②。

对某人(被击败)立场加以考虑的可能性,以及其他形式的可修正性,指向了第三个条件:包容性(inclusivity)。比如,经由实体上的修正,少数的立场在型构多数决之结果方面就具有作用。推翻多数的未来可能性意味着:少数不再永远被排除于决策之外,并且程序性修正的引入恰恰是为了通过提升选举的平等性来确保这种可能性。一般而言,更具包容性的审议程序和决策程序使得公民更有可能克服其辨识力缺乏症和种族优越感。由于他们已经知道为了维护公开性和平等性其决定必须被修正,公民们将会以一种包容性和未来取向的方式,来评价其民主实践。他们亦将会把自己看作是可能占据少数立场的人;即使他们现在占据着多数立场,单凭这一点也并不能增添其论据必然就是更好论据的认识论力量。

这种较弱的认知性观念,为超越哈贝马斯所预想的利益平衡的诸妥协形式提供了某种空间。在此,我们将会简要阐述:在下述意义上,即审议允许公民们看到某种相反的观点不仅仅是——至少以任何显见的方式——建立在自我欺骗或偏见的基础之上,某种"道德上的妥协"何以可能。这使我们更容易找到这样一种共同框架:其为每个群体基于**不同**的理由而接受,但却又允许相对立的诸团体维护社会合作③。道德上的妥协试图为正在进行的审议改变框架,其途径是采取如下方式:每个人能够从自己不同的视角来继续推进合作。在这里,"框架"的含义既包括可用理由之集合(the pool of available reasons),亦包括审议本身的程序——这两个要素通常只有在分析的意义上才可以区分开来。因而,为了超越诸通行解释的不一致,成功的道德性妥协必须扩展可用理由之集合的范围,并且必须在程序上体现公正性。

---

① Manin, "On Legitimacy and Political Deliberation,"pp.360 – 361.
② 这一点为阿克曼(Ackerman)所争辩,参见其 *We the People*, 1: 38ff.
③ Bohman, "Public Reason and Cultural Pluralism."

事实上,这就是历史上的制宪会议运行的方式。制宪会议并没有形成一套单一的即融贯的原则,而是拼凑成复杂的妥协,甚至产生了冲突性的价值观。比如,联邦党人与反联邦人一道为我们建构了宪政上的制衡框架,其所采取的方式是诸如同时反映他们各自的原则等等。第三方调停,亦可以阐明促成道德性妥协的策略种类。比如,戴维营协议(the Camp David accords)可以被看作是一种成功的道德性妥协——在该协议中,卡特总统并没有采取抽象原则的方式。在谈判论题(text)之变化所推动的沟通中,卡特总统逐渐建构了取而代之的另一种框架。一旦这种策略克服了最初的不一致,用新的合作规则和新的证成形式来共同商讨新的道德框架,就具有了可能。就这种妥协形成程序而言,饶有兴味的是:它并不要求某种被假定的背景性共识;每个当事人都可以依据其自己的价值观和原则更改其论题,并且其结果并不必然以公道性(impartiality)所暗含的那种方式而弱化观点的多样性。论题恰恰就是正在进行之审议的框架;在每一轮审议中,论题必须做出足以确保双方合作得以继续的改变[①]。

总而言之,人们期望:当政治决定关涉到哈贝马斯不允许妥协的正义难题之时,合作和妥协的这些机制变得尤为重要。比如,假定在我视为正义的问题上,我的投票处在少数之列。如果开放讨论的缺乏使我相信多数在很大程度上为激情、偏见或无知所支配,或者被控制着大众传媒接近此事的强权利益所操纵,那么,无论是基于对合理审议的强式解释,还是弱式解释,我都有足够的理由来质疑结果的合法性,我对结果的遵从至多也是很勉强的。但如果相反,在投票之前存在着对问题的开放且诚实对待,那么,我就有较少的正当理由来质疑结果的合法性。即使我仍然不同意多数的观点,但是我至少知道:他们的立场可以被公开争辩。而且,产生妥协的那些程序亦允许少数基于取向未来的考虑——诸如新型联盟关系的修正或建设等等——而接受决定。然而,如果我把哈贝马斯民主原则中的全体一致要求照单全收的话,我似乎总有正当理由来质疑所有多数决结果的**合法性**——无论它经过了怎

[①] 对戴维营谈判中此种策略运用的一个出色解释,参见 Howard Raiffa, *The Art and Science of Negotiations* (Cambridge: Harvard University Press, 1982), pp.205-217。

样的充分辩论,或是如何的可以改变。与之形成对照的是,如果我接受对合法性的某种较弱解读,我就可以争论——在此种情形下对理性争论开放的——结果的最终正确性,并且仍然承认:在其不属明显不理性的范围内,结果仍具有合法性。我还可以理性地预期:这些结果在未来是可以改变的,因此,我接下来的合作和参与甚至会有效地促成这些改变——如果我的理由获得公开确信的话。

五

形成道德性妥协的商谈过程,暗含着哈贝马斯审议民主观所关注的复杂性和多元主义问题的一个解决方案。在《沟通行动理论》(The Theory of Communicative Action)一书中,哈贝马斯谈到了这种需要:"逐步颠覆沟通行动概念得以增进的强烈理想化。"[①]沟通合理性理论"去理想化"(de-idealization)的这一过程,对其更进一步地分析现实社会情势的复杂性而言,是必要的。然而,我们必须在"并没有为了互动之协调的分析而牺牲所有理论视角"的条件下,进行这种颠覆。《在事实与规范之间》一书,代表了哈贝马斯本人通过理解法律的媒介地位(the intermediate status of law)所达致的进一步尝试。在其民主原则的形成中,他对全体一致的坚持,反映了其维护其理论视角的决心。然而,这种坚持不仅在理论上是不必要的,而且就一种适合于当下社会条件的民主理论而言,其在经验上亦是令人难以信服的。我们已经争辩说:哈贝马斯并没有充分地展开其"颠覆理论之理想化"的谋划——这始于他将理想条件下的全体一致的同意,等同于政治商谈结果的合理性。但是,正如道德性妥协的问题所显示的,多元主义和复杂性的要求恰恰是要放弃潜隐于这种理想之下的诸假设。

在此,我们拟提出有关各述其理的复杂政治商谈的三个较弱假设。多元主义和复杂性并不要求我们放弃审议民主的理论或路径,但却要求我们弱化将全体一致视为民主审议的引导性原则的那些假设。

首先,在多元化的社会中,商谈类型之间的冲突,进而有关某个问

[①] Habermas, *The Theory of Communicative Action*, 1: 30.

题需要何种主张的争论是不可消除的。它们不是自由原则"预先承诺"(precommitment)并在公共辩论中被否定的主题,而是处于理性分歧的范围之内①。这些冲突确实产生了——其边界不断引起争论的——社会生活之范围的持久难题。在这些"疑难情形"(hard cases)和"根本上有争议的问题"中,将问题的认知性或商谈性方面同其协商性或妥协性方面区分开并不总是可能的②。此类问题的事例包括关于下述问题的持久争论:公共领域与私人领域的边界,或者宗教领域与世俗领域的界分。文化认同恰恰与人们如何在诸社会领域、诸理由类型之间做出区分的问题相关;因此,有关下述问题的争论将会出现:在多元主义的社会中,公民们如何各异地划定这些边界。

其次,第二个假设源自多元主义的第一个假设:正如哈贝马斯有时亦认为的那样,民主的审议并不要求人们在如何区分问题的不同方面之区别的问题上达成一致。公民们可以从不同的视角来商讨这些问题,因为就同一主题的商谈而言,他们可以进入各种不同的商谈类型。只要公民们能够在多元化、公民性的公共领域中将诉诸理由与诉诸偏见区分开来,他们就可以良好地商讨,并解决他们之间的分歧。上述能力将使他们看到:他们之间的差异无论有多大,都是同那些至少能够被公开争辩——即使对所有的公民而言,其论据都不是决定性的——

---

① 将宪法权利和宪法原则看作是"预先承诺"的观点,参见 Samuel Freedom,"Reason and Agreement in Social Contract Views," *Philosophy of Public Affairs* 19 (1990): 122 - 157 和 Jon Elster, *Ulysses and the Sirens* (Cambridge: Cambridge University Press, 1979), pp.94ff.我们所采取的这种较弱的认识论观点拒绝认为这些论据同道德多元主义所要求的审议类型是一致的。

② 关于一个问题被认为是"根本上有争议的"意味着什么,参见 W. B. Gallie, "Essentially Contested Concepts," *Proceedings of the Aristotelian Society* 56(1955 - 1956): 167 - 198.关于更为晚近的论述,参见 William Connolly, *The Terms of Political Discourse* (Lexington: Health, 1974).我们既不同意 Gallie,也不同意 Connolly,我们不会得出关于政治的怀疑论结论;道德性妥协具有认识论上的价值。关于包括堕胎在内的界限之争,参见 Kent Greenawalt, *Religious Convictions and Political Choice* (Oxford: Oxford University Press, 1988).除了看到了在关于事、人或物(比如,关于生与死、胎儿或动物权利)之"暧昧地位"(borderline status)的必然争论中宗教所具有的作用外,格林诺瓦特(Greenawalt)还赋予了宗教信念(religious conviction)以一种公共性的作用——只要宗教性理由可以被"公开地理解"。

的立场相联系的。只有公民们以这种方式达致相互理解,他们始能正确地识别:在其政治商谈中,理性的分歧何时危在旦夕,需要补救。公开地形成——其每一个都能够被公开争辩的——诸竞争性观点,而不是聚合于共识,就成了多元化公民之间对话性审议的审慎目标。这一论点,可以为双方当事人提供认可人们下述需要的途径:考虑双方最终都承认其正确性的新观点的需要。然而,更为常见的是,理性的分歧可以由道德上的妥协加以解决。

第三,只要其对所有的理由开放和包容,甚至不完全的审议亦代表了一种基于较弱观点的认识论收益。然而,这些收益应当消极地对待。在多元化的条件下,不完全的公共审议担当着过滤器的角色,其过滤着作为潜在冲突源泉之诸理由的可接受性。在开放的公共审议和对话以后,公民们接受那些诉诸意识形态、激情或利益之理由的可能性降低了。公民们所具有的那种从各种不同的视角和观点看待问题的能力,将有助于这些在公开场合下非理性的理由丧失其鼓动力。至少,在经历了健康有力的商谈和对话以后,糟糕的论据为民主的多数所接受的可能性降低了;这样,公民们将被鼓励修正依赖于这些论据的信仰、惯例和规范——即使它们在争论中并不是原初争议的主题。不完全审议中的失败者,可能会产生诸如此类的大幅改变。就公共非理性(public unreason)和沟通中意识形态化限制的重要情形而言,这种较弱版本的民主原则,亦承担着识别非理性分歧的批判性功能,而并没有牺牲合作和协调的规范性分析。

在对正确性之需要的充分共识与显见非理性渊源的消除之间,存在着某种形式的、并不牺牲合理完整性(integrity)的道德性妥协的空间。这也许部分地解释了:当商谈或表达其不同意见的机会先于那些不适宜的制度化结果之时,为什么公民们却更乐意接受它们[1]。根据

---

[1] 有关此论题之经验研究的一个调查,参见 E. Allen Lind and Tom R. Tyler, *The Social Psychology of Procedural Justice* (New York: Plenum, 1988).支持这一观点的经验研究的另一领域是"廉价磋商"(cheap talk)——在廉价磋商中,策略行动者之间的前行动沟通(preplay communication)增加了达致互利结果的可能性;即使没有有效的制裁,它也有助于协调参与者之间的预期。参见 James Johnson, "Is Talk Really Cheap?" *American Political Science Review* 87, no.1(1993): 74-85。

我们修正后的观点,哈贝马斯审议民主的理想,有助于我们理解为什么多数决规则必须总是要在我们能够合作、但并不必然相互同意的自由而又开放的公共领域联系起来。只要哈贝马斯修正其民主原则,并摒弃全体一致的强烈条件,他就能够解决他自己所提出的复杂性问题。只有到那时,公共资源(resources of public)即"无主体的"沟通,始能为复杂且多元社会与激进民主理想的相关性,提供一种可信的经验性证成。因此,我们所给出的这些较弱的论据,不仅更具可证成性和一致性,而且它们亦更好地实现了哈贝马斯自己所设定的下述目标:颠覆其理论的理想化色彩,重构根植于当下民主建制的合理性潜能,并在当下的条件下捍卫激进民主的遗产。

参 考 文 献

论著类
一、哈贝马斯本人论著
《交往与社会进化》,张博树译,重庆出版社,1989年。
《交往行动理论》,洪佩郁等译,重庆出版社,1994年。
《现代性的地平线:哈贝马斯访谈录》,李安东等译,上海人民出版社,1997年。
《通往理解之路:哈贝马斯论交往》,陈学明等编,云南人民出版社,1998年。
《公共领域的结构性转型》,曹卫东等译,学林出版社,1999年。
《作为"意识形态"的技术与科学》,郭官义等译,学林出版社,1999年。
《认识与兴趣》,郭官义等译,学林出版社,1999年。
《重建历史唯物主义》,郭官义译,社会科学文献出版社,2000年。
《合法化危机》,刘北成等译,上海人民出版社,2000年(2009年再版)。
《后形而上学思想》,曹卫东等译,译林出版社,2001年。
《作为未来的过去》,章国锋译,浙江人民出版社,2001年(与米夏埃尔·哈勒的对话)。
《后民族结构》,曹卫东译,上海人民出版社,2002年。
《包容他者》,曹卫东译,上海人民出版社,2002年。
《哈贝马斯在华讲演集》,中国社会科学院哲学研究所编译,人民出版社,2002年。
《在事实与规范之间:关于法律与民主法治国的商谈理论》,童世骏译,三联书店,2003年(2011年修订译本)。
《交往行为理论》,曹卫东译,上海人民出版社,2004年。

《理论与实践》,郭官义等译,社会科学文献出版社,2004 年(2010 年再版)。

《现代性的哲学话语》,曹卫东等译,译林出版社,2004 年(2011 年再版)。

《哈贝马斯精粹》,曹卫东选译,南京大学出版社,2004 年。

《对话伦理学与真理的问题》,沈清楷译,中国人民大学出版社,2005 年。

Knowledge and Human Interests, trans. J. J. Shapiro (Boston: Beacon Press), 1971.

Theory and Practice, trans. John Viertel (Boston: Beacon Press), 1973.

Legitimation Crisis, trans. T. McCarthy (Boston: Beacon Press), 1975.

Communication and the Evolution of Society, trans. T. McCarthy (Boston: Beacon Press), 1979.

The Theory of Communicative Action. Vol. I: Reason and the Rationalization of Society, trans. T. McCarthy (Boston: Beacon Press), 1984.

Philosophical Political Profiles, trans. F. Lawrence (Cambridge, Mass.: MIT Press), 1985.

Autonomy and Solidarity: Interviews with Jürgen Habermas, Peter Dews (ed.) (London: Verso), 1986.

The Theory of Communicative Action. Vol. II: Lifeworld and System, trans. T. McCarthy (Boston: Beacon Press), 1987.

Towards a Rational Society: Student Protest, Science and Politics, trans. J.J. Shapiro (Cambridge: Polity Press), 1987.

On the Logic of the Social Sciences, trans. S. W. Nicholsen & J. A. Stark (Cambridge, MA: MIT Press), 1988.

The Structural Transformation of the Public Sphere, trans. T. Burger & F. Lawrence (Cambridge, MA: MIT Press), 1989.

The New Conservation: Cultural Criticism and the Historians'

Debate, trans. Shierry Weber Nicholsen (Cambridge, Mass.: MIT Press), 1989.

Moral Consciousness and Communicative Action, trans. C. Lenhardt & S. W. Nicholsen (Cambridge, MA: MIT Press), 1990.

Communication and Social Evolution of Society, trans. T. McCarthy (Cambridge: Polity Press), 1991.

Postmetaphysical Thinking, trans. W. M. Hohengarten (Cambridge, MA: MIT Press), 1992.

Justification and Application, trans. C. P. Cronin (Cambridge, MA: MIT Press), 1993.

The Past as Future, trans. M. Pensky (Lincoln: University of Nebraska Press), 1994(interviewed by Michael Haller).

Between Facts and Norms: Contributions to a Discourse Theory of Law and Democracy, trans. W. Rehg (Cambridge, MA: MIT Press), 1996.

A Berlin Republic: Wrightings on Germany, trans. S. Rendall (Lincoln: University of Nebraska Press), 1997.

Inclusion of the Other: Studies in Political Theory, C. Cronin & P. DeGreiff (eds.) (Cambridge, MA: MIT Press), 1998.

On the Pragmatics of Communication, trans. B. Fultner (Cambridge, MA: MIT Press), 1998.

On the Pragmatics of Social Interaction: Preliminary Studies in the Theory of Communicative Action, trans. B. Fultner (Cambridge, MA: MIT Press), 2001.

The Postnational Constellation: Political Essays, trans. M. Pensky (Cambridge, Mass.: The MIT Press), 2001.

The Liberating Power of Symbols: Philosophical Essays, trans. Peter Dews (Cambridge, MA: MIT Press), 2001.

Religion and Rationality: Essays on Reason, God, and Modernity, E. Medieta (ed.) (Cambridge, MA: MIT Press),2002.

Truth and Justification, trans. B. Fultner (Cambridge, MA:

MIT Press), 2003.

The Future of Human Nature, trans. H. Beister (Cambridge: Polity Press), 2003.

Time of Transitions, C. Cronin (ed.), trans. M. Pensky (Cambridge: Polity Press), 2004.

The Divided West, trans. C. Cronin (Cambridge: Polity Press), 2006.

The Dialectics of Secularization: on Reason and Religion, trans. B. McNeil (San Francisco: Ignatius Press), 2007 (Co-author with J. Ratzinger).

Between Naturalism and Religion, trans. C. Cronin (Cambridge: Polity Press), 2008.

Europe: The Faltering Project, trans. C. Cronin (Cambridge: Polity Press), 2009.

二、哈贝马斯研究论著

埃德加,安德鲁:《哈贝马斯：关键概念》,杨礼银等译,江苏人民出版社,2009年。

艾四林:《哈贝马斯》,湖南教育出版社,1999年。

艾四林等:《民主、正义与全球化：哈贝马斯政治哲学研究》,北京大学出版社,2010年。

奥斯维特,威廉姆:《哈贝马斯》,沈亚生译,黑龙江人民出版社,1999年。

博拉朵莉:《恐怖时代的哲学：与哈贝马斯和德里达对话》,王志宏译,华夏出版社,2005年。

曹卫东:《交往理性与诗学话语》,天津社会科学院出版社,2001年。

曹卫东:《曹卫东讲哈贝马斯》,北京大学出版社,2005年。

曹卫东:《思想的他者》,北京大学出版社,2006年。

曹卫东:《政治的他者》,中国法制出版社,2007年。

曹卫东:《他者的话语》,北京大学出版社,2010年。

陈家刚选编:《协商民主》,上海三联书店,2004年。

陈伟:《事实与规范的辩证法:哈贝马斯法哲学研究》,上海人民出版社,2011年。

陈学明:《哈贝马斯的"晚期资本主义"论述评》,重庆出版社,1993年。

陈学明等编:《通向理解之路:哈贝马斯论交往》,云南人民出版社,1998年。

陈勋武:《哈贝马斯评传》,中山大学出版社,2008年。

德夫林,马修:《哈贝马斯、现代性与法》,高鸿钧译,清华大学出版社,2008年。

芬利森,J.G.:《哈贝马斯》,邵志军译,译林出版社,2010年。

弗兰克,曼弗雷德:《理解的界限:利奥塔和哈贝马斯的精神对话》,先刚译,华夏出版社,2003年。

傅永军等:《批判的意义:马尔库塞、哈贝马斯文化与意识形态批判理论研究》,山东大学出版社,1997年。

高鸿钧等:《商谈法哲学与民主法治国》,清华大学出版社,2007年。

高鸿钧等编:《社会理论之法:评析与解读》,清华大学出版社,2006年。

高宣扬:《哈伯玛斯论》,远流出版事业股份有限公司,1991年。

龚群:《道德乌托邦的重构:哈贝马斯伦理思想研究》,商务印书馆,2003年。

豪,莱斯利·A.:《哈贝马斯》,陈志刚译,中华书局,2002年。

贺翠香:《劳动·交往·实践:论哈贝马斯对历史唯物论的重建》,中国社会科学出版社,2005年。

胡军良:《哈贝马斯对话伦理学研究》,中国社会科学出版社,2010年。

霍尔斯特,得特勒夫:《哈贝马斯传》,章国锋译,东方出版中心,2000年。

霍尔斯特:《哈贝马斯》,鲁路译,中国人民大学出版社,2010年。

季乃礼:《哈贝马斯政治思想研究》,天津人民出版社,2007年。

李佃来:《公共领域与生活世界:哈贝马斯市民社会理论研究》,人民出版社,2006年。

李忠尚:《第三条道路:马尔库塞和哈贝马斯的社会批判理论研究》,学苑出版社,1994年。

刘钢:《哈贝马斯与现代哲学的基本问题》,人民出版社,2008年。

刘建成:《第三种模式:哈贝马斯的话语政治理论研究》,中国社会科学出版社,2007年。

洛克莫尔,汤姆:《历史唯物主义:哈贝马斯的重建》,孟丹译,北京师范大学出版社,2009年。

马珂:《后民族主义的认同建构及其启示:争论中的哈贝马斯国际政治理念》,上海人民出版社,2010年。

麦卡锡,托马斯:《哈贝马斯的批判理论》,王江涛译,华东师范大学出版社,2010年。

欧力同:《哈贝马斯的"批判理论"》,重庆出版社,1997年。

任岳鹏:《哈贝马斯:协商对话的法律》,黑龙江大学出版社,2009年。

谈火生:《民主审议与政治合法性》,法律出版社,2007年。

谈火生编:《审议民主》,江苏人民出版社,2007年。

铁省林:《哈贝马斯宗教哲学思想研究》,山东大学出版社,2009年。

童世骏:《批判与实践:论哈贝马斯的批判理论》,三联书店,2007年。

童世骏:《中西对话中的现代性问题》,学林出版社,2010年。

童世骏、曹卫东编:《老欧洲新欧洲:9·11以来欧洲复兴思潮对美英单边主义的批判》,华东师范大学出版社,2004年。

王晓升:《哈贝马斯的现代性社会理论》,社会科学文献出版社,2006年。

王晓升:《商谈道德与商议民主:哈贝马斯政治伦理思想研究》,社会科学文献出版社,2009年。

汪行福:《走出时代的困境:哈贝马斯对现代性的反思》,上海社会科学院出版社,2000年。

汪行福:《通向话语民主之路:与哈贝马斯对话》,四川人民出版社,2002年。

薛华:《哈贝马斯的商谈伦理学》,辽宁教育出版社,1988年。

薛华:《黑格尔、哈贝马斯与自由意识》,中国法制出版社,2008年。

杨淑静:《重建启蒙理性:哈贝马斯现代性难题的伦理学解决方案》,中国社会科学出版社,2010年。

姚纪纲:《交往的世界:当代交往理论探索》,人民出版社,2002年。

阮新邦:《批判诠释与知识重建:哈伯玛斯视野下的社会研究》,社会科学文献出版社,1999年。

阮新邦、林端主编:《解读〈沟通行动论〉》,上海人民出版社,2003年。

章国锋:《关于一个公正世界的"乌托邦"构想》,山东人民出版社,2001年。

张翠:《民主理论的批判与重建:哈贝马斯政治哲学思想研究》,人民出版社,2011年。

张庆熊、林子淳编:《哈贝马斯的宗教观及其反思》,上海三联书店,2011年。

张向东:《理性生活方式的重建:哈贝马斯政治哲学研究》,中国社会科学出版社,2007年。

曾庆豹:《哈伯玛斯》,生智文化事业有限公司,1999年。

郑晓松:《技术与合理化:哈贝马斯技术哲学研究》,齐鲁出版社,2007年。

郑永流主编:《商谈的再思:〈在事实与规范之间〉导读》,法律出版社,2010年。

中冈成文:《哈贝马斯》,王屏译,河北教育出版社,2001年。

Adams, Nicholas. *Habermas and Theology* (Cambridge: Cambridge University Press), 2006.

Benhabib, Seyla. *Critique, Norm and Utopia: a Study of the Foundations of Critical Theory* (New York: Columbia University

Press), 1986.

Benhabib, Seyla & Fred Dallmayr (eds.). *The Communicative Ethics Controversy* (Cambridge, MA: MIT Press), 1990.

Bernstein, Richard (ed.). *Habermas and Modernity* (Cambridge, Mass: MIT Press), 1985.

Bohman, James. *Public Deliberation: Pluralism, Complexity and Democracy* (Cambridge, Mass: MIT Press), 1996.

Bohman, James & Rehg, William. *Deliberative Democracy: Essays on Reason and Politics* (Cambridge, Mass: MIT Press), 1997.

Borradori, Giovanna. *Philosophy in a Time of Terror: Dialogues with Jurgen Habermas and Jacques Derrida* (Chicago: University of Chicago Press), 2004.

Buchanan, Allen. *Justice, Legitimacy, and Self-Determination* (Oxford: Oxford University Press), 2004.

Caihoun, Craig (ed.). *Habermas and the Public Sphere* (Cambridge, Mass.: The MIT press), 1992.

Deflem, Mathieu (ed.). *Habermas, Monernity and Law* (London: SAGE publications), 1996.

d'Entrèves, Maurizio & Bennnabib, Seyla (eds.). *Habermas and the Unfinished Project of Modernity: Critical Essays on the Philosophical Discourse of Modernity* (Cambridge: Polity Press), 1996.

Edgar, Andrew. *Habermas: the Key Concepts* (London: Routledge), 2006.

Eriksen, Erik & Weigard, Jarle. *Understanding Habermas: Communicative Action and Deliberative Democracy* (London: Continuum International Publishing Group), 2004.

Fultner, Barbara. *Jürgen Habermas: Key Concepts* (London: Acumen Publishing Ltd), 2011.

Goode, Luke. *Jürgen Habermas: Democracy and the Public*

Sphere (London: Pluto Press), 2005.

Grant, Colin B.(ed.). *Beyond Universal Pragmatics: Studies in the Philosophy of Communication* (Oxford: Peter Lang), 2010.

Hoecke, Mark Van. *Law as Communication* (Oxford-Portland Oregon: Hart Publishing), 2002.

Hedrick, Todd. *Rawls and Habermas: Reason, Pluralism, and the Claims of Political Philosophy* (Stanford, Calif.: Stanford University Press), 2010.

Heath, Joseph. *Communicative Action and Rational Choice* (Cambridge, MA: MIT Press), 2001.

Ingram, David. *Habermas: Introduction and Analysis* (Ithaca and London: Cornell University Press), 2010.

Johnson, Pauline. *Habermas: Rescuing the Public Sphere* (London: Routledge), 2006.

Kelly, Michael. *Critique and Power: Recasting the Foucault / Habermas Debate* (Cambridge, Mass: The MIT press), 1994.

Lee, Hak Joon. *Covenant and Communication: a Christian Moral Conversation with Jürgen Habermas* (Lanham, Md.: Press of America), 2006.

Marsh, James. *Unjust Legality: a Critique of Habermas's Philosophy of Law* (New York: Rowman & Littlefield Publishers, Inc.,), 2001.

Masmussen, M. *Reading Habermas* (Basil: Basil Blackwell), 1994.

McCarthy, Thomas. *The Critical Theory of Jürgen Habermas* (Cambrigde, Mass.: MIT Press), 1978.

McCarthy, Thomas. *Ideals and Illusions: on Reconstruction and Deconstruction in Contemporary Critical Theory* (Cambridge, Mass.: MIT Press), 1991.

Orjiako, Chin L. *Jurisprudence of Jürgen Habermas: in Defence of Human Rights and a Search for Legitimacy, Truth and*

Validity (Bloomington, Indiana: Authorhouse), 2010.

Outhwaite, William. *Habermas: a Critical Introduction* (2nd edition) (Cambridge: Polity Press), 2009.

Owen, David. *Between Reason and History: Habermas and the Idea of Progress* (New York: State University of New York Press), 2002.

Rasmussen, David & Swindal, James (eds.). *Jürgen Habermas: Vol. I -IV* (London: SAGE publications), 2002.

Rehg, William. *Insight and Solidarity: a Study in the Discourse Ethics of Jürgen Habermas* (Berkeley: University of California Press), 1994.

Roderick, R. *Habermas and the Foundations of Critical Theory* (UK: Basingstoke), 1985.

Rosenfeld, Michel & Andrew, Arato (eds.). *Habermas on Law and Democracy* (Berkeley: University of California Press), 1998.

Schomberg, René & Baynes, Kenneth (eds.). *Discourse and Demorcracy: Essays on Habermas's Between Facts and Norms* (New York: State University of New York Press), 2002.

Seidman, Steven (ed.). *Jürgen Habermas on Society and Politics: a Reader* (Boston: Beacon Press), 1989.

Specter, Matthew G. *Habermas: an Intellectual Biography* (Cambridge: Cambridge University Press), 2010.

Steinhoff, Uwe. *The Philosophy of Jürgen Habermas: a Critical Introduction* (Oxford: Oxford University Press), 2009.

Thompson, John B. & Held, David (eds.). *Habermas: Critical Debates* (Cambridge, Mass.: MIT Press), 1982.

Thomassen, Lasse (ed.). *The Derrida-Habermas Reader* (Edinburgh: Edinburgh University Press), 2006.

White, Stephen K. (ed.). *The Cambridge Companion to Habermas* (Cambridge: Cambridge University Press), 1995.

White, Stephen K. *The Recent Works of Habermas: Reason,*

Justice and Modernity (Cambridge: Cambidge University Press),1988.

三、其他论著

阿列克西,罗伯特:《法律论证理论》,舒国滢译,中国法制出版社,2002年。

阿隆,雷蒙:《社会学主要思潮》,葛智强译,上海译文出版社,1998年。

博曼,詹姆斯:《公共协商:多元主义复杂性与民主》,黄相怀译,中央编译出版社,2006年。

博曼,詹姆斯等:《协商民主:论理性与政治》,陈家刚等译,中央编译出版社,2006年。

本迪克斯,莱因哈特:《马克斯·韦伯思想肖像》,刘北成等译,上海人民出版社,2007年。

德雷泽克,约翰·S.:《协商民主及其超越:自由与批判的视角》,丁开杰等译,中央编译出版社,2006年。

登特里维斯,毛里西奥·帕瑟林:《作为公共协商的民主:新的视角》,王英津等译,中央编译出版社,2006年。

邓晓芒:《康德哲学诸问题》,三联书店,2006年。

邓正来:《规则·秩序·无知:关于哈耶克自由主义的研究》,三联书店,2004年。

邓正来:《中国法学向何处去》,商务印书馆,2006年。

多德,尼格尔:《社会理论与现代性》,陶传进译,社会科学文献出版社,2002年。

高宣扬:《德国哲学通史》(第1—3卷),同济大学出版社,2007年。

赫费,奥特弗里德:《政治的正义性:法和国家的批判哲学之基础》,庞学铨等译,上海人民出版社,2005年。

赫费,奥特弗里德:《康德:生平、著作与影响》,郑伊倩译,人民出版社,2007年。

霍克海默,马克斯:《批判理论》,李小兵等译,重庆出版社,1989年。

吉登斯,安东尼:《资本主义与现代社会理论:对马克思、涂尔干和韦伯著作的分析》,郭忠华等译,上海译文出版社,2007年。

季卫东:《宪政新论:全球化时代的法与社会变迁》,北京大学出版社,2005年。

季卫东:《正义思考的轨迹》,法律出版社,2007年。

强世功:《立法者的法理学》,三联书店,2007年。

金里卡,威尔:《当代政治哲学》(上、下册),刘莘译,上海三联书店,2004年。

康德,依曼努尔:《历史理性批判文集》,何兆武译,商务印书馆,1990年。

康德,依曼努尔:《法的形而上原理》,沈叔平译,商务印书馆,1991年。

康德,依曼努尔:《实践理性批判》,邓晓芒译,人民出版社,2004年。

康德,依曼努尔:《道德形而上学原理》,苗力田译,上海人民出版社,2005年。

康德,依曼努尔:《康德著作全集:第6卷 纯然理性界限内的宗教 道德形而上学》,李秋零等译,中国人民大学出版社,2007年。

考夫曼,阿图尔等主编:《当代法哲学和法律理论导论》,郑永流译,法律出版社,2002年。

考夫曼,阿图尔:《法律哲学》,刘幸义等译,法律出版社,2004年。

卡米克,查尔斯等编:《马克斯·韦伯的〈经济与社会〉:评论指针》,王迪译,上海三联书店,2010年。

卡西尔,恩斯特:《卢梭·康德·歌德》,刘东译,三联书店,1992年。

克斯勒,迪尔克:《马克斯·韦伯的生平、著述与影响》,郭锋译,法律出版社,2000年。

夸克,马克:《合法性与政治》,佟心平译,中央编译出版社,2002年。

莱曼,哈特穆特等编:《韦伯的新教伦理:由来、根据和背景》,阎克文译,辽宁教育出版社,2001年。

莱斯诺夫,麦克尔·H.:《二十世纪的政治哲学家》,冯克利译,商务印书馆,2002年。

李泽厚:《批判哲学的批判:康德述评》,人民出版社,1984年。

林格,弗里茨:《韦伯学术思想评传》,马乐乐译,北京大学出版社,2011年。

刘小枫:《现代人及其敌人:公法学家施米特引论》,华夏出版社,2006年。

刘小枫选编:《施米特与政治法学》,上海三联书店,2002年。

罗尔斯,约翰:《正义论》,何怀宏等译,中国社会科学出版社,1988年。

罗尔斯,约翰:《政治自由主义》,万俊人译,译林出版社,2000年。

罗尔斯,约翰:《作为公平的正义:正义新论》,姚大志译,上海三联书店,2002年。

洛克,约翰:《政府论:下篇》,叶启芳等译,商务印书馆,1964年。

卢曼,尼古拉斯:《社会的法律》,郑伊倩译,人民出版社,2009年。

卢梭,让-雅克:《社会契约》,何兆武译,商务印书馆,2003年。

麦考密克,约翰:《施米特对自由主义的批判》,徐志跃译,华夏出版社,2005年。

米勒,戴维等主编:《布莱克维尔政治学百科全书》,邓正来主译,中国政法大学出版社,2002年。

牟宗三:《心体与性体:第1册》,台北中正书局,1968年。

欧阳英:《走进西方政治哲学:历史、模式与解构》,中央编译出版社,2002年。

萨拜因,乔治·霍兰:《政治学说史》(上、下册),刘山等译,商务印书馆,1986年。

桑德尔,迈克尔·J.:《自由主义与正义的局限》,万俊人等译,译林出版社,2001年。

沈宗灵:《现代西方法理学》,北京大学出版社,1992年。

施米特,卡尔:《政治的概念》,刘宗坤等译,上海人民出版社,2004年。

施特劳斯,列奥:《自然权利与历史》,彭刚译,三联书店,1996年。

苏国勋、刘小枫主编:《二十世纪西方社会理论文选》(第1—4卷),上海三联书店,2005年。

特纳,布莱恩:《Blackwell社会理论指南》(第2版),李康译,上海人民出版社,2004年。

托马斯,杰弗里:《政治哲学导论》,顾肃等译,中国人民大学出版社,2006年。

汪晖、陈燕谷主编:《文化与公共性》,三联书店,2005年。

韦伯,马克斯:《民族国家与经济政策》,甘阳等译,三联书店,1997年。

韦伯,马克斯:《经济与社会》(上、下卷),林荣远译,商务印书馆,1997年。

韦伯,马克斯:《社会科学方法论》,李秋零译,中国人民大学出版社,1999年。

韦伯,马克斯:《韦伯作品集Ⅰ:学术与政治》,钱永祥等译,广西师范大学出版社,2004年。

韦伯,马克斯:《韦伯作品集Ⅱ:经济与历史 支配的类型》,康乐等译,广西师范大学出版社,2004年。

韦伯,马克斯:《韦伯作品集Ⅴ:中国的宗教 宗教与世界》,康乐等译,广西师范大学出版社,2004年。

韦伯,马克斯:《韦伯作品集Ⅲ:支配社会学》,康乐等译,广西师范大学出版社,2005年。

韦伯,马克斯:《韦伯作品集Ⅸ:法律社会学》,康乐等译,广西师范大学出版社,2005年。

韦伯,马克斯:《韦伯作品集Ⅶ:社会学的基本概念》,顾忠华译,广西师范大学出版社,2005年。

韦伯,马克斯:《新教伦理与资本主义精神》(修订版),于晓等译,陕西师范大学出版社,2006年。

韦伯,马克斯:《批判斯塔姆勒》,李荣山译,上海人民出版社,2011年。

魏格豪斯,罗尔夫:《法兰克福学派:历史、理论及政治影响》,孟登迎等译,上海人民出版社,2010年。

沃尔夫,艾伦:《合法性的限度:当代资本主义的政治矛盾》,沈汉等译,商务印书馆,2005年。

沃林,理查德:《文化批评的观念:法兰克福学派、存在主义和后结构主义》,张国清译,商务印书馆,2000年。

徐大同主编:《西方政治思想史》(第1—5卷),天津人民出版社,2006年。

亚里士多德:《政治学》,吴寿彭译,商务印书馆,1965年。

姚大志:《何谓正义:当代西方政治哲学研究》,人民出版社,2007年。

应奇等编:《共和的黄昏:自由主义、社群主义和共和主义》,吉林出版集团有限责任公司,2007年。

张凤阳等:《政治哲学关键词》,江苏人民出版社,2006年。

张文显:《二十世纪西方法哲学思潮研究》,法律出版社,2006年。

郑戈:《法律与现代人的命运:马克斯·韦伯法律思想研究导论》,法律出版社,2006年。

Ciaffa, Jay. *Max Weber and the Problems of Value-Free Social Science: a Critical Examination of the Werturteilsstreit* (London: Associated University Presses), 1998.

Cristi, Renato. *Carl Schmitt and Authoritarian Liberalism: Strong State, Free Economy* (Cardiff: University of Wales Press), 1998.

Dworkin, Ronald. *Taking Rights Seriously* (Cambridge, Mass: Harvard University Press), 1977.

Dworkin, Ronald. *A Matter of Principle* (Cambridge, Mass: Harvard University Press), 1985.

Dworkin, Ronald. *Sovereign Virtue: the Theory and Practice of Equality* (Cambridge, Mass: Harvard University Press), 2000.

Kant, Immanuel. *The Metaphysics of Morals*, Mary Gregor (ed.) (Cambridge: Cambridge University Press), 1996.

Kant, Immanuel. *Practical Philosophy*, Mary Gregor (ed.)

(Cambridge: Cambridge University Press), 1999.

Loewenstein, Karl. *Max Weber's Political Ideas in the Perspective of Our Time* (Amherst, Mass.: University of Massachusetts Press), 1966.

Luhmann, Niklas. *Social Systems*, trans. John Bednarz, Jr., with Dirk Baecker (Stanford, CA: Stanford University Press), 1995.

Parsons, Talcott. *The Structure of Social Action* (New York: Free Press), 1968.

Rawls, John. *A Theory of Justice* (Cambridge, Mass: Harvard University Press), 1971.

Rawls, John. *Political Liberalism* (New York: Columbia University Press), 1996.

Rawls, John. *Justice as Fairness: a Restatement* (Cambridge, Mass: Havard University Press), 2003.

Rosen, Allen. *Kant's Theory of Justice* (Ithaca and London: Cornell University Press), 1967.

Schmitt, Carl. *Legality and Legitimacy*, trans. Jeffery Seitzer (Durham N.C: Duke University Press), 2004.

Shijun, Tong. *Dialectics of Modernization: Habermas and the Chinese Discourse of Modernization* (Sydney: Wild Peony Pty Ltd.), 2000.

Stammer Otto (ed.). *Max Weber and Sociology Today* (Oxford: Blackwell), 1971.

Thornhill, Chris.*German Political Philosophy: the Metaphysics of Law* (New York: Routledge), 2007.

Trey, George. *Solidarity and Difference: the Politics of Enlightenment in the Aftermath of Modernity* (New York: State University of New York Press), 1998.

Weber, Max. *Economy and Society: an Outline of Interpretive Sociology* (2 volume set), Guenther Roth & Claus Wittich (eds.)

(Berkeley: University of California Press), 1978.

Weber, Max. *Weber: Political Writings*, Peter Lassman & Ronald Speirs (eds.) (Cambridge: Cambridge University Press), 1994.

Weiler, Gershon. *From Absolutism to Totalitarianism: Carl Schmitt on Thomas Hobbes* (Colorado: Hollowbrook Pub.), 1994.

论文类（不含已收入前列论著中的论文）
一、哈贝马斯本人论文

"Modernity Versus Postmodernity", trans. Seyla Benhabib, *New German Critique*, Special Issue on Modernism, 22: 1971.

"A Postscript to Knowledge and Human Interests", *Philosophy of the Social Sciences* 3: 1973.

"Justice and Solidarity: on the Discussion Concerning Stage 6", trans. S. W. Nicholsen, in T. E. Wren (ed.), *The Moral Domain* (Cambridge, MA: MIT Press), 1990.

"Reconciliation Through the Public Use of Reason: Remarks on John Rawls' Political Liberalism", *The Journal of Philosophy*, 92(3): 1995.

"Religion in the Public Sphere", trans. J. Gaines, *European Journal of Philosophy* 14: 2006.

二、哈贝马斯研究论文

曹卫东:《走向一种没有世界政府的世界内政:哈贝马斯话语政治的历史背景与现实意义》,载邓正来主编:《西方法律哲学家研究年刊》(2009年总第4卷),北京大学出版社,2011年。

陈振明:《当代资本主义社会及其合法化危机:评哈贝马斯的"晚期资本主义"理论》,载《岭南学刊》1996年第2期。

季卫东:《法律程序的形式性与实质性:以对程序理论的批判和批判理论的程序化为线索》,载《北京大学学报》(哲学社会科学版)2006年第1期。

林竞君:《中立或参与:哈贝马斯视野下的马克斯·韦伯科学价值观批判》,载《现代哲学》2001年第3期。

柳建文:《哈贝马斯合法性理论释读》,载《甘肃理论学刊》2002年第5期。

柳建文:《公共领域、合法性与沟通理性:哈贝马斯晚期资本主义批判理论解读》,载《科学·经济·社会》2003年第1期。

聂长建:《哈贝马斯"合法性"概念的语用学分析》,载《学习探索》2008年第6期。

孙龙等:《从韦伯到哈贝马斯:合法性问题在社会学视野上的变迁》,载《社会》2002年第2期。

童世骏:《"填补空区":从"人学"到"法学":读哈贝马斯的〈在事实与价值之间〉》,载《中国书评》1994年第2期。

童世骏:《没有"主体间性"就没有"规则":论哈贝马斯的规则观》,载《复旦学报》(社科版)2002年第5期。

童世骏:《"学习"与"批判":为哈贝马斯八十寿辰而写》,载邓正来主编:《西方法律哲学家研究年刊》(2009年总第4卷),北京大学出版社,2011年。

王恒:《哈贝马斯的合法性理论中的现代性》,载《现代法学》2002年第3期。

王立峰等:《法律合法性的批判与超越:韦伯与哈贝马斯的法政治学思想比较》,载《法制与社会发展》2008年第4期。

王明文:《程序主义法律范式:哈贝马斯解决法律合法性问题的一个尝试》,载《法制与社会发展》2005年第6期。

王贤昀:《哈贝马斯对晚期资本主义"合法性危机"的解决路径及其启示:从商谈伦理视角看》,载《江西社会科学》2007年第12期。

王晓升:《合法化与可辩护性:评哈贝马斯的合法化概念》,载《福建论坛》(人文社会科学版)2002年第4期。

吴冠军:《正当性与合法性之三岔路口:韦伯、哈贝马斯、凯尔森与施米特》,载《清华法学》(第五辑),清华大学出版社,2005年。

希斯,约瑟夫:《哈贝马斯后期著作中的"合法化危机"》,载《上海行政学院学报》2010年第5期。

姚大志：《哈贝马斯与政治合法性》，载《同济大学学报》（社会科学版）2005年第3期。

张娟：《公共领域、商谈民主与政治合法性——哈贝马斯"重建性"合法性对传统合法性理论的重建》，载《湖北行政学院学报》2011年第4期。

张康之：《合法性的思维历程：从韦伯到哈贝马斯》，《教学与研究》2002年第3期。

张旭东：《经济理性时代的价值空洞（上）——重访哈贝马斯"合法化危机"理论》，载《马克思主义与现实》2011年第1期。

张旭东：《经济理性时代的价值空洞（下）——重访哈贝马斯"合法化危机"理论》，载《马克思主义与现实》2011年第2期。

张云龙：《哈贝马斯"重构式合法性理论"及其当代启示》，载《云南社会科学》2011年第1期。

周赟：《论程序主义的合法性理论——以罗尔斯、哈贝马斯相关理论为例》，载《环球法律评论》2006年第6期。

Alxy, Robert. "Basic Rights and Democracy in Jügen Habermas's Procedural Paradigm of Law", *Ratio Juris*, (2), 1994.

Bohman, James & Rehg, William. "Jürgen Habermas", *The Stanford Encyclopedia of Philosophy (Fall 2011 Edition)*, Edward N. Zalta (ed.), URL = ＞http://plato.stanford.edu/archives/fall2011/entries/habermas/＞, 2011.

Dyzenhaus, David. "The Legitimacy of Legality", *The University of Toronto Law Journal*, 46 (1), 1996.

Erman, Eva. "Reconciling Communicative Action with Recognition", *Philosophy & Social Criticism*, 32 (3), 2006.

Haber, Stéphane. "Discourse Ethics and the Problem of Nature", *Critical Horizons*, 7(1), 2006.

Lefebvre, Alexandre. "Habermas and Deleuze on Law and Adjudication", *Law and Critique*, 17(3), 2006.

Matuštík, Martin Beck. "Habermas' Turn?", *Philosophy & Social Criticism*, 32 (1), 2006.

McCarthy, Thomas. "Translator's Introduction", in Habermas, *The Theory of Communicative Action*, *Vol. 1: Reason and the Rationalization of Society*, trans. T McCarthy (Boston: Beacon Press), 1984.

McCarthy, Thomas. "Translator's Introduction", in Habermas, *Communication and Social Evolution of Society*, trans. T. McCarthy (Cambridge: Polity Press), 1991.

McCarthy, Thomas. "Kantian Constructivism and Reconstructivism: Rawls and Habermas in Dialogue", *Ethics*, 105(1), 1994.

McCormick, John P. "Habermas, Supranational Democracy and the European Constitution", *European Constitutional Law Review*, 2 (3), 2006.

Meisenbach, Rebecca J. "Habermas's Discourse Ethics and Principle of Universalization as a Moral Framework for Organizational Communication", *Management Communication Quarterly: McQ. Thousand Oaks*, 20(1), 2006.

Mouzelis, Nicos. "Social and System Integration: Habermas's View", *The British Journal of Sociology*, 43(2), 1992.

Rawls, John. "Political Liberalism: Reply to Habermas", *The Journal of Philosophy*, 92(3), 1995.

Rehg, William. "Habermas on Law and Democracy", In Ed. C. B. Gray (ed.), *Philosophy of Law: An Encyclopedia*. 2 vols, (New York: *Garland* Publishing), 1999.

Rehg, William. "The Argumentation Theorist in Deliberative Democracy", *Controversia*, 1(1), 2002.

Toddington, Stuart. "The Moral Truth about Discourse Theory", *Ratio Juris*, 19(2), 2006.

Vitale, Denise. "Between Deliberative and Participatory Democracy", *Philosophy & Social Criticism*, 32 (6), 2006.

Weidong, Cao. "The Historical Effect of Habermas in the Chinese Context: A Case Study of the Structural Transformation of the Public Sphere", *Frontiers of Philosophy in China*, 1(1), 2006.

三、其他论文

奥克肖特,迈克尔:《〈利维坦〉导读》,应星译,载《思想与社会 第三辑:现代政治与自然》,上海人民出版社,2003年。

甘阳:《走向"政治民族"》,载《读书》2003年第4期。

哈耶克,弗里德里希·冯:《我为什么不是一个保守主义者》,邓正来译,哈耶克:《自由秩序原理》(下册),三联书店,1997年。

何怀宏:《康德论改革与服从》,载刘军宁等编:《市场社会与公共秩序》,上海三联书店,1996年。

朗格,斯特芬等:《复杂社会的政治社会学:尼克拉斯·卢曼》,李雪等译,载凯特·纳什等主编:《布莱克维尔政治社会学指南》,浙江人民出版社,2007年。

李凯尔特:《马克斯·韦伯的科学观》,冯克利译,载马克斯·韦伯:《学术与政治》,三联书店,2005年。

刘小枫:《施米特论政治的正当性:从〈政治的概念〉到〈政治的神学〉》,载《思想与社会 第二辑:施米特:政治的剩余价值》,上海人民出版社,2002年。

吴冠军:《康德论服从与权利:与何怀宏商榷》,载《二十一世纪》第72卷,2002年。

曾志:《真理符合论的历史与理论》,载《北京大学学报》(哲学社会科学版)2000年第6期。

郑永流:《什么是法哲学?》,载《法哲学与法社会学论丛》第1卷,中国政法大学出版社,1998年。

Conniff, James. "On the Obsolescence of the General Will: Rousseau, Madison, and the Evolution of Republican Political Thought", *The Western Political Quarterly*, 28 (1), 1975.

Grafstein, Robert. "The Failture of Weber's Conception of Legitimacy: Its Causes and Implications", *The Journal of Politics*, 43 (2), 1981.

Grey, Thomas. "Serpents and Doves: A Note on Kantian Legal

Theory", *Columbia Law Review*, 87 (3), 1987.

Grofman, B. F.. "Rousseau's General Will: A Condorcetian Perspective", *The American Political Science Review*, 8(22), 1988.

Hart, H. L. A.. "Positivism and the Separation of Law and Morals", *Harvard Law Review*, 71(4), 1958.

Kaufman, Alexander. "Self-Legislation and Legitimacy: Conceptions of Freedom in the Political Thought of Rousseau and Kant", *The Review of Politics*, 59 (1), 1997.

Kohlberg, Lawrence. "The Claim to Moral Adequacy of a Highest Stages of Moral Judgment", *The Journal of Philosophy*, (18), 1973.

Matheson, Craig. "Weber and the Classification of Forms of Legitimacy", *The British Journal of Sociology*, 38(2), 1987.

Melzer, Arthur. "Rousseau's Moral Realism: Replacing Natural Law with the General Will", *The American Political Science Review*, 77 (3), 1983.

Postema, Gerald. "Law's Autonomy and Public Practical Reason", in Robert P. Grorge (ed.), *The Autonomy of Law* (Oxford: Clarendon Press), 1996.

Ripstein, Arthur. "Universal and General Wills: Hegel and Rousseau", *Political Theory*, 22(3), 1994.

Riley, Patrick. "A Possible Explanation of Rousseau's General Will", *The American Political Science Review*, 64(1), 1970.

Thompson, Kevin. "Kant's Transcendental Deduction of Political Authority", in Sharon Byrd & Joachim Hruschka (eds.), *Kant and Law* (Burlington: Ashgate Publishing Company), 2006.

Weinrib, Ernest. "Law as a Kantian Idea of Reason", in Sharon Byrd & Joachim Hruschka (eds.), *Kant and Law* (Burlington: Ashgate Publishing Company), 2006.

初 版 后 记

本书是在我在博士论文基础上修改、增删而成。相较博士论文,我主要做了如下两项工作。

首先,我对所有文字进行了校订,并着重对导论、第一章、第三章、第四章和第五章的文字进行了修订,甚至重新撰写。在导论部分,我主要放弃了当初因申请法学博士学位而不得不严格限定的法哲学视野,力求更为完整地展现哈贝马斯合法化理论之境的全貌。第一章和第三章,我主要修改了涉及韦伯部分的文字论述。第四章涉及康德的思想,特别是第五章对哈贝马斯合法化思想的总体论述,我亦做了较大范围的增删。

其次,我增加一篇附录,即我撰写的关于哈贝马斯理论中核心术语"communication"的译名探究的论文。毋庸讳言,我希望这篇文章将有助于澄清哈贝马斯核心思想中的相关理论脉络及理论要旨。

在博士生导师邓正来先生的支持下提前半年博士毕业后,我得以作为其学术助手及专职研究人员来到他亲手创办的复旦大学社会科学高等研究院工作,并有机会参与到他正在从事的学术事业中。因此,我必须对邓先生一直以来的提携和抬爱致以最衷心的谢意!在复旦高研院这一"基于情感共同体的思想共同体"中,郭苏建教授的高效精干、纳日碧力戈教授的切问近思、刘清平教授的坦荡率性、顾肃教授的知行合一、陈润华博士的"无我"修为、吴冠军博士的敏锐多产、林曦博士的聪颖好学使我的研究及工作受益良多。他们与邓正来先生、王勇博士、沈映涵博士及杨晓畅博士一道,为我近三年来的研究及工作带来了诸多难以言表的激励、感动和帮助。高研院学术联络中心舒彩霞、付清海、王睿、魏澜等同事亦为我的研究及工作提供了诸多便利。在此,请允许我对他(她)们致以由衷的谢意!

作为中外哈贝马斯研究的执牛耳者,华东师范大学哲学系童世骏教授、北京师范大学中文系曹卫东教授以及美国圣路易斯大学哲学系威廉·雷格和詹姆斯·博曼教授对我的哈贝马斯研究提供了持久的激励和帮助。特别是雷格教授,他不仅在我博士论文写作阶段就给予了我较大的帮助,在我修改成书的过程中,亦为我全面理解哈贝马斯合法化理论的演变提供了思想线索。因此,我必须对他们的思想激励及对我的帮助表示最真挚的感谢!

到复旦工作以来,独立学者吴励生先生,广西大学法学院魏敦友教授,上海交通大学凯原法学院季卫东教授,华东政法大学童之伟教授,以及复旦大学曹晋教授、胡春阳教授、孙笑侠教授、侯健教授、张光杰教授、王志强教授、邹怡博士、马建标博士、沈国麟博士、郝前进博士、李辉博士等为我的研究、工作或生活提供了诸多鼓励、支持和帮助。哥本哈根大学社会学博士候选人、武汉大学法学博士桂晓伟,南京大学哲学系教授蓝江博士为本书的最后修订提供了部分文献。因此,我必须对他(她)们致以由衷的谢意!

本书的出版受到了"复旦大学出版资助基金"的资助,因此,请允许我对该出版基金表示感谢。复旦大学出版社贺圣遂社长和孙晶副总编不仅对我的研究及生活关怀颇多,而且极力促成了本书的顺利出版。复旦大学出版社人文编辑室主任陈军博士的悉心关怀和对学术的热忱,以及胡春丽编辑良好的学术素养、较高的职业品格使得本书以较高质量、较快速度面世,因此,我必须对他(她)们致以衷心的感谢!

经过多年的探索,我目前已经初步形成了自己的学术旨趣和研究方向。大体而言,我目前的研究是"两条腿走路":一方面,以哈贝马斯为中心,以韦伯、马克思、康德、罗尔斯等为支点,主要进行法哲学和社会—政治理论的思想史研究;另一方面,以全球化和社会转型为主要背景,进行符合当下中国政治担当和社会—历史条件的法哲学(即我所谓的"转型法哲学")的理论分析和理论建构工作。目前,我已初步形成自己关于中国法哲学建构的基本思路,即:把政治哲学建构与社会—历史分析相结合推进中国法哲学的建构(参见我的长篇论文:《从"邓正来问题"到"转型法哲学":一种社会—历史维度的阐发》,载《中国社会科学论丛》2011年春季卷)。毋庸置疑,无论是我的这一研究思路的形成,还是其继续推进,都有赖于我对社会—政治哲学和法律哲学一般理论(特别是哈贝马斯思想)的研究。除了追随其包罗万象的论著获得了一个相对宏大的理论视野和相对完善的知识结构外,我从哈贝马斯论著中获得的最大启迪是其为学品格、研究路径以及理论整合能力。据我体会,哈贝马斯的为学品格是将学究式的理论探索与思想性的现实关怀、哲学家的自主性思考与公共知识分子的介入性实践、对现下实践的病理性诊断与对理想社会的乌托邦想象、普遍主义的"道德"诉求和情境主义的"伦理"担当等完美地结合起来。其法哲学的研究路径则可称为"社会—政治法律哲学路径",即从基本的社会结构入手(正如本书所揭示的那样,其商谈论合法化理论实是以他对"后习俗道德意识和法律结构"的社会理论建构为前提),建构适合于该社会结构的政治哲学和法律理论。无论是这种持中守正、启真促善的学问品格,还是其索本探源、曲径通幽的研究路径都使我为人为学受益终身。再者,哈氏超强的理论整合意识和能力,即"把许多明显从不兼容的路径中获得的观念整合到了自己的理论中"(安东尼·吉登斯语)的能力,亦是不断激励我在自己对中国问题的研究中有意识地进行理论整合的灵感源泉和思想先导。是故,以哈贝马斯为中心的思想史研究仍将是我未来学术研究的一个重要方面。

同德语世界的其他思想家一样,哈贝马斯博大精深的思想、纵横捭阖的论述和诘屈聱牙的文字,对研究者的心智、悟性和耐力均构成了极大的挑战。由于随意地游走于欧陆与英美、古典与现代的各种哲学传统之间,他所使用的很多概念、所讨论的诸多问题牵一发而动全身,因此本书不得不"三步一岗五步一哨"地大段给出注释和说明。这无疑给读者带去了"面目可憎"之感。作为读书人,我完全理解这种感受,并为此想了很多不同的处理方式,却都不甚满意。我想,作为严肃的学术论著,为兼顾行文流畅和论述谨严,也为了给读者和自己留下进一步思考和研究的线索,这种处理恐亦不失为最佳选择。

关于本书的其他方面,我在博士论文后记中已做了较为详细的说明。为了更为全面地展现本书的写作背景和研究思路,请允许我将博士论文后记全文摘录如下:

终于完成了平生最后一篇学位论文!整整两个多月,每天十余小时,共写 20 万字,中间还有较多时间要完成不得不完成的其他非个人任务,其意志之磨炼、心智之耗费、研思之痛苦可以想见。事实上,最后两周,我几乎完全依靠我还算坚强的意志、还算坚定的信念硬撑着写完。

光阴荏苒,忽忽20余年矣。20余年前,当懵懵懂懂的我迈进学校大门时,恐怕怎么也没想到我的求学历程会是如此之长,而又如此之波折。但是,现在回望自己走过的路,那一次次让人痛心入骨的失败,那一个个叫人猝不及防的打击,那一幕幕令人不堪回首的场景,其实都是无价的财富——因为正是它们让我在这个"权力弥散"(福柯语)的世界懂得了坚强,在这个"漂流无根"(阿伦特语)的社会学会了自持,在这个"意义丧失"(韦伯语)的时代参透了"意义"。还是古人说得好:"达人当顺逆一视,休戚两忘。"人生虽然苦短,但我们永远"在途中",只有不断前行,方能跟上这不可逆的节奏。

按照导师邓正来先生的说法,我求学的这段时间恰恰是中国真正的"三千年未有之大变局"发生之时。的确,只要我们稍稍清理一下这20余年中国所发生的变化,我们定会有种恍若隔世的感觉:

20余年前,我们还在担心被开除"球籍",但现在我们已成为世界第三大经济实体,并创造了30年高速持续经济增长的"中国奇迹";在那时,我们还在抨击"资产阶级自由化思潮",为"计划还是市场"争论不休,为"姓社还是姓资"莫衷一是,但现在我们已经加入WTO,并早已被裹挟进了一个由资本主义所主导的世界体系和世界结构之中;也是在那时,邓小平同志还专门就"傻子瓜子"所引发的"百万富翁"问题进行澄清,但现在我们身家过亿的社会成员早已超过一万人,我们已经从世界上几乎最公平的国家变成了世界上几乎最不公平的国家;也是在那时,我们还在"向雷锋同志学习"、"为共产主义事业奋斗终生",并就"我为人人还是人人为我"展开价值观的大讨论,但现在我们"理想枯竭"、"信仰缺失"和"道德滑坡"等社会病症甚至比西方都有过之而无不及;也是在那时,我们的中学政治课本上还在批判西方资本主义腐朽、没落、拜金,"每个毛孔都滴着血和肮脏的东西"(马克思语),但是现在我们猛然发现:"目前中国的社会,是处在一个以片面理解的经济发展观为唯一导向的、最原始的人吃人的初期资本主义阶段"(郎咸平语)……

面对上述这种"巨变",作为以实践哲学(道德哲学、政治哲学或法哲学)为研究领域的学者,我们作何感想呢?

我脑海里首先闪现的是康德的下述文字:"我自以为爱好探求真理,我感到一种对知识的贪婪渴求,一种对推动知识进展的不倦热情,以及对每个进步的心满意足。我一度认为,这一切足以给人类带来荣光,由此我鄙夷那班一无所知的芸芸众生。是卢梭纠正了我,盲目的偏见消失了;我学会了尊重人性,而且假如我不是相信这种见解能够有助于所有其他人去确立人权的话,我便应把自己看得比普通劳工还不如。"

诚哉斯言!作为法律学人,如果我们不能以我们的见解"有助于所有其他人去确立人权的话",我们的确应当"把自己看得比普通劳工还不如"。

正是在这一"巨变"的社会背景下,在康德上述理论担当的对照下,看着自己完成的这篇与自己生活于其间的这个国度几乎没有关联的纯西方思想史研究论文,我几乎没有任何喜悦之情。我只能凭靠将我的这一研究解读为一种更为悠远的思想倾注和更为深邃的理论关切——即一种为将来认识并解释中国问题夯实理论基础——才能为自己找到一点心灵的慰藉。

事实上,这篇论文之于我的特殊"意义"也正在于此——因为她的确是我近年来有意夯实理论基础、加强学术规训的一个"产品"。人生本来没有"意义",我们只能自己去塑造属于自己的那个"意义世界";这篇论文就构成了我的那个"意义世界"的一部分。就此而言,我必须由衷感谢那些成就了这篇论文,甚至我的学业的好人们:

我必须首先感谢导师邓正来先生。在吉大求学期间,我正赶上邓先生加入"体制"大施拳脚的大好时机,因此收获了太多与为人、为学有关的难得教益。为了纠正我的不良学术倾向,邓先生专门送给我"平实"、"深刻"和"孤独"六个字;我不知道我是否可以真正做到这几点,但是我知道这已经成为、并将继续成为我终生为人为学的座右铭。先生和师母于我的厚爱已非言语可以表达,我唯有铭感不忘,并用我的一生去回报。

我还必须感谢吉林大学理论法学研究中心由张文显教授、马新福教授、霍存福教授、崔卓兰教授、姚建宗教授、黄文艺教授、杜宴林教授和宋显忠教授等组成的优秀学术团队,因为他们不仅是我的授业导师,亦为我的学业提供了各种各样的帮助。

我必须由衷感谢我的硕士导师、武汉大学徐亚文教授和师母李玲教授一直以来对我各方面的关爱。完全可以这么说,没有他们始终如一的激励和无微不至的关怀,就没有我的今天!坦率地讲,我由衷感激上苍让我在硕士和博士阶段都能够遇到这样两个对我十分重要的老师及其善良的家人;我早已把他们都当作亲人看待,我想我只能尽力走好自己的学术路和人生路,以报他们的知遇抬爱之恩。

感谢武汉大学李龙教授、汪习根教授、中国政法大学舒国滢教授、香港中文大学於兴中教授、中国人民大学朱景文教授、中国地质大学王宗廷教授、华东师范大学童世骏教授、广西大学魏敦友教授、武汉大学IAS主任邹恒甫教授、加州大学洛杉矶分校黄宗智教授、比利时欧洲法律理论研究院院长Mark Van Hoecke教授等对我的支持、指导或提携。尤其是,我要特别感谢著名哈贝马斯研究专家、美国圣路易斯大学哲学系James Bohman教授,特别是William Rehg教授一直以来对我学业的帮助。Bill Rehg教授不仅基于不同项目要求而先后两次为我提供了使我受到与现有身份极不相称之礼遇的访学邀请函,而且理解并支持了我因个人原因而暂缓出国深造的决定;更为重要的是,他还为本书写作提供了颇为关键的学术资料信息——事实上,正是主要凭借他所提供的David S. Owen的 *Between Reason and History: Habermas and the Idea of Progress* 一书,我才慢慢领会哈贝马斯关于"后习俗道德意识"的复杂论说。

感谢邹益民师弟、李燕涛师弟、赵大千师妹和杨晓畅师妹为我认真校对了论文初稿并提出修改意见。感谢益民师弟为我的哈贝马斯研究提供的诸多便利及有益建议。感谢刘小平兄、王勇兄、朱振兄、韩永初兄、林崇诚兄、葛四友兄、刘拥华兄以及韩平、沈映涵和陈昉等学友一直以来所给予我的学业帮助和智识激励,尤其要感谢小平兄、朱振兄、王勇兄和王小钢兄等在论文写作期间以特殊的娱乐方式帮助我缓解论文写作的压力。感谢樊安师弟、罗冠男师弟和赵大千师妹对我论文写作的理解和支持,因为正是由于我专心于论文写作使得我们共同参与的庞德《法理学》第四卷的翻译进度和互校过程受到了影响。我还要特别感谢吴彦师弟为本书涉及康德的第四章提供了资料信息并提出了批评性意见,感谢小钢兄将自己翻译的卢曼《影响到每个人的事务》(*Quod Omnes Tangit*)一文的译稿提供予我参考。

此外,我还要感谢我的武大校友、中国人民大学宪法学博士生冯家亮兄,因为他不仅盛情接待了我的几次北京之行,而且作为兄长和好友对我的日常学业和生活亦关怀颇多。

我想特别感谢甘德怀兄、王小钢兄、晓畅师妹,以及武汉大学宪法学博士生桂晓伟和我的非学界好友张云龙,因为主要是他/她们帮助我化解了一个个俗世困境与学思疑难,让我在这个"孤独"的世界不至于感觉到"孤单"。

更为重要的是,我必须由衷感谢我的父母、姐姐和弟弟一直以来对我学业的支持。他们不仅给予了我最大的学业动力,而且事实上也承担着因我过于自私地专注于自己的学业梦想而落在他们肩上的家庭责任。我深知我亏欠他们实在太多,只有余生慢慢回报。

论文写成现在这个样子,事实上只完成了我原初写作计划的一半——我原计划从法律与道德、道德与伦理的关系入手,分别从法哲学和政治哲学视角来解析哈贝马斯的合法化理论和商谈民主理论,然后再将两者统合起来。而且,就专注于哈贝马斯合法化理论的现有思路而言,我亦未在正文中涉及与哈贝马斯合法化论说关系甚密的罗尔斯,特别是卢曼。之所以未涉及这两者,是因为我目前对他们都还缺乏较为全面、深入的了解。这样的缺憾只能留待以后的阅读和思考予以弥补了。

之所以未能完成我最初的写作思路,我想,这也与哈贝马斯理论本身的难度有着直接的关系:哈贝马斯实在太难了!以本文第一章的写作为例,为了真正读懂对本文写作具有直接意义的数篇文章——即哈贝马斯直接论及"后习俗道德意识"的《论历史唯物主义的重建》和《历史唯物主义与规范结构的发展》等文章,我常常要反复对照两个中译本和一个英译本予以细读,还要诉诸数本二手研究文献(如 David. S. Owen 的 *Between Reason and History: Habermas and the Idea of Progress* 和 Thomas McCarthy 的 *The Critical Theory of Jürgen*

Habermas),有时数天就读一篇文章,甚至就那么几段话;但尽管如此,我对自己的理解和解读亦没有十足的信心。

  本文的写作事实上代表着我从法律与道德这一视角(特别是"后习俗的道德意识"这一视点)切入解读哈贝马斯法律合法化理论的一种努力。这种努力是否成功或有效还有待于学术共同体,特别是致力于哈贝马斯研究之论者们的批判性检视。在此,我亦真诚希望诸位,特别是那些专事哈贝马斯或韦伯、康德、科尔伯格、卢梭思想研究的同道们提出宝贵的批评性意见。

2008 年 9 月 30 日初稿
2011 年 10 月 15 日修改
2011 年 11 月 13 日定稿
于复旦国福路教师公寓

增订版后记

本书初版出版于2012年。不过,就我阅读所及,七年来,国内关于哈贝马斯的译介和研究,其实并没有太大的进展。仅就哈贝马斯著作的译介来说,在本书初版出版时,我的一个总体印象是:除了童世骏老师翻译的《在事实与规范之间》还算可靠外,其他几乎所有哈贝马斯论著的中译本甚至都无法越过"信"的门槛。七年来,尽管国内哈贝马斯论著的中译又取得了一定进展,但总体上仍未有根本改观。我个人一直期待的关于哈贝马斯《沟通行动理论》的可靠译本,目前仍付之阙如。个中的原因,固然主要是因为哈贝马斯的思想本身晦涩艰深,而译者的理论储备难以与之匹配,但亦与国内知识界(特别是西学研究领域)耽于求新猎奇,缺乏对经典思想探赜索隐的耐心、意愿和能力,有着更直接的关系。于是乎,我们便看到了这样一种颇令人匪夷所思的局面:国内目前关于哈贝马斯弟子、法兰克福学派第三代领军人物霍耐特的研究,其力量和声势甚至要超过对哈贝马斯的研究。但无论是学术格局、理论视野,还是思想的创造性和体系性,乃至学术和社会影响力,霍耐特显然不是与哈贝马斯一个量级的学者——一个典型的表征是:哈贝马斯不但是将法兰克福学派提升为具有真正国际影响力之学派的学者,抑且是远远超出法兰克福学派范畴的思想家,因此任何关于20世纪后期哲学史、思想史、社会理论发展的梳理和研究都绕不开哈贝马斯,但霍耐特主要是属于法兰克福学派范畴的学者,离开了法兰克福学派自身的脉络和传统,论者很少会谈及他。

在当下中国思想界,关于中国现代转型的思想框架和想象空间,似已完全为新左派、自由主义和新儒家(或施特劳斯学派)所限定,哈贝马斯在其间处于更为尴尬的局面。由于与上述三个阵营的核心理论主张都貌合神离,哈贝马斯似乎都不受他们待见。对新左派来说,哈氏尽管是鼓吹"多元现代性"的棋手,但他毕竟是西方主流价值观的代表,其思想被认为不利于中国自主探求具有政治独特性的现代化模式;对自由主义来说,尽管哈氏与自由主义(特别是罗尔斯)的理论分歧属于"家族内部的争论",但他对良序社会的实质性要素承诺太少,其思想无法直接推动自由优先性的价值取向在中国的制度化;在新儒家(特别是施特劳斯学派)看来,尽管哈贝马斯意义上的"伦理商谈"可以容纳中国作为伦理共同体对文化认同(伦理生活之本真性)的追求,但他毕竟是"启蒙的主将",会妨碍中西"古典心性的相逢"。

毋庸讳言,哈贝马斯之不受重视,与当下思想界热衷于"观念争夺"、而无力践习"理性之公共运用"(the public use of reason)有着根本关联。一般来说,唯有在社会分化和价值多元不至于将整个社会在政治和文化上撕裂的条件下,哈贝马斯式的沟通理性始能真正发扬起来——事实上,这也是西方思想语境中的左翼和右翼分别批评哈贝马斯的理论基点。或者退一步来说,至少要在社会成员心态从容、政治文化清明理性的环境中,整个社会方始有可能践习哈贝马斯式的沟通理性。显然,在当下中国,我们并不完全具备这些条件。

然而,吊诡的是,越是人们之间出现分歧,哈贝马斯式的沟通理性就越是具有道德上的正当性,乃至现实上的必要性。在任何时代,面对彼此的观念或利益分歧,诉诸主体间性的沟通和商谈都是(唯一)合乎道德的解决方式——舍此,我们就要诉诸非道德的暴力强制或非暴力的软性强制。在现代社会,通过沟通和商谈解决彼此的分歧,不仅具有道德上的正当性,事实上亦具有实践上的必要性。如果说,前现代社会可以通过由自上而下的道德教化所塑造的共享集体认同(伦理生活),来消解社会成员观念(乃至利益)分歧的基础,那么,在经文化合理化(世界除魅)洗礼的"后神学时代"(西方)或"后经学时代"(中国),随着可融"多"为"一"且具有充分共识基础的"元意义体系"的丧失,我们势必要面临价值观念上的"诸神争斗"局面。与之相适应,无论是社会政治建制(如宪法对自由、平等、民主等普遍主义原则的确认,及对各种自由和权利的保障),还是社会成员的意识结构,都开始建立在科尔伯格—哈贝马斯意义上的"后习俗"(post-conventional)道德意识基础之上,即建立基于原则的、普遍主义的道德意识基础之上。在这样的社会—历史条件下,以沟通和商谈的方式解决彼此的分歧,是兼具道德正当性和实践可行性的选择。

其一,就纵向的即庙堂与民间的认识分歧来说,现有的贤能政治模式在现代条件下势必会面临着社会教化与个人自主之间的张力。但在自我被唤醒的现代条件下,自我的价值观(自我认同)实际上处于具有(完全)自主性的地位,因此,任何既未经公共商谈程序确立、亦无公共证成前景的集体认同,无论看起来多有吸引力,它都无法成为真正具有本真性的集体认同,因为它难以避免由个体的策略性认同所造成的"虚假认同",即慈继伟所谓的"基于机会主义理由的虚假认同"。[①]

其二,就横向的即社会成员之间的认识分歧来说,它内在地呼唤社会成员不断地积攒康德—哈贝马斯意义上"理性之公共运用"的能力。"理性之公共运用"是需要言说者不断的自我提撕始能获致的品质,也就是说,其习得需诉诸某种哈贝马斯意义上的"学习过程"。对大多数人来说,非理性其实具有更为内在的自发性,相反,理性则是同时受制于知性(对应于作为"logos"的理性)和德性(大致对应于作为"nous"的理性)的品质,是需要人们自觉修为始能据有的能力。因此,学会以自主于政治场域(权力逻辑)、经济场域(市场逻辑)和社会场域(传媒逻辑)等的学术立场,以独立于个人私性价值偏好的认知性(cognitive)方式,把握关涉政治共同体之公共善的公共议题,并借此践习公共商谈、积攒公共理性(理性之公共运用),其实是当下中国学者的一大历史课题。

上文林林总总地说了这么多,旨在强调:哈贝马斯的商谈合法化理论不但十分重要,抑且对于我们把握中国情境的诸多问题来说尤为重要。事实上,我近年来基于中国情境所阐发的"作为转型法哲学的公共法哲学"理论模式,其四个核心理论主张之一,即借鉴了哈贝马斯的程序主义民主观。正如我在很多场合强调的:

> 考虑到中国的现代转型历程对兼具现代性和'中国性'(Chineseness)的'另类现代性'(alternative modernity)道路之历史嵌含和前景承诺,同时顺应现代政治作为'公意政治'(遵循

[①] 参见孙国东:《内倾型的贤能政治:基于福山"历史终结论"病理学逻辑的政治哲学分析》,《复旦学报(社会科学版)》2017年第5期。

'同意'模式)的合法化逻辑,我们应当把公共参与和公共证成纳入中国现代法律秩序的建构中——这意味着:我们应优先秉持一种程序主义的人民主权观,以回应中国现代转型事业的艰巨性和复杂性。①

与新左派、自由主义和新儒家(或施特劳斯学派)不同,这种程序主义的民主观不再聚焦于市民社会层面罗尔斯意义上的"背景文化"(background culture),进而不再以各种"前政治的"(pre-political)、宗派性的文化认同,裹挟政治共同体对公共善的追求。相反,其秉持"反思性的情境主义"(reflective contextualism)立场,主张在区分"政治/法律价值"(自由、平等、民主等现代性价值本身)与"政治/法律价值观"(对自由、平等、民主等现代性价值之具体规范性要求及相应制度和实践模式的观点)的前提下,以自己基于中国情境的介入性学理分析和实体性理论建构,引导社会成员以公民身份围绕中国现代转型的政治理想(价值理想)与实践约束条件(结构化情境)之间的"反思性平衡"(reflective equilibrium),进行充分的公共商谈和公共证成,从而形成适合于中国情境的现代政治/法律价值观。只要我们深入、全面地思考中国问题,就不难发现:所谓的"中国情境",不仅包括中国独有的实践约束条件(即所谓的"国情",如文明型国家的历史—文化条件、超大规模型国家的社会条件和社会主义党治国家的政治条件等),亦包括其现代转型的政治理想(价值理想)。因此,对中国研究来说,一味强调任何一方,或者任何一方的任何侧面,都是一种"前政治的"立场,都仅仅是在为"背景文化"的丰富做贡献(这当然也很重要),而不是在为集体(政治)认同的公共证成做贡献。唯有聚焦于公共商谈和公共证成的政治—法律机制,同时沿着现代转型的政治理想与实践约束条件之间反思性平衡的方向推进介入性学理分析和实体性理论建构——也就是在很大程度上把哈贝马斯式的程序主义范式与罗尔斯式的政治建构主义结合起来,才是一种真正具有建设性的政治哲学和法哲学论说路向。

---

① 孙国东:《公共法哲学:转型中国的法治与正义》,中国法制出版社2018年版,第4页。

回到本书的主题。由于近年来我的研究兴趣已由"照着讲"转向"接着讲"乃至"自己讲",我几乎没有再对哈贝马斯进行过专题研究——尽管哈贝马斯仍是我用力最勤的思想家。我曾不止一次地动念,再写一本关于哈贝马斯"后世俗社会"理论的研究论著,但几次动笔,几次都搁置了下来。我想,这可能是因为我从"接着讲"和"自己讲"的研究中获得了更多的成就激励,已无法从纯粹"照着讲"的研究中获得我想要的那种思想愉悦了——对这种学术体验的微妙变化,我自己也难以穷原竟委地说清楚怎么回事。

因此,此次修订,我主要做了一些技术上的修改工作:(1)我对全书的错别字、文字表达及个别注释文献信息等进行了修改;(2)对于初版中个别阐述不准确、不清晰之处,我亦做了一定幅度的修改;(3)我增加了三篇哈贝马斯研究译文作为增订版的附录——其中,理查德·伯恩斯坦的论文有助于我们从整体性把握哈贝马斯的现代性思想;威廉·雷格独著和合著(与詹姆斯·伯曼)的两篇论文,则助益于我们深入把握哈贝马斯法律商谈理论的内在理路和理论限度。

在本书修订过程中,我吸收了童世骏老师关于本书附录1文章(《"交往",抑或"沟通":哈贝马斯理论中"*Kommunikation*"译名辨兼及"*Law As Communication*"的翻译》)的一个批评意见,即我把马克思写给安年柯夫的信中提到的法语单词"commerce"误做英语单词,进而将其作为"*Kommunikation*"的英文对译。此外,邹益民、邱雨、曹晋等学友亦为本书的修订提出了建设性的意见,在此并致谢忱。

本书的增订得以启动纯属偶然。今年年初,我偶然发现此前送给一位学友的书,被人以"作者签名本"在某旧书网上高价售卖,便在微信朋友圈自我揶揄了一番。责任编辑胡春丽看到后,敏锐地看到了该书已然售罄的情况,便建议我启动修订版的出版。进一步搜索发现,本书初版已绝版,仅剩少量二手书在各大图书网站高价售卖。考虑到本书初版有一些文字表达或内容阐述上的错漏,且未能收录我与本书论题相关的三篇译文,我最终决定启动本书的修订工作。在本书增订的过程中,胡春丽编辑还以其深切的学术情怀和良好的专业素养,使得此增订版得以以如此高的质量面世。因此,我要对她致以诚挚的谢意。

当然,由于学力不逮,本书难免仍有错讹之处。在此,恳请读者诸君批评指正。

2019 年 11 月 7 日于沪北寓所

图书在版编目(CIP)数据

合法律性与合道德性之间:哈贝马斯商谈合法化理论研究/孙国东著. —上海:复旦大学出版社,2020.1
ISBN 978-7-309-14778-0

Ⅰ.①合… Ⅱ.①孙… Ⅲ.①哈贝马斯(Habermas,Jurgen 1929-)-哲学理想-研究 Ⅳ.①B516.59

中国版本图书馆 CIP 数据核字(2019)第 289278 号

合法律性与合道德性之间:哈贝马斯商谈合法化理论研究
孙国东　著
责任编辑/胡春丽

复旦大学出版社有限公司出版发行
上海市国权路 579 号　邮编:200433
网址:fupnet@ fudanpress.com　http://www.fudanpress.com
门市零售:86-21-65642857　团体订购:86-21-65118853
外埠邮购:86-21-65109143
上海盛通时代印刷有限公司

开本 890×1240　1/32　印张 13.125　字数 371 千
2020 年 1 月第 1 版第 1 次印刷

ISBN 978-7-309-14778-0/B·714
定价:88.00 元

如有印装质量问题,请向复旦大学出版社有限公司发行部调换。
版权所有　侵权必究